Heidi Behrens-Cobet/Norbert Reichling

Biographische Kommunikation

Grundlagen der Weiterbildung

Herausgegeben von
RA Jörg E. Feuchthofen,
Prof. Dr. Michael Jagenlauf und
Prof. Dr. Arnim Kaiser

Heidi Behrens-Cobet
Norbert Reichling

Biographische Kommunikation

Lebensgeschichten im Repertoire
der Erwachsenenbildung

Luchterhand

Die Deutsche Bibliothek – CIP-Einheitsaufnahme

Behrens-Cobet, Heidi:
Biographische Kommunikation: Lebensgeschichten
in Repertoire der Erwachsenenbildung/
Heidi Behrens-Cobet/Norbert Reichling. –
Neuwied; Kriftel; Berlin: Luchterhand 1997
(Grundlagen der Weiterbildung)
ISBN 3-472-02897-1

Alle Rechte vorbehalten.
© 1997 by Hermann Luchterhand Verlag GmbH Neuwied, Kriftel, Berlin.
Das Werk einschließlich aller seiner Teile ist urheberrechtlich geschützt.
Jede Verwertung außerhalb der engen Grenzen des Urheberrechtsgesetzes
ist ohne Zustimmung des Verlages unzulässig und strafbar. Das gilt
insbesondere für Vervielfältigungen, Übersetzungen, Mikroverfilmungen
und die Einspeicherung und Verarbeitung in elektronischen Systemen.
Satz: Heinrich Fanslau GmbH, Düsseldorf
Druck: Neuwieder Verlagsgesellschaft mbH, Neuwied
Printed in Germany, September 1997

∞ Gedruckt auf säurefreiem, alterungsbeständigem und chlorfreiem Papier

Inhalt

1. **Das neuere Interesse an Biographie und Alltag** 7

   1.1 Eigensinnige Lektüren 8
   1.2 Neue Fragen zu Opfern und Tätern der Zeitgeschichte 10
   1.3 Soziologische Argumente 11
   1.4 »Bloße« Konstrukte? 13

2. **Biographien: Ein erwachsenenpädagogischer Blickwechsel** .. 15

   2.1 Lebenswelt, reflexive Wende und Biographien
       in der Erwachsenenbildung 16
   2.2 Teilnehmerorientierung und Aneignungsperspektive 20
   2.3 Biographieforschung und Bildungsarbeit 22
   2.4 Die »zweite Wirklichkeit« als Herausforderung in fast
       allen Gebieten der Erwachsenenbildung 26

3. **Wohin führt biographisch orientierte Bildungsarbeit?** 31

   3.1 Das Prinzip einer offenen Didaktik 32
   3.2 Der Sinn lebensgeschichtlichen Erzählens 40
   3.3 »Es gibt solche Gruppen und solche Gruppen«:
       Enttypisierung für jedermann! 51
   3.4 Abschweifung erlaubt: Über Multiperspektivität
       und unabschließbare Diskurse 62
   3.5 Diskutieren »ohne Geländer«: Über Voraussetzungen
       biographischer Kommunikation 73
   3.6 »Große« und »kleine« Wahrheiten am Beispiel
       »Zweiter Weltkrieg und Nationalsozialismus« 78
   3.7 Lebensgeschichten debattieren? Tabus und heikle Punkte ... 85

Inhalt

4. »Und wo bleibt das Politische?« –
   Von der Gewissheit zur Suchbewegung 91
   4.1 Komplexität – Deutungen – Skepsis 92
   4.2 Handlungsorientierung und Reflexion 93
   4.3 Entmündigung? Von Erlebnisidioten und
       Laientherapeuten 95
   4.4 Von der Nabelschau zur Macht der Weltbank 97
   4.5 Verständigung in kleinen Öffentlichkeiten. 99
   4.6 Abkehr von der Umkehr 101

5. Alte und neue erwachsenenbildnerische Kompetenzen 103
   5.1 »Nur-noch-moderieren« und andere Zuständigkeiten 103
   5.2 Wer deutet wen? 106
   5.3 Professionelle Reflexion und Fortbildungsbedarf 108
   5.4 Ein neuer Königsweg? Die Bedeutung biographischer
       Ansätze für die Erwachsenenbildung 111

Literaturverzeichnis. 115

1. Das neuere Interesse an Biographie und Alltag

1.1 Eigensinnige Lektüren 8
1.2 Neue Fragen zu Opfern und Tätern der Zeitgeschichte . . 10
1.3 Soziologische Argumente 11
1.4 »Bloße« Konstrukte? 13

In den unterschiedlichsten kulturellen Öffentlichkeiten macht sich seit geraumer Zeit ein biographischer »Boom« bemerkbar: Nicht nur Politiker und andere herausragende Persönlichkeiten der Zeitgeschichte lassen wie eh und je ihre Lebensläufe aufschreiben und in den Bahnhofsbuchhandlungen auslegen – auch eine Vielzahl anderer Zeitgenossen wie Journalisten, Wissenschaftler, Pop-Sänger, Anwälte oder Schauspieler halten ihre Lebensgeschichte für überlieferungswürdig. In der Geschichtswissenschaft wurde einerseits die klassische Biographie mit großem Erfolg revitalisiert; andererseits hat die sich entwickelnde Alltags- und Mentalitätsgeschichte manch neuen Blick auf das Leben von Menschen, vor allem der »kleinen Leute«, geworfen. Filmische Rekonstruktionen literarischer und historischer Lebensläufe – zwecks Unterhaltung und Belehrung – sind in Fernsehen und Kinos vermehrt zu besichtigen, ganz zu schweigen von der weiteren Medienlandschaft, deren Talkshows, Anrufsendungen und Lifestyle-Magazine die jeweils neueste Ausformung biographischer Divergenz darbieten. Im Vergleich zu den siebziger Jahren etwa und der damals vorherrschenden Neugier auf Strukturen, Gesetzmäßigkeiten und gesamtgesellschaftliche Alternativen fallen eine neue Liebe zum Detail und eine gewachsene Toleranz für die Verschiedenheit von Lebensbewältigungen auf.

Worauf beruht diese verstärkte Anteilnahme an Biographien? Ist sie gleichbedeutend mit unkritischer Bejahung des Berichteten? Zeigt sie, wie gelegentlich vermutet, gar einen generellen Klimawechsel an hin zu Affirmation und Konservatismus? Und vor allem: Ist der skizzierte

Umschlag des Interesses mehr als eine bloße Pendelbewegung wechselnder Moden?[1]

1.1 Eigensinnige Lektüren

Vor allem die Belletristik hat in der »alten Bundesrepublik« den Blick vieler Menschen für das »unterdrückte Besondere« (H.J. Krahl) geschärft und ist anderen Konjunkturen des Biographischen vorangegangen. Einen der leisen Anfänge, in denen Biographien, ihre Aussagekraft und Dignität rehabilitiert wurden, offenbarten im Westdeutschland der 70er Jahre die neue Frauenbewegung und die daraus entstandene Frauenbildungsarbeit. Biographien wurden jetzt auf der einen Seite gelesen, erzählt und diskutiert als Dokumente des Eigensinns,[2] der Möglichkeit anderen, antikonventionellen Lebens, der Annäherung von Politischem und Privatem – als Vorbilder also. Andererseits begann aber gleichzeitig eine Rezeption von biographischem Material und eine biographische Bildungsarbeit, die Kränkungen und Verletzungen, ungelebtes Leben, enttäuschte Hoffnungen, Umwege *und* Niederlagen und die gesellschaftlichen Voraussetzungen dieser Deformationen mitthematisierten.

Als Beispiele sind zu nennen etwa die Memoiren von Simone de Beauvoir, Christa Wolfs »Kindheitsmuster«, aber auch die Erzählungen Gabriele Wohmanns, Helga Novaks »Eisheilige« oder solche exotischen Titel wie A. Kollontais »Memoiren einer sexuell emanzipierten Kommunistin«. In der die neue Frauenbewegung begleitenden männlich dominierten Neuen Linken entsprach dem übrigens die Lektüre der sogenannten »Renegaten-Biographien«, also der rechenschaftslegenden Berichte von Ex-Kommunisten wie Manès Sperber, Margarete Buber-Neumann oder Elias Canetti. Viele solcher Versuche der Wiederaneignung einer »anderen« Geschichte transportierten einen Überschuß an Empirie und Utopie über die politische Botschaft hinaus – worin bestand dieser Überschuß? Die meisten der erwähnten Bücher

---

[1] Für die kritische Lektüre früherer Fassungen unseres Textes danken wir Hermann Buschmeyer, Paul Ciupke und Hans Tietgens.
[2] Die neuere Debatte darum, ob die Kategorie »Eigensinn« eine allzu romantisch aufgeladene Metapher ist, die zu einem neuen Historismus einlädt, wird hier nicht aufgenommen. Vgl. Sarasin 1996, S. 74 ff.

und AutorInnen insistierten auf unabgegoltenen Hoffnungen und Möglichkeiten, die einer gesellschaftlich beschnittenen, politisch verkürzten oder gar totalitär instrumentalisierten Lebensführung geopfert wurden oder zum Opfer zu fallen drohten: auf Umwegen und Schleichwegen, Kindes-Starrsinn und Tagträumen, Emanzipations- und Fluchtgeschichten, Reisen und erotischen Abenteuern, auf der Nähe von Strategie und Erfahrung, auf der Untrennbarkeit »politischer Produktion« und »privater Reproduktion« usf.[3] Ohne eine ähnlich eindeutige These für die DDR zu wagen, kann man wohl festhalten, daß sich auch dort auf der Nebenbühne der literarischen und filmischen Reportage Abweichungen, Entgrenzungen und Eigensinnigkeiten artikuliert haben, die der großen historischen Mission des zweiten deutschen Staates die eine oder andere subjektivistische Fußnote hinzufügten.[4]

Einfach vortrefflich,
all diese großen Pläne:
das Goldene Zeitalter
das Reich Gottes auf Erden
das Absterben des Staates.
Durchaus einleuchtend.

Wenn nur die Leute nicht wären!
Immer und überall stören die Leute.
Alles bringen sie durcheinander.

Wenn es um die Befreiung der Menschheit geht
laufen sie zum Friseur.
Statt begeistert hinter der Vorhut herzutrippeln
sagen sie: Jetzt wäre ein Bier gut.
Statt um die gerechte Sache
kämpfen sie mit Krampfadern und mit Masern.

Im entscheidenden Augenblick
suchen sie einen Briefkasten oder ein Bett.
Kurz bevor das Millenium anbricht
kochen sie Windeln.

---

[3] Vgl. Negt/Kluge 1981 und Neusüß 1985.
[4] Vgl. Lindner 1991, Schröder 1992. Ein prominentes Beispiel aus dem Bereich der Dokumentation ist das DEFA-Projekt »Die Kinder von Golzow« von Winfried Junge, das Lebensläufe der 60er bis 90er Jahre festgehalten hat.

> *An den Leuten scheitert eben alles.*
> *Mit denen ist kein Staat zu machen.*
> *Ein Sack Flöhe ist nichts dagegen.*
> *Kleinbürgerliches Schwanken!*
> *Konsum-Idioten!*
> *Überreste der Vergangenheit!*
> *Man kann sie doch nicht alle umbringen!*
> *Man kann doch nicht den ganzen Tag auf sie einreden!*
> *Ja wenn die Leute nicht wären*
> *dann sähe die Sache schon anders aus.*
> *Ja wenn die Leute nicht wären*
> *dann gings ruckzuck.*
> *Ja wenn die Leute nicht wären*
> *ja dann!*
> *(Dann möchte auch ich hier nicht weiter stören.)*
>
> *(Hans Magnus Enzensberger,*
> *Über die Schwierigkeiten der Umerziehung, 1970)*

1.2 Neue Fragen zu Opfern und Tätern der Zeitgeschichte

Einen ebenso starken Impuls für biographische Aufmerksamkeit hat die Öffentlichkeit sicherlich von der Geschichtswerkstätten-Bewegung erhalten, jenen Gruppen also, die seit Mitte der 80er Jahre überall im westlichen Deutschland an einer neuen, kritischen Lokal- und Regionalgeschichte arbeiteten und damit nicht nur der Heimatgeschichte und der Geschichtswissenschaft, sondern auch Volkshochschulen und anderen Bildungseinrichtungen vielfältige Anregungen geliefert haben. In dieser von der universitären Oral history[5] inspirierten und begleiteten Arbeit, zu der auch der jährliche Schülerwettbewerb des Bundespräsidenten und der Körber-Stiftung gehört, entdeckten und bearbeiteten landauf, landab Gruppen und einzelne neue Aspekte vor allem der Ge-

---

[5] Wir benutzen neben dem aus dem Angelsächsischen in die westdeutschen Geschichtsdebatten übernommenen Begriff der »Oral history« synonym auch Begriffe wie »mündliche Geschichte«, »mündliche Geschichtsschreibung«.

schichte des Nationalsozialismus. Nach der anfänglich manchmal unkritischen Aktivierung von Zeitzeugen konnte diese Bewegung, die sich auch in den kleinen Städten und Gemeinden gerührt hat, zahllose unbequeme Fragen und Diskussionen aufwerfen: etwa nach dem Mitmachen und der sogenannten Normalität in der Diktatur, nach den vergessenen Opfergruppen, nach den Kosten des Wiederaufbaus und der Kontinuität der Eliten, der Wichtigkeit von Epochenbrüchen (etwa 1945) für die einzelnen.

Das anfänglich nicht nur von verunsicherten Historikern bekundete Mißtrauen gegen das mikrogeschichtliche Interesse (»zuviel Geschichten, zuwenig Geschichte«)[6] ist nicht nur einem neuen Pluralismus an historischen Perspektiven und Methoden gewichen – viele der zunächst von Barfußhistorikern vorgetragenen Gründe, sich Lebensläufen und den sich in ihnen manifestierenden Verarbeitungen von Geschichte zuzuwenden, sind mittlerweile nahezu Gemeingut der Geschichtswissenschaft geworden und haben etwa dem Bereich der NS-Forschung neue Dimensionen erschlossen.

1.3 Soziologische Argumente

Auch die Sozialwissenschaften haben – um ein weiteres Beispiel zu skizzieren – ihre Scheinwerfer umgebaut und beleuchten seit den 80er Jahren in ungewohnter Detailverliebtheit den kulturellen Wandel und die Mobilitätsprozesse von Gruppen, Kohorten und Generationen, ihre Selbststilisierungen und Gesellschaftsbilder. Ein eindeutiger Paradigmenwechsel ist dafür verantwortlich: Seit mehr als 10 Jahren ist nicht nur in Fachkreisen die Kunde von der Flexibilisierung, Individualisierung, Pluralisierung der Lebensstile zu vernehmen; das vor allem von Ulrich Beck in Umlauf gesetzte Theorem der Individualisierung hat als Erklärungsansatz in breiten Öffentlichkeiten Resonanz gefunden. Viele Entwicklungen, z. B. unberechenbares Wahlverhalten, eine neuartige Mischung von Lebensstilen, Gewaltexzesse Jugendlicher oder Phänomene der Mediennutzung konnten auf dieser Folie als verständliche

---

[6] Die Warnung vor einer Beschränkung der Geschichtsschreibung auf die »Nahsicht« findet sich z. B. bei Dan Diner 1987, insb. S. 68 f.

Reaktionen auf gesellschaftliche Umbrüche und Desorientierungen besser verstanden werden. »Individualisierung« bedeutet in diesem Kontext die Freisetzung aus kollektiven Sinn- und Verhaltensbindungen, die Zunahme individueller Optionen der Lebensführung und in einer neuen Manier ausgefächerter Risiken zugleich. Nicht das Verschwinden klassen- und schichtspezifischer Ungleichheiten wird behauptet, aber deren Bedeutungsschwund angesichts pluralisierter Lebensstile. Nicht ganz unwichtig ist es, darauf hinzuweisen, daß die Erweiterung von Wahlmöglichkeiten und der Trend zur »Bastelbiographie« keine spekulativen Erfindungen sind, sondern vielfache empirische Belege vor allem in der Arbeitsmarkt-, Jugend- und Altersforschung finden und daß die entsprechenden Theorien von diesen empirischen Befunden angeregt worden sind.[7]

Zweifel an der Reichweite und Widerspruch gegen die Geltung dieser Ansätze – z. B. die Frage nach der Spezifik heutiger Freisetzungsprozesse, nach regional sehr unterschiedlichen Ausfransungen der »Normalbiographie« und der Bedeutung neuer Gruppen- und Traditionsbildungsprozesse – sind allerdings nicht ausgeblieben.[8] Ernsthafte Einwände gelten z. B. der Geschlechtsspezifik der neuen Wahlfreiheiten oder der Gleichzeitigkeit von Enttraditionalisierungs- und Retraditionalisierungsprozessen.[9] Handelt es sich also beim Augenmerk für die »feinen Unterschiede« nur um eine neue Sensibilität für alte Phänomene der kapitalistischen Moderne?[10] Die Gegenrede gegen die Individualisierung-These bezieht sich vor allem auf eine vermutete Implikation: auf die nämlich, der Alltag sei in der gegenwärtigen Gesellschaft mehr denn je eingehegt und die Gelegenheiten, sich noch irgendwo zu »stoßen«, geschwunden, und auf die Annahme gleichartiger Lebensrisiken in modernen Gesellschaften. Wie am Bcispiel der atomaren Risikogesellschaft verdeutlicht, gibt es zwar Gefährdungspotentiale, die in ungewohnt gleicher Weise alle gesellschaftlichen Schichten, arm und reich, Nord und Süd, jung und alt treffen, aber eine neue Nivellierungstheorie darf den Analytikern der Individualisierung deshalb nicht unterstellt werden.[11]

---

[7] Nittel 1991, S. 34 ff.
[8] Als differenzierte Zusammenfassungen von Implikationen und Widersprüchen der Individualisierungsthese: vgl. Nittel 1991, S. 32 ff., und Neckel 1993.
[9] Alheit 1994, S. 35 ff.; Hondrich 1997.
[10] Vgl. Alheit 1992, S. 10.
[11] Alheit 1993, S. 99.

1.4 »Bloße« Konstrukte?

Die neue Vielfalt in der Erforschung und Präsentation von Lebensmustern lenkt die Aufmerksamkeit auch darauf, daß Lebensgeschichten – niedergeschriebene, erforschte und erzählte – in mehrfacher Hinsicht »konstruierte« sind. Individuelle Bewältigungen werden hier sichtbar als Auslegungen von Gegenwartsproblemen im Medium der eigenen Vergangenheit – Auslegungen, die auf die Situation des Erinnerns und andere wechselnde Rahmenbedingungen reagieren. Die subjektiv sinnvolle Ordnung des Erlebten birgt insofern eine Mischung von Realität und Interpretation, die nicht immer leicht zu durchschauen ist; ein zentrales Motiv biographischer Selbstvergewisserung ist, wenngleich sie immer wieder revidiert wird, der Wunsch nach Kontinuität und Sinn. Politische Umbrüche oder einschneidende Lebensereignisse können dazu beitragen, daß solche Muster stärker als gewohnt ins Rutschen kommen; manche Betroffene entwickeln ein Interesse am Austausch – mit wiederum höchst unterschiedlichen Ergebnissen und Schlußfolgerungen, die alte und neue Wissensbestände in eine neue Ordnung bringen.

Diese Konstruiertheit des Erzählten, der ungewisse Grad seiner Realitätshaltigkeit wird gelegentlich als Indiz dafür verstanden, daß Forschung, aber auch Bildungsprozesse darauf nicht aufbauen können: individuelle Illusionen und Mythen führten in Sackgassen der Egozentrik und Beliebigkeit. Diese Kritik wiegt sich in der eigenen Illusion, daß soziale Realität als nichtinterpretierte irgendwo – vermutlich im Gehege strenger Wissenschaft – zu haben sei, und ignoriert die kommunikativen und interaktiven Zwänge biographischen Erzählens.[12]

Das Ernstnehmen biographischer Erzählungen in der Bildungsarbeit bietet die seltene Chance des Einblicks in individuelle Sinnkonstruktionen. Wenn Erwachsenenbildung – wie heute mehrheitlich angenommen – auf Fremdverstehen angewiesen ist, gibt es Anlaß zu der Vermutung, daß diese Konstruktionen der Teilnehmenden stärker berücksichtigt werden sollten – stärker jedenfalls als zu Zeiten, da der »Nürnberger Trichter« auch von jenen selbstverständlich benutzt wurde, die Aufklärungsziele für sich reklamierten. Dem gelegentlich befürchteten Realitätsverlust durch konstruktivistische Annahmen steht

---

[12] Vgl. Alheit/Dausien 1996.

zunächst einmal die erhöhte Chance entgegen, die Passung zwischen Angeboten und wirklichen Bildungsinteressen zu verbessern.

Daß Bildungsprozesse für die aus beschleunigter Modernisierung resultierenden Orientierungsbedürfnisse eine wichtige Rolle spielen könnten, liegt nahe. Das »Planungsbüro« (Beck), das enttraditionalisierte Subjekte zu simulieren gezwungen sind, bedarf komplexerer Aufklärung als eine Durchschnittsvita einige Jahrzehnte zuvor: Moderne Biographien sind verstärkt den Zwängen der Reflexion und Rechtfertigung, auch des Spagats zwischen widerstreitenden Imperativen ausgesetzt. Dies verdammt die Einzelnen zur Analyse der Voraussetzungen, je stärker Gesellschaftlichkeit in das »eigene Leben« eindringt und je schwächer sie durch die Traditionen von Milieus, Klassen, Familien gehalten werden.

Solche Subjektivität – Subjektivität als soziales Verhältnis und als Interaktionsprodukt, das aus den Verhältnissen allein nicht »ableitbar« ist – kann also zum Thema von Bildungsprozessen werden. Wie nicht nur für die Forschung gilt, erwächst »das neuere Interesse an Lebensgeschichten ... u. a. aus der Frustration mit der Paßgenauigkeit idealtypisch einander zugeordneter wirtschaftlicher, sozialer, politischer und kultureller Großstrukturen«.[13] Verständigungsprozesse über all die notwendigen Vermittlungen, Prägungen, Brüche und Integrationsversuche könnten geradezu (wenn nicht die Gefahr der Überhöhung nahelege) als Versuch der Vergesellschaftung solcher Reflexion bezeichnet werden.[14] Organisierte Erwachsenenbildung sollte sich ihres möglichen Beitrags dazu vergewissern.

---

[13] Niethammer 1990a, S. 92.
[14] Vgl. Beck 1996b.

2. Biographien: Ein erwachsenenpädagogischer Blickwechsel

2.1 Lebenswelt, reflexive Wende und Biographien in der
     Erwachsenenbildung 16
2.2 Teilnehmerorientierung und Aneignungsperspektive ... 20
2.3 Biographieforschung und Bildungsarbeit 22
2.4 Die »zweite Wirklichkeit« als Herausforderung in fast
     allen Gebieten der Erwachsenenbildung 26

Für sämtliche Arbeitsgebiete der Erwachsenenbildung ist das Postulat der Teilnehmerorientierung relativ unumstritten. Wie schillernd dieser Begriff auch geblieben ist: In der Debatte um die Teilnehmerorientierung der Erwachsenenbildung lag eine Zuspitzung der grundsätzlichen Sorge um Lernvoraussetzungen der Lernenden für Lernprozesse, deren Ablauf und Ziel als vorab festlegbar vorgestellt wurden. Das »Anknüpfen« am Alltagswissen und an den Interessen der TeilnehmerInnen soll damit nicht als selbstverständlich vorausgesetzt werden – funktionalistische Verkürzungen bedrohen immer wieder und zunehmend den individualistischen Ausgangspunkt jedes Bildungsprozesses, wie ihn etwa die Neue Richtung der Erwachsenenbildung oder die Bildungsreform-Debatte der frühen 60er Jahre festzuhalten suchten. Und auch die Routinen des Berufsalltags stellen oft jene selbstverständliche Orientierung in Frage, die als beiläufige laienhafte Biographieforschung disponierender und lehrender PädagogInnen gekennzeichnet wurde.[15]

---

[15] Nittel 1991, S. 26 ff.; Ebert u. a. 1984, S. 92 f.

2.1 Lebenswelt, reflexive Wende und Biographien in der Erwachsenenbildung

»Im Mittelpunkt steht der Mensch« – hat für die Erwachsenenbildung je etwas anderes gegolten? Gemessen daran, ob die Lebenserfahrung von TeilnehmerInnen als Bildungsgegenstand Anerkennung findet, sind es vor allem einige Vertreter der Neuen Richtung der Weimarer Volksbildung, die eine – nach dem Zweiten Weltkrieg wenig beachtete – andragogische Tradition begründeten. Eugen Rosenstocks schlesische »Arbeitslager«, Alfred Manns und Eduard Weitschs Volkshochschul-Arbeit sind Beispiele für eine am »Lebenswissen« von Männern und Frauen orientierte Didaktik.[16] Die Arbeitsgemeinschaften oder »kleinen Kreise« sparten die Subjektivität der einzelnen ausdrücklich nicht aus.

Auch wenn Anfang der 80er Jahre die »reflexive Wende« zunächst als ironisches Spiel mit dem Wendebegriff in der Erwachsenenbildung verstanden werden sollte, im Rückblick läßt sich die ausdrückliche »Hinwendung zum Teilnehmer«[17] historisch zuordnen als entschiedene Orientierung an den Subjekten und der Subjektivität. Die Abkehr vom »Diktat des Objektiven«[18] enthielt auch das Eingeständnis, daß der vom Deutschen Bildungsrat 1970 formulierte und weithin aufgegriffene Weiterbildungsbegriff zu unelastisch war, um die individuelle und kollektive Bildungsartikulation aufzunehmen, die im Umfeld der neuen sozialen Bewegungen laut wurde. Und Vertreter des Faches Erwachsenenbildung forcierten durch neue Fragerichtungen einen Perspektivenwechsel. Außer Wissensfeldern und der notorischen Warnung, diese würden »veralten«, erhielten allmählich auch die Deutungsmuster und das Alltagsbewußtsein der Adressaten Aufmerksamkeit. Eine Belebung des interpretativen Paradigmas in der Soziologie und der allgemeinen Erziehungswissenschaft unterstützte die Entwicklung, Erwachsenenbildung als »lebensweltbezogenen Erkenntnisprozeß« aufzufassen.[19] Biographische Kommunikation und biographisches Lernen

---

[16] Christiane Hof hat diese Traditionen ausführlich herausgearbeitet (1995, S. 97 ff.); siehe auch Arnold/Siebert 1995, S. 51 ff..
[17] Schlutz 1982.
[18] Hans Tietgens in Schlutz 1982, S. 135.
[19] Vgl. Schmitz 1984; Tietgens sprach später mit gewohnter Klarheit von der »Entdeckung der Deutungen« in der Erwachsenenbildung (Tietgens 1989).

gehörten zwar in den Bedeutungshof des Lebensweltlichen, sind aber erst allmählich als begriffliche Differenzierung über den Umweg der Biographieforschung ausdrücklich aufgenommen worden.[20]

Diese Entwicklung berührte auch solche Bildungsverständnisse, die in kritisch-oppositioneller Absicht auf die Sichtweisen der Teilnehmenden nur taktische Aufmerksamkeit wendeten. In der praktischen andragogischen Arbeit ist der Abschied von engen instrumentellen Bildungsverständnissen, vom »Offenbaren« ebenso wie von Vorstellungen eines »Transmissionsriemens« inzwischen sicherlich weitgehend vollzogen. Für uns ist aber die seit den 70er Jahren formulierte neue Aufmerksamkeit für Alltag, Lebenswelten, die Voraussetzungen der Adressaten und insbesondere ihre Deutungsmuster und Verwendungslogik nicht irgendeine und nunmehr bereits wieder »abgehakte« Etappe unter den paradigmenverschleißenden Konjunkturen der Erwachsenenbildung. Die Aufmerksamkeit für Lebensweltliches findet ihre Berechtigung vor allem in zweierlei Hinsicht: in einem verlebten, auf die gesellschaftlichen und ökonomischen Verhältnisse zielenden politisch-instrumentellen Reduktionismus (der möglicherweise durch manche »Jetzt erst recht«-Haltung nach 1989 bestärkt wird) – und im schlechten Gewissen derer, die eine offene, teilnehmerInnen- und subjektorientierte Bildungsarbeit tun, ohne sich von der pädagogischen Selbstüberhebung der 70er Jahre einschließlich ihrer überfrachteten Lernzielkataloge ganz getrennt zu haben.

Das Fortleben überzogener Selbstverständnisse hängt mit einer charakteristische Kohortenspezifik zusammen: Mit dem Ausbau des gesamten Bildungssektors hat dieser Bereich in den 70er Jahren einen starken Entwicklungsschub erlebt. Der Zug zur Professionalisierung, zumindest der Planungs- und Dispositionstätigkeiten, formierte eine berufliche Generation, die von den politischen Schlüsselvorstellungen dieses Jahrzehnts geprägt war; dazu sind zu zählen das Ziel sozialen Fortschritts und seiner politisch-technologischen Machbarkeit, die Utopie weitgehender Demokratisierung und die Neigung, organisierte Lernprozesse für ein herausragendes und lineares Transportmittel solcher Vorstellungen zu halten. Das dominante Bildungsverständnis war oftmals geprägt von der mechanischen Vorstellung eines Dreischritts von Aufklärung, Kritik und Handeln, man könnte es als »Politikersatz« oder als Fortsetzung politischer Intentionen mit pädagogischen Mitteln

---

[20] Dazu Siebert 1985; Baacke/Schulze 1984 und 1985; Fuchs 1984; Kohli 1981, 1984.

bezeichnen;[21] Teilnehmer- und Zielgruppen-Orientierung sind hier vielfach lediglich als didaktische »Kniffe« angekommen. Die überkommenen Zuspitzungsmuster solcher Pädagogik verlangten von den Teilnehmenden an organisierten Lernprozessen oftmals nicht weniger als Parteinahme und Bekenntnis, Identifizierung mit einer die Katastrophe nahe sehenden Analyse und entsprechendes Engagement. Pädagogen setzten die Lernenden einer gesellschaftlichen Totalität aus, die nicht unbedingt partizipationsfördernd wirkte.[22] Auch sich emanzipatorisch verstehende Bildungskonzepte hatten so – vergleiche die Enzensberger-Zeilen im ersten Kapitel – Anteil an der Funktionalisierung von Individuen, an der Spaltung von Zukunfts- und Glücksorientierungen, an einem negativen Verhältnis zur Gegenwärtigkeit und Vielfältigkeit subjektiver Lebensführung.[23] Betont sei, daß ein solcher Typus von Erwachsenenbildner in den 70er und beginnenden 80er Jahren mit diesem Selbstverständnis nicht isoliert auf weiter Flur dastand; vielmehr korrespondierte derlei Angebot mit den Bedürfnissen von großen Gruppen, die an politischer Erwachsenenbildung teilnahmen. Politische Reformhoffnungen brauchten Informationen, und Konzept-Diskussionen, oppositionelle »Bewegungen« wie die Anti-Atom-Bewegung, die Frauenbewegung, die Friedensbewegung usf. konnten sich ihren Gegen-Sachverstand auch über die institutionalisierte Erwachsenenbildung organisieren.

Das Berufsverständnis vieler Kolleginnen und Kollegen hat sich davon allmählich wegentwickelt – nicht nur, weil solche Dienstleistungen heute weniger gefragt sind als vor 15 Jahren, sondern auch, weil wir im Zuge von Aus- und Weiterbildung und »trial and error« heute mehr über Weg und Umwege des Lernens wissen, was eine vorsichtigere Programmatik nahelegt. Diese läßt sich umschreiben mit den Etiketten Moderation, Hilfestellung bei Aufklärung und Selbstaufklärung oder auch Mäeutik.[24] Sie umfaßt ungleich stärker als früher den Versuch, die Lernvoraussetzungen der TeilnehmerInnen und die Methoden mit den

---

[21] Beispiele für ein solches Verständnis sind v. Werder 1980 und Alheit/Wollenberg 1992.
[22] Vgl. Heinen-Tenrich 1994, S. 390 f. und Grubauer 1988.
[23] Vgl. Geißler/Kade 1982, S. 10 ff.
[24] Mäeutik: Die »Hebammenkunst« des richtigen Fragens und Animierens zum Weiterdenken. In dieser Tradition sieht sich auch die sokratische Methode, siehe Horster 1994; Arnold/Schüßler sprechen im Zusammenhang mit professionstheoretischen Überlegungen vom »Ermöglicher« oder »Organisierer« von Erfahrungen (vgl. 1996, S. 13).

Lebenswelt, reflexive Wende und Biographien in der Erwachsenenbildung

Inhalten zugleich zu denken, sie läßt sich zusammenfassen in dem Doppelmotto Hartmut von Hentigs: »Die Menschen stärken, die Sachen klären«. Daß eine biographische Orientierung von Erwachsenenbildung etwas mit einem Perspektivenwechsel, einer »Wiedereinführung des Menschen«[25] in der Erwachsenenbildung zu tun hat, wird nicht bestritten werden können; fraglich und nunmehr in stärkerem Ausmaß strittig ist aber wohl, wie weitgehend dieser Wechsel gilt.

Immer noch und immer wieder begegnen Versuche, bescheidenere Selbstverständnisse der Erwachsenenbildung zu formulieren, dem Vorwurf der Beliebigkeit, der Befürchtung »Wozu sind wir dann noch da, wofür noch zuständig?«, der Ermahnung »Wir müssen aber doch (... dieses Thema forcieren, jene Einseitigkeit korrigieren)«, der Frage »Wo bleiben die relevanten Kernthemen?«.

Gerade lebensweltliches oder biographisches Arbeiten sieht sich schon immer einer Vielzahl solcher Einwände ausgesetzt. So wird der Subjektivität generell mißtraut oder kritisiert, der Vermittlungs- und Aufklärungsgedanke werde zugunsten relativistischer Anschauungen und individueller Wahrheiten preisgegeben.[26] Oder es heißt, dem Fortleben von Rassismen und Antisemitismen könne mit dieser Art von Bildungsarbeit nicht vorgebeugt werden, vielmehr berge sie die Gefahr, die Würde der Opfer des Nationalsozialismus zu vernachlässigen oder gar zu verletzen.[27] Jüngste Diskussionsbeiträge rekurrieren auf Vereinfachungen, die für überwunden gehalten werden konnten; sie stellen eine biographisch orientierte Erwachsenenbildung (und ihre Prämissen) grundsätzlich unter Ideologieverdacht.[28] War etwa in den Diagnosen, die die Politikdidaktik seit den 80er Jahren dem Verfall der politischen Bildung ausstellte, biographisches Lernen nur eine von vielen problematisch genannten Modeerscheinungen, so avanciert es mittlerweile bei ausgewiesenen Autoren, die es besser wissen könnten, zu einem Paradigma, das gesellschaftliche Prägungen ignoriere und eine neue therapeutische Zwangsgemeinschaft von Lehrenden und Lernenden aufzubauen drohe. Gegen den Zeitgeist von Individualisierungs-

---

[25] Tietgens 1991, S. 212.
[26] Klaus-Peter Hufer etwa hat wiederholt seine Distanz gegenüber dem »subjektiven Faktor« in der Bildungsarbeit zum Ausdruck gebracht, siehe z. B. Hufer 1991, insb. S. 11 und 23.
[27] Vgl. Bernstein 1995, S. 143.
[28] Vgl. Alheit 1996.

theoretikern und »individualisierungsfixierten Erwachsenenpädagogen« müsse die Rationalität seriöser Biographieforschung verteidigt werden.[29]

Wir möchten das von Skeptikern entwickelte Szenario eines selbstbezüglichen Bildungsbiographismus zum Anlaß nehmen, im weiteren auch praktische Erfahrungen mit dem Erzählen und mit biographisch orientierter Bildungarbeit als Ermutigung für eine ernsthafte Subjektorientierung vorzustellen.

2.2 Teilnehmerorientierung und Aneignungsperspektive

Worin besteht der Entwicklungsschritt, den die Erwachsenenbildung von der Teilnehmerorientierung zur Biographie-Orientierung gemacht hat? Einer an den Biographien der Subjekte interessierten Bildungsarbeit geht es um mehr als die Andeutung subjektiver Bezüge von Themen, auch um etwas anderes als die bloße Illustration von Komplexität und Repräsentation von Vieldeutigkeit: es geht um die Selbstthematisierung der Subjekte – oder, um es aus einem anderen Blickwinkel zu formulieren: um die Aufmerksamkeit für den Teil von Lehr-Lern-Pozessen, der die eigensinnige »Aneignung« von Inhalten betrifft. Es geht auch, wie die interpretierenden Metaphern von »Heftpflastern« und »Narben«[30] andeuten, um Verletzungen und Verletzungsgefahren, die von übermächtigen Strukturen ausgehen.

Damit ist zugleich umschrieben, was unter einer Biographie zu verstehen ist. Während der Begriff »Lebenslauf« die äußeren Daten eines gelebten Lebens umfaßt, haben wir es bei einer Biographie mit seiner Innenseite zu tun, mit dem, was der oder die Erzählende – sei es schriftlich oder mündlich – subjektiv zu seiner oder ihrer Lebensgeschichte macht. »In Lebensgeschichten ist nicht nur von Erfolgen oder aktenkundigen Mißerfolgen, auch von mißglückten Versuchen, Demütigungen, Enttäuschungen, Krisen, Zweifeln und Verzweiflungen die Rede und von den mühsamen Versuchen, sie dennoch zum Guten zu wenden, sie in Ge-

---

[29] Alheit 1996, S. 184 f. – vgl. auch Hufer 1992, S. 156 f.; zur Kritik solcher Sichtweisen: Ciupke/Reichling 1994a.
[30] Henningsen 1981, S. 109; Schulze 1991, S. 146.

winn zu verwandeln und sei es nur der Gewinn der Einsicht. In Lebensläufen scheinen Laufbahnen und Rollen normiert und zugleich isoliert, als voneinander unabhängig. In Lebensgeschichten dagegen kreuzen, verbinden oder reiben sie sich aneinander. In Lebensgeschichten wird deutlich, daß Laufbahnen nicht gradlinig verlaufen, sondern in Wendungen und Biegungen ...«.[31]

In Zeiten verstärkter Individualisierung und erweiterter Optionen muß Erwachsenenbildung ein Interesse haben zu erfahren, wer, warum, wann, wo die Mühsal welcher Lernanstrengungen formeller oder informeller Art auf sich nimmt. Die von Jochen Kade u. a. vorgeschlagene Perspektivenverschiebung von der Angebots- auf die Aneignungsseite der Erwachsenenbildung öffnet den Blick auf ein »Schattenreich der Pädagogik«,[32] nämlich die vielfältigen Formen, in denen sich Menschen individuell, bruchstückhaft, unorganisiert und widersprüchlich der ihnen zugänglichen Wissensreservoires bedienen. Bisher von der Forschung und Praxis als Abweichung und Bildungsabstinenz interpretiert, sind solche »unordentlichen« Lernvorgänge genauerer Beachtung wert, weil sich in ihnen die Lebensprobleme der Lernenden artikulieren und weil sich pädagogische Wirklichkeit allein im Spannungsverhältnis von pädagogischen Ansprüchen und subjektiver Aneignung konstituiert. Dieses Grundproblem ist durch die gesteigerte Unübersichtlichkeit der gesellschaftlichen Anforderungen an die Individuen, durch die partielle Freisetzung von stabilen Lebenslaufmustern und das unendlich vermehrte Angebot frei flottierender oder pädagogisch »gerahmter« Wissensbestände in Institutionen und Medien gesteigert: Wie schaffen es Individuen, die unlebbare Moderne zu leben und die unaufhaltsame Potenzierung verfügbaren Wissens für sich zu nutzen und zu »bändigen«? Die für die Pädagogik bislang grundlegende Vermittlungsbeziehung zwischen der Sachthematik, dem Professionellen und den Teilnehmern hält Kade denn auch für »implodiert«, und eine neue Heterogenität, prekäre und situative Verbindungen vermeintlich unpassender Wissenselemente seien an der Tagesordnung.[33]

---

[31] Schulze 1985, S. 39; siehe auch Rosenthal, sie definiert »Biographie« als ein soziales Gebilde, »das sowohl soziale Wirklichkeit als auch Erfahrungs- und Erlebniswelten der Subjekte konstituiert und das in einem dialektischen Verhältnis von lebensgeschichtlichen Erlebnissen und Erfahrungen und gesellschaftlich angebotenen Mustern sich ständig neu affirmiert und transformiert« (1995, S. 12).
[32] J. Kade 1994, S. 149.
[33] J. Kade 1994, S. 155.

2.3 Biographieforschung und Bildungsarbeit

Bedenken und Einschränkungen gegenüber einer biographisch orientierten Bildungsarbeit werden zumeist aus der Richtung einer soziologischen Biographieforschung formuliert, die einen anderen Umgang mit den Subjekten und ihren narrativen Hervorbringungen pflegt. Worin liegen also gleichgerichtete, worin andersartige Interessen an Biographie, was können die beiden Seiten voneinander lernen, und wo liegen Differenzen, die nichts mit den professionellen Fragerichtungen, sondern mit politisch-pädagogischen Axiomen der beteiligten AutorInnen zu tun haben?

Eine prinzipielle Gemeinsamkeit beider Felder besteht sicherlich darin, daß sowohl das Interesse an biograpischer Forschung als auch das an biographisch orientierter Bildungsarbeit ihren Ausgang in Fremdheits- und Irritationserlebnissen nehmen: sei es die in diesem Jahrhundert gesteigerte Erfahrung gesellschaftlicher Modernisierung und Umschichtung, sei es die Konfrontation von Kulturen durch Wanderungs- und Globalisierungsprozesse.

Völlig unumstritten ist, daß biographische Forschung Erhebliches zur Aufhellung der Lernvoraussetzungen für die organisierte und die informelle Erwachsenenbildung beitragen kann.[34] In der empirischen Sozialforschung fungierten biographisch-qualitative Arbeiten als ein Einfallstor für die von mechanistischem Denken verdrängte Erkenntnis, daß Individuen auf gesellschaftliche Verhältnisse höchst unterschiedlich reagieren können und dies in der Regel auch tun. Und auch hier führte die Erprobung »weicher«, narrativer Methoden, das waren zumeist der individuellen Lebensgeschichte Raum gebende Interviews, mitten in den Konflikt hinein, ob es sich um mehr als eine explorative Vorstufe zur »richtigen« Arbeit (gemessen an den Standards der empirischen Sozialforschung) handeln dürfe, ob nicht ein solcher »humanistischer Koeffizient« subjektivistische Verzerrungen mit sich bringe. Ein Konsens scheint sich einzubürgern: mindestens über eine Skala von Realitätszugängen, individuellen Verhaltensrepertoires, Verlaufsformen, möglichen Vorstellungswelten und sozialen Prozessen zu infor-

---

[34] Zur Einführung in diese Problematik vgl.: Gieseke/Siebers 1994.

mieren, wird biographischer Forschung zugestanden – und damit eine »sozialtheoretische Anregungskraft«.[35]

Natürlich gibt es Parallelen zwischen der Anlage und Interpretation lebensgeschichtlicher Interviews und biographischer Bildungsarbeit; Anlässe, Stimuli und Erzählzwänge sind vergleichbar, ModeratorInnen sollten entsprechend in der systematischen Reflexion von Texten und ihren Lesarten fortgebildet sein, und die ethische Problematik der Befragungs- und der Gesprächsssituation weist ebenso Analogien auf. Aus der Analyse von Lernbiographien läßt sich vieles über unterschiedliche Modi und Widerstände des Lernens im Lebenslauf erfahren; ein »Bündnis des Wissenwollens«[36] prägt in beiden Fällen die Kooperation von Beteiligten mit unterschiedlichen theoretischen Voraussetzungen.

Allerdings unterliegt der »Erzählstrom« einzelner in Veranstaltungen der Erwachsenenbildung der entscheidenden Bedingung, daß auch andere TeilnehmerInnen Geschichten und Erinnerungsspuren zu geplanten (oder ungeplanten) Themen beitragen möchten und beitragen sollen. Aufgrund der Logik und Dynamik des Gruppenprozesses können Lebensgeschichten nicht in ihrer Gesamtheit in die biographische Kommunikation einbezogen werden; alle Beteiligten begnügen sich – aktiv oder passiv – mit Abschnitten und assoziativen Rückgriffen.

Biographisches Arbeiten in der Erwachsenenbildung unterscheidet sich darüber hinaus grundlegend von der Anlage und Interpretation narrativer Interviews: Im Gegensatz zur konzentrierten und methodisch »objektiv« kontrollierbaren Interpretationssituation stehen ModeratorInnen der Erwachsenenbildung nicht vor dem ethischen Problem des »Entreißenwollens« von Lebensgeschichten, sondern in dem des sofortigen Interagierens, Reagierens, Spiegelns, Brechens, Vermit-

---

[35] Fuchs-Heinritz 1990, S. 2; »Die Strukturen der modernen Gesellschaft beruhen (auch) darauf, daß die Mitglieder dieser Gesellschaft (auch) etwas anderes sein wollen als nur Gesellschaftsmitglieder: Insofern also eine Paradoxie im Verhältnis von moderner Gesellschaft und ihren Mitgliedern Bestandsbedingung dieser Gesellschaft ist, so kann der Bogen zurück zum Vorwurf des Subjektivismus der biographischen Methode geschlagen werden: Es ist nicht einzusehen, weshalb die Lebenserfahrungen und biographischen Rekonstruktionen der Einzelnen aus dem Arbeitsfeld der Sozialwissenschaften ausgeschlossen werden sollen. Sind sie doch offenbar ein bedeutsames Material für die Analyse der modernen Vergesellschaftung« (a. a. O., S. 8); siehe auch Kohli 1981.

[36] Bude 1995, S. 9; dazu auch Tietgens 1991 (bei Pierre Bourdieu: »Komplizenschaft« des Forschenden mit den Illusionen des erzählenden Subjekts! – Vgl. Bourdieu 1990, S. 76)

telns zwischen unterschiedlichen Perspektiven. Eine Distanz zum »Text«, in unserem Fall zum gesprochenen Wort, die ein wiederholtes »Lesen« und das Analysieren von einzelnen Sequenzen bis hin zu einer plausiblen Interpretation erlauben würde, kann in Bildungsveranstaltungen nicht eingenommen werden.[37]

Wie bei jedem neuen methodischen Ansatz sind programmatische Überschätzungen auch der biographischen Kommunikation und des biographischen Lernens nicht auszuschließen. Mag sein, daß dieser Weg hier und da als wirksames Instrument gesellschaftlicher Konsensfindung, als sozialpolitisches Palliativ oder sogar als »Wiederaufforstung des Sozialen« (C. Offe) überbewertet werden könnte. Uns geht es darum, daß eine beginnende Praxis nicht übereilig von Bedenken erstickt wird, die gegen jede Praxis zu wenden wären – etwa von dem Einwand, daß die Menschen die organisierte Bildungssituation möglicherweise wieder verlassen, ohne etwas Bestimmtes (die Bedeutung der Grundrechte, den Einfluß des Weltmarkts, die Präsenz des Rassismus, das Prius der ökologischen Herausforderung ...) gelernt zu haben.

Wenn Biographizität, also die Fähigkeit, Organisator *und* Interpret des eigenen Lebens zu sein, als neue Schlüsselqualifikation in der Bildungsarbeit ernstgenommen werden soll, so stehen die Privilegien der Deutung und Verarbeitung komplexer, ja verwirrender Gesprächssituationen unter dem unabweisbaren Imperativ der Demokratisierung des Lernprozesses. Damit verbieten sich für uns Wunschvorstellungen darüber, wie »aufgeklärt« Erwachsene agieren sollten.

Eine große Chance scheint uns darin zu liegen, daß zur Zeit die Argumente für eine neue Bescheidenheit von Institutionen und Profession und eine ernsthafte Subjektorientierung aus vielen Quellen zusammenfließen – aus der TeilnehmerInnen- und Lern-Forschung ebenso wie aus Analysen institutioneller Entwicklung:[38] Es geht um die Bereitstellung

---

[37] Vgl. Tietgens 1990; kritisch dazu Schäffter: Es bestehe »keine situative Trennung zwischen Lebensweltnähe und Erkenntnisleistung« (vgl. 1991, S. 306). Peter Blöing verdeutlich den Unterschied zwischen der forschenden Interpretation und der Seminarinteraktion mit dem Vergleich zum Fußballspiel: der nachträgliche »Fernsehbeweis« kann sich von den »situationsgerechten Tatsachenentscheidungen« des Schiedsrichters deutlich abheben (im Anhang zu: Wienold 1996, S. 90 f.).

[38] Die Stichworte »Infrastrukturmodell« (Dräger/Günther 1996), »Lernen en passant« (Reischmann 1996b), »Möglichkeitsraum« (Kade/Seitter 1996) und Hinweise auf eine »Ermöglichungsdidaktik« (Arnold/Schüßler 1991) sowie auf konstruktivistische Theo-

Idealtypische Charakteristika von Biographieforschung und biographischer Kommunikation

Biographieforschung		Biograph. Kommunikation
(in der Regel) Konzentration auf einzelne Biographien	*Gegenstand*	Mehrzahl von Erzählsträngen
Verarbeitungsprozesse von Geellschaft in individueller Logik	*inhaltlicher Akzent*	Verarbeitungen im Vergleich
gezielte Auswahl der »Biographen«, Objektivierung der narrativen Quelle, Deutungs-*entscheidungen*	*Verhältnis von »Quelle« und Professionellen*	Selbstrekrutierung der Teilnehmenden, »Quelle« bleibt anwesend und in Interpretation involviert, Deutungs-*vorschläge*, Kontroversen
Erzählfluß, Erzählzwänge. Intimität	*Prinzipien und Bedingungen des Erzählens*	Gesprächsfluß, Gruppenprozeß, Respekt/Diskretion
wissenschaftl. Deutungen, methodisch kontrolliertes Vorgehen, »Rückgabe« der Lebensgeschichten problematisch	*Art der Interpretation*	»praktische Diskurse«, Deutung als Aushandlungsprozeß, »Rückgabe«/Reaktionen notwendig
schonungsloses Offenlegen von Implikationen, Illusionen, Mythen	*Grenzen?*	Aussparen von nicht verhandelbaren Illusionen/Tabus
Hypothesenbildung, Erzähl-Stimuli, technischer Rahmen, selbständige Interpretation	*Funktion der Professionellen*	Hypothesenbildung, komplexes, variables Setting, Moderation, Probedeutungen
Fragen, Bestätigungen, Ermutigungen	*»Techniken«*	Fragen, Spiegelungen, Brechungen, Überleitungen
beliebig, Distanz herstellbar	*Zeitrahmen für Auswertung*	sofortige Reaktionen
Fachöffentlichkeit	*Adressaten*	TeilnehmerInnen/Erzählende
Verantwortung gegenüber einzelnen Zeitzeugen und Profession	*professionelle Ethik*	Verantwortung gegenüber Einzelnen, Gruppe, Thema und Profession (und Veranstalter/ institut. Rahmen?)

von »Settings« und Anreizen des Lernens, die unterschiedlichste Erwachsene zur Reflexion und Neubestimmung ihrer eigenen Positionen einladen. Diese Settings müssen trotz der institutionellen und professionellen Akzente auf bestimmten Themen und Methoden vielfältige Wege der Aneignung und Verwendung eröffnen und dürfen die Dimension, daß Lebensprobleme bearbeitet und bewältigt werden »wollen«, nicht abschneiden.

2.4 Die »zweite Wirklichkeit« als Herausforderung in fast allen Gebieten der Erwachsenenbildung

In den folgenden Skizzen werden Bedeutung und Probleme biographisch orientierter Bildungsarbeit stark aus dem Blickwinkel politischen Lernens betrachtet – dem Arbeitsfeld der Verfasserin und des Verfassers. Es sei aber wenigstens mit einigen Verweisen belegt, daß die verstärkte Berücksichtigung biographischer Bezüge auch andernorts dazu beiträgt, die Brücke zu einer ernsthaften Lebenswelt- und Subjektorientierung zu schlagen und paternalistische Konzepte zu verabschieden.

Mit einer gewissen Verspätung ist Ende der 70er Jahre in der **Altenbildung** der Bildungsoptimismus der Reformperiode angekommen und hat die Vormeinung revidieren geholfen, daß die Lernfähigkeit im Alter generell schwinde. Die seither vielfach formulierte Aufforderung, den Erfahrungsschatz alter Menschen zu heben, in der Erwachsenenbildung der Abstumpfungsgefahr entgegenzuarbeiten und »die Tradition des Erzählens als Folie des geistigen Ordnens wieder aufleben zu lassen«, scheint ansatzweise eingelöst worden zu sein.[39]

In einem neueren Überblick hat Sylvia Kade herausgearbeitet, daß Konzeptionen, die von »Betreuung«, Belehrung und normativer Fremddefinition von Lernzielen wegführen und die regulative Idee der Selbstbestimmung auch in höheren Lebensaltern ernstnehmen, an

---
rieansätze (Arnold/Siebert 1995) mögen genügen, um anzudeuten, daß mehrerlei Theoriestränge und theoretische wie praktische Aporien der Zunft dem hier geforderten Selbstverständnis zuarbeiten.

[39] Vgl. Behrens-Cobet 1984, S. 16 ff. (Zitat: Hans Tietgens, Vorbemerkungen, ebd., S. 11).

einer biographischen Färbung der Bildungsarbeit nicht vorbeikommen. Alltags-, Lebenswelt- und Biographieorientierung sind selbstverständliche Bestandteile einer offenen, oft auch aus Initiativen der Betroffenen erwachsenden Verständigungs- und Reflexionsarbeit. Die Bedeutung biographischen Rückblickens und Bilanzierens wachse generell mit dem Älterwerden, und die Beschleunigung sozialen Wandels habe das Bedürfnis nach Reinterpretationen der eigenen Lebensgeschichte, nach Selbstvergewisserung im Dialog gesteigert.[40] Wie auch aus anderen Berichten und Analysen zu lernen ist, haben methodisches Experimentieren und neue Zeitformen die Bildungsarbeit mit Älteren mittlerweile erreicht und dazu beigetragen, den »Lebensmotor der Beteiligten« in Gang zu halten.[41]

Auch die **religiöse Bildung** hat – im Sinne einer »lebensbegleitenden, erfahrungsnahen Identitätshilfe« – das biographische Element wiederentdeckt. In stillschweigender und expliziter Kritik an eher totalitätsfixierten Lernbegriffen und mit einem Seitenblick auf bildungstheoretische Grundfragen wird nunmehr stärker die religiöse Begleitung von Umbrüchen, Statuspassagen und »kritischen Lebensereignisse« eingeklagt – eine Erwartung, die sich gerade im Hinblick auf Sterben, Tod und Leiden nachdrücklich an die Kirchen richtet. Erwachsenenbildung im Umkreis von Kirchen und Theologie muß sich aber auch den Ungewißheiten der Moderne stellen und damit in Verständigungsprozesse über die Bedeutung religiöser Gebote, die Vielfalt von Sinnangeboten und Werten und das »gute Leben« eintreten. Die Auseinandersetzung mit religiöser Sozialisation schließlich bietet eine weitere Brücke zwischen religiöser Erwachsenenbildung und biographischer Arbeit an.[42]

Soweit die **gewerkschaftliche Bildungsarbeit** sich als politische Erwachsenenbildung im allgemeinen Sinne versteht, gelten die an anderer Stelle (vgl. Kapitel 4) konstatierten Öffnungstendenzen zum Biographischen hin ebenfalls: Das Interesse an Kommunikation und Verständigung wird allmählich ernster genommen, ebenso wie die nicht mani-

---

[40] Vgl. S. Kade 1994, S. 11 ff. und 55 ff. Die Autorin bietet zugleich (S. 66 ff.) eine Vielzahl von methodischen Hinweisen und Leitfragen sowie Resümees exemplarischer Projekte. Weitere Berichte und Analysen in: Buschmeyer 1990.
[41] Vgl. Spiker 1995.
[42] Vgl. Nipkow 1994 (Zitat: S. 16). Einen ausführlichen Bericht über das Lernen an »Knotenpunkten des Lebens« in der evangelischen Erwachsenenbildung mit methodischen Anregungen und Reflexionen liefert: Meier 1990.

fest-politischen Motive und Anlässe von Weiterbildung. In der Funktionärs-Ausbildung haben es ähnliche Einsichten schwerer, weil die »Output«-Erwartungen der Gewerkschaftsorganisationen stringenter und die Kosten höher sind. In den Veröffentlichungen eines umfangreichen Forschungsprojekts zur Schulungsarbeit der IG-Metall werden die gewerkschaftlichen Veranstalter und ErwachsenenbildnerInnen auf die »zweite Wirklichkeit« aufmerksam gemacht, die in Form von »Geschichten« ungeplanter Bestandteil jedes Lehrgangs ist.[43] Die von den Autoren analysierten Geschichten sind nicht dasselbe wie biographische (Teil-)Erzählungen im bisher untersuchten Verständnis – die in ihnen gefaßten Wirklichkeiten der Teilnehmenden sind stärker durch eine gewerkschaftspolitische Vorgeschichte und Adressierung an die Organisation geformt, haben deutlicher den Charakter von »Botschaften«. Nicht nur der Wunsch nach individueller, sondern auch der nach politischer Anerkennung und moralischer Bestätigung kennzeichnet solche Geschichten. Aber auch hier werden Erzählen und Zuhören als Formen der Selbstaufklärung und als Versuch gewertet, Eigensinn jeder Art (also auch politisch unerwünschten wie z.B. rassistische und sexistische Anwandlungen) gegen den stummen Zwang der Alltagsverhältnisse und des gewerkschaftlichen Common sense aufzubieten. Die Forschungsgruppe fordert das Ernstnehmen auch solcher krummen Geschichten, also nicht nur der »korrekten« und kämpferischen Erfolgsstories, weil es endlich die »Begrenztheit aller ›Pädagogik für Erwachsene‹« und die Notwendigkeit von Dezentralisierung und Demokratisierung der Seminararbeit lehren könne: Nicht das »Knacken« von Deutungsmustern und eine ausschließlich rationale Bewußtseinsbildung seien die Aufgabe der Lehrenden, sondern die Organisation einer gemeinsamen Wirklichkeitssuche, die moralische Fragen und Emotionen nicht aussperrt. »Vom Anspruch auf Veränderung der ›Köpfe‹ oder der ›Herzen‹ der Teilnehmenden Abschied zu nehmen«, ermögliche das Zugehen auf fertige Menschen und ihre ureigenen Impulse zu Veränderung und Solidarität – auch ohne eine »letzte Instanz« der politischen Gewißheit.[44]

Die **kulturelle Bildung** hat ebenfalls biographische Impulse in sich aufgenommen: Sobald es um Erweiterung und Schärfung von Wahrnehmung geht und um die spielerische Zulassung von Phantasie, gerät

---

[43] Vgl. Wienold 1994 und 1996 sowie Weischer 1996 (mit weiteren Verweisen).
[44] Wienold 1996, S. 265 f.

»Die zweite Wirklichkeit«

die lebensgeschichtliche Prägung von Sinnen und Mitteilungsfähigkeit in den Blick. In den Versuchen der Verbindung kognitiven und affektiven Lernens ist z. B. das »Körpergedächtnis«, d. h. die in der Regel unbewußte Erinnerung an Szenen der Entwicklung, Zurichtung und Gewalt, eine notwendige Instanz der Selbstwahrnehmung.[45] In erwachsenenbildnerischen Bemühungen um **Medienkompetenz** wird, sobald das verbreitete bewahrpädagogische Gejammer beiseitegeschoben ist, eine Auseinandersetzung mit den grundverschiedenen Erfahrungsschich-ten der Generationen und Teilkulturen ebenso unvermeidlich sein: mit Lektüreerfahrungen, mit den sehr differierenden Nutzungen von Radio, Fernsehen und Kino, mit den immer wiederkehrenden Experimenten aktivierender Medienarbeit, der mühseligen oder mühelosen Gewöhnung an Computer und Multimedia. Zu einer souveränen Privat- und Berufsnutzung des aktuellen Angebots gehört die Reflexion der eigenen Medienbiographie.[46]

Hat sich die **berufliche Bildung**, aus der Blickrichtung der allgemeinen Erwachsenenbildung gemeinhin als »Reich der Notwendigkeit« gesehen, von den Aufweichungen freigehalten, die eine biographische Orientierung für straffe, lineare Lernziele und Lernarrangements bedeutet? Die Beschleunigung nicht nur des sozialen Wandels, sondern auch des Taktes von Produktinnovation und Restrukturierung der Arbeit verkürzt zunächst einmal die Haltbarkeit von Qualifikationen und erhöht die Anforderungen an berufliche Weiterbildung; berufsbiographische Brüche sind oft mit Kompetenz-Abwertungen und Weiterbildung verbunden. Über diese abstrakte Verknüpfung hinaus aber sind die Indizien gering, daß die Kommunikation über Lebensgeschichte eine nennenswerte Rolle spielt: Berufliche Weiterbildung in betrieblicher Regie erfaßt, da einer direkten Kosten-Nutzen-Rechnung unterworfen, regelmäßig vor allem Führungskräfte und mittleres Management, und lediglich in der Verbindung mit sogenannter individualisierter »Personalentwicklung« sind Blicke auf individuelle Entwicklung und Erfahrungsverarbeitung beobachtbar.[47] Nur eine historische Ausnahmesituation wie die deutsche Vereinigung vermag es wahrscheinlich, Faktoren wie lebensgeschichtliche Prägungen und Mentalitäten in größerem Umfang in solche Kosten-Nutzen-Rechnungen eingehen zu

---

[45] Vgl. Buschmann/Schitteck 1992, S. 17 ff.; Buschmeyer/Kocot 1996 und Klotz 1995.
[46] Vgl. Thier/Lauffer 1993, »Der Alltag« 1996 und J. Kade 1996.
[47] Vgl. Weber 1994.

lassen und die berufliche Bildung entsprechend anzureichern: die Beschäftigung mit der biographischen Bedeutung des Berufs, der beruflichen Sicherheit, das Verschwinden von Berufsbildern in der »Wende« waren Ansatzpunkt und Thema vielfältiger Modell-Seminare in Ostdeutschland nach 1990 – eben weil ein Ignorieren dieser Dimensionen als »Hemmschuh, Motivationskiller und Produktivitätsbarriere« wirkte.[48]

---

[48] Vgl. Erpenbeck/Weinberg 1993, S. 58 ff. (Zitat: S. 107). In der ostdeutschen und der deutsch-deutschen LehrerInnen-Fortbildung zeigen sich vergleichbare Ansätze – vgl. Gruner/Messmer 1996 und Jansa 1994. Bei Erziehern und anderen pädagogisch Tätigen kann wohl generell eine größere Aufmerksamkeit für das biographische Element in der beruflichen Aus- und Fortbildung vorausgesetzt werden – vgl. z. B. Dikow 1988 und Stiller 1997.

3. Wohin führt biographisch orientierte Bildungsarbeit?

3.1 Das Prinzip einer offenen Didaktik 32
3.2 Der Sinn lebensgeschichtlichen Erzählens 40
3.3 »Es gibt solche Gruppen und solche Gruppen«:
Enttypisierung für jedermann! 51
3.4 Abschweifung erlaubt: Über Multiperspektivität und
unabschließbare Diskurse. 62
3.5 Diskutieren »ohne Geländer«: Über Voraussetzungen
biographischer Kommunikation 73
3.6 »Große« und »kleine« Wahrheiten am Beispiel
»Zweiter Weltkrieg und Nationalsozialismus« 78
3.7 Lebensgeschichten debattieren? Tabus und heikle Punkte 85

Sollen die Möglichkeiten des Lernens aus biographischer Kommunikation nicht auf der Ebene von Postulaten steckenbleiben, muß die Frage beantwortet werden, »welches erkenntnisschöpfende Potential institutionalisierte Formen der biographischen Selbst- und Fremdartikulation in Bildungssituationen besitzen«.[49] Dies sei im folgenden am Beispiel einiger Sequenzen aus biographisch orientierten Veranstaltungen versucht – ohne Klippen und offene Fragen zu verschweigen.[50]

---

[49] Nittel 1991, S. 112.
[50] Ein deutliches Schwergewicht liegt hier auf deutsch-deutschen Themen der Zeit nach 1990, weil uns aus dem von den Landesregierungen Nordrhein-Westfalens und Brandenburgs geförderten Modellprojekt »Geteilte Erfahrungen« (1992–1994) ausnahmsweise ausführliche Seminarmitschnitte und -transkripte zur Verfügung standen. Daß wir uns mit den Veranstaltungs-Sequenzen vornehmlich unter materialen, inhaltlichen Aspekten befassen, bedeutet keine Ignoranz gegenüber den Dynamiken von Interaktion und Selbstinszenierung im Gespräch (vgl. Nolda 1996b, S. 336 ff.); unser Akzent rechtfertigt u. E. auch die gelegentliche Auslassung von Redundanzen.

3.1 Das Prinzip einer offenen Didaktik

Biographische Kommunikation in der Erwachsenenbildung setzt im Lernprozeß nicht *ausschließlich* auf das Narrative. Es trifft wohl eher die Frühzeit des Umgangs mit mündlicher Überlieferung und nicht den gegenwärtigen Stand des biographischen Lernens, wenn das Klischee vorherrscht, es würde »einfach nur erzählt«.

- Um einen Austausch von Erfahrungen und Positionen in der Gruppe zu ermöglichen, sind weitere **didaktisch-methodische Vorüberlegungen** vonnöten. Wenn es beispielsweise um die Rezeption der NS-Zeit geht, wird sich die Pädagogin/der Pädagoge bereits in der Planungsphase mit den Debatten über öffentliches und privates Gedenken im Zusammenhang mit dem Nationalsozialismus vertraut machen, mit den widerstreitenden Geschichtsbildern über »Befreiung« und »Zusammenbruch« – um nur die spektakulärsten zu nennen. Mentalitätsgeschichtliche Untersuchungen der 80er und 90er Jahre[51] werden in die Vorbereitungen einbezogen, so daß nicht alle zwiespältigen Erinnerungsdiskurse Überraschungen und blockierende Verwirrungen auszulösen vermögen.

- Didaktisch Planende können zur thematischen Schwerpunkt passende **autobiographische Literatur oder Filme** einbeziehen, sich also mit bereits veröffentlichten subjektiven Sichtweisen auf Geschichte und Gesellschaft, sei es aus der Sicht des Erleidens oder des Mitgestaltens, deutend auseinandersetzen und didaktische Phantasien entwickeln. Biographisches Arbeiten, wie wir es praktizieren, kann fruchtbar werden, wenn schon erste Vorannahmen bestehen und Arbeitsformen aktiver Aneignung ermöglichen – Analysieren, Vergleichen, Bezweifeln, Weiterschreiben und Gegendenken.[52]

- Die Affinität zwischen Erinnerungsarbeit und Erfahrungsgeschichte bezieht ihren andragogischen Sinn also auch aus der **Auseinandersetzung mit anderen Deutungen**, seien es in der Gruppe artikulierte oder solche, die aus der öffentlichen Diskussion, meist der Massen-

---

[51] Einflüsse auf Inhalt und Methode andragogischer Veranstaltungen hatten u. a. die von Lutz Niethammer und Alexander v. Plato 1983–85 herausgegebenen drei Bände »Lebensgeschichte und Sozialkultur im Ruhrgebiet« sowie Niethammer u. a. 1991.

[52] Vgl. Meueler 1994, S. 625; Fuchs-Brünninghoff/Peters 1994.

medien, oder aus der Geschichtsschreibung hergeleitet sind. Ein Prinzip biographischer Kommunikation ist die Gegenüberstellung der Einzelerzählungen mit der Historiographie, wie sie in Texten, Referaten oder auch in Ausstellungen präsent ist. Bestandteil einer offenen Didaktik ist die Reflexion dessen, was aus dieser Konfrontation entstehen könnte, d. h. Fragen, Kommentare und möglicher Widerspruch werden zu antizipieren versucht. Zum Beispiel kann sich Deutungsarbeit im Horizont von Geschichte, Politik und Alltagserfahrung während eines Museumsbesuchs über die Aura des Ortes und der Exponate besonders intensiv entwickeln: bezogen auf die Geschichte der Bundesrepublik oder der DDR etwa im Haus der Geschichte der Bundesrepublik Deutschland in Bonn[53] oder im Museum für Deutsche Geschichte in Berlin, selbstverständlich auch in den vielen lokalen Mahn- und Gedenkstätten. Solche Erinnerungsstätten oder Gedächtnisorte lassen sich hervorragend nutzen für den Austausch von Erlebnissen und Erfahrungen sowie – was in unserem Konzept stets mitgedacht ist – zur Diskussion über die Wandelbarkeit historischer Interpretation. Ausstellungen unterliegen mit ihrer unvermeidbaren Neubewertung der Vergangenheit denselben Mechanismen wie Biographien: es gibt keinen Endpunkt, von dem aus der Blick auf die vergangene Zeit und ihre Bedeutung »ein für allemal« gelingt.

- Lebensgeschichte und Historie lassen sich methodisch integrieren, z. B. in eine Schreibwerkstatt,[54] oder mit szenischen Darstellungen kombinieren.[55] Beide Formen arbeiten assoziativ und nutzen stärker, als reine Gesprächsgruppen dies vermögen, **Momente der Vertiefung und der Verlangsamung**.[56] Ein »Erzählfluß« kann sich darin mit Gewinn für einzelne und Gruppen entwickeln und im weiteren Verlauf eventuell auf allgemeine Kontexte hin bezogen werden.

---

53 Im Haus der Geschichte der Bundesrepublik Deutschland liegen Erfahrungen mit »Zeitreisen« als eintägige Bildungsveranstaltungen mit Erwachsenen unterschiedlichen Alters aus dem Jahr 1996/97 vor, die bisher nicht ausgewertet wurden.
54 Franke 1995; zum biographischen Schreiben auch Mader 1989; verschiedene Schreibelemente und ein darüber hinaus ein beeindruckendes, auf dem biographischen Ansatz basierendes Methodenrepertoire dokumentiert Sylvia Kade (1997).
55 Klotz 1995.
56 Den Begriff der »Verlangsamung« haben unseres Wissens Sept-Hubrich/Messerschmidt (1994) in die andragogische Diskussion eingeführt; vgl. dazu auch die Kategorie »Entschleunigung« (Grams 1994, S. 450 ff.) oder Axmachers Begriff der »Kunstpause« (Axmacher 1989, S. 87).

- Als ein im Sinne des Bildungsprozesses konstruktives didaktisches Element hat sich darüber hinaus die **Lektüre zeitgenössischer Zeitungsartikel** zu alltags- und politikgeschichtlichen Themen erwiesen.[57] Dies setzt Recherchen in Archiven oder Bibliotheken voraus. Parallel zum Studium allgemeinhistorischer Literatur haben die planenden PädagogInnen für ein deutsch-deutsches Wochenseminar[58] Beispiele der Berichterstattung über die Abriegelung der DDR gegenüber der Bundesrepublik, also die dramatischen Tage im August 1961, zusammengetragen. Nach einer internen Diskussion über die damaligen »Fakten« und die Art und Weise ihrer Präsentation entstanden vervielfältigte Reader mit ausgewählten Artikeln zum einen aus westdeutschen, zum anderen aus Ost-Berliner Zeitungen. Für die Kleingruppenarbeit ergaben sich interessante Perspektiven dadurch, daß West- und Ostdeutsche die Zeitungen der »anderen Seite« in den 60er Jahren nicht kannten bzw. kennen konnten, daß also zeitgenössische Texte zum ersten Mal wahrgenommen wurden. Männer und Frauen, die im Jahr 1961 Kinder, Jugendliche oder bereits Erwachsene waren, erinnerten sich an diese Zeit und ließen sich zu Erzählungen anregen. In späteren Phasen reflektierten und bewerteten sie auch die in der Berichterstattung deutlich gewordenen Interessen und Sichten der Westmächte bzw. des Ostblocks und ebenso die zeitgeschichtliche Bedeutung des Mauerbaus angesichts der unvorsehbaren Ereignisse von 1989. So wie sich biographische Kommunikation außerhalb andragogischer Settings ganz selbstverständlich auf Daten und Zäsuren der Zeitgeschichte bezieht, kann diese, sofern eine erfahrungsgeschichtliche Relevanz für alle Beteiligten vermutet wird, in Bildungsveranstaltungen bewußt an einschneidende Geschehnisse der deutschen Zeitgeschichte gebunden werden. Historische Zeitungsartikel erleichtern solch induktives wie deduktives didaktisches Vorgehen, d. h. sowohl die Übergänge vom Geschichtenerzählen zum Diskutieren als auch den entgegengesetzten Weg, von abstrakteren Sichtweisen – etwa, bezogen auf das Jahr 1961, die ökonomischen Probleme der DDR oder die Reaktionen der USA auf den Mauerbau – hin zu biographischen Bedeutungen oder zu individuellen politischen Lernprozessen. Biographische Kommunikation hält stets beide Wege offen.

---

[57] Die erwachsenenbildnerische Verwendung eines eher theoretisch-berichtenden Zeitungsartikels wird detailliert analysiert bei: Nolda 1996b, S. 110 ff.

[58] »Lebenswege und Politik. Nachkriegstraumata hüben und drüben« im April 1993 in Radevormwald/NRW.

Das Prinzip einer offenen Didaktik

- Schließlich lassen sich Expertinnen bzw. Experten eines eingegrenzten Themas in Seminare einladen; beispielsweise könnten sie über die unterschiedlichen Bedeutungen des Datums 1968 im Osten und im Westen referieren oder, um ein anderes Beispiel aus der von uns praktizierten Bildungsarbeit zu nennen, über Kindheitsmuster und Erziehungserfahrungen in den 50er und 60er Jahren und sich anschließend mit den TeilnehmerInnen in ein biographiebezogenes Gespräch begeben. Allerdings setzt ein solcher **Diskurs von Wissenschafts- und Alltagsexperten** die Anerkennung des jeweiligen Zugangs voraus, d. h. wir haben nach ReferentInnen mit »empirischen« Ambitionen gesucht, die den Alltagstheorien und den Erfahrungen der Teilnehmer und Teilnehmerinnen aus dem Blickwinkel unterschiedlicher Disziplinen, der Erziehungswissenschaft, der Soziologie, der Geschichte, etwas Ergänzendes oder Weiterführendes abzugewinnen wußten. Es ist somit immer auch der Versuch, verschiedene Wissensbestände aufeinander zu beziehen.[59]

Die Alltagsexpertenschaft, auf die das didaktische Konzept in biographischen Lernarrangements nicht verzichten kann, ist allerdings nur begrenzt voraussehbar. Gruppenzusammensetzungen – bezogen auf das Alter, das Geschlecht, die geographische und soziale Herkunft – *ergeben* sich in der Regel, lassen sich also über die Werbung für Veranstaltungen nur bedingt beeinflussen. Die Planungen der PädagogInnen müssen daher mit überraschenden, das Thema modifizierende oder sogar umstürzenden Erfahrungsbeständen rechnen. Es liegt ein Widerspruch darin, daß wir ein Seminar auf der Grundlage von Erfahrungen konzipieren (müssen) ohne die Sicherheit, diese später bei den TeilnehmerInnen tatsächlich so vorzufinden. Daher ist es immer nur möglich, »tentativ«, versuchsweise eine Didaktik zu entwerfen.[60]

Am Prinzip einer offenen Didaktik festzuhalten heißt auch, daß mikrodidaktisch eine gewisse Unberechenbarkeit in Kauf genommen werden muß. Denn, wie unsere Transkript-Beispiele belegen: Diskursive Wege wechseln unerwartet die zunächst intendierte Richtung,

---

[59] Eine Vielzahl von didaktischen und methodischen Anregungen für Generationsgespräche im ostdeutschen Umbruchprozeß bietet Schlegelmilch 1994.
[60] Vgl. Tietgens 1990, S. 75; Schäffter 1991, S. 308. Sigrid Nolda macht darauf aufmerksam, daß selbstverständlich nicht nur Teilnehmende, sondern auch Lehrende in der Erwachsenenbildung Alltags- und Erfahrungswissen in die Seminar-Interaktion einbringen (Nolda 1996, 298 ff.).

meist, indem sich ein in der Planung unterbewerteter Aspekt vehement durchsetzt. Biographische Ansätze in der Erwachsenenbildung wollen solche in der Gruppe selbst entstandenen thematischen Modifikationen und Transformationen selbstverständlich nicht zudecken. Aber es bleibt ein Problem, »rote Fäden« nicht aus den Augen zu verlieren und gleichzeitig, um im Bild zu bleiben, Schleifen zuzulassen und deren Bedeutung für eine Verfeinerung oder Transformation von Themen zu erkennen. Als Schattenseite mikrodidaktischer Naturwüchsigkeit ließe sich dagegen eine Ansammlung disparater Erzählungen und Erinnerungsspuren beschreiben, die keine Struktur, kein »Bild« ergeben. Geduldiges Zuhören kann also neue Fragerichtungen und Einschätzungen allgemeinere Art ermöglichen, aber ebenso gegenteilige Effekte erzeugen, nämlich eine thematische und soziale Überforderung des Gruppenprozesses. Die Gefahr eines für die Bildungsarbeit quasi folgenlosen Erzählens läßt sich nicht grundsätzlich bannen, sondern ist in biographischer Kommunikation strukturell mit angelegt. Im Bewußtsein dieser Gefahr kann u. E. Mißerfolgen selbstbewußter begegnet werden. Die Beispiele gelungener biographischer Kommunikation, die nicht zuletzt auf didaktische Überlegungen und Erfahrungen zurückzuführen sind, geben unseres Erachtens Anlaß zur Ermutigung.[61]

Didaktische Elemente biographischer Kommunikation über »erlebte Geschichte«

- *Lebensgeschichtliches Erzählen:*

   Impulsgebende Fragen wie, »Können Sie sich noch an Ihre Schulzeit erinnern, z. B. an strenge oder nachgiebige Lehrerinnen und Lehrer?«; »Wo waren Sie am 8. Mai 1945 und wie haben Sie diesen Tag erlebt?«; »Welches Buch, welcher Film hat für Sie eine Auseinandersetzung mit dem Nationalsozialismus bedeutet?«; »Darf ich Ihnen meinen Sohn/meine Tochter vorstellen« (Vorstellungsrunde aus der Sicht der – imaginierten – Eltern) u. v. a.

---

[61] Ganz selten stellen KollegInnen weniger geglückte Beispiele ihrer Arbeit zur Diskussion. Einen interessanten Einblick in die Schwierigkeiten biographischer Kommunikation verdanken wir Baumgärtner 1990, S. 32 ff.

Das Prinzip einer offenen Didaktik

- *Private Fotografien:*

  Fotos aus dem Alltagsleben können zu Erzählungen anregen, aber auch zur zeitlichen Einordnungen und Resümees, zu Interpretation gesellschaftlicher Entwicklungen, etwa Fotos des ersten Autos, der ersten Ferienreise, des lang erträumten Ein-Familien-Hauses. Darüber hinaus geben Fotos Auskunft über Eltern-Kind-Beziehungen, über Geschlechterverhältnisse im Wandel, über jugendkulturelle Stile, über die Durchdringung von Privatem und Politischem. Die Arbeit an und mit Fotos als historische »Quellen« bedarf allerdings noch der pädagogisch orientierten Explikation.

- *Zeugnisse, Briefe, Bücher*

  und andere der »Selbstpräsentation« (G. Rosenthal) dienende Relikte können in das Rahmenthema einbezogen werden. Solche Objekte aus einer bestimmten Lebensphase klären über Kulturen, Erziehungsstile, Emanzipationsversuche u. a. m. auf. Wie bei der Präsentation von Fotos müssen auch hier Intimitätsgrenzen gewahrt bleiben. Es ist auch möglich, stattdessen mit Archivalien, mit historischen Quellen zu arbeiten).

- *Autobiographische Literatur:*

  Solche, möglicherweise vom Autor, von der Autorin vorgetragenen Texte können eine sehr viel höhere Aufmerksamkeit in der Gruppe erlangen als dies einzelne Erzählungen von TeilnehmerInnen vermögen. Die Texte bezeugen, daß sich jemand bereits mit Abschnitten seiner/ihrer Lebensgeschichte, mit vielleicht schmerzhaften Ereignissen, mit glücklichen Fügungen, mit Irrtümern usw. auseinandergesetzt hat. Dies ist ein Anreiz für Reflexionsprozesse in der Gruppe, sei es in affirmativer oder abgrenzender Weise. Autobiographische Texte fordern auf kognitive und auf affektive Weise zu einer Stellungnahme heraus. Beispiele sind die Texte von Erich Loest, Christa Wolf, Ruth Klüger ...

- *Zeitungsartikel*

  über das Alltagsleben und/oder über politische Ereignisse in Deutschland (Ost und West) aus den zurückliegenden Jahrzehnten: Texte aus Zeitungen, die einen objektiven Charakter zu haben vorgeben, fordern zu individuellem Überprüfen, zum Ergänzen oder

Korrigieren, des Gelesenen heraus (»Ich habe den Mauerbau damals ganz anders erlebt«; »Ein Westpaket war für uns wie ein Feiertag«; »Die Studentenrevolte von 1968 hat auch mein Leben beeinflußt«). Zeitungsartikel erlauben biographische Rückerinnerung ebenso wie Diskussion über Vergangenheit und Gegenwart, sei es zum Beispiel bezogen auf die Ostpolitik der 70er Jahre und ihre Folgen, auf die Stellung von Frauen in der bundesdeutschen Gesellschaft. Die Reihe wichtiger Themen mit privater und öffentlicher Seite ließe sich fortsetzen.

- *Filme über Personen der Zeitgeschichte, Auschnitte aus zeithistorischen Dokumenten*

    (wie zum Fall der Mauer 1989, über den Wiederaufbau in der Bundesrepublik u. a.) Filme sind als klassischer »Medienwechsel« ohnehin Bestandteil jeder Bildungsarbeit, sie regen bezogen auf die biographische Kommunikation darüber hinaus die Phantasie an, rufen bestimmte schon abgesunkene Orte, Farben und Formen, Lebens- und Verhaltensweisen in Erinnerung, die das »Einsteigen« in die individuelle und kollektive Erinnerungsarbeit erleichtern.

- *Schallplatten, Hörbilder, Toncollagen, Literatur-Cassetten:*

    Speziell für die Erwachsenenbildung gefertigte Toncollagen zur Zeitgeschichte (hrsg. von der Landeszentrale für politische Bildung Baden-Württemberg) stecken noch in den Anfängen. Eine Vielzahl von Audio-Konserven bietet sich aber bereits für den Einsatz in der biographisch orientierten Bildungsarbeit an. Die Vorstellung und Diskussion von Schallplatten kann in einen Austausch über Sozialisationserfahrungen hineinführen. Andere Tonträger erlauben die Annäherung an kulturelle und emotionale Seiten gesellschaftlicher Prozesse (Reden oder Lieder aus der DDR). Hörspiele und Hörbilder, z. B. Ernst Schnabels Collage »Der 29. Januar 1947« oder Radiofassungen von Kempowskis »Echolot« und Victor Klemperers Tagebüchern ermöglichen eine Präsentation historischer Stimmungen und Problemlagen.

- *Inhaltliche Experten*

    eines lebensgeschichtlich relevanten Themas: Die Einladung zu »Referat und Diskussion« verlangt in Veranstaltungen zu biographischer

Kommunikation zunächst vom Referenten bzw. von der Referentin mehr als das übliche, nämlich die Bereitschaft und Fähigkeit, den biographischen Ansatz ernstzunehmen und nach einem thematischen Impuls eine Diskussion nicht nur über das vorbereitete Thema, sondern auch über den Erfahrungshintergrund der Teilnehmenden. Der Auftritt eines Experten versucht Abstraktes ins Verhältnis zu setzen zu Konkretem, d. h. allgemeines oder wissenschaftliches Wissen wird auf das Lebenswissen der Anwesenden bezogen.

- *Museen, Ausstellungen und Gedenkstätten:*

Die Veranschaulichung von Vergangenheit einerseits und Versuche ihrer Deutung finden wir in Museen, wie dem Haus der Geschichte der Bundesrepublik Deutschland, in der Wehrmachtsausstellung des Hamburger Instituts für Sozialforschung und an Gedächtnisorten, wie den ehemaligen KZs, in der »Wannseevilla« sowie anderen, Geschichte bewahrenden Orten und Räumlichkeiten. An den Objekten werden Erinnerungen wach, Texte und thesenhafte Anordnung von Relikten setzen vielschichtige Kommunikation über die Gegenwart von Geschichte in Gang.

- *Biographisches Schreiben:*

Die durch den Schreibprozeß sich einstellende »Verlangsamung« des Bildungsprozesses kann als Weg und Ziel begriffen werden. Es geht nicht um bestimmte Ergebnisse des Schreibens, sondern um die Muße des Rückerinnerns, um Assoziationen, um einen in der Dynamik des Seminargeschehens so nicht praktikablen Denk-Prozeß, der stärker individuelle Verarbeitungsmuster zur Entfaltung bringt.

- *Szenische Darstellungen:*

Biographische Kommunikation kann verbal und nonverbal geschehen. Die (angeleitete) Körperarbeit im weitesten Sinn kommt – was in Diskussionsrunden kaum möglich ist – beispielsweise dem Körpergedächtnis auf die Spur. Vergangenheit wird in Haltungen, in Mimik und Gestik zum Ausdruck gebracht. Die Entwicklung szenischer Darstellungen kann psychisch so herausfordernd sein, daß mit ihnen laienhaft nicht experimentiert werden sollte. Diese Methode benötigt die Expertin/den Experten oder eine entsprechende Vorbildung der ModeratorInnen.

3.2 Der Sinn lebensgeschichtlichen Erzählens

Um Zuschreibungen wie der des »Subjektivismus« zu entgehen, möchten wir das Erzählen und seine Funktionen noch einmal verdeutlichen und von Fall zu Fall illustrieren. Inzwischen gibt es eine Reihe von Praxisbeispielen biographischer Kommunikation, die unter anderem zeigen, daß Erwachsene nur wenig animiert werden müssen, um aus ihrem Leben zu erzählen.[62] In Zeiten gravierender gesellschaftlicher Veränderungen scheint diese Bereitschaft noch zu wachsen. Mit allgemeinen Neubewertungen und Umdeutungen – der Fall der Mauer ist in diesem Zusammenhang wohl das hervorstechendste Ereignis – werden auch Biographien anders interpretiert; es entstehen Wünsche (oder auch Zwänge) zur »Neuordnung« der Lebensverläufe. Von Zuhörenden gestellte Fragen nach Phasen oder Daten des Lebens wecken in der Regel das Bedürfnis,»die Ereignisse seines Lebens in einen sinnvollen Zusammenhang miteinander und mit der aktuellen Situation zu bringen«.[63] Der/die einzelne bearbeitet sein bzw. ihr biographisches Wissen, indem eine Art Umschichtung stattfindet und das biographische Schema gesichert oder transformiert wird.[64] Während des Erzählens kann es also, ohne daß damit ein *therapeutischer* Prozeß angestoßen werden soll, zu »neuen Sinnsetzungen«[65] kommen.

Wenn die erwachsenenpädagogische Diskussion wiederholt (und zunehmend differenzierter) das Erzählen begründet, dann meist mit Bezügen auf die Identität, auf das Geschichtsbewußtsein, auf die »Lebenskonstruktionen« der Individuen. Soziale Kommunikation über privates Leben und Gesellschaft wird durch diesen methodischen Zugang ermöglicht und bietet Chancen für interaktive Erfahrungen. Der Kern der Begründung betrifft nicht allein die Handlungs- und Inhaltsebene des Erzählten, sondern es geht auch darum, daß Erwachsene mit einer spezifisch eigenständigen Rolle im Lernprozeß vertreten sind. Die Autonomie des Teilnehmers wird durch das Erzählen mehr als in anderen

---

[62] Buschmeyer/Behrens-Cobet 1990; Sept-Hubrich/Messerschmidt 1994; Ensel 1993; Völzke 1995.
[63] Michel 1985, S. 79. Zur »Ordnungsfunktion« von Erzählungen Fritz Schütze 1982 passim.
[64] Vgl. Hoerning 1989, S. 158.
[65] Rosenthal 1995, S. 169.

Der Sinn lebensgeschichtlichen Erzählens

Lehr-Lern-Situationen anerkannt und herausgefordert,[66] und damit zielt der pädagogische Prozeß stärker als in der Erwachsenenbildung üblich auf eine Enthierarchisierung im Verhältnis der Beteiligten. Der einzelne Teilnehmer wird als biographisch kompetent angesehen; er ist der Experte seiner Lebensgeschichte.[67]

Wir rechtfertigen den biographischen Ansatz daher nicht im Sinne einer »Hilfestellung bei der Gestaltung individueller Biographien«.[68] Dies kann in Einzelfällen zwar geschehen, würde aber, wenn die Betonung programmatisch auf der »Hilfestellung« läge, die Erwachsenenbildung in die Nähe eines sozialpädagogisch orientierten Konzepts rücken. Bei der biographischen Kommunikation handelt es sich in unserem Verständnis vielmehr um einen unabschließbaren diskursiven Prozeß, in dem sich einzelne erinnern und über das Verhältnis von »Lebenswelt« und »System« gemeinsam nachdenken, in dem Vergangenheit und Gegenwart in Sinnzusammenhänge einzuordnen versucht werden.[69] Dies fordert biographische Kompetenz heraus und bringt sie im Verlauf des Bildungsprozesses weiter zur Geltung.

Biographische Gespräche bleiben selten statisch. Lothar Steinbach spricht im Zusammenhang mit »mündlicher Geschichte« von einer durch »äußere Impulse evozierten Nachbereitung geschichtlicher Erfahrung«, vom Versuch des einzelnen, seiner selbst »inne« zu werden. Erst durch Rückbesinnung, eine kognitive und zugleich affektive Grundkategorie beim Registrieren von Zeit, könnten Ursprungserlebnisse einen lebensgeschichtlichen Stellenwert gewinnen. Die eigene Biographie sei für jeden und jede Ausgangspunkt des Umgangs mit Geschichte.[70]

Nicht zuletzt stößt biographische Kommunikation Erfahrungsprozesse der Teilnehmenden untereinander an. Sie bietet Vergleichsmöglichkeiten mit Lebensweisen und Bildungsgeschichten anderer. Sie erlaubt, sich vom Gehörten deutlich abzusetzen oder sich daran im Sinne einer Identifikation zu orientieren. Einzelne Erzählungen provozieren Kontrastbeiträge der Anwesenden, so daß um Bewertungen und Deu-

---

[66] Hof, a. a. O., S. 128.
[67] Zur biographischen Kompetenz Behrens-Cobet 1997a.
[68] Hof, a. a. O., S. 128; Alheit 1996, S. 182.
[69] Braun 1996.
[70] Vgl. Steinbach 1995, S. 92.

tungen quasi »gerungen« wird.[71] Obwohl die Gespräche dadurch nicht notwendig mit Bestätigung und Zustimmung enden, diese sogar Irritationen hinterlassen können: wir sehen auch darin »bildende« Potentiale des biographischen Ansatzes.

Im Seminar »Aufgewachsen in Ost und West«[72] referierte die Kulturwissenschaftlerin Elfriede Grimm über die FDJ, die Jugendorganisation der DDR, und veranschaulichte anhand von Dias und Schallplatten die Rituale der Staatsjugend in den 50er Jahren. Die Referentin, in dieser Zeit selbst in die FDJ eingetreten, nahm sich aus der anschliessenden biographischen Kommunikation nicht aus. Die Gesprächssequenz zeigt erste Versuche von Selbstvergewisserung, Verstehen und Verständigung über Erfahrungsgrenzen und historische Unterschiede hinweg.

Walburga B. *(West) [an die Referentin gewandt]:* Wie war das denn für Sie, wenn Sie das so hören?

Elfriede Grimm: Jetzt hab ich ein ziemlich unbefangenes Verhältnis dazu. Also, ich hab mich damit auseinandersetzt noch während der DDR-Zeit. Das tat mir alles sehr weh, weil ich das auch für mich machen mußte, so mit zwei, drei Freunden, die ein ähnliches Verhältnis hatten. Also insofern würd ich sagen, ich kann es 'n bißchen unbefangener angucken und kann manche Lieder so für mich mitsingen, ohne daß ich nun ein schlimmes Gefühl dabei habe, das hab ich so die letzten Jahre abgearbeitet. Es ist, mich interessierts ja, Dinge kennenzulernen, die ich, also, die ich vergessen hatte, ja, wo man denn anhand der Originale wieder drauf kommt. Also all die Filme, die man gesehen hat als Kind, denke, da kommen noch Sachen, die man vielleicht auch verdrängt hat. Und den alten Pionierfilm, den wir letztens sahen, das war so die ganz konkrete Umwelt der 50er Jahre noch, da ist mir schon auch sehr komisch geworden. So 'n Gemisch, ja, weil, es ist einfach 'ne Gefühlswelt gewesen, das ist das Schwierige. Unsere Gefühle, die fressen sich ja ein, ja, sind im Unterbewußtsein und man weiß nicht so richtig, was man damit weiterhin anstellt. Es ist gemischt.

---

[71] Arnold/Schüßler 1996: »Durch den Plausibilitätsdruck im Gespräch wird der Erzählende durch Nachfragen, Einwände, Bestätigungen der anderen Teilnehmenden und des Dozenten dazu veranlaßt, die gesammelten und möglicherweise verunsichernden Eindrücke wieder ›auf die Reihe‹, d. h. in einen für ihn ›passenden‹ und handlungslogischen Ablauf zu bekommen, mit dem er sich auch identifizieren kann« (S. 13 f).

[72] Im Jahr 1992 in Soest/Westf.

Der Sinn lebensgeschichtlichen Erzählens

Vor fünf Jahren wäre ich fast verbittert gewesen bei den Sachen. Da hätt ich also nur Wut gehabt. Ja, man hat mir da was aufgezwungen, und ich hab was angenommen, und ich hab dadurch was verpaßt, was ich eigentlich hätte leben können als Kind, vielleicht was Sinnvolleres.

Irmgard M. *(West):* Oder mißbraucht auch ein bißchen?

Elfriede Grimm: Ja, ja. Aber so vor Jahren war ich da sehr verbittert.

Dietrich W. *(West):* Wie war das denn in ihrem Elternhaus, hatten Sie die Möglichkeit, mit ihren Eltern bestimmte Probleme zu diskutieren? Oder war das tabu?

Elfriede Grimm: Na ja, ich bin allein aufgewachsen mit meiner Mutter. Es sind zwei Sachen. Ich habe kein Verhältnis zum Westen gehabt, keine Bekannten und auch keine Alternativen gezogen. Und meine Mutter, die hatte den Faschismus irgendwie ganz unproblematisch erlebt, weil sie also in Norwegen gewesen war, dort gearbeitet, was Fremdes kennengelernt (hat) und kriegte 'n furchbaren Schrecken, als sie alles erfuhr und hatte Angst. Ich hab immer gesagt: »Der Staat ist irgendwie mein Vater«. Dann hab ich's für mich so übersetzt, was da eigentlich vorgegangen ist, daß sie erschrocken war vor mir, das hat sie mir später erzählt. Sie hatte manchmal Angst, ob ich sie da nicht irgendwie denunziere, weil ich natürlich gesagt hab, wenn ich finde, daß sie nicht recht hat oder sie 'n Feind ist oder so. Ich weiß nicht, wozu man so alles fähig gewesen wäre. Da krieg ich Angst, bei dem Gedanken wird mir unbehaglich.

(...)

Friedrich M. *(West):* In den 50er Jahren, wo ich aufgewachsen bin, '41 geboren, da waren viele von diesen Dingen noch da. Mein Vater war in der Jugendbewegung gewesen, noch vor 1933, also jugendbewegt, eigene Gruppe gegründet und so was. Und der ging dann nachher über und war Lehrer in 'ner nationalsozialistischen Erziehungsanstalt, NAPOLA, und nach '45 kam er zurück und er hat dieselben Ideale, die er vorher von der Jugendbewegung gehabt hat, die er in der nationalsozialistischen Erziehungsarbeit vertreten hat, hat er dann nachher bei seinen vier Jungs in den 50er Jahren, jetzt vom Überbau angesehen, weitergemacht. Ich war viele Jahre auf dem Ludwigstein, vielleicht kennen Sie das, das ist 'ne Burg, die die Jugendbewegungen in den 20er Jahren aufgebaut haben, und viele dieser Formen, die Sie gezeigt haben, sind dort gleich identisch, denn das, was die KPD und die SED hatten an Formen, das haben sie dort aus diesem Gesamtreservoir geschöpft. Und dies wurde natürlich auch bei uns in dieser Form gepflegt. Ich war bei den Pfadfindern in den 50er Jahren. Da haben wir diese Fahnenappelle, diese ganzen Spiele auch gemacht, allerdings ohne Überbau. Das war also in den 50er Jahren in dieser Form nicht mehr da. Insofern kenn ich dies eigentlich recht gut. Wir haben uns dann in den 60er Jahren davon gelöst ...«

Heinrich E. *(West):* Vielleicht ist der Unterschied, daß es bei uns eine kleine Gruppe war, während des drüben allgemein war, daß jeder mitmachte. In der FDJ, das war praktisch obligatorisch, denk ich. (...)

Walburga B: Also mich würde jetzt noch einmal interessieren von den Menschen aus der DDR, was sie auch gut gefunden haben an der Zeit. Das ist mir jetzt 'n bißchen kurz gekommen, wir steigen sehr schnell so in die kritische Auseinandersetzung ein...

Anka Sch. *(Mod.):* Dazu haben sich drei ostdeutsche Teilnehmer gemeldet. Bitte...

Gerald Sch. *(Ost):* Also, ich kann mir gut vorstellen, daß viele hier Anwesende aus den Altländern schockiert sind, wenn sie diese Bilder hier betrachten. Auf mich hat das auch 'n ganz eigenartiges Gefühl. Es sind Bilder aus meiner Kindheit, die ich damals nicht so gesehen habe, wie sie jetzt dargestellt werden. Vor allem mit den typisch russischen Merkmalen, diese übertünchten süßen Farben (...). Ich möchte mich schütteln. Ich hab noch nicht diesen Abstand gewonnen wie Frau G. zu der Sache, es berührt mich noch. Es ist ein Teil meines Lebens, dem ich mit Begeisterung folgte, nachgegangen bin. Und gestern abend sagte ich auch einer, die mit mir aus Brandenburg gekommen ist: »Ich bin mit Begeisterung Lehrer gewesen«. Und ich kann mich daran erinnern, wir haben da mit Begeisterung diese Dinge nachvollzogen, mitgemacht. Beispiel: Wenn ich hier diesen militärischen Charakter sehe, Räuber und Gendarm, ein typisches Jungenspiel. Jetzt gab's für uns Jungen in der Altersstufe jemand, der das dann och noch organisierte, Schnitzeljagd, der das mitmacht. In einer ganz bestimmten Altersstufe, glaube ich, braucht man Höhlen, Zelte, was auch immer, lebt darin. Das war abenteuerlich, das ist eine Erlebniswelt. Och, ich kann mich nicht erinnern, daß ich da etwas Abstoßendes da empfand...

Hans T. *(Ost):* Ich würde auch gern etwas dazu sagen, jetzt, unmittelbar konfrontiert seit gestern und (daß) ich auch heute wieder sagen muß, daß es mir nicht ganz leicht fällt, weil ich nicht zu denen gehöre, die sagen: »Das war und da hab ich 'n Fehler gemacht, also ist erledigt und jetzt fang was Neues an«. So einfach ist es ja nicht. Denn es ist ja keine Episode gewesen, die man irgendwo im Urlaub erlebt hat, sondern, na, ich sag mal, Teil des bewußten Lebens. Anka Sch. hat mich heute früh gefragt, wie ich geschlafen hab. Gut geschlafen, aber schlecht geschlafen, weil die Diskussion, die ersten Gespräche gestern und das

Wissen, daß das heute auch von mir gewollt, sonst wär ich ja nicht hier, fortgeführt wird, das wühlt einen auf. Also vielleicht gibt es andere, die sagen: »Na gut, erledigt«. Und vielleicht ist es auch mit meiner Generation noch 'n bißchen anders, ja. Ich war 1950 Lehrer, ganz junger Lehrer. Denn – ich wollte erst noch was anders sagen. Also, das Problematische, so sag ich heute, ist, daß die Quellen für diese Rituale, für diese Probleme, wie es gemacht wurde, die einfache Fortsetzung – ich sehe zwei – die einfache Fortsetzung dessen, was in den dreißiger Jahren, insbesondere in der kommunistischen Jugendbewegung zelebriert wurde, was da üblich war. Also Honecker war Jugendfunktionär vor 1933, saß dann zehn Jahre und war dann verantwortlicher Jugendfunktionär. Er hat unmittelbar, das sag ich heute, ja, damals hab ich das nicht so empfunden. Der hat unmittelbar da angeknüpft, wo er '33 aufgehört hat, will ich sagen. Und die zweite Quelle seh ich, es wurde da unbesehen und kritiklos und schematisch vieles von der Sowjetunion übernommen. (...) Ich stell mir die Frage ja selbst: Wie hast Du denn das gemacht oder machen können? Da muß ich sagen, als ich 1950 Lehrer wurde, da war ich 18 Jahre alt, da machte ich 'n Kurs und mir war klar, »Du wirst mit den Kindern«, – ne erste Klasse, zweiundfünfzig Schüler –, mir gings nicht nur um Unterricht in Deutsch, Heimatkunde und Rechnen, sondern mit denen was machen, mit denen was erleben. Wir waren sonntags unterwegs. Auch ich habe Pioniere in die Pionierorganisation aufgenommen als Gruppenpionierleiter, und ich hab dies als nichts Schlimmes empfunden (...).

Anka Sch.: Frau P., bitte.

Luise P. *(Ost):* Würden Sie nochmal die Stichpunkte sagen ...?

Anka Sch.: Was war »schön« an der (Erziehung der) DDR?

Luise P.: Ich bemüh mich, nichts zu wiederholen. Also was mir dabei auffiel, was für schreckliche Bilder, ja. Also Bilder, ich fand die entsetzlich, aber dies war ja so. Ich weiß, daß es diese Zeitschriften usw. gab (...) Es geht mir also nicht um die Rituale, wie Sie das genannt haben, sondern mit welchem Inhalt hab ich mich gemüht, die zu erfüllen. Also in der Klasse z.B. war ein Gedanke, jeder muß dem anderen helfen. Wie? Also wenn einer, es ging ja immer darum, daß möglichst keiner sitzenbleibt, so daß das alle schaffen mit genügenden oder besseren Zensuren. Das also ein anderer bereit ist, ihm zu helfen. Die haben sich also nachmittags getroffen und haben zusammen gearbeitet (...). Also, wenn ich an mein Leben denk und die DDR war mein Leben, da gibt's nu nix. Ich war zwölf Jahre alt 1945 und entsprechend 1989. Und es gibt jetzt so viele Probleme, und ich bin nicht in der Lage, mich richtig, gründlich, jedenfalls im Moment nicht, damit auseinanderzusetzen. Das halt ich nicht aus. Ja, das halt ich einfach nicht aus. Ich hab jetzt schon zu unsern Nachbarn gesagt, mir

Wohin führt biographisch orientierte Bildungsarbeit?

ist förmlich schlecht an irgendeinem Tag und ich bin nicht in der Lage zu arbeiten, weil ich, ich komm damit nicht zurecht. Ich hab doch mir so sehr gewünscht, daß Gerechtigkeit in der Welt durchgesetzt wird. Und was hab ich erreicht: gar nichts oder sehr, sehr wenig, ja. Aber es ist ja nun so.«

Die Diskussion über den Erziehungsanspruch der DDR-Staatsjugendorganisation auf der einen Seite, aber auch die individuellen Glückserlebnisse der Mitglieder und die »ehrlichen« pädagogischen Bemühungen von Funktionären, Lehrerinnen und Lehrern auf der anderen Seite ging noch eine Weile weiter. Viele Äußerungen erscheinen im Rückblick als zu wenig ausführlich, Nachfragen bei einzelnen hätten sich angeboten, allerdings wäre es dann eben stärker um einzelne Personen gegangen. Biographische Kommunikation in Gruppen »springt« vom Einzelfall immer wieder auf den Vergleich mit anderen, auf übergeordnete Geschichtspunkte, auf – manchmal überfällige, manchmal voreilige – Resümees.

Hier nun wurden mit Hilfe des Referates und über Erinnerungen unter anderem pädagogische und ästhetische Traditionslinien aus der Weimarer Zeit und insbesondere der NS-Zeit herausgearbeitet. Welches Potential an Überwältigung bergen solche emotionalisierten Rituale, so fragten viele. Auf westlicher Seite blieb Erstaunen über die großen und zähen Einflüsse der FDJ. In den Erzählungen und Beiträgen der Westdeutschen hatten nämlich viel deutlicher die Familien und die Schule eine herausragende Rolle gespielt: häusliche Auseinandersetzungen, Emanzipationsversuche und die Orientierung an bzw. das Absetzen von schulischer Erziehung.

Die Sequenz zeigt, daß der Impuls durch die Referentin und vor allem die Illustrationen mit Hilfe von Dias und Musik die Beteiligten zu einem sehr offenen, konzentrierten Gespräch anregte, das kaum der Anstöße durch die Moderation bedurfte und im weitesten Sinn »im Thema« blieb. Negativbewertungen, wie die Referentin sie nicht nur durch die Auswahl der Dias und in ihren biographisch gefärbten Aussagen nahelegte, wurden aus dem Kreis der TeilnehmerInnen als vorschnell empfunden. Man wollte sich noch umfassender über die subjektive Seite dieses gigantischen Erziehungsversuchs der DDR informieren und gerade auch zwieschneidige Einschätzungen zur Kenntnis nehmen. Die Teilnehmerinnen und Teilnehmer hielten fest, wie sehr das private Leben der Teilnehmenden aus Brandenburg von der Politik durchdrungen gewesen war und wie gravierend die Auseinandersetzung mit Erziehungserfahrungen – seien sie aktiv oder passiv – sein kann.

An einem Beispiel aus einer anderen Bildungsveranstaltung (dem Seminar »Zweierlei Gedenken«)[73] möchten wir weitere Implikationen lebensgeschichtlichen Erzählens vorstellen, die verdeutlichen, wie sehr das Gesellschaftliche die Narration mitbestimmt. Dabei fungiert Gesellschaft nicht einfach als »Kitt« ansonsten individualisierender Sichtweisen, vielmehr ist in fast allen Erzählungen die Doppelsicht auf Individuum und Gesellschaft Teil der Rekonstruktion. Die Qualität gemeinsamer Interpretationsversuche wird sich auch daran erweisen, daß diese vorsichtig geschehen und zügige Einordnungen ins Allgemeine vermeiden. Gabi W., Jg. 1954, Lehrerin im Ruhrgebiet, erzählt über die Lektüre des Tagebuches von Anne Frank:

Mir ist neulich wieder eingefallen, daß mich das sehr berührt hat als Vierzehn-, Fünfzehnjährige, und zwar aus verschiedenen Gründen, wobei mir so drei noch in Erinnerung sind. Einmal, weil das in Amsterdam spielte und ich da über meine Mutter eine ziemliche Affinität zu Amsterdam hatte. Wir da auch regelmäßig unsere Oma besuchten und diese Stadt mir auch sehr vertraut war, ja vertraut ist übertrieben, aber sie war mir bekannt. Und das war sozusagen bekannter Hintergrund. Dann dieses jüdische Mädchen, Anne Frank, das damals genau so alt war wie ich, als ich es las. Ein Mädchen, was eigentlich sehr viel schilderte in ihrem Tagebuch, was mir auch bekannt war, ohne daß ich jetzt in dieser schlimmen Situation war, mich verstecken zu müssen. Das war ganz klar, aber ich hab darin eigentlich so eine Art kleine Freundin gesehen. Und mich haben auch sehr berührt diese Schilderungen, die sie so in ihrem Tagebuch über ihre Pubertätsprobleme niedergelegt hat. Also, sie hat dann von den Träumen geschrieben, die sie hatte, in Bezug auf den Peter, diesen Jungen, der etwas älter war als sie. Sie hat ihre Probleme geschildert, die sie mit ihrer Mutter hatte. Also, ein sehr gespanntes Verhältnis eigentlich zu ihrer Mutter. Und ich hatte auch eigentlich einige Probleme mit meiner Mutter so klarzukommen auf der Ebene. Es war eigentlich diese sehr, ich weiß gar nicht wie ich sagen soll, eine sehr ungewöhnliche Verbindung eigentlich zwischen einem Mädchen, das mir in in der Schilderung seiner Probleme irgendwie sehr nah war und andererseits eine unglaublich andere und überhaupt nicht vergleichbare Situation mit meinem Leben. Und in dieser Spannung hat also die Faszination dieses Buches für mich gelegen. Und ich habe das total vergessen schon wieder. Ich weiß auch

---

[73] Das Seminar »Zweierlei Gedenken« fand 1992 in Seelow/Brandenburg statt.

gar nicht, ob wir das in der Schule gelesen haben oder ob meine Mutter es mir gegeben hat, ich weiß es gar nicht mehr. Ich hatte auch keine Gelegenheit, sie danach zu fragen. Mir ist es wieder eingefallen, als ich vor zwei Wochen in einer Veranstaltung war in der »Alten Synagoge« in Essen (...).

Die in diesem Text geschilderte Beziehung zu Anne Franks Schicksal läßt es zu, obwohl sie vordergründig ausgesprochen »privat« konstruiert ist, eine Reihe von Linien zu ziehen zu historisch-politischen Zusammenhängen. Beispielsweise könnten der Biographin[74] (oder auch anderen Anwesenden) Fragen gestellt werden, die die häusliche Atmosphäre in den 60er Jahren der Bundesrepublik berühren. Sollte Frau W. Anne Franks Tagebuch von der Mutter erhalten haben, mag damit eine »Botschaft« oder eine Aufforderung zum Gespräch verbunden gewesen sein. Wie wurde, ließe sich fragen, in einem entschieden katholischen und gutbürgerlichen Elternhaus über die NS-Zeit gesprochen? Gibt es darüber hinaus Erinnerungen an den schulischen Unterricht der Zeit und eventuell noch vorhandene Tendenzen des Beschweigens? In Frau W.s Beispiel deuten sich außer kohorten- und schichtspezifischen auch weibliche Erfahrungen an. Sie spricht retrospektiv über ihre erotischen Phantasien und über erste Ablösungsversuche aus der moralischen Vorstellungswelt der Mutter. Daß dies mit Bezug auf einen historischen Text geschieht, scheint in einen zeitgeschichtlichen Rahmen zu passen. Denn die Datierung fällt vermutlich nicht zufällig in den Zeitraum um das Jahr 1968 und damit in die Phase der fordernden Thematisierung der Vergangenheit und der Auflehnung gegen repressive Sexualerziehung und vielerlei moralische Tabus durch die Nachgeborenen. An Frau W.s Geschichte lassen sich also kollektive und individuelle Aspekte ihres Jugendlebens und ihrer heutigen Erfahrungsverarbeitung erkennen.

Nach dem Prinzip der Verschränkung von »Fall« und »Struktur« in der biographischen Kommunikation erzählt Frau M., eine 1945 geborene Journalistin aus Ost-Berlin, im Anschluß an die Lektüre von Zeitungsartikeln aus den 50er Jahren, wie sehr die Politisierung der DDR-Gesellschaft auch die Kinder erfaßte:

Na ja, ich hatte jetzt die 50er Jahre und müßte aus den Erinnerungen operieren, die ich aus den 50er Jahren habe, also nicht das, was später erst dazu gekommen ist. Das ist ja nun eine sehr lange Zeitstrecke, man wächst ja auch,

---

[74] Siehe zur Begriffsbestimmung »Biograph«: Breckner 1994; Rosenthal 1995.

macht neue Erfahrungen, ja. Aber das, was ich hier gelesen habe in der Zeitung, habe ich auch in etwas zusammengepreßter und vereinfachter Form in der »ABC-Zeitung« gelesen und später in der »Schulpost«, also den Kinderzeitungen, die ich in der Schule zur Verfügung hatte, hatte ich auch in Lesebüchern gelesen. Und dazu kam, daß meine Eltern das also wortgetreu auch so sagten und daß ich selbst keine Erfahrungen in diesen Jahren machen konnte, weil mir das Begehen des Westsektors als Funktionärskind verboten war, obwohl ich eine Viertelstunde von der Sektorengrenze entfernt wohnte. Und da ich ein artiges Kind war, habe ich auch das so eingehalten, wie meine Eltern mir das gesagt haben. Und ich kannte natürlich die Nachbarskinder auf der Straße, wir waren eine Riesenclique, und da waren auch Kinder dabei, die regelmäßig zu ihren Omas und Tanten in den Westen gingen, und die eben Schokolade und Kaugummis hatten und andere Dinge. Und da habe ich denn also argumentiert: »Dafür haben sie auch den Adenauer, und dafür haben sie auch die Schupos, und dafür haben sie auch die Elendsquartiere!« Das war schon propagandistisch sehr beeinflußt und, »und dafür bringt mir Papi eben aus Moskau anderes Konfekt mit, so'!« *[Lachen].* »Dafür haben wir denn die Stalinallee.« Ich war ein richtiger Klassenkämpfer auf dem Spielplatz. *[Lachen, Durcheinander]*

Ilse M. *(West):* Mit Wirkung oder ohne?

Angelika M.: Mit Dauerwirkung?

Ilse M.: Ja, auf die anderen Spielkinder.

Angelika M.: Auf die anderen Spielkinder sicher nicht. Ich war, ich war so, sagen wir mal, spätestens seit ich also in die Erweiterte Oberschule kam (...) und vorbildliche Pionierin war, spätestens von dieser Zeit an war ich also so. Die anderen hat das nicht beeindruckt, die fanden ja ihre Matchboxautos eh besser.

Die Frage nach der »Dauerwirkung« hat Frau M. zunächst offensichtlich auf sich selbst, nicht auf die Mitglieder ihrer Gleichaltrigengruppe bezogen. Es hätte bereits an dieser Stelle (im Seminar kam Frau M. bei einem anderen Erzählanlaß später noch einmal darauf zurück) durch Nachfragen oder durch weitere Geschichten der Anwesenden über die besondere Stellung von Funktionärskindern in der DDR gesprochen werden können. Der gesellschaftliche Erziehungsauftrag war eben nicht nur in Gestalt des in der SED oder ihren Nebenorganisationen aktiven Vaters oder der Mutter präsent. Es bestand ein Anspruch auf Vorbildlichkeit auch im Hinblick auf die Kinder, auf den mit einem Repertoire von angepaßten bis verweigernden Verhaltensweisen reagiert wurde. Emanzipationsprozesse konnten dramatisch verlaufen und in

Beziehungsfallen münden, weil – so der ausgesprochene oder unausgesprochene elterliche Vorwurf – mit der Ablehnung des Wohlverhaltens durch das Kind auch das emotional aufgeladene »antifaschistische Vermächtnis« zurückgewiesen wurde. Die aus westlicher Perspektive befremdliche Politisierung privater Sphären wird in Frau M.s (auf humoristische Effekte zielende) Erinnerung besonders augenfällig; sie bietet eine Reihe von Anknüpfungspunkten für »forschende« Fragen: Wie konnte sich das Individuum in einem System, das den »ganzen Menschen« erfassen wollte, behaupten? Durch welche Erfahrungen und Einsichten ließ sich ein eigenständiger politischer Weg einschlagen?

Gemeinsame Deutungsversuche würden dann auch Kontrasterfahrungen aus christlichen, sozialdemokratischen und anderen Elternhäusern in der DDR einbeziehen. Die Moderation kann zumeist darauf vertrauen, daß konträre Erfahrungsbestände in der Gruppe präsent sind und sich nach einem Impuls, wie ihn Frau M. mit ihrer Rückerinnerung gegeben hat, auch artikulieren.

Eine wiederkehrende Erzählfigur ist die, Erlebtes und Erlittenes in eine Lerngeschichte zu kleiden. Gerade diese Besonderheit stellt einen Bezug zu erziehungswissenschaftlichen, insbesondere aber andragogischen Fragestellungen her, indem sie einen »Sinn- und Verweisungszusammenhang pädagogischen Argumentierens und Handelns«[75] bildet. Der einzelne Teilnehmer, die Teilnehmerin gibt sich als reflexionsfähiges Subjekt zu erkennen, das sich in der Auseinandersetzung mit der sozialen und materialen Umwelt weiterentwickelt.[76] Sie lenken damit die Aufmerksamkeit auf die für PädagogInnen zentrale Frage: Was und wie haben Erwachsene gelernt, wie deuten sie selbst ihre Bildungsgeschichte? Wo gab es im Lauf des Lebens Anstöße zum Lernen im weitesten Sinn oder aber Blockaden und Barrieren in der Weiterentwicklung? Diese Leitfragen biographischer Kommunikation unterscheiden die andragogische Arbeit von der von Soziologen oder Historikern, die sich gleichwohl auf ähnlichen thematischen Feldern bewegen.

Die weiter oben vorgestellte Frau W., Lehrerin aus NRW, erzählte z. B. im Seminar »Lebenswege und Politik«, wodurch sie ihre langjährige Treue zur Deutschen Kommunistischen Partei in Frage gestellt sah, bis sie der Partei schließlich ganz den Rücken kehrte:

---

[75] Herrmann 1987, S. 305; Marotzki 1990, S. 76; Marotzki 1991a; Henningsen 1981; Baacke 1983; Siebert 1985; Buschmeyer u. a. 1987; Nipkow 1994.
[76] Vgl. Tietgens 1991, S. 208 f.

Da stellten sich dann immer mehr Fragezeichen auch in meinem Kopf ein. Das stärkste war dann eigentlich diese Gorbatschowsche Reformpolitik, die in der DDR dann in arroganter Weise abgelehnt wurde. Und wir haben dann immer so aus Scherz diesen Spruch »Von der Sowjetunion lernen heißt siegen lernen« umgedichtet und haben dann gesagt: »Von der Sowjetunion lernen will gelernt sein«. Also so in der Richtung, »jetzt guckt doch mal, Gorbatschow wäre doch auch wichtig für die DDR«. Und es fing dann wirklich an zu bröseln. Das »Sputnik«-Verbot war dann auch so 'n Punkt, wo ich mir dachte, also, wenn dies System sich nicht leisten kann, daß man diskutiert über solche reformerischen Vorstellungen, dann ist es in sich selbst marode geworden. Und damit fing also auch eigentlich mein Abschied von der DKP an.

Es mag verführerisch sein, solche Bildungsgeschichten als Lockerungsübungen in herkömmlichen Veranstaltungen zu nutzen, um über die damit angesprochene Subjektivität einen besseren Zugang zu den Teilnehmerinnen und Teilnehmern zu erreichen. »Biographische Einfügungen« oder »Einsprengsel« in Bildungsprozesse[77] gelten unter den Vorzeichen der Erkundung von Lernvoraussetzungen und des »warming up« seit längerem als erlaubt, ohne daß die »Logik der Sache« als gefährdet angesehen wird. Die Bedeutung des Erzählens kann sich aber erst dann im Sinne biographischer Kommunikation entfalten, wenn das Lebenswissen der TeilnehmerInnen als Gegenstand von Erwachsenenbildung ernstgenommen und die Einladung zur Interpretation nicht ausgeschlagen wird.

3.3 »Es gibt solche Gruppen und solche Gruppen«: Enttypisierung für jedermann!

Die Wahrnehmung von Fremdheiten und Differenzierungen, der Versuch, sie auszuhalten und kommunikativ damit umzugehen, gehört zu den herausragenden Zielsetzungen jeder politischen Bildung. Solche Fremdheit auch in Nahbereichen und vermeintlich Bekanntem, über das Urteile vorliegen, anzuerkennen, eröffnet Chancen des Überden-

---

[77] Eirmbter 1991, S. 3; Handbuch »Die Volkshochschule« (hrsg. von der Pädagogischen Arbeitsstelle des DVV). Frankfurt/M. 1968 ff., Bl. 70011.

kens und Neubewertens. Wenn dies eine Folge biographischer Kommunikation sein kann, wenn solche Enttypisierungen und Irritationen gelängen, läge darin eine Legitimation, entsprechende Ansätze in breitem Maße zu erproben; ermutigende Erfahrungen liegen durchaus vor.

In unübersehbarem Kontrast etwa zu den Sonntagsreden, die der politischen Erwachsenenbildung die »Herstellung der inneren Einheit« der Deutschen auftragen wollen, sind viele Projekte deutsch-deutscher Kommunikation zu dem Schluß gekommen, daß es an einer »Kultur der Verschiedenartigkeit« mitzuwirken gelte.[78] Gegenüber den hermetischen Bildern von DDR und BRD, von Wessis und Ossis war und ist die Begegnung mit der Empirie von Lebensbewältigungen in beiden Systemen zwangsläufig eine Anreicherung der Wahrnehmung und idealiter auch eine Zertrümmerung manches gesellschaftlich und politisch mächtigen Klischees über Vergangenheit und Gegenwart. Nicht zu prognostizieren ist allerdings, ob solche inneren Vorgänge – wie aus der Forschung zur Oral History berichtet – den Charakter eines »Schocks« annehmen oder in sanfteren Bahnen verlaufen – für den »Lerneffekt« eine zweitrangige Frage.

In einer Veranstaltung »Zweierlei Gedenken. Zum Umgang mit der NS-Vergangenheit in der Bundesrepublik und der DDR« im Dezember 1992[79] gab es beispielsweise eine Vielzahl solcher »atypischen« Erzählungen und »Aha-Effekte«:

- Es gab also auch im Westen antifaschistische Familientraditionen!
- In der DDR gab es große und unverhohlene Anstrengungen zur Integration ehemaliger Nazis.
- DDR-Belletristik (z. B. von Bruno Apitz und Erich Loest) hat für viele in der Bundesrepublik eine große Rolle in der Auseinandersetzung mit der nationalsozialistischen Vergangenheit gespielt.
- Die Bewertung der Soldaten des 2. Weltkriegs (»Mittäter« und/oder Opfer?) ist im Westen wie im Osten ein kontroverses Thema, stärker generationenabhängig als von politischen Wertungen.

---

[78] Vgl. Sept-Hubrich/Messerschmidt 1994, S. 75 f., Schlegelmilch 1994, S. 16 ff.; Behrens-Cobet/Schaefer 1994, S. 11 ff.; Lay/Potting 1995, S. 12 (Zitat).

[79] Im Rahmen der deutsch-deutschen Seminarreihe »Geteilte Erfahrungen« – vgl. Behrens-Cobet/Schaefer 1994.

Enttypisierung für jedermann

- Jugendweihe-Rituale gab es auch im Westen.
- Ein erstes Interesse für die Geschichte des Nationalsozialismus konnte auch in der DDR über Naziheftchen vom Dachboden entstehen.
- BundesbürgerInnen können für und gegen Berufsverbote sein, sie auch mit sehr unterschiedlicher Heftigkeit kritisieren.
- Die DDR-Gesellschaft hat neben der Produktion vieler ordentlicher Lebensläufe auch krummere Wege und »Aussteigen« zulassen müssen.

In einem Ost-West-Seminar zum Thema »Arbeit« schälten sich aus dem Dialog ähnliche Überraschungen heraus: etwa über die »Heimat Betrieb« und die große Bedeutung des Arbeitskollektivs in der DDR, die hohe Arbeitszufriedenheit und -identifikation in einem kapitalistischen selbstverwalteten Betrieb oder über die Lebbarkeit einer radikaldemokratischen Manager-Existenz im Westen. Auch überraschende Gemeinsamkeiten können die gleiche Funktion haben, nämlich säuberliche Vorerwartungen ins Wanken zu bringen – so zeigten sich die TeilnehmerInnen der Veranstaltung »Zweierlei Gedenken« höchst erstaunt, wieviele Filme zum Themenfeld (etwa »Die Brücke«, »Wenn die Kraniche ziehen«, »Das Schlangenei«, »Mephisto«, »Cabaret«) in beiden Staaten und unterschiedlichen Alterskohorten eine wichtige Rolle spielten.

Auch zu einer »Großklischees«, nämlich die gegenseitige Wahrnehmung der »Systeme« problematisierenden Diskussion kann eine solche Debatte führen, wie die folgenden Ausschnitte aus einer Ost-West-Diskussion zum Thema »Alltag«[80] illustrieren:

Anka Sch. *(Mod./Ost):* »... und bin dann mit einem sehr plumpen Propagandabild aufgewachsen, vom Westen. Was eben viele dieser Dinge auch beinhaltete, die ja hier schon genannt wurden. Ich will nur mal eine Sache schildern, die ja auch in den Zeitungsartikel 'ne Rolle spielte. Da habe ich mich auch sofort wieder dran erinnert. Ich hatte zum Beispiel als ganz kleines Kind die Vorstellung: Im Westen werden alle Leute von den Kapitalisten, also ich sprech jetzt mal so in den Worten, da werden die vergiftet. Und das hing bei mir damit

---

[80] »Soljanka und Coca-Cola. Rückblicke auf Lebensweisen in beiden deutschen Staaten« im Juni 1993 in Radevormwald.

zusammen, daß damals diese Contergangeschichte[81] war. Und das hat sich bei mir derart eingeprägt, daß Firmen sozusagen Kinder verstümmeln, ja, durch Arzneimittel. Und da hatte ich so' ne unglaubliche Angst vor dem Westen. (...) Aber da denk ich, daß bei mir ganz, ganz tiefe Ängste drin waren von Kindheit an. Und durch meine eigene Entwicklung dann, also das Nachdenken, das Westfernsehen gucken, später och 'ne starke Auseinandersetzung mit dem Elternhaus, hab ich mir dann versucht, ein anderes Westbild (anzueignen) oder ist bei mir 'n anderes Westbild entstanden. Und das war komischerweise doch stark, obwohl ich mich auch sehr viel, auch intellektuell mit dem Westen beschäftigt hab, denk' ich heute auch durch die Werbung geprägt, die man ja nun laufend sah (...) Und das war dann so'n Bild doch mehr wie, mehr oder weniger eben von einem irgend wie erstrebenswerten Wunschbild. Ja. Ich hab also einfach, diese (DDR)Propaganda war für mich Propaganda, ja, und ich hab doch mehr oder weniger gedacht erstens, der Alltag im Westen ist viel leichter als im Osten. Das war schon so meine Vorstellung. Zweitens der Westen ist die Verkörperung der Rationalität schlechthin, also so'ne Vorstellung hat ich schon, ist viel unbürokratischer als der Osten, ist viel effektiver als der Osten. Dann hatte ich das Gefühl, sämtliche Produkte im Westen sind viel hochwertiger als die Produkte im Osten, und der Westmensch hat viel mehr Zeit als der Ostmensch, weil er 35 Stunden arbeitet. Also dies war meine Vorstellung ganz einfach. Und ich muß sagen, das mußte ich ja ganz schön korrigieren an vielen Punkten dann nach der Wende. Ja und ich dachte eigentlich auch vor der Wende, muß ich ehrlich sagen, Monika Maron hat das mal ausgesprochen in einem Briefwechsel mit Joseph von Westphalen. Sie sagte 1988 »zudem ist es dem Ostmenschen unmöglich der durchschnittlichen Unwissenheit des Westmenschens, in Klammern über die DDR, eine entsprechende entgegenzusetzen und ihn zum Beispiel nach der Höhe der Mieten in München oder Hamburg, nach den Streitereien um Gesamtschulen, und um das Reinheitsgesetz des deutschen Bieres zu befragen. Das weiß der interessierte Ostmensch schon, weil er regelmäßig die »Tagesschau« und »Kennzeichen D« sieht.« Also ich dachte auch, ich weiß eigentlich alles und hab das eigentlich erst nach der Wende gemerkt, daß ich vieles, auch die Schwierigkeiten des Westalltags, eben doch nicht kannte und wußte. Weil bei mir immer diese Ambivalenz war. Ich hab ja dieses Propagandabild wie gesagt, (später) abgelehnt. Und ich denke, das ist jetzt so'ne These von mir, daß auch sehr viele Schwierigkeiten der Ostdeut-

---

[81] Contergan: ein Schlafmittel, das Föten schädigte. Anfang der 60er Jahre löste dies einen von den Massenmedien stark beachteten Skandal aus, gerichtliche Auseindersetzungen über die Schuld der Pharma-Industrie und Entschädigungszahlungen beschäftigten jahrelang die Öffentlichkeit der Bundesrepublik.

schen heute mit dem Westen klarzukommen, einfach mit der Entzauberung Ihres Westbildes zusammenhängen. Also daß sie sozusagen eigentlich ihr Bild retten müssen, was sie dort hatten.

Karl C. *(West):* Ne kurze Frage. Dieses Bild vom Alltag im Westen. Das kann doch nicht so gewesen sein, daß man von der gesamten Gesellschaft durchgängig ein Klischee nimmt, oder wer immer auch eins hatte, sondern es muß einem doch mindestens bewußt gewesen sein, daß der Alltag in unterschiedlichen soziologischen Schichten doch ganz anders ist. Das mußte man auch vom Osten gewußt haben. Ja, denk ich doch, ja.

Anka Sch.: Ja sicher. Aber ich meine jetzt mal so die Masse der Leute, so der Durchschnitt der Menschen, also die das *[unverständlich]*

Karl C.: Also was ist der Durchschnitt? Das ist zu ungenau.

Anka Sch.: Na, ich hatte trotzdem letztendlich immer den Eindruck, alle Westler, die zu uns kommen, denen geht's besser. Die fahren bessere Autos, die haben bessere Produkte am Leibe, und also, nein, ich hatte schon den Eindruck, den Leuten geht's besser.

Karl C.: Es gibt aber keinen Unterschied sozusagen fast?

Anka Sch.: Sicher, also, das war einem schon klar, es gibt Arbeitslose oder so.

Zwischenruf: Ja.

Anka Sch.: Aber es ist auch eigentlich so, nie ein Westler, der 'rüberkam, hat mir erzählt hat, daß er arbeitslos ist. Muß ich auch sagen, vor der Wende.

Zwischenruf: Auch nicht wenn er mit'm Auto kommt, das auf Wechseln fährt?

Anka Sch.: Richtig. Nein.

Karl C.: Das ist schon eigenartig.

(...)

Petra F.-N. *(Ost/West):* Alleine jetzt von diesen materiellen Dingen abgesehen, die das natürlich noch unterstrichen, war denn natürlich, es kamen Reisende zu uns. Die reisten zu uns in die DDR ein. Und es ist das, was mir im Moment überhaupt fehlt, das sag ich jetzt, die DDR-Bürger, die kaum noch sehen. Es kam ja ein großes Geschenk für uns, es kam Freiheit – wie immer man sie definieren will. Aber ich habe die Möglichkeit jetzt in die USA zu fahren, und da will ich, unabhängig jetzt davon abgesehen ob ich das Geld hab oder nicht, ich hab (die Möglichkeit). Und wir hatten nichts. Es war immer eine Kiste. Und wo man hin wollte, stieß man an Mauern. Und das hat natürlich dieses Bild vom Westdeutschen noch beherrscht, kompliziert. Ja. Das ist doch eigentlich ein Grundbedürfnis, daß ich frei bin, daß ich nicht wie so'n Vogel im Käfig immer –.

Angelika M. *(Ost):* Vor allen Dingen wir haben uns ein Bild gemacht und hatten aber nie die Möglichkeit, selbst das in Augenschein zu nehmen, nicht. Das Bild ist ja im Kopf entstanden.

Petra F.-N.: Und das hat sich ja natürlich gefärbt mit dem heutigen Kram, mit dem heutigen Kram, ne. Also schon alleine, wir wissen das alles überhaupt nicht mehr diese Dinge, daß ich nicht lesen durfte, was ich wollte, und nicht lesen konnte was ich wollte.

Ilse M. *(West):* Daß die Leute daran nicht denken.

Petra F.-N.: Wie ist das möglich, ja, wie ist das möglich, daß ich bestimmte Literatur, teilweise Klassiker, nicht lesen konnte? Es gab ein Psychologiestudium und Freud war nirgendwo zu finden, ja, der stand in den Giftschränken, und und und. Wollen wir nicht von der Philosophie anfangen! Das sind Dinge, die sind so tief drinnen, die kriegen wir auch so schnell nicht 'raus.

(...)

Heidi B.-C. *(Mod./West):* Wollt noch mal auf 'ne Äußerung zurück kommen, die Karin B. mal in einem anderen Seminar gemacht hat. Nämlich da hast Du gesagt, Du hättest den Westen ja doch gekannt und deshalb wolltest Du auch gar nicht so viel nachfragen. Das war das Thema »gleiche Neugier«, daß doch das Medienbild, ja, das Medienbild gleichgesetzt worden ist mit dem realen Bild. Das kam bei Dir jetzt auch wieder zum Vorschein. Und ich denk', daß viel von der Enttäuschung, die wir jetzt auch merken, damit zusammenhängen muß. Also dieses Schlaraffenlandbild, was jetzt überall einbricht, daß das ja ein Medienkonstrukt war. Also sehr viele, ja, Partikel eigentlich nur von Realität zeigt. Und ja in viele Nischen oder Kulturen eher die Kamera nicht reingeleuchtet hat und die entsprechenden Sendungen sich nicht damit beschäftigt haben.

Karl C.: Na, hat's denn nicht richtige Vorstellungen gegeben? Also waren die Warnungen vor dem Nazismus, der also hier nicht richtig aufgearbeitet worden ist nach'm Kriege und solche Dinge. Die sind doch auch richtig dargestellt worden. Es kann doch nicht alles falsch gewesen sein, was drüben über den Westen gesagt worden ist. Ich mein', wir haben jetzt nur über das Konsumverhalten gesprochen, aber wenn man die politische Situation vom Osten her beleuchtet hier im Westen, da hat man doch sicher zutreffend festgestellt, daß der Kiesinger plötzlich wieder Bundeskanzler wurde, als alter Nazi und andere Dinge mehr. Die waren doch nicht falsch. Ich mein, das muß man doch ...

Anka Sch.: Bloß man muß es auch einordnen, es wurde ja immer denunziert die Demokratie. Das muß man auch noch wissen. Und das hab ich natürlich irgend wann gewußt. Also für mich war das schon 'ne Demokratie: »was richtig sagen« und das hab ich abgelehnt. Muß ich sagen.

Andreas P. *(Ost):* Und es war in der Darstellung, also Person Kiesinger oder andere, war's natürlich auch einseitig. Es hat immer nur die, es hat immer nur dieses Auschwitz-Bild gegeben in der offiziellen Darstellung in der DDR. Die Bundeswehr *(Durcheinander)*, die Bundeswehr würde eben vorwiegend von den Naziwehrmachtsgeneralen aufgebaut. Und die Kirche wäre eben immer noch ein reaktionäres Element, dies waren also NATO-hörige Kirchenkreise, die in der Bundesrepublik agierten.

Karl C.: Nach dem Kriege stimmt das ja auch. Die hatten ja, der General Gehlen hat im Dritten Reich die Abteilung »Fremde Heere Ost« geleitet und wurde hier zwei Jahrzehnte lang Leiter des Bundesnachrichtendienstes und so weiter.

Zwischenruf: Ja?

Karl C.: Und da gab's dann noch zahllose (Nazis?), hier der Globke -

(Durcheinander, lautes Sprechen)

Andreas P.: Das sind in meinen Augen, aber das sind in meinen Augen immer jetzt diese, diese Negativbeispiele gewesen. Gab es nicht auch Demokraten, die in der Bundeswehr in den fünfziger Jahren diese mit aufgebaut haben?

Albert Sch. *(West):* Ja. Graf Baudissin. Was ist denn mit ihm geworden? Er war total ausgebootet. Erst mit einem – ja der Mann ist doch neulich gestorben ... *(aufgeregtes Durcheinander)* ... richtig enttäuscht, resigniert, das ist daraus geworden. Die Anfänge haben sich ja nicht weiter entwickeln können in, in seinem Sinne beispielsweise. Das kann ich nicht als positiv einfach bewerten, ja, den Bürger in Uniform. Der ist längst, längst passé.

Andreas P.: Aber es ist doch positiv, daß überhaupt solche Bestrebungen, meinetwegen in der Bundeswehr, wenn wir bei dem Beispiel bleiben, überhaupt gegeben hat. Und diese nicht, und diese nicht zu nennen, gibt schon ein einseitiges Bild.

Petra F.-N.: Da hat doch der Journalismus denn eingehakt.

Wohin führt biographisch orientierte Bildungsarbeit?

Günter F. *(Ost):* Ja. Aber das wird heute auch nichts mehr. Ansonsten steht fest, daß natürlich in der Justiz und in der Armee bei der Gründung die alten Herren noch das Sagen hatten, ja. Die haben schon keinen Richter des Volksgerichtshofs, die alle Mordurteile (gesprochen haben), je verurteilt. Dit haben wir nie vergessen in der DDR. Dies sind Tatsachen.

Andreas P.: Das sind, hab ich auch gar nicht in Frage gestellt, aber ich meine nur diese einseitige Darstellung, die hat, auf die ist ja der DDR-Bürger -*(nicht verständlich)* - endlich mal Tatsachen. Da brauchen wir doch nicht rumzueiern. Also hier, Generalfeldmarschall von Paulus ist bei uns auch in der DDR hochgeehrt in höchsten Stellungen

(Durcheinander)

Günter F.: Aber das war eine Propaganda, die ja wirklich auf Tatsachen beruhte. Die Justiz und die (Militärs).

Anka Sch.: Ja bloß, dies war eben wirklich einseitig. Und was, was eben überhaupt nicht reflektiert wurde, war, daß es schon 'mal ne Demokratie gab in der Bundesrepublik, ja. Und das seh, das seh ich schon irgendwie als Unterschied, das ist überhaupt nicht reflektiert worden, ja. Und da denk ick heute, daß wir da auch, mit 'ner ganz, daß wir mit 'ner ganz anderen Erfahrung jetzt kommen, ich immer sage, »mein Gott«, ja »die kritisieren immer, die kritisieren immer, warum sehen die denn nicht, daß es hier Rechtsstaatsprinzipien gibt, an denen man wirklich festhalten muß und die man verteidigen muß«? Ja, also da komm ich von 'ner andern Seite sozusagen.

Der Diskussionsausschnitt hat einen enttypisierenden, doppelbödigen Charakter. Während die gesprächseröffnende Erinnerung von Frau Sch. selbstreflexiv zwei Entwicklungen andeutet, die zur kapitalismuskritischen Jugendlichen und die spätere mit der westdeutschen Verfassung sympathisierende Haltung als junge Erwachsene, wird ihr aus der Gruppe erwidert, sie habe es sich in jedem Fall zu einfach gemacht mit dem Westen. Dem zunehmend positiv gefärbten Bild der Moderatorin halten Teilnehmer und Teilnehmerinnen entgegen, die Bundesrepublik habe die NS-Zeit personell beerbt und Demokratie und Rechtsstaat der Bundesrepublik seien in den 50er und 60er Jahren unterentwickelt gewesen. Freiheiten und rechtsstaatliche Prinzipien werden auch von anderen TeilnehmerInnen aus Ostdeutschland beschworen, insbesondere bei dem Versuch zu beschreiben, wie schwierig es war, aus der DDR auszureisen, Bücher unbeschränkt zu lesen. Die Versuche der Moderatorin, die Verfaßtheit der beiden Staaten auf der Ebene persön-

Enttypisierung für jedermann

licher Freiheiten zu vergleichen, schlagen fehl. Es bleibt bei einem Insistieren auf den »Altlasten« der Bundesrepublik, die gleichgeschalteten Medien der DDR hätten dadurch nachvollziehbare Ansatzpunkte für kritische Darstellungen gefunden.

Jeder und jede in dieser Gruppe gutwilliger, verständigungsbereiter TeilnehmerInnen hat sicherlich neben überdurchschnittlichem Interesse am anderen Teil Deutschlands etwas mitgebracht, was schon lange gesagt werden sollte. Diese mitgebrachten Botschaften werden eingefügt in ein differenziertes Bild. Die beteiligten Ostdeutschen formulieren hier eine vielleicht neue Seite an ihrem Verhältnis zu Westdeutschland, nämlich eine Verteidigung dessen, was ihre westdeutschen Landsleute zu wenig zu schätzen wußten: freie Presse, Verfügung über Bücher und Reisemöglicheiten. Es kann aber auch unter umgekehrten Vorzeichen kommuniziert werden, wie eine Sequenz aus der bereits erwähnten Veranstaltung »Zweierlei Gedenken« belegt:

Inge F. *(Ost):* Die kennen doch nur Disko und dann ist aus. Ja, so ist es bei uns. Was macht ihr in der Freizeit? Disko, so. Und die Antwort hört man denn zu tausenden.

Renate B. *(West):* Also ich finde das jetzt interessant, wie Sie unsere Gesellschaft sehen, aber ich halte das trotzdem für ein Zerrbild der Gesellschaft, also das Hauptmerkmal ist für mich die ganz ganz starke Unterschiedlichkeit. Und die, daß es Leute gibt, die mit Zeitverträgen arbeiten, die in kleinen selbstorganisierten Betrieben arbeiten bis hin zur Selbstausbeutung. Genauso wie es die Beamtenmentalität und ja Jagd nach dem Geld gibt, aber die Unterschiedlichkeit, denk ich, wenn man die nicht wahrnimmt, daß es dann ja doch sehr stark vorbeigehen kann, was jetzt hier gelebt wird.

Inge F.: Ja, aber wer nimmt die wahr, zu wenig.

Albert S. *(West):* Also ich habe gestern schon 'mal bemerkt, daß ganz offensichtlich diese, diese Versammlung weder durch ihre Personen die Gesellschaft Ostdeutschlands noch die Gesellschaft Westdeutschlands repräsentiert. Und es ist natürlich auch eine gewisse Schwierigkeit dann da, wenn man selbst in relativ abgehobenen oder begrenzten Bereichen lebt. [...] Natürlich müßte man dann die Frage anschließen, ist das wenigstens festzustellen, ist das eine Aussage, die für die Mehrheit gilt? Oder ist das eine Aussage über welche, die ich nun, von denen ich was gehört habe. Nicht, also zum Beispiel, was Disko angeht, da gibt es auch in den letzten Jahren richtige Wellen zu beobachten. Das ist ganz unterschiedlich, nicht, wie das wahrgenommen wird, und wieweit das wichtige Treffpunkte etwa waren oder Beschäftigungsreize. Das wäre schwierig, das zu verallgemeinern, sowohl, was die Personenzahl angeht als auch, was zum Beispiel den Zeitpunkt angeht, zu dem das gültig wäre.

Inge F.: Die nicht so denken, sind auch so. Nicht umgekehrt.

Albert S.: Und, wenn, wenn jetzt – vorhin haben Sie was gesagt vom kapitalistischen

Inge F.: Konzentrierten, oder, was habe ich gesagt?

Albert S.: Kapitalismus. Ich sehe dahinter auch so einen Vorwurf des materiellen Denkens.

Inge F.: Ja.

Albert S.: Ja. Und ich habe mir vor vielen Jahren schon gesagt, bei Informationen über die DDR, und auch bei Besuchen in der DDR, da meinte ich also festgestellt zu haben, daß es kaum eine materialistischere Gesellschaft gibt als die der DDR. Bis hin zu der Fähigkeit, mit dem Wert des Geldes auf die allergeschickteste Art und Weise umzugehen. Und vor allem, in der so ausgeprägten Art, wie es im Allgemeinen in der Durchschnittsgesellschaft des Westens nicht vorkam. Zum Beispiel diese, dieser ganze Klein- und Tauschhandel, der, wie manche mir versicherten, es überhaupt erst ermöglichte, am Häuschen irgendwas zu machen oder sonst dergleichen. Das heißt also, der ganze Alltag, wurde mir gesagt, war bestimmt genau von solchen geschäftlichen Überlegungen. Wenn unsereins, was brauchte, na gut dann ging er in'n Laden. Da brauchte er sich keine großen Sorgen zu machen. Aber ständig nachzudenken, wo kriege ich das, welcher Wert ist das, was kann ich geben, was kann ich dafür nehmen, wenn ich dem anderen dieses. Und das ist also, ich habe mir immer gesagt, auf diese Art und Weise erreicht doch die Führung der DDR genau das Gegenteil, von dem, was sie eigentlich wollte. Sie entwickelt im Grunde und provoziert die Schulung von, die indirekte Schulung von Krämerseelen.

Inge F.: Ja, das stimmt. Das waren die Handwerker, und da war es gang und gäbe.

Renate B.: Nein, auch die, die von den Handwerkern was haben wollten, mußten ja auch was bieten, ja.

Inge F.: Auch wieder Westgeld, oder was sie noch hatten, bißchen.

Albert S.: Das betraf, ich hatte das Gefühl, das betraf alle. Also ein, ich sage das jetzt mal ein bißchen übertrieben, und dann, ist ja nicht so böse gemeint, wie ich es sage, aber wirklich ein Haufen von Krämerseelen.

Enttypisierung für jedermann

Inge F.: Ja, das stimmt. Ja, das stimmt auch.

Albert S.: Ja, ja, das ist eine Sicht, die sehr ungewöhnlich ist, aber ich halte das für, diese Sicht, diesen Blick auch mal für bedenkenswert.

Renate B.: Es war ganz wohltuend jetzt, weil wir ja schon bald darauf hinausgelaufen sind, die Kuschelwelt DDR gegen den Manchester-Kapitalismus in der Bundesrepublik zu setzen.

Auch hier begegnen wir dem Hinweis auf sehr verschiedene Lebensweisen und einer Verteidigung gegen ungerechte Generalisierungen. So können konservative, den Status quo und die eigene Lebensführung verteidigende Argumente dennoch eine kritische, problematisierende Wirkung entfalten – die List der Gruppensituation macht es in einer solchen Zusammenfassung von widerstreitenden Erfahrungen möglich.[82]

Solches Lernen hat selbstredend seine Grenzen wie jede Bildungsanstrengung, wenn das »Leben« stärkere Thesen als die Lernsituation bereithält. Die Arbeitserfahrungen der Ostdeutschen beim »Ankommen« im vereinigten Deutschland machen es beispielsweise schwer, z. B. die sozialstaatlichen Traditionen des Weststaats ernstzunehmen – (erfahrungsgesättigte) Belehrung der Westdeutschen kommt gegen (aktuelle) Erfahrung der Ostdeutschen nicht an:

Inge F.: Aber ich finde, die ganze heutige Arbeitswelt ist doch wie eine Sklavenhalter-Art. Die Menschen sind doch wie Sklaven. Nach dem Chef sich richten, und wenn ich das nicht mache, stehen ja zehn andere vor der Tür, die diesen Posten übernehmen, also muß ich mitmachen. Also muß ich »Ja und Amen« sagen, ich muß schuften und möglichst Überstunden machen. Ich weiß nicht, die kommen mir alle wie Sklaven vor.

Daß in dieser Weise enttypisierende Diskussionserfahrungen ausdrücklich von TeilnehmerInnen selbst thematisiert werden, stellt sicherlich eine seltene Koinzidenz von didaktischen Vorüberlegungen und spontanem Verlauf dar. Dennoch kann festgehalten werden, daß vorsichtig abwägende und resümierende Verallgemeinerungen nicht die Ausnahme sind – sie folgen lediglich der Logik von Verstehens- und Ver-

---

[82] Auf die erkenntnisfördernde Bedeutung des spannungsgeladenen Arrangements von Teilnehmergruppen machte auch S. Schiele aufmerksam – vgl. Schiele 1991.

ständigungsversuchen, zu denen sich gelingende Seminar-Kommunikation häufig verdichtet:

> Barbara R.: Ich wollt' nur noch eine Sache sagen. In dem schon zitierten Artikel von der Sonja Margolina steht so als Therapie – und irgendwie in diese (Richtung) geht's ja auch – »Und doch ist für den Ossi der einzige Ausweg aus seiner Ratlosigkeit die einsame Reise durch die Zeit, 'raus aus der falschen Sicherheit der fertigen Wahrheiten«. Ich denke, das ist, von all dem, was ich als Minimum wußte und weiß, sicherlich 'n ganz entscheidender Punkt: Es gab eben nur eine Wahrheit. Ich behaupte, da sind zwei Sachen zu ergänzen. Das eine ist: Warum muß das einsam sein, diese Reise? Warum kann das nicht tatsächlich gemeinschaftlich sein, wie das hier passiert, oder sei es in Gruppen von Ossis, die eben versuchen, das 'mal aufzuarbeiten? Das zweite ist, daß dieser Satz genauso gilt, dieser Satz gilt genauso für mich, daß eben, und da muß ich auch lernen, keine fertigen Wahrheiten. Die Bundesrepublik war auch in den 70er Jahren kein faschistischer Staat, das muß ich lernen. Hm, die Wahrheit ist eben auch komplexer, als wenn ich jetzt hier 'mal kurz in die Debatte herwerfen kann, daß die Treuhand vielleicht doch 'n Ganovenverein ist. Das heißt auch für die Westdeutschen gilt es, von unseren fertigen Wahrheiten – die Ausländer sind schuld an allem – wegzukommen, äh, genau, wie man das hier aufarbeiten muß. Und da ist vielleicht auch so 'ne Gemeinsamkeit, daß man so merkt: Mensch, dat gibt eigentlich, das ist heute viel komplexer als vielleicht im Römerreich. Aber dat ist ja auch schön, also, daß es soviel Möglichkeiten gibt und daß man das gemeinschaftlich nutzen kann, wegzukommen, daß es nur eine fertige, 'ne vorgesetzte Wahrheit gibt.

3.4 Abschweifung erlaubt: Über Multiperspektivität und unabschließbare Diskurse

Eine der wichtigsten Befürchtungen gegenüber biographischer Kommunikation ist die Vorstellung, das Gespräch könne, ja müsse zwangsläufig aufgrund des Eigensinns der Erzählenden in Nebensächlichkeiten abgleiten und das »eigentlich« angesetzte Thema – und damit das Wesentliche – verfehlen. Wie groß ist diese Gefahr, und welche Gründe für eine nicht allzu straffe Gesprächsführung sind erkennbar?

Die folgende Gesprächssequenz entstammt erneut dem Seminar »Zweierlei Gedenken« im Jahre 1992 in der Veranstaltungsreihe »Ge-

Multiperspektivität und unabschließbare Diskurse

teilte Erfahrungen« und gehört zu einer Diskussionsphase über individuelle Anstöße zur Auseinandersetzung mit dem Nationalsozialismus: Woraus haben die Mitglieder der verschiedenen vertretenen Generationen und Milieus etwas über den Nationalsozialismus gelernt? Die TeilnehmerInnen berichteten ausführlich über Lektüre- und Film-Eindrücke, verglichen Anlässe und Wirkungen.

Ralf M. *(Ost):* ... Ich habe also genauso, aber auch »Heimkehr der Gladiatoren« und ähnliche Bücher, die das also belletristisch bearbeiten und die mir außerordentlich imponiert haben. Ich muß das mal so formulieren. Auch imponiert haben dadurch, daß ziemlich unverblümt zum Beispiel bei »Heimkehr der Gladiatoren« beschrieben wird, wie sich die Alliierten aufgeführt haben – nicht bloß in Deutschland, auch schon vorher in Frankreich. Es hat bei mir einen tiefen Eindruck hinterlassen, weil es eine Mischung zwischen Demokratie und ungehemmter Siegermentalität signalisierte, auch zwischen Demokratiebringern und ja, neuen Unterdrückern, wenn ich das mal so formulieren darf.

Heidi B. *(Mod./West):* Das war gleich in der Nachkriegszeit? In der Nachkriegszeit? Also haben Sie sich damit auseinandersetzen müssen, daß sich die Deutschen überall ungehemmt verhalten haben, in den Ländern ...

Ralf M.: *Das* war eigentlich vorher. Also ich sage mal so, wie sich die Deutschen in Deutschland und wie sich die Deutschen im Ausland verhalten haben, das habe ich, wenn man so will ja, kaum daß wir '45 nun wieder zur Schule gingen, mit der Muttermilch vermittelt gekriegt. Und ich muß mal hinzufügen, ich spreche jetzt mal einfach als DDR-Bürger, bis zum Erbrechen. Das saß eigentlich dann so fest, daß vieles von diesem Wissen eigentlich nicht mehr unbedingt zu vertiefen war, wenn man sich aber dann Bücher über die Zeit beschafft hat, hat man das automatisch vertieft, und vor allen Dingen lernte man jene Einzelheiten kennen. Ich habe ja auch im Laufe meines Lebens viele KZs dann persönlich besucht, und der Eindruck ist ja eigentlich viel wirkungsvoller.

Der Teilnehmer formuliert ziemlich abrupt einen Übergang zu einem anderen Thema: den Alliierten und ihrer Herrschaft in Deutschland. Daß in diesem Kontext das Stichwort »Siegermentalität« von einem ostdeutschen Teilnehmer kommt, ist wahrscheinlich nicht zufällig – hier und da sind in den folgenden Sequenzen Mischungen aus älteren und aktuellen Kränkungen unüberhörbar. Das wiederholte »ich muß« weist den Wunsch als dringlich aus, ebenso wie die Heraufbeschwörung des »tiefen Eindrucks«. Gleichzeitig waltet eine starke Vorsicht bei der Artikulation dieser Eindrücke – die Seminarsituation als eine halböffentliche Situation scheint diese Vorsicht und Rechtfertigung nahezulegen: das Wort »eigentlich« steht dafür, und auch die Formulierung »Mischung zwischen Demokratie und Siegermentalität« drückt mehr Ambivalenz der Bewertung aus, als in manchen anschließenden Sätzen erkennbar bleibt.

Die Moderatorin reagiert auf den Themensprung und die darin liegende Entmachtung beinahe ungläubig, versucht einen Moment lang »beim Thema zu bleiben«, hat den Terrainwechsel noch nicht realisiert oder akzeptiert. Dieser wird aber durchgesetzt, und zwar mit der Dringlichkeit der »Authentizität«: Es muß nun einmal sein, das andere, eigentliche Thema der Debatte »Nationalsozialismus« ist für diesen Ostdeutschen ausgeschöpft, erledigt, abgebüßt. Die Ambivalenz der Schilderungen setzt sich in den Bildern fort: die »Muttermilch«, mit der man den Antifaschismus eingesogen habe, könnte nur für Gründlichkeit und Frühzeitigkeit sprechen, aber anschließend wird klargestellt, daß dies bis zum »Erbrechen« ging.

Solche emphatischen Beschreibungen werden im folgenden legitimiert, und der Legitimationsdruck erscheint im nachhinein als ziemlich groß. Der DDR-Antifaschismus war zunächst einmal so gründlich, daß daran nichts mehr zu vertiefen war. Diese Klarstellung immunisiert den Sprecher gegen eine konventionell-antifaschistische Kritik: es geht ihm, so soll verdeutlicht werden, nicht ums Verdrängen und Wegschieben, wie es in der Tradition der DDR der Bundesrepublik immer unterstellt wurde! Und dieser DDR-Bürger war gemessen am »DDR-Soll« besonders fleißig und interessiert, hat sich die schier unmöglichen »Vertiefungen« dennoch freiwillig zugemutet, was ihm nun das Recht gibt, über anderes zu sprechen: die Kränkungen für die Deutschen, die von den Alliierten als »neuen Unterdrückern« nach 1945 ausgingen. Die Komplexität und Widersprüchlichkeit dieser Passagen ist nur durch die gleichzeitige Anwesenheit und Wirksamkeit von mehrerlei Normwelten erklärbar: derjenigen der DDR und der BRD, aber auch einer übergeordneten nationalen und einer allgemein-menschlich-»humanistischen«. Dieser Themensprung wurde nicht ausführlich aufgegriffen und debattiert, aber auch nicht von den anderen TeilnehmerInnen zurückgewiesen, obwohl er gegen den eigentlichen »Kontrakt« über das Seminarthema verstieß. Die untergründige Anwesenheit des eingeschmuggelten Themas »Siegermentalität der Alliierten nach 1945« (und »Siegermentalität der Westdeutschen nach 1989«?) wurde akzeptiert.

Multiperspektivität und unabschließbare Diskurse

Am nächsten Seminartag wurde das Thema Nachkriegszeit – ebenso ungeplant und plötzlich – erneut virulent, und zwar zunächst in Gestalt einer entschiedenen »Gegendarstellung« zu den eben zitierten Thesen. (Eigentlich geht es um einen Arbeitsgruppenbericht zum Thema »Verhältnis der Generationen bei der Aufarbeitung des Nationalsozialismus«.)

Ilse M. *(West):* So direkt haben wir nicht gesprochen, aber es ist uns doch vieles wirklich, es ist uns geholfen worden. Es ist nicht, da gab es keine Bürgerinitiativen und so etwas, nein überhaupt nicht. Die erste Zeit gar nicht, sondern im Westen, nicht und gerade speziell in Berlin, sondern es ist von allen vier Besatzungsmächten uns geholfen worden. Sie haben ihre schönsten Sachen (gebracht), nicht bloß Literatur. Auf einmal kamen auf ganz schlechtem Papier, kleine Bücher raus. Die Russen, die Engländer, die Franzosen, die Amerikaner, alle brachten uns das Schönste. Sie brachten uns ihre schönsten Filme. Ich kenne doch noch die ersten vier Filme, die alle, jeder ein herrlicher Film. Immer der Gedanke der Mitmenschlichkeit. Eben der Verantwortung, das war alles also nicht mit dem Holzhammer. Wir haben auch die verschiedenen Filme, sowas haben wir gut unterscheiden können. Die waren voll, die Kinos, damals noch. Man hat sich gefreut, wirklich im großen Stil, daß die Nazizeit aufgehört hat. Und da kam nun auf einmal die Welt zu uns. Das war so herrlich. Das habe ich ja hier in meinem kleinen Buch »The Family of Men«, das war eines davon. Und so haben sie uns wirklich sehr auf den Weg geholfen, für die Demokratie. Das, das ist anders, als was Sie gesagt haben, von Gedenkstätten noch keine Rede, nicht. Das war richtig, daß die nicht so erhalten worden sind, wie sie es in Polen, in Österreich so gemacht haben. Das war was anderes, nicht.

Eine andere Erfahrung der Nachkriegsjahre als die vortags vermittelte dominiert hier. Hilfe, Befreiung, Freude … Es bricht sich ein offenbar starker Impuls Bahn zu einer anderen Darstellung: »schönste Dinge« trotz armer Zeit und schlechten Papiers, neue Werte, aber auch eine gewisse vornehme Zurückhaltung der Belehrung statt des Holzhammers, von dem andere sprechen! Daß allen Besatzungsmächten diese Generösität zugeschrieben wird, ist für eine Berlinerin besonders erstaunlich – offenbar konnte der geschilderte Eindruck nicht durch spätere Erfahrungen in der »Frontstadt« überlagert werden. Der etwas überraschende Hinweis auf die fehlenden »Bürgerinitiativen« kann auch gelesen werden als These, daß kulturelle Befreiung und Anregung in der Zusammenbruchs-Situation der deutschen Gesellschaft nur von oben kommen konnte. Einzelne Fehler mögen gemacht worden sein von den

Alliierten, aber Frau M. hat die Zeit vor allem als Freiheit erfahren. Wie befreiend diese Erfahrung gewesen ist, wird noch dadurch unterstrichen, daß das kulturelle Tun der Alliierten nicht nur als sinnvoll und nützlich beschrieben wird, sondern auch als beglückend: alle haben sich gefreut, die Angebote wurden in großem Stil genutzt, »Massen« waren interessiert und erfreut, so daß ein Vergleich mit politischer Indoktrination nur noch einmal zurückgewiesen werden kann. Die Empfindung, daß »die Welt« nun zu den Deutschen kam, unterstreicht das Elegante, Vornehme, Mühe- und Gewaltlose des Prozesses: es mußte nur ein Fenster geöffnet werden – das war Hilfe genug!

Doch auch im Westen gibt es andere Erinnerungen – hier bei einem ca. 50jährigen, der sich sofort anschließend zu Wort meldet (und der wenig intensive eigene Erfahrungen mit »Umerziehung« gemacht haben kann).

Albert S. *(West):* Ich möchte mit einem Begriff widersprechen. Also »auf den Weg gebracht zur Demokratie« ist mir nicht in Erinnerung, vielmehr aber der Begriff »Umerziehung«!

Ilse M.: Das war keine Umerziehung.

Albert S.: Ja, aber genau das, was verwendet wurde als Begriff von seiten der Amerikaner und Briten.

Klaus R. *(West):* Und Louis Armstrong. *[Lachen]*

Albert S.: Umerziehung, das waren gezielte Maßnahmen, die da liefen. Das gab Einrichtungen, die Amerikahäuser, die hatten da zum Beispiel so eine Aufgabe. Die britischen Einrichtungen, »bridges« oder so ähnlich, und die hatten genauso diese Funktion gehabt, und das da waren nur die Zentren. Es gab ja eine viel weitergehende Verzweigung dieser Maßnahmen, das ging bis in die Schulen hinein (...) Moralische Aufrüstung, das war im Grunde genommen da dieselbe Methode, da ging's darum, einfach die Parolen uns einzubläuen.

Ilse M.: Ja, die mußten wir aber mal hören.

Albert S.: Und dann wurde da schön gesungen und da waren da feine Chöre, und dann tauchten dann die verschiedenen Nationalitäten in ihren Nationaltrachten auf, und das war auch die große weite Welt, ja?

Ilse M.: Ja, allerdings.

Albert S.: Nur eben, es war Indoktrination, die auf diesem, die auf diese Art und Weise, weil es ...

Multiperspektivität und unabschließbare Diskurse

Ilse M.: Man konnte sich frei entscheiden. Das war eben das Schöne auf einmal.

Heidi B. *(Mod.):* Also für Frau M. ist es das offensichtlich nicht gewesen. Herr W. Sie wollten dazu, glaube ich, auch noch etwas sagen?

Ilse M.: Nein. Ich war vielleicht schon älter, daran lag es.

Dieter W. *(West):* Nein, nein. Noch nicht. Ich kann auch gut zuhören.

Ralf M. *(Ost):* Mir verschlägt es die Sprache. Wir müssen in verschiedenen Ländern gelebt haben. Ich sage das mal.

[Zwischenruf Otto L. (West): Haben Sie auch! – *[Lachen]]*

Ralf M.: Ich habe – nein. Ja wenn wir von *der* Zeit sprechen. Ich habe das erlebt, daß die Siegermächte sich hier aufgespielt haben wie die Herren. Und Deutschland wie eine Kolonie behandelt wurde. Hier hat kein Deutscher entscheiden können, wie das hier in Zukunft läuft, sondern jede Siegermacht hat sich ihre Leute ausgesucht und die haben gemacht, was die Siegermacht bestimmt hat. Und wenn wir hier von Umziehung sprechen, diese Art von Umziehung wurde gerade, ich sage das mal, diese Art von Umziehung wurde gerade, warum wir heute über Nationalsozialismus weiter sprechen müssen. Denn das war die Umziehung mit der Keule. Nicht bloß der Besatzungsmacht Sowjetunion. Ich bestätige das gerne. Ich habe es ja gestern erzählt, daß die Sowjets hier mit Büchern kamen, SMA-Verlag, die zutiefst humanistischen Charakter hatten, daß hier uns Filme vorgeführt worden sind, ja doch, Filme uns vorgeführt worden sind, von zutiefst humanistischen Charakter, aber das stand im krassen Gegensatz zu dem, was in der praktischen Politik jeden Tag das Leben beherrscht hat. Im krassen Gegensatz zu dem. Die Roten haben sich ...

Heidi B.: Reden Sie jetzt über die SBZ?

Ralf M.: Ich rede zum Beispiel über die SBZ, aber das ist sie doch nicht nur gewesen. In Frankreich lagen deutsche Landser auf dem Feld und haben sich Erdlöcher buddeln müssen, zum Beispiel, weil sie behandelt worden sind wie Vieh. Das ist doch nicht so, daß das nur die Russen waren. Das ist ja nicht so, daß es nur die Russen waren. Es stimmt übrigens auch nicht, daß nur die Russen deutsche Frauen vergewaltigt haben ... Das Leben, so wie ich es erlebt habe hier, war geprägt zunächst erstmal von einer großen erhobenen Kollektivschuld, wodurch sich Differenzierungsprozesse ja nicht ergeben konnten. Das war ja das komplizierte. Außerdem war ja über Jahre das dem deutschen Volk ja nicht möglich, seine Geschichte insofern aufzuarbeiten, daß sie zum Beispiel ihre Schuldigen bestrafen konnten, weil das die Siegermächte sich als Recht angemaßt haben.

(nicht verständlich, leise)

Ralf M.: Das weiß ich nicht. Das ist zum Beispiel die Ursache, warum das mit der Aufarbeitung DDR gleich wieder schief gehen wird, weil jetzt die Bundesrepublik urteilt.

Eine nachholende und stark emotional gefärbte Entlarvung wird hier zunächst von Herrn S. angeboten. »Gezielte Maßnahmen« (und ihre »weitergehende Verzweigung« – s. u.) jedenfalls werden als unangemessen charakterisiert, ohne daß das und die begleitende Empörung begründungsbedürftig scheinen. Daß die Alliierten bis in die Schulen hinein wirkten, ist an und für sich nichts besonders Überraschendes, wird aber hier ebenfalls (von einem Lehrer) als übertriebener Eingriff bewertet; das Stichwort »ferngesteuert« kann als Signal einer vermuteten Verschwörung gelesen werden – »Parolen einbläuen« wird als unhöflich und nicht sachgerecht angesehen.

Daß der Begriff »Umerziehung« etwas Schillerndes hat, wird von beiden Seiten geleugnet, beide beharren auf ihrer eindimensionalen Interpretation: Einerseits wird das »hohe Lied« der Befreiung gesungen, die dem widersprechende ideologiekritische Erzählung aber kennt nur Ideologien, keine anderen Motive, soweit es sich um Alliierte und die von ihnen »Ferngesteuerten« handelt. Eine Interpretation der Wahrnehmungs-Unterschiede über den Altersunterschied wird höflich-versöhnlich von Frau M. angeboten und zurückgewiesen, die Sichtweisen bleiben unüberbrückbar verschieden.

Und in der erneuten Intervention von Herrn M. bricht noch einmal die Kränkung hervor, als schrieben wir noch immer das Jahr 1946. Unterschiede zwischen den alliierten Politiken hat es aus seiner Sicht nicht gegeben, und ein brutaler Widerspruch von alliierter Fassade und politischer Praxis wird moniert. Damit ist zugleich wieder ein Themenwechsel induziert: weg von den Dimensionen der kulturellen Befreiung hin zu den ganz groben Kränkungen, zu Fragen von Macht und Gewalt in der Nachkriegszeit. Mehrere zornige Stereotype wie »hier hat kein Deutscher entschieden«, »die Roten«, »wie Vieh« sprechen für eine aktuelle emotionale Involviertheit. Dabei erscheinen die Beispiele und Identifikations-Objekte ziemlich willkürlich, jedenfalls ohne Rückgriff auf eigene Lebenserfahrung, gewählt: die deutschen Landser, die deutschen Frauen ... (Gleichzeitig wird deutlich auf DDR-Rhetorik zurückgegriffen – vgl. die Formel »zutiefst humanistisch«).

Die Brutalität alliierter Umerziehung (»mit der Keule«) sei gerade verantwortlich für die aktuellen Erblasten der »Aufarbeitung«. Wer die möglichen Lernprozesse im deutschen Volk und die eigenständige Aufarbeitung des Nationalsozialismus und seiner Verbrechen – beides wird als historische Möglichkeit umstandslos vorausgesetzt – blockiert habe, dürfe sich nicht wundern, daß das Thema heute noch so umstritten und unerledigt sei. (Mit dieser Behauptung wird zugleich eine Brücke zum eigentlichen Seminarthema angeboten.)

Der ganze vorgestellte Abschnitt trägt – aus der Sicht einer stoff- und lernzielorientierten Didaktik – den Charakter einer grandiosen »Abschweifung«: Über den eigentlichen Gegenstand – Lektüren und Medienerfahrungen bzw. Generationenkonflikte zum Thema »Nationalsozialismus« – ist nur noch wenig zu erfahren, und die Moderatorin reagiert zunächst mit Opposition auf den Themenwechsel. Alle Beteiligten haben sich unter der Übereinkunft getroffen, unterschiedliche deutsche Erfahrungen beim Umgang mit dem Thema »Nationalsozialismus« auszutauschen, aber nun geht es plötzlich um die Kränkungen des deutschen Volkes durch Umerziehung und »Siegergebaren«, zugleich aber auch um die gegenwärtige Überwältigungs-Situation »gelernter Ostdeutscher« durch die BRD-Strukturen und die tatsächlichen wie vermeintlichen Parallelen der »Vergangenheits-Bewältigung«, um »Anmaßungen« und »Überforderungen«. Drei sehr exponierte verschiedene Sichtweisen älterer TeilnehmerInnen prallen aufeinander – zwei davon sehr deutlich als »Narben« von Verletzungen erkennbar: eine ostdeutsche, die genug von dem NS-Thema hat, glaubt, daß in der DDR genug, ja zuviel daran getan worden sei und daß die Intensität und Fremdbestimmtheit des Antifaschismus nicht nur Schaden angerichtet hat, sondern das eigentliche Problem der vergangenen und gegenwärtigen Aufarbeitung sei, eine Westberliner Perspektive, die noch heute schwärmerisch von der plötzlichen Freiheit, Offenheit und Schönheit der hereinströmenden Kulturgüter (Bücher, Filme) zu berichten weiß, sowie ein westdeutscher Blick, der in allen alliierten Bemühungen um neue Orientierung der Deutschen nur das Motiv der Bevormundung zu erblicken vermag. Eine Kontroverse um die Lernfähigkeit des deutschen Volks anch 1945 liegt damit vor – Frau M. gibt den unterschiedlichen Erlebniskern zu Protokoll:

Wohin führt biographisch orientierte Bildungsarbeit?

Das Mißtrauen war berechtigt. Davon haben wir gesprochen in unserer Gruppe. Das Mißtrauen der Siegermächte war berechtigt, in die Möglichkeiten, die die Leute nicht kannten von der Demokratie. Sie mußten sie ihnen erst'mal zeigen. Wenn Sie natürlich sagen, sie waren rabiat – ich habe das nicht erlebt.

Zu einer Einigung, einer zusammenfassenden und die widersprüchlichen Erfahrungen einschließenden – gar einer »korrekten« – Übereinkunft, ist es im Seminar nicht mehr gekommen. Zu aufgeladen mit biographisch erzeugten Gefühlen waren die vorgetragenen Positionen, als daß bei den exponierten TeilnehmerInnen an einem Ausgleich oder Kompromiß Interesse bestanden hätte: die Brutalität des Besatzungsregimes, der Antiamerikanismus auf der Basis kultureller Überwältigungsgefühle, die sentimentale Heraufbeschwörung eines politischen *und* lebensgeschichtlichen Aufbruchs stehen direkt im Raum. Ist hier also nur Gelegenheit für die Artikulation von Ressentiments und beschränkten Perspektiven gegeben worden? Hätten die »falschen« Sichtweisen zurechtgerückt werden müssen? Eine solche Auffassung verfehlt wesentliche Seiten des Geschehens. Was hat das Seminar, was haben die TeilnehmerInnen von diesem abrupten, nicht planbaren Themenwechsel und seiner »Zulassung« gehabt?

Natürlich hätten diese »Subthemen«, wenn man ihnen Raum geben wollte, auch auf anderem Wege eingeführt werden können; literarische und andere Formulierungen hätten sich als Diskussionsanreiz finden und einplanen lassen. Aber die Virulenz dieser Haltungen, Verarbeitung der Erfahrung, die Ressentiments gegen die Alliierten und ihre partielle Übertragung auf die »koloniale Situation« der DDR nach dem BRD-Beitritt, aber auch die absolute Widersprüchlichkeit des Erlebens wären bei einer gezielten Thematisierung wohl weit weniger deutlich geworden: Es geht um Kultur und politische Macht, Gewalt und Überleben, um die Abwehr von Kollektivschuld-Vorwürfen und ungeschickten Bekehrungsversuchen zur Demokratie, um die Aura des kleinen zerlesenen Heftchens neuer Literatur und geradezu Archetypisches wie die Landser in den Erdlöchern oder die Vergewaltigung deutscher Frauen in den Monaten des Kriegsendes. Vielleicht nicht nur durch lebensgeschichtlich »verzerrte« Perspektiven, aber vor allem auf diesem Weg kann eine solche Vielfalt von Erfahrungsdimensionen zur Sprache gebracht werden.

Auch die Tradierung von Kränkungen – sowohl von Individuen als auch des nationalen Kollektivs der Deutschen – auf Generationen, die

Multiperspektivität und unabschließbare Diskurse

1945 noch Kleinkinder waren, und damit Elemente des »kollektiven Gedächtnisses« der West- und Ostdeutschen, können so – wie etwa in den Beiträgen von Herrn M. und Herrn S. – zugänglich werden, wenngleich die Frage nach dem Funktionieren solcher »Transfers« hier zunächst unbeantwortet bleiben muß. Auffällig ist, daß die Argumentation teilweise stark vom Erfahrungsbereich der Sprechenden wegführt, sehr deutlich auf Abstrakta (wie »die Landser«, »die Roten«) rekurriert und von daher eine »geborgte Dramatik« des Erzählten bezieht.

Wenngleich das Interpretationsmuster, daß die Wahrnehmung der Reeducation starke generationsspezifische Züge hatte, in der Diskussion Zurückweisung fand, so wird es doch durch den Verlauf des Seminars eher gestützt: die Beiläufigkeit, in der sich alliierte »Befreiungs-Angebote« und Jugendlichkeits-Aufbrüche bei Frau M. vermischen, begegnet uns vielfach in erfahrungsgeschichtlichen Berichten und Analysen über die Nachkriegsjahre.[83]

Nicht zuletzt: Soweit eine solche Abschweifung inhaltsbezogen, nicht nur selbstbezogen ist, und indem dem freien und auch assoziativen Erzählen Platz gegeben wird, ist in ihr auch eine Intensität von Teilnehmerorientierung realisiert, die qua Planung nicht erzeugbar ist.[84]

Eine häufig im intergenerationellen Lernen anzutreffende Schieflage zerfällt angesichts von Kontroversen wie der dokumentierten: das gläubige Aufblicken der Jüngeren zu den »Zeitzeugen«. »Wie es wirklich war«, kann nach einer solchen Veranstaltung nicht mit dem harmonischen Verweis auf die autoritative und auratische Sicht der »Alten«, derer, die dabei waren, festgestellt werden, sondern bleibt im Streit, bedarf weiterer Bemühungen. Die »Quellenkritik«, die den VertreterInnen der mündlichen Geschichtsschreibung immer zu Recht abgefordert wurde, stellt sich im biographisch gefärbten Disput verschiedener Kohorten, Generationen und Milieus zwangsläufig ein. »Heterogenität der Lerngruppe«, in traditioneller Perspektive manchmal als Lernhindernis identifiziert, wird hier geradezu zur Voraussetzung der in den Blick genommenen Lernziele; das Bemühen um eine solche Gruppenzusammensetzung kann zu den essentiellen Fragen des Veranstaltungs-Settings gehören. Ein solches Vorgehen, das harte Disputes und Konflikte einkalkuliert, wirft selbstredend neue Probleme auf – z. B. die eines

---

[83] Vgl. Schörken 1994, S. 179 f. und Klönne 1995.
[84] Vgl. Völzke 1995, S. 51 ff.

würdigen Umgangs mit Autoritäts- und Generationenunterschieden; einmal mehr müssen Takt und Austarieren verschiedener Interessen die Leerstelle eindeutiger Rezepte füllen.

Neben der Entzauberung »objektiver«, z. B. wissenschaftlich begründeter Posen der Geschichtsdarbietung ist aber eine solche Dekonstruktion falscher Autorität und Freilegung konkurrierender Deutungen wesentliche Voraussetzung des »Selberdenkens« als Ziel politisch-historischer Bildung. Als Operationalisierung der im Beutelsbacher Konsens formulierten Maxime »kontrovers darstellen, was gesellschaftlich und wissenschaftlich kontrovers ist«[85] klingt die Forderung nach »Multiperspektivität« zunächst einmal nach einem hochgesteckten Maßstab für Erwachsenenbildung; man könnte auch annehmen, daß sie als Variante von »Ideologiekritik« umstritten ist, weil derlei pädagogische Ziele heute weniger als in den 70er Jahren Gemeingut der politischen Bildung sind.

Allerdings lassen sowohl die geschichtsdidaktische Diskussion als auch vielfältige öffentliche Debatten (etwa angesichts kontroverser Bücher oder Ausstellungen zum Nationalsozialismus) hoffen, daß eine solche Form von Reflexivität im vergangenen Jahrzehnt selbstverständlicher geworden ist und auch im historisch-politischen Lernen den Blick dafür öffnen kann, daß nicht eine schlicht faktische Vergangenheit der Ausgangspunkt unserer Gegenwartsbestimmungen ist, sondern mehrerlei Umgangs- und Verarbeitungsweisen des Vergangenen miteinander konkurrieren und der Diskurs darüber zur pluralistischen Gesellschaft dazugehört.[86]

---

[85] Vgl. Wehling 1992
[86] Als Versuch, aus der Sicht der politischen Bildung diese Debatte zusammenzufassen und mit praktischen Anregungen für die Bildungsarbeit zu verbinden, vgl. Dovermann u. a. 1995

3.5 Diskutieren »ohne Geländer«: Über Voraussetzungen biographischer Kommunikation

Ortfried Schäffter hat das biographische Lernen als »störanfällig«[87] bezeichnet. Das könnte prinzipiell über alle Lehr-Lern-Situationen gesagt werden. Wenn aber Lebensgeschichten zum Gegenstand von Erwachsenenbildung werden, läßt sich doch eine spezifische Voraussetzung beschreiben. Der Vorrang des Verstehens und der Verständigung gegenüber dem Unterricht scheint nämlich ein verbindendes Maß an – wenn auch fragmentarischen – Bezugssystemen oder sozialen Bezügen zu benötigen. Biographische Kommunikation beruht, ohne daß alle Beteiligten sich das permanent verdeutlichen, auch auf der Vergleichbarkeit – nicht der Harmonisierung – von Lebenssituation und Erfahrungen im weitesten Sinn. Für die dabei zutage tretenden Unterschiede benötigen wir Begriffe oder »Koordinaten«. Ein Beispiel mag das verdeutlichen. Das biographisch orientierte Seminar »Mitgemacht und Widerstanden – Opposition und Anpassung aus west- und ostdeutscher Perspektive«[88] kann als Lehrstück über die Schwierigkeit bis hin zur Unmöglichkeit eines Dialogs gesehen werden. Beim Vergleich der politischen Erfahrungen und Lerngeschichten zwischen Ost- und Westdeutschen unterschiedlichen Alters waren solche Vergleichsfolien häufig nicht vorhanden, blieben Erfahrungen und Einschätzungen unverbunden und unverstanden. Einzelne Erzählungen wirkten auf die Zuhörenden aus dem Westen bzw. aus dem Osten »codiert« und offenbarten sich verkürzt oder gar nicht. Das betraf auch die west-östlich zusammengesetzte Moderation.

Die Gruppe erfuhr zunächst über ein Feature[89] und durch anschließende parallele Schilderungen über jahrelange teils hoffnungsvolle, teils schmerzhafte, schließlich in Resignation mündende SED-Mitgliedschaften. Die Höhen und Tiefen im Verhältnis zur staatstragenden Partei ließen sich westlicherseits kaum nachvollziehen. Auf der anderen

---

[87] Schäffter 1991.
[88] Das Seminar »Mitgemacht und widerstanden« fand 1993 im Rahmen der deutsch-deutschen Seminarreihe »Geteilte Erfahrungen« statt. Das Team bestand aus der (ostdeutschen) Historikerin Anka Schaefer und der (westdeutschen) Verfasserin; siehe Behrens-Cobet/Schaefer 1994.
[89] »Sympathie für den Teufel. Ein Stones-Fan in der DDR« von Angelika Mendau.

Wohin führt biographisch orientierte Bildungsarbeit?

Seite wirkten ehemals systemoppositionelle Westdeutsche des links-undogmatisches Spektrums, die heute vehement die Parlamentarische Demokratie und den Rechtsstaat verteidigten, auf Ostdeutsche wie Exoten.

Ulrich T. *(West):* ... [wie ich] heute morgen schon gesagt habe, und jetzt hier wieder: Das ist nämlich der Eindruck, wie wir darüber reden, wie es denn gemeinsam weitergeht, weil ich den Eindruck habe, wir gehen wirklich von völlig verschiedenen Vorstellungen aus. Wir (haben jetzt zu tun) mit ganz anderen Vorstellungen aus dem Osten, Sie sehen Ihr eigenes Land, Ihre eigene Vergangenheit ganz anders, als wir aus dem Westen sie sehen. Das ist hier heute morgen gesagt worden. »Ihr könnt das gar nicht nachvollziehen«, haben Sie gesagt. Das habe ich auch zur Kenntnis genommen. Ich kann das aber auch zurückgeben, wenn ich nämlich hier höre, wie über den Westen geredet wird, dann muß ich offen sagen, Sie meinen offenbar ein anderes Land als das, was ich kenne. Das hat mit der Realität, die ich jeden Tag erlebe, nicht sehr viel zu tun. Ich habe immer das Gefühl, da fällt das Stichwort »Kapitalisten«, »Kapitalismus«. Natürlich sind wir ein kapitalistischer Staat, aber damit ist doch die Realität des Westens oder der früheren Bundesrepublik nicht wiedergegeben. Das ist doch, er hat es angedeutet, alles viel, viel komplizierter! Das ist mit einem Schlagwort wie Kapitalismus nicht abzutun und solange das simple Schlagwort Kapitalismus, wie es hier in diesem Teil des Landes bis '89 gang und gäbe war, was die Bundesrepublik anging [vorherrscht], solange können wir uns über einen gemeinsamen Weg überhaupt nicht verständigen.

Rosemarie R. *(Ost):* Na vielleicht ist es auch, daß dieses Schlagwort vom Kapitalismus sehr viel höher rangiert durch kapitalistische Gepflogenheiten in diesem Land, daß uns die Ohren schlackern. Das ist – ja –

[Durcheinander]

Rosemarie R.: *[nicht verständlich]* da sind wir uns einig, bloß wir müssen nun im Augenblick, da sich ja nun alles bei uns geändert hat, mit diesem Teil der Realität am meisten auseinandersetzen. Deshalb kommt es vielleicht zu solchen ...

Ulrich T.: Nein, wenn Sie uns verstehen wollen, müssen Sie sich mit der ganzen Realität auseinandersetzen. Ich komme mir schon ganz komisch vor. Ich bin eigentlich so gar nicht jemand, der das alles so toll findet bei uns und fühle mich jetzt auf einmal – *[Durcheinander]*.

Regine H. *(Ost):* Das ist ja aber das, was wir versuchen in diesem Seminar herauszufinden. Und vielleicht dauert das einfach noch, daß man tatsächlich noch nicht, man hat ja auch noch nicht. Na ja, ich sage jetzt »man« – ist immer blöd, wenn man »man« sagt -, haben wir denn einander genügend zugehört, um zu erfahren, wie war die jeweilige Vergangenheit des anderen Deutschen. Und der ganze Kreis drumrum und die ganze Gesellschaft, in die er eingebunden war. Sind wir denn, oder ist der Großteil denn überhaupt dazu bereit? Ich meine, wir haben das auch (versucht) hier in dem Seminar, zuzuhören, selber etwas zu sagen zur eigenen Person und damit immer den jeweiligen Teil Deutschland zu vertreten, aus dem man stammt. Ich weiß nicht, ich kann darauf auch im Moment noch keine Antwort finden, ob man schon, ob wir schon so weit sind, zu sagen ... [Abbruch der Aufzeichnung]

Bereits die Ausschreibung dieses Seminars beinhaltete erste »Fallen« und Ungereimtheiten. Der Titel »Mitgemacht und widerstanden« suggerierte, so läßt sich im Nachhinein resümieren, daß sich grundsätzlich ein Erfahrungsaustausch über das »Mitmachen« respektive das »Widerstehen« in einer Demokratie und in einer Diktatur herstellen läßt. Der Begriff des Mitmachens kann unter totalitären Regimes als Mittäterschaft oder Opportunismus verstanden werden, während dieser unter republikanischen Verhältnissen gerade das erwünschte Verhalten, das Einmischen, das politische Engagement, meint. Der Widerstandsbegriff sollte ohnehin gesellschaftlichen und politischen Systemen ohne geduldete Opposition vorbehalten sein. Bezogen auf westliche Demokratien und ihre Möglichkeiten, oppositionell zu agieren, erscheint uns heute das Operieren mit dem Begriff »Widerstand« alarmistisch. Die Weichen waren also thematisch auf Verwirrung und Mißverstehen hin gestellt.

Wolfgang T., einer der ostdeutschen Teilnehmer, kommentierte die Schwierigkeit des Vergleichs folgendermaßen:

Würde gerne auf die Frage des möglichen Vergleichs zurückkommen. Ich denke, dieses Seminar ist ja ganz stark auf mögliche Vergleiche von Unterschieden in Kulturen, Biographien und Entwicklung ausgerichtet. Ich denke aber, wenn man den Schwerpunkt »System« (setzt), das ist ja auch so ausgedrückt »Systemopposition Ost-West«, dann redet man eben doch über Unvergleichbares und zwar im Kern. Unvergleichbar deswegen, weil, wenn ich Opposition hier ernst nehme, also das, was in der DDR Opposition war. Das meint für mich jetzt nicht nur unseren Teil, den wir erlebt haben, 70er, 80er Jahre, sondern von Anfang an. Und wenn ich dann Oppositon in der Bundesrepublik auch, es kann man nachher auch eingrenzen, denn gibt es den grundlegenden Unterschied, daß eben Opposition in der DDR von Anfang an, zum Anfang noch viel härter, aber bis zum Schluß hieß, im Grunde genommen in dieser Gesellschaft von grundlegenden

Wohin führt biographisch orientierte Bildungsarbeit?

Lebensmöglichkeiten und Lebenschancen systematisch abgeschnitten zu sein (...). Und der, der größere Unterschied oder Bruch in diesen Erfahrungsentwicklungen zwischen den 68ern West und unserer Generation Ost, die sich ja oft viel den 68ern nahe fühlten und deren Geschichte von weitem verfolgt worden ist, daß aus der 68er Bewegung eine Menge Leute hervorgegangen sind, die in den folgenden zwanzig Jahren ganz verschiedene Entscheidungen mit sich selbst getroffen haben. Immer mit dem Verständnis: »wir sind und bleiben Systemopposition«. Die konnten als Systemopposition politische Parteien gründen und aufbauen. Die konnten in diesen Parteien Fundamentalopposition betreiben, die konnten sich in die Regierungsverantwortung hinein entwickeln.

Die Teilnehmerinnen und Teilnehmer waren es, die die inhaltlichen Sackgassen des Seminarkonzepts zuerst bemerkten und thematisierten. Die Festlegung auf »Opposition und Anpassung aus west- und ostdeutscher Perspektive« war 1992 westlicherseits aus der Neugier auf die Erfahrungen der DDR-Opposition entstanden, für weitergehende Aspekte des Vergleichs und deren systemisch begründete Problematik fehlte vorerst die Phantasie. Durch die unspezifische Ansprache und Werbung für die Veranstaltung stellte sich eine weitere Erschwernis ein: wir hatten es mit einer Reihe von Teilkulturen des linken und liberalen Spektrums zu tun. SozialdemokratInnen, AnhängerInnen des PDS und der FDP sowie zahlreiche politisch Freischwebende entdeckten im Gespräch die Unterschiedlichkeit ihrer Lerngeschichten. Und da es im Seminar nicht nur um die Vergangenheit ging, sondern auch um gegenwärtige Zugehörigkeiten und Neubewertungen der politischen Sozialisation, zeigte sich vielfältiges Distinktionsverhalten. »Verständnisbarrieren«[90] traten dabei nicht nur von West nach Ost auf, sondern auch erheblich unter Mitgliedern der beiden früheren Gesellschaften. Die Frontstellung »Ost« und »West« schien sich dennoch häufig über die unausgetragenen Konflikte unter früheren DDR-BürgerInnen zu legen, beispielsweise zwischen ehemaligen SED-Mitgliedern oder zwischen regimetreuen und oppositionellen SeminarteilnehmerInnen. Und unter Westdeutschen fiel der Versuch auf, sich in der seit 1989 transformierenden politischen Landschaft zu plazieren, etliche Neudefinitionen wurden formuliert.

Die Verständigungsprobleme dieses Seminars belegen die eingangs zitierte Störanfälligkeit des biographischen Ansatzes. Dadurch, daß wir

---

[90] S. Kade 1992.

uns nicht auf die Gültigkeit und Vermittelbarkeit eines verbindlichen Stoffes zurückziehen konnten, standen wir ohne »Geländer« da. Erfahrungen ließen sich in diesem Fall kaum noch aufeinander beziehen. Außer Verwirrung und Fremdheit deutet sich in den Textausschnitten aber auch die Reflexion von Lernprozessen an, und zwar mit deutlichem Bezug auf zeitgeschichtliche und politische Interventionen. Der Versuch, sich damit wechselseitig über Barrieren hinweg doch noch verständlich zu machen, wurde trotz wiederkehrender Ungeduld und gelegentlicher Aggressivität nicht aufgegeben. Didaktische Überlegungen für Folgeseminare bauten nun gerade auf dieser Verständigungsbereitschaft auf und gaben dem Biographischen mehr Raum.

Ließen sich als Antwort auf die Fragilität des biographischen Ansatzes Konzepte des interkulturellen Lernens in die Analyse oder in die Praxis von Bildungsarbeit einbeziehen? Astrid Messerschmidt reklamiert ausdrücklich die »Transkulturalität« auch für die biographische orientierte Erwachsenenbildung. Zwischen Ost und West, zwischen Stadt und Land, zwischen Schichten und Szenen könne sich damit eine Perspektive auf Migrationen im eigenen Land eröffnen: »Fremdheit wandert«.[91] Und Leo Ensel versucht, den Kommunikationsproblemen zwischen Deutschen alltagstheoretische Dimensionen der interkulturellen Verständigung abzugewinnen.[92] Überlegungen von Teilnehmern und Teilnehmerinnen unserer Veranstaltungen gehen in eine ähnliche Richtung. Herr P. aus Ost-Berlin zeigte sich in einer Gesprächrunde erstaunt darüber, was er von seinen neuen Landsleuten aus dem Westen gefragt wurde:

»Warum habt Ihr denn so reagiert, und warum habt Ihr Euch denn das alles gefallen lassen. Und wieso war denn das, wieso hat denn das in den Parteigruppe so funktioniert? Oder warum hat denn das im Wissenschaftsbereich oder auf dem Arbeitsplatz so funktioniert? Ja, das sind manchmal für uns recht banale Fragen, weil es eben dazu gehört hat, und weil wir eben gelernt hatten, damit umzugehen.«

Herr S. aus Cottbus ergänzt: »Bloß auf der anderen Seite ist es genauso. Ich stelle genauso banale Fragen an die Leute, die ich eben in der alten Bundesrepublik treffe, weil es Sachen gibt, die ich einfach auch nicht verstehe. Wird gesagt, ›Weiß ich gar nicht, was verstehst Du daran nicht?‹ Weil es für die genau

---

[91] Messerschmidt 1995, S. 56.
[92] Vgl. Ensel 1993.

so ein System war, in das sie reingeboren wurden, was sie mit der Muttermilch aufgesogen haben, wie das eben hier im Osten war. Und da gibt es eben so Selbstverständlichkeiten, die der andere eben einfach nicht kennen kann, weil es Ausland war.«

Ob über den bisherigen noch unsystematischen Umgang mit Kategorien des »interkulturellen« oder »transkulturellen« Lernens hinaus Situationen wie die dargestellten transparenter werden könnten bzw. ob wir damit über einen »passenden« theoretischen Ansatz für das Phänomen der Fremdheit unter Deutschen in der biographischen Kommunikation verfügen, bleibt unseres Erachtens solange offen, wie veröffentlichte Didaktisierungen und synthetisierende Erprobungen, die sich nachvollziehen und diskutieren ließen, ausstehen. Auch das Verhältnis bisher thematisierter Kulturen-Begegnungen zu anderen Formen der Ungleichzeitigkeit (z. B. dem Stadt-Land-Gegensatz innerhalb einer Gesellschaft) und die Dilemmata des Relativismus wären zu diskutieren.[93]

3.6 »Große« und »kleine« Wahrheiten am Beispiel »Zweiter Weltkrieg und Nationalsozialismus«

Mehrfach sind in diesem Text Hoffnungen auf Toleranz und Multiperspektivität geäußert worden, die sich als Folge von vergleichenden, sich gegenseitig relativierenden Erzählungen und den folgenden Diskussionsprozessen einstellen könnten. Daran schließt sich zwanglos die kritische Rückfrage an, ob so dem Relativismus, der wertedesinteressierten Gleichbehandlung alles dessen, was erzählt werden kann, Tür und Tor geöffnet werden. Im Zusammenhang mit einigen der politischen und zeitgeschichtlichen Themen, deren Diskussion geschildert wurde, ist das eine brisante Frage: Fordern oder erlauben wir Gleichgültigkeit gegenüber Massenmord und Vernichtungskrieg? Ist z. B. die Selbstbezüglichkeit, mit der sich deutsche Überlebende von Krieg und

---

[93] Dazu auch Friedenthal-Haase 1992; Marotzki 1991b, S. 86 f.; Brumlik 1990; Tietgens 1990; H. Tietgens in seinem Referat auf der Abschlußtagung des Projekts »Geteilte Erfahrungen« im Februar 1994 (unveröffentlicht).

»Große« und »kleine« Wahrheiten

Nationalsozialismus oft als die eigentlichen Opfer des NS-Regimes darstellen, hinnehmbar?

Ein eindeutiges Rezept, mit dem sich solche »Unkorrektheiten« kurieren ließen, ist nicht in Sicht, und es würde auch einem Rückfall in »schwarze« Andragogik gleichkommen. Nichts als die geduldige und bewußte Konfrontation verschiedener – nämlich persönlicher, wissenschaftlicher, literarischer usf. – »Wahrheiten« bietet die Chance einer Perspektiven-Anreicherung.

Richard M. Müller hat in diesem Kontext die begriffliche Unterscheidung zwischen »großen« und »kleinen Wahrheiten« vorgeschlagen:[94] Er meint mit dem ersteren beispielsweise die geschichtlichen Zusammenhänge zwischen Nazi-Ideologie, Eroberungskrieg, rassistischer Vernichtungspolitik und deutscher Niederlage 1945. »Kleine Wahrheiten« nennt er die unordentlichen Erinnerungen und Geschichten, die auch erzählt werden müssen, weil die Erfahrung und das Leid, die in ihnen stecken, nicht in der betroffenen Gruppe oder Generation eingekapselt, sondern der (idealiter: gemeinsamen) Reflexion zugänglich gemacht sollten. Ein Fall ungleicher Expertenschaften ist es im Grunde, der hier bedacht werden muß: mit unterschiedlichen Akzenten auf Großem und Kleinem, Geschichte und Lebensgeschichte, Erleben und nachträglichen Reflexionsschichten, Wissen und Erfahrung, Geschichtsbild und eigensinniger Situationsschilderung.

Eine Bildungsarbeit, die auf Enttypisierung und die Anerkennung von Differenzen aus ist, muß sich solchen Erzählungen stellen, ja sie ausdrücklich herausfordern, soweit sie Bestandteil von Alltagsdiskursen sind. In einem Gesprächskreis über die 20er und 30er Jahre[95] z. B. können die »gemischten Gefühle« beim Machtantritt der Nationalsozialisten nicht wegeskamotiert werden:

Herr St.: Wenn wir jetzt so tun würden, als wär' das nicht 'ne große Hoffnung gewesen, das ist ja wohl falsch, ne? Das war schon 'ne Hoffnung, daß sich alles ändert, aber es war ja nich' so schlimm, wenn es nicht klappte, dann würden sie eben abserviert wie alle anderen ... Davon spricht heute keiner mehr, die zeigen uns immer nur den kläffenden und schäumenden Adolf, aber nicht, daß das

---

[94] Müller 1994, S. 101. Auf Geschichten, die quer liegen zur historiographischen Plausibilität, bezieht sich auch: Knigge 1988.
[95] »Waren es schöne Zeiten?« Gesprächskreis im Ruhrlandmuseum Essen 1987/88.

allmählich systematisch kommen *mußte*. Und in meinem Kreis, da machte sich so eine Agonie auch breit – na gut, jetzt wählen wir den Adolf ... und wenn das nichts wird, dann wählen wir Thälmann. Überleg' sich 'mal einer diese Idiotie! ... So war die Hoffnungslosigkeit.

Und auch die (symbolischen und faktischen) Anfangserfolge des NS-Regimes gehören zu den mächtigen Unterströmungen solcher Gespräche: die Reduzierung der Arbeitslosigkeit, die Geschichten vom »Eintopfsonntag« und den Kruppdirektoren, die am 1. Mai mitmarschieren mußten ... Die Erfahrung lehrt, daß sich im Gruppenprozeß zumeist nicht nur rhetorische Glättungen und Konzessionen solcher Erzählungen einstellen, sondern auch explizite Korrekturen – z. B. durch den Hinweis auf diejenigen, die zur »Volksgemeinschaft« nicht dazugehören wollten oder konnten.[96]

Von der Expertenschaft der »kleinen Leute« für ihr Leben und seine Umstände sprechen manche Historiker. Vielfach schrecken jedoch ErwachsenenbildnerInnen noch davor zurück, diese These ernstzunehmen als didaktischen Grundpfeiler alltags- und biographieorientierter Bildungsveranstaltungen. Wir glauben, daß auch dort, wo es um die Auseinandersetzung mit »geronnenen« Interpretationen (Wissenschaft, Museen, Literatur) geht, solche persönlichen Annäherungen Aspekte erhellen, die zum Geschichtsdiskurs unabdingbar hinzugehören. Die im folgenden aufgeführte Passage ist ein Beispiel für die »unreine« Mischung verschiedener Diskurse und Ebenen, wie sie in Veranstaltungen der Erwachsenenbildung wohl noch häufiger vorkommen wird; sie entstammt dem bereits erwähnten Seminar »Zweierlei Gedenken. Zum Umgang mit der NS-Vergangenheit in der Bundesrepublik und der DDR« im Dezember 1992, durchgeführt in Seelow und Gusow (Brandenburg), das auf einer intensiven Auseinandersetzung mit dem politisch-konzeptionellen Umbruch in der Gedenkstätte »Seelower Höhen« fußte. Diese Gedenkstätte ist den letzten Weltkriegs-Schlachten vor Berlin im Frühjahr 1945 gewidmet; die TeilnehmerInnen hatten Ausstellungshalle, sowjetische und (vor der Wende vernachlässigte) deutsche Friedhofsanlagen sowie zwei Film- bzw. Diashow-Varianten (vor und nach 1989) zur Kenntnis genommen und diskutierten mit der Museumsleiterin.

---

[96] Die unterschiedlichen Blicke und Blindheiten gegenüber verschiedenen Opfergruppen in BRD und DDR sind analysiert bei: Niethammer 1990b.

»Große« und »kleine« Wahrheiten

Albert S.: ... Im übrigen möchte ich aber noch einwenden, daß ich es schon richtig finde, daß auch die gefallenen deutschen Soldaten in genau der Art und Weise aufgereiht werden. Irgendwo dazwischen, denn sie waren ja nichts anderes als die anderen gefallenen Soldaten, auch für ihre jeweiligen Anführer, Material ... Und sie waren keine Faschisten, die man gegen die anderen stellen muß, sondern sie waren Kriegsmaterial. Deshalb gehören sie dahin.

Adolf G. *(West):* Ja, also meine Bedenken sind genereller Art. Nicht nur gegen diese Gedenkstätte in Seelow, sondern überall dort, wo man solche Gedenkstätten aufbaut. Weil nämlich immer wieder die Gefahr besteht, daß dort eine Heldenverehrung getrieben wird. Wenn wir im ersten Film gesehen haben, dieser, ja ich glaub das war ein sowjetischer Offizier, bei diesen Bezeichnungen muß ich nun mal nach Worten suchen, der mit seinem Kind da war und zu dem Denkmal zeigte. Und Bedenken habe ich deshalb, weil ich der Ansicht bin, daß dort, wo Heldenverehrung betrieben wird, auch immer wieder Nachahmungstäter entstehen werden. Denn in meinen Augen waren das keine Helden, die Menschen die hier ihr Leben lassen mußten ... Ich stehe auf der Seite der Menschen, die immer wieder nur als Material eingeschätzt werden, deshalb meine Bedenken.

Anne F. *(West):* Ja, jetzt kommt die Frauenfront. *[Lachen].* Ja, also bei mir ist eh die Sache so, daß ich im Bereich von Nationalsozialismus immer mehr Probleme habe mit diesen Kriegsgeschichten, also mit diesen Kriegsverläufen. Ich versuche mich immer darum zu drücken, weil, ich habe es noch nie anders erlebt, als das es genau so geschildert wird. Ich fand sehr gut, ich muß das echt unterstützen, das ist – es geht nur um Material. Also mich wundert, daß hier dann noch aufgezählt wird, wieviele Panzer und Bauzen und wie die alle heißen, diese ganzen Dinger. Also zum Beispiel der Vortrag, der Diavortrag, also ich meine, der ist eindeutig, denke ich. Da kommt wirklich ein einziges mal ein Satz vor, »es gab erhebliche Verluste«. Also da kann man sich denn vorstellen. Aha, müssen Menschen gestorben sein. (...)

Brigitte S.: ... ich verstehe ja in dieser Zeit des Umbruchs auch die Irritation, weil plötzlich Erwartungen gestellt werden an diesen Ort, die vorher nicht da waren. Jetzt müssen auch die Erwartungen der Hinterbliebenen der deutschen Opfer erfüllt werden, die ja immer ausgeblendet wurden, was ja auch falsch war. Daß darüber überhaupt nicht geredet wurde. Daß ja im Grunde die normale deutsche Bevölkerung erstmal um ihre gefallenen Väter und Söhne trauerte ... aber, so wie das jetzt gemacht wird, also diese Gleichstellung, das find ich auch wieder historisch falsch.

[...]

Anka S.: Ist auch eine Idee, da deutsche Waffen daneben zu stellen. Ist doch keiner *(nicht verständlich)*

Frau D. (Museumsleiterin): Natürlich. Na aber. Wobei dann wieder das Mitglied des Beirates, der Botschafter der GUS gesagt hat, »Leute bedenkt gut«, hat er gesagt, »es ist Eure Gedenkstätte und Euer Vorplatz. Aber bedenkt bitte, dort oben liegen sowjetische Soldaten. Bedenkt es bitte.« ... Ein Glück, daß im Übereifer der Wende hier keine deutsche Heldengedenkstätte errichtet worden ist.

Ralf M.: Bestand die Gefahr?

Frau D.: Wissen Sie, ich bin hier geboren, ich bin hier aufgewachsen, ich lebe hier, ich liebe dieses Stückchen Erde, ich bin sehr heimatverbunden. Aber trotzdem kein Mensch, der gerne Heimatfilme sieht. Und ich kenne diese Menschen hier, auch wenn es ein herber Menschenschlag ist und Menschen auch manchmal sehr schwer enttäuschen können. Ich liebe Menschen. Und ich liebe das Leben. Und ich bin ein sehr optimistischer Mensch. Aber es besteht immer die Gefahr, daß man von einem Extrem ins andere verfällt. Und daß Menschen, daß es Menschen gegeben hat, die mir gesagt haben »Wir haben zu Hause noch eine Traditionsfahne. Ich zum Beispiel war in einer Waffen-SS. Vielleicht für die nächste Ausstellung, daß Sie sie mit ausstellen können.« oder so, ja. Auch das hat es gegeben. Ich sagte ja, wenn Sie in einem Heimatmuseum arbeiten, dann bekommen Sie vielleicht schöne alte Tonkrüge geschenkt ... ich bekomme andere Dinge angeboten ...

Sicherlich war die durch eine Vor-Wende-Diashow und einen Nach-Wende-Videofilm repräsentierte Umbruchsituation besonders motivierend für eine kontroverse Diskussion, aber daß hier ca. 20 »NormalbürgerInnen« eine Konzeptions-Debatte über die aktuellen Umdeutungen und eine »Meta-Diskussion« über die Wirkungen des in einem Museum Ausgestellten führten, ist ja so selbstverständlich nicht. Wie wichtig darf sich das Militärische machen in einem Kriegsmuseum, ohne militaristisch zu sein? Wie distanziert blicken wir von heute auf die Fronten des Zweiten Weltkriegs, wie können die historischen Verläufe und Vorgeschichten repräsentiert werden? Welche Unterschiede sind möglicherweise zu machen zwischen dem repräsentativen »Gedenken« und einem Ort der individuellen Trauer, wenn – wie hier – beides an einem Ort zu finden ist? Sind »politische Korrektheit« und persönliche Betroffenheit – z. B. innerhalb der Familie oder der Generation – vereinbar? Was sind die unterschiedlichen Perspektiven der Kriegshistoriker, der gefallenen Sowjetsoldaten, des heutigen Rußland, der toten deutschen Soldaten, der Anwohner der Region? Welche Bilder und welche

»Große« und »kleine« Wahrheiten

Sprache vermögen all dies auszudrücken? Besteht die Gefahr, daß heutige Harmonie- und Versöhnungsbereitschaft das Grauenhafte des Geschehenen überlagern und damit die »Abschreckung« vernachlässigen? – allesamt Fragen, die sich nicht jede(r) Museumsbesucher(in) stellt. Auch Geschlechter-Unterschiede des Argumentierens in Sachen »Krieg« werden – wenigstens deklamatorisch – deutlich, indem eine Diskutantin nicht nur die »Frauenfront« benennt, sondern auch demonstrativ und gespielt-naiv die Unwichtigkeit von Kriegsverläufen und Fachausdrücken (»Bauzen«) herausstellt.

Die in der gesamten Seminarveranstaltung »veröffentlichte« Vielfalt von Problemen und Positionen einschließlich der biographischen Annäherungen hat offenbar zu einer Wahrnehmungsschärfung, die keine andere Form von »Museumsbesuch« leisten könnte, beigetragen: Solche Orte sind keine immobilen Stätten der Verkündigung ewiger Wahrheit, sondern aus ihren Entstehungsbedingungen heraus verstehbare Interpretationen. Insofern liegt in der hier demonstrierten Arbeitsform ein Demokratisierungspotential für bisher fachlich-professionelle und geschichtspolitische Diskurse. Wir sind immer wieder erstaunt, wie selten – trotz aller Beschwörung des »Lernorts« Museum – solche diskursiven Formen (Gesprächsangebote, Arbeitskreise) in existierenden Museen und Gedenkstätten genutzt werden.

Die »kleinen«, persönlichen Wahrheiten der Erzählenden weisen in der Regel keine eindeutige Richtung auf, mit privaten Geschichten und Argumenten können ganz unterschiedliche politische Haltungen (gelassene Distanz gegenüber allen Opfern, Pazifismus, überraschende Differenzierungen etc.) begründet werden:

Adolf G.: Ja. Ich wollte auch noch was sagen. Ich habe in meinem Leben eine Bezugsperson. Und mein Vater hat 1934 seinen illegalen Widerstandskampf damit begründet, daß er nicht wollte, daß sein Sohn eines Tages im Stacheldraht hängt. *[Weint]* Entschuldigt, wenn mich das so angreift, aber ich muß drüber reden. Und wenn ich dann den Film da sehe und dann eine Erklärung hör', daß der Marschall Schukow diesen Einsatz hier befohlen hat, um in drei oder vier Tagen in Berlin *vor* den Amerikanern zu sein. Da sind Tausende von Söhnen von Müttern in der Sowjetunion geopfert worden. Das wage ich zu sagen, zu dem Zeitpunkt war der Krieg einfach schon gewonnen für die Alliierten. Jetzt gestattet mir eines zu sagen, nach diesem militärischen Denken, das da zum Vorschein kommt, kann ich nur unsern verstorbenen Bundespräsidenten Gustav Heinemann unterstützen, der gesagt hat, daß das Militär eine Aufgabe hat, sich selbst in Frage zu stellen, um möglicherweise abzutreten ... Also Kriege sind das Inhumanste für mich, was ich nur kenne. Ich habe es selbst kennenlernen müssen, trotz des Todes meines Vaters. Und von daher muß ich nur wiederholen: ich habe Bedenken gegen solche Gedenkstätten.

Schon diese kurzen Passagen lassen erkennen: Solche Ambivalenzen nicht nur zuzulassen, sodern geradezu aufzusuchen, gehört zu den Chancen biographischer Kommunikation, indem sie Zeit und Aufmerksamkeit für die Entwicklung uneindeutiger Geschichten bereitstellt. Daß diejenigen, die den Austausch leiten und moderieren, solche Schattierungen und Optionen vorab kennen sollten, gewinnt bei diesen brisanten Fragen an Bedeutung. Sie sind noch stärker als sonst gefordert, »fehlende« Perspektiven zur Sprache zu bringen, dem Eintauchen in vergangene Situationen die Frage nach Bedingungen, weiteren Verläufen und Verarbeitungen an die Seite zu stellen und auf einer vergleichbar subjektiven Ebene Kontrasterfahrungen aufzurufen oder (etwa in literarischer Form) zu präsentieren – nicht mehr und nicht weniger, d. h. ohne alleinige Verantwortung für den Ausgang der Debatte.

Die Beispiele für Fragestellungen, an denen kleine Wahrheiten die Genauigkeit politischer Wahrnehmung gerade durch Unschärfen fördern können, sind zahlreich: z. B. in den 30er Jahren »eine schöne Zeit« erlebt zu haben, den »Bund Deutscher Mädel«, die Hitler-Jugend oder gar Kriegserfahrungen auch als Emanzipationschance verarbeitet zu haben, den individuellen Verlust von Angehörigen und Traumata durch Kriegsniederlage oder Vertreibung um 1945 (vgl. zu diesem Thema auch Abschnitt 5.2) zu benennen, darf nicht nur als ungenau und unausgewogen charakterisiert werden. Auch in Sachen DDR-Geschichte(n) wäre ein solches genaues Hinhören fruchtbar; ohne der humanen Nischen und erkämpften wie ermogelten Freiräume eines diktatorischen Systems gewahr zu werden, wären weder dessen Langlebigkeit noch ein Teil der heutigen Akkulturationsprobleme an die kapitalistische Ökonomie verstehbar. Oder, um der Ost-West-Symmetrie halber zwei weitere Beispiele zu skizzieren: zum Skandal der westdeutschen Verdrängung von kollektiven und individuellen NS-Verstrickungen gehört als Begleitmelodie die Chronik mannigfach geglückter Lerngeschichten von kleinen und großen Nazis dazu; die politischen Irrwege mancher westdeutschen politischer Oppositionsströmung (Sonderwegs-Phantasien, chronischer Faschismusverdacht, Gründung sektiererischer Avantgardeparteien) dürfen nicht den Blick darauf verstellen, wieviel politische Energie und Phantasie für die Bundesrepublik auf diesen Umwegen mobilisiert wurde und welche lebensreformerischen, kulturellen und sozialisatorischen Leistungen von den gleichen Generationskohorten erbracht wurden.

Eine Konzentration auf die großen historischen Zusammenhänge der Jahrhundertkatastrophen und unbestreitbare Kausalitäten schnitte die Teilwirklichkeit von Mentalitäten, Lernprozessen, Subkulturen, alle Grauzonen menschlichen Verhaltens (und damit auch wesentliche Bedingungen geschichtlicher Verläufe) aus unserem Bild der Vergangenheit aus.[97] Eine Balance also ist wieder einmal als Aufgabe der Professionellen zu formulieren: zwischen den menschlich-pädagogischen Grundtugenden des Respekts vor den Teilnehmenden und ihrer Menschenwürde einerseits und andererseits der Verpflichtung auf wissenschaftliche Genauigkeit und die Würde der historischen Opfer, die zumeist keine Stimme im Gespräch der heutigen Diskutanten haben. Es ist eine Linie zu finden, die Konflikte und bleibende Streitfragen nicht zudeckt, ohne in rücksichtslose Kränkung von normalen, durchschnittlichen Mitmenschen zu verfallen. Die Genauigkeit der zurückbleibenden Bilder, die Reflexivität der beteiligten Individuen und ihre Fähigkeit, Ambiguitäten anzuerkennen, sind Maßstäbe für eine solche Liberalität, die der Aufklärung verpflichtet bleibt.

3.7 Lebensgeschichten debattieren?
Tabus und heikle Punkte

Biographische Kommunikation legt es nicht auf heikle oder brisante Themen im Zusammenhang mit erzählten Lebensgeschichten an, aber sie kann diesen auch nicht grundsätzlich ausweichen. Denn im Rahmen von Erwachsenenbildung angebotene Veranstaltungen etwa zu Generationenerfahrungen[98] enthalten, auch wenn sie sich alltagsorientiert verstehen, potentiell alle Ereignisse und Katastrophen der Zeitgeschichte – einschließlich der Verstrickungen, Opportunismen und Wi-

---

[97] Ähnlich argumentiert aus der Forschungsperspektive: Rosenthal 1990, S. 8 ff.
[98] Beispielsweise »Konrad Adenauer, Walter Ulbricht, Marilyn Monroe und ich«. Ein Seminarkonzept.

derständigkeiten der »kleinen Leute«. Didaktisch können TeamerInnen stärker oder verhaltener auf belastete historische Daten zugehen. Auf seiten der TeilnehmerInnen schließt das »gelebte« Leben, insbesondere, wenn diese nicht mehr zu den ganz jungen Erwachsenen gehören, sowohl die Erwähnung als auch die auffällige Nichterwähnung schmerzhafter, belasteter Zäsuren ein. Biographien oder Teile daraus werden meist mit Rückbezügen auf allgemeine Geschehnisse erzählt (»Als ich 1939 meinen Mann kennenlernte, brach gerade der Krieg aus ...«; »1945 wollte ich mit dazu beitragen, ein »anderes« Deutschland aufzubauen«). Wenn wir uns auf andragogische Situationen vorbereiten, kann bei intensiver Beschäftigung mit den angebotenen Themen einiges Heikle antizipiert werden – beispielsweise Verfolgungserfahrungen während des Nationalsozialismus oder Rechtfertigungsversuche ehemaliger Wehrmachtsangehöriger –, doch konkrete Fälle und ihre Aufnahme durch die Gruppe unterscheiden sich stets aufs Neue, so daß in der Planungsphase ein relativ abstraktes Reflektieren vorherrscht, das durch die Praxis biographischer Kommunikation zunehmend konkreter und empathischer werden kann.

In einer Gesprächsgruppe zum Thema »Über Leben im Krieg«[99] beispielsweise dominierten die Versuche männlicher Teilnehmer, ihren kriegerischen Einsatz für das NS-Regime zu rechtfertigen, obwohl sie niemand ausdrücklich unter Legitimationsdruck setzte. Allein die Anwesenheit einer älteren Sozialdemokratin, die erzählte, Hitlers Absichten bereits 1933 durchschaut zu haben, und die mit ihrer Biographie für eine erklärte NS-Gegnerschaft stand, provozierte, so unsere heutige Interpretation, Selbstbefragungen der ehemaligen Frontsoldaten. Die Gruppe erhielt damit eine kathartische oder auch eine Beichtfunktion: es wurde Rechenschaft über Extremerfahrungen abgelegt – eine Situation, auf die BildungsarbeiterInnen in der Regel nicht vorbereitet sind und die in Einzelfällen ihre Kompetenz zu überschreiten droht.

Daß lebensgeschichtlich Leidvolles häufig durch die Teilnehmer/innen selbst zur Sprache kommt, illustriert Frau H.; sie schreibt aus ihrer Perspektive, wie ein Rechtfertigungsdruck oder – positiv gewendet – ein Legitimationswunsch entsteht:

---

[99] Zehn Nachmittage jeweils 3 Stunden lang diskutierte eine Gruppe von Zeitzeugen parallel zur Ausstellung des Ruhrlandmuseums »Über Leben im Krieg« im Jahr 1989, angeboten vom Bildungswerk der Humanistischen Union und der museumspädagogischen Abteilung des Ruhrlandmuseums Essen.

Tabus und heikle Punkte

Warum habe ich so weit ausgeholt? Eigentlich wollte ich von diesem Parteiaustritt (aus der SED im Mai 1989) gar nicht mehr reden. Aber gerade dieses Ereignis hat in meinem Leben am meisten mit dem Thema »Mitgemacht und Widerstanden« zu tun. Ich war freiwillig und sehr jung eingetreten in diese Partei, die ich für die einzig richtige hielt. Und die Enttäuschung schmerzt so sehr, daß sie für alle Zeiten wachsam macht, genau hinzuhören, zu fühlen, was richtig ist und was nicht. Gradmesser dafür sind keine Parteirichtlinien mehr, nur noch vor mir selbst muß ich bestehen (...). Diese und andere Denkprozesse sind bei mir, und ich denke, auch bei den anderen Seminarteilnehmern, in Bewegung geraten oder aktiviert worden.[100]

Eine professionelle Herausforderung sind zweifellos solche dynamischen Gruppenprozesse, in denen z. B. ein anwesender ehemals überzeugter Anhänger des NS- oder auch des SED-Regimes zum »abschreckenden Beispiel« wird. Ein Erzähler hatte sich als einsatzfreudiger Fähnleinführer der HJ zu erkennen gegeben und tat dies ohne erkennbare Distanz, sogar mit positiven Erinnerungen. Er machte sich angreifbar und riskierte eine Außenseiterstellung.

Das Konzept der biographischen Offenheit kann vollständig scheitern, wenn einzelne in solchen Fällen vor der Gefahr einer Ausgrenzung und Diffamierung nicht geschützt werden. Diese Schutzfunktion wird nicht nur von der Pädagogin/dem Pädagogen übernommen. Es sind immer auch Teilnehmende, die die gruppendynamische Brisanz intuitiv verstehen und auffangen möchten. Die Verantwortung für soziale Situationen, die die Dignität der einzelnen Biographie beschädigen könnten, liegt aber schließlich bei den Professionellen: Wenn sie nicht erkennen, wann die Gespräche eine verletzende Richtung nehmen, kann die biographische Kommunikation in einem Desaster enden.

Während eines Gesprächskreises über den Zweiten Weltkrieg mit einer Senioren-Gruppe im Ruhrgebiet stellte sich heraus, daß dieser zunächst ganz auf die eigenen Leiden konzentrierten Runde auch ein 1938 vor den Nazis nach Shanghai geflüchteter Jude, Herr K., angehörte. Er stand mit seiner Lebensgeschichte allein da, weil sie nicht in das Kollektiv derer paßte, die sich an die »anglo-amerikanischen« Luftangriffe und die Überlebensstrategien an der »Heimatfront« erinnerten. Herrn K.s Schilderungen wurden von den Anwesenden als außer-

---

[100] Im vollen Wortlaut in: Behrens-Cobet/Schaefer 1994, S. 159 ff.

halb ihres Erfahrungsbereichs liegende wahrgenommen, die ihr sehr emotionales Gespräch über die Leiden der deutschen Zivilbevölkerung geradezu störte. Die Moderatorin erst gab diesem Verfolgtenschicksal Raum zum Erzählen. Es kam zu schwierigen Konkurrenzen um Gesprächsanteile und moralische Anteilnahme. Die Gruppe signalisierte, daß sie lieber »unter sich« geblieben wäre und den Teilnehmer nur aus Höflichkeit zu Wort kommen ließ. Ungeplant stand die Frage, wie die NS-Zeit politisch und biographisch zu bewerten sei, ganz direkt unter der Last der Zivilisationsbruchs, der Vertreibung und Ermordung der europäischen Juden. Eine entspannte Seminaratmosphäre stellte sich anschließend kaum noch ein.

Biographische Kommunikation steht notorisch in der Gefahr solcher Konkurrenzen um Aufmerksamkeit, Mitgefühl und Verständnis. Unter das Stichwort »Konkurrenz« fallen aber auch die Versuche, das eigene Erleben zu verallgemeinern, dem Gegenüber die Kompetenz einer Interpretation oder einer Bewertung abzusprechen. Zurückweisungen wie »das können Sie nicht verstehen, dafür sind Sie zu jung« oder »Westdeutsche sollten sich kein Urteil über das Leben in der DDR anmaßen« und andere apodiktische Äußerungen verkennen das Anliegen biographisch orientierter Bildungsveranstaltungen: Es kann immer nur um Verstehensversuche, um Annäherungen an Wirklichkeiten gehen, nicht um »letzte« Urteile über Vergangenheit und Gegenwart. Denn die Perspektiven auf Erlebtes sind auch in der eigenen Teilgesellschaft oder Generation heterogen. »Enttypisierungsschocks«, also die Destruktion bestimmter Annahmen über das Verhalten von sozialen Gruppen, Angehörigen eines Jahrgangs, eines Geschlechts, einer Organisation usw. erfahren nicht nur PädagogInnen, sondern auch Erzähler und Erzählerinnen in Bildungsveranstaltungen. Zu sehen, daß es fast immer Kontrasterzählungen gibt, daß andere Versionen beispielsweise über die Aufbaujahre der Bundesrepublik oder der DDR existieren, ist für die TeilnehmerInnen nicht unbedingt eine, wie es Andragogen gern sehen würden, »Anreicherung der Perspektiven«, sondern auch eine unbequeme Wahrheit. Enttypisierungserfahrungen fördern also eher eine Streitkultur, die Lust an der Debatte, als daß sie identitätsstiftend wirken – jedenfalls wenn wir Identität als auf soziale Zustimmung angewiesene Konstruktion begreifen.[101] Enttypisierungen werden selbst-

---

[101] Wilhelm Mader hat in einer Arbeitsgruppe auf der Jahrestagung der Kommission Erwachsenenbildung der DGfE 1996 denn auch die Frage gestellt, ob »Enttypisierun-

Tabus und heikle Punkte

verständlich nicht als »Umerziehung« im Bildungsprozeß oktroyiert, vielmehr finden sie durch die Zusammensetzung der Gruppe oder auch durch das Vorhandensein anderer Deutungen in der Literatur, im Film, in Museen quasi prozeßhaft statt. Sie können eine Lernchance sein und stehen doch auch in der Gefahr des Verprellens, der Kränkung. Bei aller Vorsicht von ModeratorInnen bleibt es ein unentrinnbares Dilemma solcher Veranstaltungssettings, einerseits die Würde der Biographen und Biographien, die durch sie repräsentierten Identitäten zu respektieren und andererseits zur freien Diskussion der in ihnen manifestierten Perspektiven und Geschichtsbilder einladen zu wollen. Es bedarf der Sensibilität aller Teilnehmenden und professionell trainierter »Aushandelungskompetenzen«, um aus solchen Situationen fruchtbare und nicht nur heikle werden zu lassen.

Die Anwesenheit und Wirksamkeit unterschiedlicher Normensysteme, die nicht miteinander zu vereinbaren sind, ist durch Probedeutungen, Kontextuierungs- und Übersetzungsversuche in der biographischen Kommunikation nicht zu verhindern, und es wäre eine Überheblichkeit, dies den Professionellen zur Aufgabe zu machen. Die Differenzen und Kontroversen haben in der Regel ihren Platz im Seminargeschehen. Auf ihrer Austragung beruht die potentiell aufklärende Wirkung auch biographisch orientierter Bildungsarbeit, wenn Implikationen und Bedingungen, Projektionen und wirkliche Werthaltungen dadurch transparenter gemacht werden können.

---

gen« in Bildungsveranstaltungen berufsethisch vertretbar seien, ob wir denjenigen TeilnehmerInnen, die über Typisierungen biographischen »Halt« fänden, die Destruktion solcher Konstrukte zumuten dürften (unveröffentlicht).

4. »Und wo bleibt das Politische?« – Von der Gewißheit zur Suchbewegung

4.1 Komplexität – Deutungen – Skepsis 92
4.2 Handlungsorientierung und Reflexion 93
4.3 Entmündigung? Von Erlebnisidioten und
   Laientherapeuten. 95
4.4 Von der Nabelschau zur Macht der Weltbank 97
4.5 Verständigung in kleinen Öffentlichkeiten. 99
4.6 Abkehr von der Umkehr 101

Was ist der Preis für die Ergebnis-Offenheit biographischer Kommunikation? Solche Fragen werden insbesondere dort gestellt, wo biographisch orientierte Bildungsarbeit einen politisch bildenden Anspruch erhebt. »Manche verstehen das neue Interesse an Biographie als Zeichen der Resignation vor den großen politischen und sozialen Aufgaben ... Gewiß ist aber dieses neue Interesse zugleich Zeichen einer neuen Neugier, die vordem zugunsten abstrakter Identitätsbilder (*die* Arbeiterklasse, *die* Frauen usw.) unterdrückt war«. In solchem Fragen nach Entwicklungen, Enttäuschungen, Prozessen politischer Sozialisation und persönlicher Prägung, berufsbiographischer Neugier liegt eine begrüßenswerte Blickerweiterung: »Solch biographisches Interesse ist nicht Resignation, sondern Beginn.«[102]

---

[102] Fuchs 1985, S. 463.

4.1 Komplexität – Deutungen – Skepsis

Es greift nämlich konsequent die Chance auf, in Situationen der organisierten Erwachsenenbildung endlich Wirklichkeiten im Plural einzubeziehen, widerspenstige und eigensinnige Realitätssegmente nicht von vornherein – qua curriculare Feinplanung – auszusperren. Dies kann dazu führen, daß biographische Kommunikation an einer (Über)Komplexität leidet, ja diese gehört geradezu zu ihren empfindlichsten Elementen.[103] Dennoch erscheint es uns notwendig, die verschiedenen Diskussions-, Sprach- und Abstraktionsebenen, Perspektiven und Relevanzstrukturen zuzulassen – gerade um dem Vorwurf zu entgehen, wichtige Konfliktbereiche und Disparitäten dieser Gesellschaft zu vernachlässigen. Auch wenn Überforderung und partielle Konfusion nicht immer vermeidbar sein werden: Die Zulassung solcher Komplexität ist realitätsangemessener als voreilige Vereinfachungen.[104]

In dieser unvermeidlichen Konfrontation mit Komplexität und mehreren Wirklichkeiten ist auch das »Gegengift« gegen eine neue reaktionäre Volkstümlichkeit zu suchen, wie sie Dirk Axmacher u. a.[105] als Folge alltags- und erfahrungsnaher Bildungsarbeit befürchteten. Nicht die Unterforderung durch eine Begrenzung auf Fragen des täglichen Lebens steht zu erwarten (und eine elitäre Abtrennung von Theorie und Verfügungswissen), sondern ein pädagogische Dispositionen verstärkendes Hineinschlittern in Deutungskontroversen und theoretische Fragen, Metakommunikation und Selbstdistanzierung. Es erscheint nicht übertrieben, als Nebenwirkungen dieser Prozesse eine Förderung der Skepsis und eine gewisse »Verallgemeinerung des Intellektuellen-Habitus« zu vermuten, wie sie Jürgen Henningsen bereits 1966 der politischen Bildung als herausragende Aufgabe zuweisen wollte:[106] Dazu gehören Reflexion, Distinktion, Sinn-Konstruktion und -Dekonstruktion, radikaler Zweifel und permanentes Aushandeln von Optionen und Interpretationshorizonten einschließlich aller Wahlfreiheiten, die diese Gesellschaft bietet.

Die beinahe selbstverständliche Einübung von Vergleich, Perspektivenverschränkung und Systematisierungsversuchen im Medium bio-

---

[103] Vgl. Behrens-Cobet 1993, S. 272 f.
[104] Vgl. Schäffter 1994, S. 85.
[105] Vgl. Axmacher 1989, S. 84 – s. auch Tietgens 1992, S. 84 f.
[106] Henningsen 1966, S. 57.

graphischer Gespräche kann dann auch Folgen für das Klima gesellschaftlicher Kommunikation und politischer Kultur zeitigen – wir hoffen: solche der Förderung von Toleranz und Empathie. Eine »Kultur des Zweifels« muß nicht in einen brisanten, weil relativistischen oder amoralischen Taumel geraten, sondern kann im Gegenteil gesellschaftliche Rationalität, politische Reflexität und zivilisierte Umgangsformen befördern – Voraussetzungen einer offenen, experimentellen Sozialmoral, die Verantwortung neu verteilt und definiert.[107]

Wie viele Fortschritte wissenschaftlicher Erkenntnis und professioneller Arbeit kann auch biographisches Arbeiten mit einem unerwünschten Effekt aufwarten: daß nämlich nur eine Seite der erwachsenenpädagogischen Interaktion ihren Blick verändert, daß nämlich ein Kompetenzzuwachs nur einer Seite der pädagogischen Interaktion zugute kommt, daß die biographische Sensibilisierung auf verstärkte curriculumtechnologische und soziale Kontrolle hinausläuft.[108] In radikaler Voraussetzungslosigkeit und Offenheit liegt aber eine gewisse Gewähr dafür, daß biographische Erkundung und Kommunikation keine Einbahnstraße wird, keine erweiterte Wahrnehmung von Professionellen, Eliten und Institutionen, kein »Beitrag zur Montage neuer Scheinwerfer auf den Kontrolltürmen«,[109] sondern eine Verständigungssituation, in der »unten« und »oben«, ModeratorInnen wie AdressatInnen etwas übereinander und sich selbst erfahren, in der die Interpretationshorizonte sich aus diesen Versuchen der Verständigung ergeben.

4.2 Handlungsorientierung und Reflexion

Als »Adelsprädikat« einer richtigen politischen Bildungsarbeit wurde in den vergangenen 20 Jahren vielfach das Postulat der Handlungsorientierung aufgefaßt;[110] die Augen der in dieser Zeit sozialisierten Er-

---

[107] Vgl. Beck 1993, S. 249 ff. und Beck 1996a
[108] Worin eine Parallele zur gesamten »Lebenswelt«-Diskussion zu beobachten ist – vgl. Schmitz 1989, S. 49 f.
[109] Fuchs 1985, S. 453.
[110] Der Gehalt des Begriffs Handlungsorientierung beginnt sich derzeit um die Dimensionen der Erfahrung und des Erlebnisses im Lernprozeß zu erweitern, siehe das Schwerpunktheft von GdWZ, 7. Jg. (Juni 1996), Heft 3.

»Und wo bleibt das Politische?« – Von der Gewißheit zur Suchbewegung

wachsenenbildnerInnen geraten ins Glänzen bei der Vorstellung, ein aktives (und richtiges) politisches Verhalten – etwa die Gründung einer Bürgerinitiative, die Aktivierung als Partei- oder Gewerkschaftsmitglied usf. – sei Resultat eines richtig angelegten Kurses der Erwachsenenbildung.[111]

In solchen Anspruchshaltungen stand politische Bildung im übrigen nicht allein, sondern verkörpert lediglich einen zugespitzten Fall von (Erwachsenen-)Bildungs-Programmatik: Diese lebt nämlich seit jeher von Defizit-Analysen und dem sich daraus ergebenden Ziel von »Steigerung« und »Erweiterung«. Welche Nichtbeachtung von Umwegen und »Schleifen« des Lernens, von »konservativen« Zielen wie Stabilisierung oder Reintegration von Subjektivität darin liegt, verdient auch in anderen Sektoren der Bildungsarbeit mehr Aufmerksamkeit.[112]

Es liegt uns fern, die tatsächlichen Aktivitäten von Bürgerinnen und Bürgern in einer zivilen Gesellschaft zu ironisieren, lediglich die grandiose Illusion, ein solches erwünschtes Verhalten gezielt pädagogisch erzeugen zu können, muß der Kritik verfallen. Angesichts der Tatsache, daß biographische Kommunikation sich von der Einheitsvorstellung einer Verhaltenskonditionierung als Lernziel, ja sogar vom Zwang einer bloß sprachlichen Einigung entfernt, ist das Postulat der Handlungsorientierung in Frage zu stellen. Die Gratifikation erfolgreichen politischen Lernens kann keinesfalls nur in solcher Aktivität bestehen; vielmehr ist darauf hinzuweisen, daß Durchschaubarkeit und die Denkmöglichkeit von Intervention und Entwicklung von Lebensumständen möglicherweise anspruchsvoll genug sind und daß auch neue Denkperspektiven eine wichtige befreiende Wirkung haben.[113]

---

[111] Und umgekehrt: »Es läßt ein planvoll strukturierendes Pädagogenherz schier zerbrechen, wenn erkennbar wird, wie die doch so wunderbar geplanten und curricular verschränkten Veranstaltungen so gröblich für privatistische Interessen mißbraucht werden.« (Schäffter 1992, S. 66)
[112] Vgl. Kade/Seitter 1996, S. 242 ff.
[113] Vgl. Ahlheim 1990, 120 ff.

4.3 Entmündigung? Von Erlebnisidioten und Laientherapeuten

Der neuerdings – vor allem von Peter Alheit – verstärkte Verdacht, unter dem Etikett biographischen Lernens gehe es um Therapie, um neue Terraingewinne entmündigender PädagogInnen, ist u. E. eine Projektion, die viel mit dem Zerfall von politischen Zukunfts-Hoffnungen zu tun hat. Es geht den ErwachsenenbildnerInnen, die sich um biographische Kommunikation als politische Bildung bemühen, in der Tat nicht primär um (geschichtsphilosophisch untermauerte) »neue soziale Identitäten«, sondern um die Entdeckung der Reflexivität und die Gewinnung von individuellen(!) Optionen und »Denkräumen«.[114] Werden so in bloßer Inszenierung von Selbstbestätigungen »Erlebnisidioten«[115] produziert, denen alles, worauf sie nicht von selbst kommen, unbekannt bleibt? Wird damit die Illusion einer therapeutischen Nische angeboten?

Auf solche Phantasien eines biographisch-harmonischen Schonraums kann nur kommen, wer sich den heillosen Enttypisierungen und Typisierungen biographischer Kommunikation nie ernstlich ausgesetzt hat – »Gruppenerzählungen« sind bei aller Inszenierung und Moderation in der Regel Momente der Irritation, des Streits, des Perspektivenaustauschs. Das Ziel lautet nicht, Lebenswelt-»Soziotope« vor »dem System« zu schützen und heilende Prozesse zu initiieren, sondern genau zu verstehen und zu analysieren und kreativen Ressourcen der einzelnen Biographien Raum zu geben.[116] Das Recht auf eigensinnige Formung solcher unberechenbaren Potentiale gehört zu dieser Kreativität – und zu unserem Bild von Teilnehmerinnen und Teilnehmern.

In unüberbrückbarem Gegensatz dazu stehen objektivistische Positionen, die auf der mechanischen Erzeugung von Lebenslaufbahnen durch soziale Strukturen beharren und Lebensgeschichten nicht anders denn als Illustrationen dieses »Allgemeinen«, sehen können, zu dessen Einsicht sich die Subjekte emporzuarbeiten haben. Alheits Hoffnung beispielsweise, »›modernes Wissen‹ für die Handlungsautonomie von

---
[114] Vgl. Hof 1995, S. 126 ff.
[115] Vgl. Tietgens 1980, S. 228 f.
[116] Vgl. Marotzki 1991a, S. 200.

»Und wo bleibt das Politische?« – Von der Gewißheit zur Suchbewegung

Biographieträgern zu nutzen, es womöglich zu einer Art ›Gegenwissen‹ zu machen und damit ›neue Assoziationen‹ zu stiften«,[117] fällt bei aller sonstigen Differenziertheit zurück in diese Perspektive. Mit solchen teleologischen Annahmen begeben sich die betreffenden Autoren in eine erstaunliche Nähe zu fragwürdigen Avantgarde-Modellen. Der von Peter Alheit gegen biographisches Lernen gerichtete Kolonisierungsverdacht grenzt hier angesichts der von ihm unterstellten Richtung des Lernens an Selbstbezichtigung. »Erwachsenenbildung verhält sich, wenn sie ihre Teilnehmer durch diese Verfahren und Grundannahmen implizit entmündigt, nicht wesentlich anders als die konventionelle Psychiatrie, indem sie Entwürfe von ›Normalität‹ vorgibt, an denen ›Defizite‹ und ›erfolgreiches Handeln‹ der Klienten gemessen werden.«[118]

In den angesprochenen Kritiken wird also Lebensgeschichte einerseits zur bloßen Verlaufsform von vorausgesetzten kollektiven Bewußtseinsprozessen und andererseits zum Potential für neue Utopien, »Gegenwissen«, neue Assoziation und kollektive Identität.[119] Nicht um die Frage, ob Biographien gesellschaftlich geformt sind, ist aber zu streiten, nicht darum, ob die Arbeit an Selbstauslegungen ein politisches Potential birgt, sondern um das »Wie« dieser Einflüsse und Wirkungen, um die Offenheit der Verarbeitungsprozesse des Gesellschaftlichen: Es geht im Kern nicht um die Wegelagerei der ErwachsenenbildnerInnen, sondern darum, daß die Menschen die durchsichtigen Defizitdiagnosen traditionalistischer Herkunft anzweifeln und aus ihren biographischen Ressourcen nicht, wie von Doktor Alheit verordnet, eine »Gesundungsbiographie«,[120] sondern das »Falsche« machen.

Wenngleich manches Alheit'sche Argument im Gewande der Professionskonkurrenz zwischen Soziologie und Pädagogik daherkommt: Mit legitimer Arbeitsteilung und unterschiedlicher Akzentuierung von Mikro- und Makroaspekten hat die angedeutete Kontroverse nichts mehr zu tun; vielmehr liegt ein Übergriff sozialwissenschaftlich verkleideter Geschichtstheologie vor. Die Furcht vor einer biographisch verkleideten Lebenshilfe-Mafia (und ebenso die Projektion eines »antiouvristischen Motivs« biographischen Lernens)[121] entpuppen sich als

---

[117] Alheit 1990, S. 67.
[118] Dewe 1994, S. 129 f.
[119] Vgl. Alheit 1990, S. 64 ff. – vgl. auch Hof 1995, S. 123 f.
[120] Vgl. Alheit 1992, S. 33.
[121] Vgl. Alheit 1992, S. 11 ff.

»Wut über den verlorenen Groschen«, als Parolen einer enttäuschten Gewerkschaftsvorhut, die unter »ungelebtes Leben« partout etwas anderes verstehen will als die Subjekte.

Das biographische Lernen wird in diesem Kontext debattiert als Chiffre und Beispiel eines Individualismus, der immer wieder – siehe auch die erregten Kontroversen um das »exemplarische Lernen« in der gewerkschaftlichen Bildungsarbeit[122] – auf dem Prüfstand steht, zu dem es unseres Erachtens aber sowohl professionsethisch als auch im Lichte der neueren empirischen Lehr-Lern-Forschung keine Alternative gibt. Indem aber in blinder Verzweiflung über den Eigensinn der Lernenden wichtige Experimentier-Räume einer ernsthaft subjektorientierten Erwachsenenbildung denunziert werden, machen sich die Kritiker einer ungeteilten Subjektorientierung unbedacht zu nützlichen Helfern derer, die über Voraussetzungen und Resultate individuellen Lernens technologisch verfügen zu können und zu dürfen glauben. Wenn – wie von uns vorgeschlagen – im Widerspruch zu dieser Position Verständigungsräume und -formen erprobt werden, in denen Differenzen, Ambiguitäten, Nicht-Identisches zugelassen sind, bedeutet dies nicht ein Ende, sondern eine Steigerung gesellschaftlicher wie individueller Rationalität und Reflexivität.

4.4 Von der Nabelschau zur Macht der Weltbank?

Die stärkste Befürchtung, mit der sich biographisch fundierte Erwachsenenbildung konfrontiert sieht, lautet: bornierte Selbstbespiegelung statt kritischer Analyse sozialer Herrschaftsverhältnisse. Es mag Formen und Abläufe biographischer Kommunikation geben, in denen das Politische am Rande bleibt: erste tastende Artikulationsversuche in Gruppen beispielsweise oder die autistische Selbstbespiegelung allzu redefreudiger TeilnehmerInnen. Daraus auf alle Versuche des biographisch orientierten politischen Lernens zu schließen, ist, so konnte hoffentlich gezeigt werden, ein Fehlurteil: Es kann nämlich zu Kompetenzen beitragen, die für politische Reflexion und Aktion unentbehrlich sind: Reflexivität und Toleranz, Kommunikationsfähigkeit über Deu-

---

[122] Dazu jetzt auch Weischer 1996.

tungen, Bewußtsein der Perspektivität von Einstellungen und Werten.[123] Solche Ziele sind, dies sei auch explizit wiederholt, nicht ohne die Auseinandersetzung mit Fremdem erreichbar; andere Geschichten, Meinungen und Werthaltungen, persönliche und offiziöse Deutungen müssen in die Gestaltung der Lernprozesse hereingeholt werden, soweit sie nicht sich spontan artikulieren (können). Wir haben eine Fülle von Elementen genannt, die in Verknüpfung mit lebensgeschichtlichen Stationen geeignet sind, Anstöße zur Verfremdung, Irritation, Korrektur oder Neukonturierung bisheriger Sichtweisen zu geben: Zeitungsartikel, Museen und Gedenkstätten, Zeitzeugen als herausgehobene TeilnehmerInnen, literarische und historische Quellen, Filme, Cartoons, schreibende oder theatralische Verdichtung von Vorerfahrungen ...

Solche Mischungen und Verknüpfungen (s. auch Kap. 5.1) stehen dafür, daß biographisch orientiertes Erwachsenenlernen nicht auf »Nahbereiche« fixiert bleibt, sondern Annäherungen an einen zeitgemäßen Begriff des Politischen ermöglicht. Dazu zählen viele Gebiete, die liberalistischer Denkweise zufolge als »Privatsphäre« und besondere Gewaltverhältnisse anerkannt wurden – etwa Familien, Schulen und Betriebe. Durch Demokratisierung, Wertewandel und partielle Zivilisierung öffentlicher Sitten (sowie entsprechenden Rechtsfortschritt) sind sie zu Sphären politischer Debatte und politiknaher Kontrolle geworden; als erinnernde Stichworte sollen betriebliche Mitbestimmung, öffentliche Sanktionen gegen innerfamiliäre Gewalt oder Sozialversicherungs-Debatten über individuelle Lebensrisiken (Sport, Drogen) genügen. Daraus ergibt sich die Pflicht der politischen Bildung, über das von der Politikwissenschaft streng umzäunte Gebiet hinauszublicken und der diskontinuierlichen Ausweitung des Politischen zu folgen.

Selbstredend geht es außerdem um drastisch gesunkene Folgebereitschaft: Teilnehmende praktizieren und erwarten Mehrperspektivität, sie springen aus dem einen, z. B. kulturellen, in soziale, politische u. a. Blickwinkel. Bildungsinstitutionen bieten daher mit viel Resonanz Seminare im Schnittfeld von Politik und Psyche, Kultur und Biographie, Philosophie und Theologie an. Ob solche Versuche überhaupt in verall-

---

123 Erhard Schlutz hat darauf hingewiesen, daß das Bedürfnis, bestimmte Formen sozialen Lernens und »propädeutischer politischer Bildung« als politische Bildung zu deklarieren, auf einer Schwächung des Begriffs allgemeiner Bildung beruht, der selbstverständlich die Bildung aller subjektiven Kräfte umfaßte. Vgl. Schlutz 1994, S. 435 ff.
124 Vgl. Siebert 1991, S. 16.

gemeinerungsfähiger Weise Macht und Öffentlichkeit thematisieren, wird zu Recht gefragt. Daß sich das Politische aber jederzeit trennscharf aus dem Gemenge von Alltag, Institution und Identitätsentwürfen ausschneiden ließe, ist eine Illusion.

4.5 Verständigung in kleinen Öffentlichkeiten

Aus der Entlastung von der »Allzuständigkeit« der Institutionen für das Lernresultat ergibt sich eine neue Chance; sie werden z. B. frei »für die Aufgabe, individuell noch erfahrbare soziale Realitäten zu verteidigen und zu entwickeln. Nicht Wissensvermittlung stände dann im Zentrum, sondern die Gestaltung konkret erlebbarer, personal und sozial vermittelter Lebensverhältnisse, für die die raum-zeitliche Anwesenheit der Menschen die Bedingung ist.«[125] Nicht mehr und nicht weniger als eine Teilöffentlichkeit und damit einen »Möglichkeitsraum« für Bildungsprozesse böte dann Erwachsenenbildung, indem sie Situationen direkter, personaler Kommunikation inszeniert, an denen gesellschaftlicher Mangel zu herrschen beginnt.[126] Angesichts der Wirkungsmacht elektronisch-medialer Realitäten – totalitär-enteignende Wirkung muß man dazu nicht annehmen – kann es gar als vordringliche Aufgabe u. a. der Erwachsenenbildung angesehen werden, solche intersubjektiven Wirklichkeiten erst wieder zu konstituieren.[127]

Entdramatisierend könnte man auch hinzufügen, daß lediglich der pädagogische (andragogische) »Ernstfall« zurückgekehrt ist, der dem Lernprozeß äußerliche Strukturierungen abstreift; das Aushandeln von Lernwegs-Optionen zwischen allen Beteiligten erhält seine Selbstverständlichkeit zurück. Wie empirische Studien über TeilnehmerInnen-Interessen, z. B. die Akademie-Studie der Friedrich-Ebert-Stiftung[128] oder narrative Interviews mit TeilnehmerInnen an gewerkschaftlichen Bildungsurlaubs-Veranstaltungen,[129] erweisen, steigt die Wertschätzung tatsächlicher und potentieller TeilnehmerInnen für die kommuni-

---

[125] Kade 1994, S. 160.
[126] Vgl. Kade 1992, S. 75 ff.
[127] Vgl. Wienold 1994, S. 52 f.
[128] Friedrich-Ebert-Stiftung 1993.
[129] Vgl. Schumacher 1993.

kativen Dimensionen von Bildungsveranstaltungen. Die »Erschließung des sozialen Raums«, die Bereitstellung »sperriger« Lebenssituationen, der Austausch mit ExpertInnen für fremde Milieus und – verbunden damit – die Entwicklung von »distanzierten Formen der Annäherung« (S. Kade) könnten zur gefragten Spezialität der Zunft »politische Bildung« werden, die so oft und bitterlich mit ihrer relativen Entbehrlichkeit gehadert hat und dies immer noch gern tut.[130] Ist das ein Curriculum der Beliebigkeit und des »Hauptsache, wir haben uns wohlgefühlt«? Möglicherweise ist – so läßt sich mit gleichem Recht umgekehrt vermuten – ein solches Setting der »kontinuierlichen Geselligkeit unter Fremden« »gerade die Voraussetzung dafür, daß inhaltliche Fragen radikaler bearbeitet werden können, als das in Interessenverhandlungen, in einsamer Medienrezeption oder im Alltagsgespräch möglich erscheint«.[131] Denn ein tastendes, jederzeit rückholbares Überschreiten der Grenzen zwischen Privatsphäre, Politik, Wissenschaft usf. und die Veränderung von Kommunikationsregeln und -Vereinbarungen im Prozeß beispielsweise können jene anderen, strikt ergebnisorientierten Öffentlichkeiten nicht ermöglichen.

Das biographische Lernen könnte ambitioniert als eine Werkstatt für demokratische Umgangsformen und für Probleme in der Demokratie bezeichnet werden. Die »Kunst der freien Assoziation«, die vermeintliche Bindungslosigkeit und Atomisierung von Individualisierung zu scheiden geeignet wäre, die »Selbstintegrationsmöglichkeiten der Individuen«[132] bedürfen solcher Orte, auch wenn es nur bescheidene »kleine Öffentlichkeiten«[133] sind, die die Erwachsenenbildung anbieten und anleiten kann.

---

130 Vgl. Nittel 1991, S. 25, und Flaig/Meyer/Ueltzhöffer 1993, S. 211 ff.
131 Schlutz 1993, S. 103 ff.
132 Vgl. Beck 1996a, S. 44 ff.
133 Vgl. Ciupke/Reichling 1994b.

4.6 Abkehr von der Umkehr

Falls politische Bildung sich dergestalt von Übereindeutigkeit, Überfrachtung und Überdeterminierung befreit, käme dies der Offenheit von Angeboten und Lehr-Lern-Prozessen zugute. Die Rhetorik der Umkehr, Läuterung und des »5 vor 12«-Alarmismus nämlich, die vielfach noch Veranstaltungs-Ankündigungen politischer Bildung prägt, ist selbstredend ein Mittel der Abschreckung gegen jene, die atmosphärisch angedeutete Voraussetzungen nicht teilen, es sich von ihrer Lebenslage her nicht leisten können, »außer sich zu geraten« und der historischen Notwendigkeit (welcher auch immer) des Engagements bedingungslos Folge zu leisten. Um den Zugang zu veranstalteter politischer Bildung geht es also hierbei, aber auch um das, was in Seminaren geschieht: eine entdramatisierte politische Bildung könnte Aufmerksamkeiten dafür entwickeln, wie sich Menschen möglicherweise nur partiell den »Stoff« aneignen, wie sich organisiertes Lernen mit informellem über Medien und Selbstlernaktivitäten vermischt, wie unklar und vorsichtig ihre Erwartungen an Kurse sind und wie beiläufig-unspektakulär viele von ihnen diese Ziele realisieren, auch wenn es der politisch-wissenschaftlichen Problemformulierung nach um ein »letztes Gefecht« oder ähnlich Wichtiges geht.[134] Ein bescheidenes Selbstverständnis kann man dies nennen – aber auch: eine Chance, dem von Allmachtsphantasien gespeisten Anspruch einer handlungsorientierten politischen Bildung, die die TeilnehmerInnen häufig im Objektstatus beläßt, eine die AdressatInnen ernster nehmende Alternative entgegenzusetzen.

---

[134] Vgl. Nolda 1996a, S. 85 f. und S. 91 f.

5. Alte und neue erwachsenenbildnerische Kompetenzen

5.1 »Nur-noch-moderieren« und andere Zuständigkeiten . . 103
5.2 Wer deutet wen? 106
5.3 Professionelle Reflexion und Fortbildungsbedarf 108
5.4 Ein neuer Königsweg? Die Bedeutung biographischer
Ansätze für die Erwachsenenbildung 111

Politisch-instrumentelle Hintergedanken bei einem Veranstaltungs-Setting, das die Teilnehmenden nicht als eines mit politischen Bezügen erkennen können, lassen sich berufsethisch nicht rechtfertigen: Eine eklatante Schere zwischen Lehr- und Lernzielen, zwischen pädagogischen Zielen und Verwendungszwecken von Bildung, ein »Überschuß an heimlichen Lernzielen«[135] ist jedenfalls nicht vereinbar mit der Mündigkeits- und Selbststeuerungsprogrammatik, auf die subjektorientierte Bildungsarbeit ansonsten setzt. Welche Disparitäten aber bleiben zwischen »Lehrenden« und »Lernenden«, welche Rolle ist für die OrganisatorInnen solcher Settings als wissenschaftliche inspirierte Profession bestimmbar?

5.1 »Nur-noch-moderieren« und andere Zuständigkeiten

PädagogInnen werden in Einzelsituationen und im gesamten Prozeß der biographischen Kommunikation in engere professionelle Schranken verwiesen. Oder anders gesagt: Die Rolle der Andragogin bzw. des Andragogen erhält – verglichen mit unterrichtlichen Ensembles – einen bescheideneren Zuschnitt. Denn Teilnehmerinnen und Teilnehmer tre-

---
[135] Siebert 1994, S. 429.

ten als Experten ihrer Biographie und ihres Alltags auf und gehen mit dieser Haltung (wenn auch ohne die Begrifflichkeit) meist selbstbewußt in der Lehr-Lern-Situation um. Sie werden im andragogischen Setting mit ihrer Expertenschaft nicht nur akzeptiert, vielmehr sind die Zeitzeugenschaften unverzichtbare didaktische Mitträger des biographischen Ansatzes, so daß von zwei unterschiedlichen, aufeinander bezogenen Expertenschaften gesprochen werden kann – mit Konsequenzen für die Didaktik *und* die Pädagogik.

Pädagogik fassen wir auf als Arrangement eines kommunikativen Klimas, als Ermöglichung repressionsfreier Auseinandersetzung aller mit allen; die Rolle der Andragogin/des Andragogen besteht darüber hinaus in der Repräsentation und Präsentation inhaltlichen und lernorganisatorischen Wissens, das selbstverständlich Angebotscharakter hat. In diesem Sinn bringen PädagogInnen »aufbereitetes« Wissen in die Seminarsituationen ein, meist sind das Deutungen aus dem öffentlichen oder wissenschaftlichen Diskurs, und sie wählen zur Veranschaulichung unterschiedliche Medien aus, seien es verbale Impulse, seien es Filme, literarische Texte oder Bildquellen.

Autonome Erwachsene nehmen allerdings nicht unbedingt fraglos an, was inhaltlich und methodisch von uns präpariert wurde. Ablehnungen und Modifikationen sollten nicht einfach als Mißerfolg interpretiert werden, sondern als selbstverständlicher Teil der Interaktion zwischen PädagogInnen und TeilnehmerInnen. Denn in einem biographischen Lernprozeß werden Kompetenzen nicht erst vermittelt, sondern bereits vorgefunden und akzeptiert.[136] Trotz gelegentlicher Zurückweisungen oder Schwerpunktveränderungen von seiten der TeilnehmerInnen bleibt genügend Anlaß, sich mäeutisch zu betätigen, »roten Fäden« nachzugehen, einzugreifen, wenn ausgesprochen dominante ErzählerInnen andere nicht zu Wort kommen lassen, wenn kränkende Einwürfe oder Zuschreibungen passieren, wenn die Gespräche ins Stocken oder in Sackgassen geraten. Daß diese Arbeit dann »nur« Moderation sein könnte, scheint Affekte und Kränkungen des professionellen Selbstverständnisses hervorzurufen.[137]

Bleibt trotzdem eine spezielle Zuständigkeit der professionellen ModeratorInnen für »Inhalte«, dafür, daß auch die zentralen Fragen des

---

[136] Vgl. Axmacher 1989, S. 87; Kaiser 1990, S. 14; Sept-Hubrich/Messerschmidt 1994, S. 173.
[137] Hufer 1991; Bernstein 1995, S. 143.

gesellschaftlichen Diskurses und die Antworten der Wissenschaft auf diese Fragen zur Sprache kommen? Wir neigen dazu, eine solche »Pflicht« zu bejahen, nämlich im Gespräch spontan nicht präsente Wirklichkeiten durch mediale oder persönliche Anstöße, Irritationen und Verfremdungs-Effekte zu repräsentieren, Widerspruch zu inszenieren und im Austausch »biographische Ankerplätze für öffentliche Themen« zu suchen.[138] Ohne didaktische Verrenkung und Gewalttätigkeit sind diese in der Regel auffindbar: So schließt sich an ein Foto vom ersten Auto oder von Kindheits-Ferien eine Diskussion um Lebensstile relativ zwanglos an, Bilder von Familienfeiern werfen die Frage nach den Wohnverhältnissen auf, die Inszenierungen von Schulanfänger- oder Schulabgängerbildern erlauben Rückschlüsse auf Erziehungsnormen und Elemente des Bildungssystems. Erzählte Tagesabläufe – z. B. »Am schönsten war immer der Freitag« in einer Veranstaltung über Arbeit in Ost und West – bedürfen vielfältiger Erläuterungen; zu ihren Voraussetzungen gehören Fragen der Arbeitsorganisation oder das Vorhandensein von sozialstaatlichen Elementen (z. B. Kinderbetreuungs-Einrichtungen). Oder als letztes Beispiel: Die von Erzählenden gern zur Selbststilisierung präsentierten Geschichten von Abweichungen und »kleinen Heldentaten« beruhen selbstverständlich auf Annahmen und Erfahrungen von Normalität, die im interkulturellen (z. B. deutsch-deutschen) oder intergenerationellen Gespräch zutage gefördert werden sollten.

Nichtsdestoweniger bleibt dieses Bemühen um Systematik und wissenschaftlich genährte Distanz »ohne Gewähr« des »richtigen« strategischen Lernens, weil solche Thematisierungsversuche jederzeit an widerstreitenden Interessen und Verhaltensweisen der anderen Anwesenden scheitern können. Insofern befinden sich, wie Ortfried Schäffter angemerkt hat, die Organisatoren biographischer Kommunikation tatsächlich im »freien Fall der Selbstrelativierung« – in der Regel allerdings über einem Netz: Zu den Voraussetzungen der Verständigung gehört es, wie angedeutet, die Verstrickung und gesellschaftliche Konstitution von Biographien nicht auszusparen.[139]

---

[138] Vgl. Siebert 1991, S. 16.
[139] Vgl. Schäffter 1991, S. 309.

5.2 Wer deutet wen?

Biographische Kommunikation ist vor allem interpretierende Arbeit. Wenn den PädagogInnen häufig die Aufgabe der »stellvertretenden Deutung« (Enno Schmitz) zufällt, muß dies nicht mit der Deutungsmacht in Lehr-Lern-Situationen gleichgesetzt werden. Der Begriff »Probedeutung« trifft den jeweils thematisch kreisenden Verstehens- und Verständigungsprozeß vielleicht besser. Die erste Interpretation ist zumeist willkommener Anlaß für Korrekturen am entworfenen Bild, für erweiterte oder auch für konkurrierende Deutungen, über die dann ausführlich diskutiert oder auch gestritten werden kann.

In einer Bildungsveranstaltung mit bei Kriegsende aus Oberschlesien vertriebenen und in späteren Jahren ausgewanderten Frauen und Männern beispielsweise wurden fast alle »stellvertretenden Deutungen« in heftiger Auseinandersetzung verworfen. Die PädagogInnen erfuhren von seiten der TeilnehmerInnen nicht nur Widerspruch, sondern ihnen wurde abverlangt, nicht länger »von oben herab« politisch korrekte, aber die Biographien dieser unbequemen Gruppe ignorierende Geschichtsbilder darzubieten, sondern mit dem Verstehen gerade auch bei befremdlichen Positionen zu beginnen.[140] Der andragogische »Erfolg« lag gerade nicht in der Verbindlichkeit einer Sichtweise auf Geschichte und Politik – das wird in biographischen Lernprozessen ohnehin nicht angestrebt –, sondern in der Anreicherung der zunächst hermetisch erscheinenden Perspektiven. Die Moderatorin und der Moderator konnten im Widerspruch zu »aufgeklärten« Sichtweisen lernen, welche Erfahrungen der Zwischen- und Nachkriegszeit in Oberschlesien zu Abgrenzungen und Verhärtungen zwischen Deutschen und Polen geführt haben. Und die TeilnehmerInnen bezogen in ihre (häufig selbstbezügliche) Sicht auf das Schicksal ihrer Familien vielleicht erstmals den Blickwinkel der unter anderem aus der Ukraine vertriebenen Polen ein. Für solche wechselseitigen Erweiterungen des Blicks auf Lebensgeschichten und Geschichte gibt es keinerlei Garantie – Resultate sind nicht »steuerbar« und daher auch nicht im Sinne eines Lernzielkatalogs durch PädagogInnen verbindlich zu formulieren.

---

[140] Gesprächskreis »Alte Heimat – neue Zeit« im Jahr 1996.

Wer deutet wen?

Es hieße, die Chancen einer kommunikativen Erwachsenenbildung zu vergeben, wenn es wiederum die Pädagoginnen und Pädagogen wären, die die Individuen – also die »Fälle« – schließlich darüber aufklären (sollen), welche Strukturen bzw. welche »heteronomen Systembedingungen« für ihre Biographie verantwortlich zu machen sind.[141] Mit solchen kaum verhohlen objektivistischen Ansprüchen werden wir den vielschichtigen und widersprüchlichen Erzählungen nicht gerecht. Pädagoginnen und Pädagogen machen die Erfahrung, daß sie die Fälle in konkreten Lernsituationen aus der überlegenen Position des Wissenden häufig gerade nicht »einordnen« oder »ableiten« können. Erzählungen geben den Blick auf die »verborgene Gefügeordnung individuellen Lebens« (Heinz Bude) vielfach nicht frei, sondern irritieren die Vormeinungen auch der Pädagogen, und zwar in dem Maß, in dem wir für viele Beispiele etwa von Resistenz und Eigensinn gegen Zumutungen des »Systems« oder für widersprüchliche individuelle wie gesellschaftliche Entwicklungen noch über keine erklärende Theorie verfügen. »Der Professionelle steht *nicht* in der Pflicht, dem Gegenüber seine Situation und sein Leben zu *erklären*, sondern kann darauf vertrauen, daß bei einer biographisch-narrativen Vorgehensweise *der Betroffene selbst aus seinem Erzählen heraus für sich Zukunftsperspektiven entwickeln kann*«.[142]

Pädagoginnen und Pädagogen müssen wie alle anderen Beteiligten sich um Verstehen und Verständigung bemühen, sie unternehmen erste Deutungsversuche, die von der Gruppe aufgenommen, modifiziert oder auch verworfen werden können. »Suchbewegungen« dieser Art sind keine Beschränkung des professionellen Handelns, sondern sie sind der andragogische Clou, d. h. die der sozialen, politischen und kulturellen Unübersichtlichkeit angemessene Form der Reflexion. Dabei kann es »die Wahrheit« ebensowenig geben wie eine Welterklärung, sondern mehrere Interpretationen und somit mehrere Wahrheiten stehen häufig einander gegenüber und werden dies unter Umständen über das Ende der Bildungsveranstaltung hinaus tun. Damit ist der Aufklärungsan-

---

[141] »Indem die Argumente und Rahmenbedingungen herausgearbeitet werden, die zu den erzählten Schlüssen und Handlungsplänen geführt haben, ermöglicht die Beschäftigung mit Erzählungen in der Erwachsenenbildung eine Analyse der individuellen Geschichten als konkrete Ausprägungen typischer Situationskonstellationen« (Hof, a. a. O., S. 145 f., siehe auch mit Bezug auf Peter Alheit, S. 122 f. und – die Eigenlogik von Biographien problematisierend – S. 126).
[142] Nittel/Völzke 1993, S. 13.

spruch nicht vergeben, sondern lediglich neu definiert. Es handelt sich um das Eingeständnis, daß ModeratorInnen und TeilnehmerInnen gemeinsam in einem »mehrdimensionalen Annäherungsprozeß«[143] an offenen Fragen arbeiten und – wie im wirklichen Leben – nicht immer zu einer »Lösung« kommen. Denn die Frage, was Aufklärung heute heißen kann, sollte selbst Gegenstand von Bildungsprozessen sein.[144]

5.3 Professionelle Reflexion und Fortbildungsbedarf

Eigene und die Erfahrungen anderer[145] deuten darauf hin, daß Moderationsfunktionen im biographischen Arbeiten die lebensgeschichtliche Selbstreflexion von Pädagogen voraussetzt. Das Verstehen fremder Lebensgeschichten scheint umso mehr zu gelingen, je stärker auch die eigene »Lebenskonstruktion« reflektiert wurde und hermeneutische Zirkel in der Auseinandersetzung mit zeitgenössischen Diskursen, beispielsweise zum Thema »Nationalsozialismus«, um nur das strittigste zu nennen, in kollegialen Diskussionen erkannt und »aufgelöst« werden.

Auf individuelle und professionelle Borniertheiten und sozialisatorische Konditionierungen wurden wir beispielsweise im Umgang mit dem schon erwähnten Thema »Flucht und Vertreibung« aufmerksam. Die Nachkriegsgenerationen des linken Spektrums reagieren bis heute mit Abwehr und Ungeduld auf (den Opferstatus einklagende) lebensgeschichtliche Erzählungen über die Wirren und traumatischen Erlebnisse bei Kriegsende. Die Thematisierung der Leiden der deutschen Zivilbevölkerung gerät unbesehen unter Revancheverdacht und sollte – so ließe sich die lange von uns vertretene Position beschreiben – von den Betroffenen Jahrzehnte nach dem Krieg endlich »bewältigt« werden und einer Aussöhnung mit den osteuropäischen Nachbarn nicht länger im Weg stehen. Als die »Mündliche Geschichte« die Erwachsenenbildung inspirierte, setzten PädagogInnen ostentativ zunächst auf die »guten« Zeitzeugen, auf Männer und Frauen, die aktiv im Wider-

---

[143] Arnold/Siebert 1995, S. 71.
[144] Vgl. Thomssen 1993, S. 109 f.; zum Verhältnis von Aufklärung und Erwachsenenbildung auch Geißler 1995.
[145] Siehe: Wege zu sich selbst. Biographische Selbstreflexion in der pädagogischen Arbeit, Schwerpunktheft der Zeitschrift »Pädagogische Beiträge«, 39. Jg. (1987), Heft 10.

stand gegen den Nationalsozialismus engagiert gewesen waren, die noch heute Partei- und Gewerkschaftsarbeit leisten und deren Lebensläufe daher zugeschnitten waren auf eine Identifikation mit dem »anderen Deutschland«.[146] Erst allmählich – in der Hauptsache durch die Interaktion mit den Biographen selbst – konnten eigene **Verstehensblockaden** aufgedeckt werden. In einem noch nicht abgeschlossenen Reflexionsprozeß erkannten wir, daß das unbequeme Kollektiv der vielen in Westdeutschland und der DDR integrierten Flüchtlinge und Vertriebenen quasi »haftbar« gemacht wurde für die durch Deutsche verursachten Leiden in Osteuropa. Wir sprachen ihnen die Dignität ihrer unverwechselbaren Biographie ab, an der uns in anderen Fällen doch besonders gelegen war. Erzählte Lebensgeschichten, die sich um politische Korrektheit selten bemühten, hätten wir am liebsten aus den Seminaren verbannt. Und es gab weitere weniger gerngesehene TeilnehmerInnen: Ältere Männer und Frauen beispielsweise mit uneindeutigen politischen Positionen, Frauen, die sich antifeministisch äußerten, AltersgenossInnen, die andere Lehren aus der 68er-Revolte gezogen hatten als wir. Ausschlußregeln in der biographischen Kommunikation wurden uns über kollegiale Verständigungsversuche mehr und mehr bewußt. Biographische Kommunikation muß mit solchen Fixierungen in die Sackgasse von Projektion und Übertragung geraten. Sie verstellen den Blick, schränken die Möglichkeiten und Fähigkeiten ein, Zäsuren und »Wunden« in Lebensgeschichten zu verstehen. Dabei können erst, nachdem so etwas wie ein Anspruch auf die biographische Erzählung eingelöst ist, auch neue Deutungen beispielsweise der Kriegs- und Nachkriegszeit[147] entwickelt werden und, wie es Lutz Niethammer formuliert, Ereignisse die **Chance eines zweiten Blicks**[148] bekommen. Daß dabei politisch unerwünschte Äußerungen und Haltungen zum Vorschein kommen können, sollte Pädagoginnen und Pädagogen nicht kränken; die biographische Kommunikation lebt von der Auseinandersetzung mit in der Gesellschaft vorfindlichen Einstellungen und den »komplexen Überlebenstechniken der Subjektivität«.[149]

---

[146] Goldmann/Zimmermann 1986.
[147] Siehe dazu die vielen örtlichen und überörtlichen Diskussionen, die die Ausstellung »Vernichtungskrieg. Verbrechen der Wehrmacht 1941–1945« ausgelöst hat – vgl. Naumann 1996.
[148] Vgl. Niethammer 1987, S. 323; siehe auch Niethammer 1985b, S. 432 f.
[149] Alheit 1996, S. 190.

Die erwarteten »Enttypisierungen«, über die zuerst die Alltagsethnologen der Oral History berichteten, können also als Perspektivenerweiterung nicht nur den TeilnehmerInnen zugute kommen; wir erhoffen uns auch eine **Erweiterung hermeneutischer Phantasie** und professioneller Sensibilität, wenn die OrganisatorInnen und ModeratorInnen formeller Lernprozesse sich von überkommenen Normalitätsvorstellungen trennen.[150] Nähmen Erwachsenenbildner die Unterschiedlichkeit nicht nur von sozialen Lernvoraussetzungen, sondern auch die unendliche Vielfalt von Verwendungsinteressen und -kontexten ernsthaft zur Kenntnis, hätte dies Folgen – wir hoffen auch die einer neuen Bescheidenheit, was Wirkungen und die Eindeutigkeit und »Reichweite« dieser Wirkungen angeht. »Man denkt sich nicht mehr so leicht in die Pupille Gottes oder des Weltgeistes hinein«.[151] Im hier gelegentlich geforderten Abschied von überdeterminierten Sichtweisen, wie sie die Erwachsenenbildung zeitweise beherrschten, liegt nicht lediglich eine politische Forderung. Es geht darum, »dem Praktiker eine bestimmte Haltung nahezubringen: nämlich die des genauen Hinschauens auf Einzelfälle; die tentative Annäherung an übergeordnete Phänomene, die Bereitschaft, sich von einmal getroffenen Kategorisierungen zu lösen, sie fortlaufend zu korrigieren und durch neue zu ersetzen, sowie die Fähigkeit zu einer nicht moralisierenden, sondern analytischen Sichtweise«.[152] Ein souveräner Umgang mit sozialer und biographischer **Heterogenität als Lernanlaß** bedeutet zugleich, technokratisch-lineare Lernkonzepte zu verwerfen. Und ein flexibles Methodenrepertoire kann verhindern, daß unreflektierte Ordnungszwänge die Verworrenheit und Widersprüchlichkeit des wirklichen gelebten Lebens aus dem Diskurs ausschließen.[153]

Die Vermutung, Lernprozesse strukturierten sich allein vom Lerngegenstand her, verblaßt angesichts des Eigensinns, den man auch aufgrund neuerer Forschungen zur Kenntnis nehmen kann. Person und Sache werden zu gleich wichtigen Bestandteilen des Lehr-Lern-Arrangements (und die Individualisierung und Biographisierung von Weiterbildungs-Prozessen betrifft neben der »Aneignungs-Seite« auch die »Angebots-Seite«). Wenn die prekärer gewordene »Passung« zwischen

---

[150] Vgl. Nittel 1991, S. 13.
[151] Niethammer 1985a, S. 10.
[152] Nittel 1989, zit. nach Nittel 1991, S. 30; Nittel 1995.
[153] Vgl. Messerschmidt/Sept-Hubrich 1997, S. 11 f.

Lernmöglichkeiten und Lerninteressen zur zentralen Aufgabe der Professionellen geworden ist, gehört biographisch-hermeneutische Schulung zu den zentralen Voraussetzungen einer reflexiven und nicht technologischen Reaktion hierauf,[154] und wer sich den Deutungen der Individuen in transformierender Absicht zu nähern beabsichtigt, wird gut daran tun, sich zuallererst in einen Prozeß des Aushandelns von Lerngegenständen und -bedingungen zu begeben. Neben das bloße Expertentum des Wissensvermittlers tritt somit zwangsläufig eine erhöhte **Anforderung an kommunikative und situative Kompetenz**, auch eine neue Aufmerksamkeit für die lange verachtete bzw. links liegengelassene Didaktik.[155]

Daß ModeratorInnen biographischer Lernprozesse über weitere Kompetenzen verfügen sollten, die in der Andragogik selbstverständlich, aber gleichwohl unterbewertet sind, sei nur im Vorübergehen erwähnt: Ohne die Tugenden von **Takt und Diskretion** beim Austarieren der Diskussionsbeiträge und der Abgrenzung latent-politischer und brisant-therapeutischer Erzählmomente und ohne die generelle soziale Kompetenz, diskursive Situationen mit anderen gemeinsam zu gestalten, wird auch hier keine dialogisch-offene und freie Atmosphäre aufkommen können.[156]

5.4 Ein neuer Königsweg? Die Bedeutung biographischer Ansätze für die Erwachsenenbildung

Es lag uns fern, den Praktikern und Theoretikern der Erwachsenenbildung eine perfekte Methode vorzustellen. Eine solche ist nicht bekannt und wäre ohnehin ethisch abgründig.[157]

---

[154] Vgl. Becher u. a.1993, S. 223 ff.; Nittel 1995; Völzke 1995. D. Nittel erläutert das methodische Instrument »Interpretationswerkstätten«, eine Fortbildungsmöglichkeit hermeneutisches Arbeiten, die vom Deutschen Institut für Erwachsenenbildung angeboten wird.
[155] Vgl. Reischmann 1995a; Arnold/Schüßler 1996, S. 11 ff.
[156] Vgl. Formenti/Demetrio, S. 285 f.; J. Kade 1996b, S. 29 f.
[157] Was hätten z. B. AndragogInnen angerichtet, wenn sie mit den häufig demokratieskeptischen oder revolutionsverklärenden Konzepten der 70er Jahre bei den AdressatInnen »erfolgreich« gewesen wären?

Trotz der explizierten Gefahren und Schwächen biographischer Kommunikation kann diese mehrere neue Perspektiven für sich reklamieren: Das didaktische Repertoire in der Erwachsenenbildung wird um einen wiederentdeckten Zugang erweitert und damit eine überfällige pädagogische Modernisierung forciert. Die Modernisierung sehen wir vor allem darin, die Subjektorientierung deutlich zu stärken und **das »pädagogische Verhältnis« symmetrischer und demokratischer zu gestalten**.[158] Indem wir das Lebenswissen der TeilnehmerInnen in die Bildungsarbeit einbeziehen, verändern sich die Relationen zwischen Lernen, Bildung, Subjekt und Gesellschaft.[159]

Auf die Profession Erwachsenenbildung bezieht sich auch eine weitere Legitimation: Mit dem lebensgeschichtlichen Erzählen **kommen wir den Lern- und Bildungsgeschichten der einzelnen näher**. Denn das Interesse an individuellen Entwicklungsverläufen ist konstitutiv für das Selbstverständnis des Faches Erwachsenenbildung, auch wenn es sich den »Bildungswelten« einzelner in den zurückliegenden Jahren empirisch noch wenig zugewandt hat.[160]

Mit einem Blick auf die Teilnehmerinnen und Teilnehmer ist der Wert der Biographiearbeit anders zu formulieren. Im Erzählen selbst liegt die **Chance der Aneignung oder Wiederaneignung von Geschichte**. In Zeiten, die Neudefinitionen von Gegenwart und Vergangenheit geradezu erzwingen, wächst die Bereitschaft zum Erzählen und Reflektieren. Die biographisch orientierte Erwachsenenbildung gibt Raum für Selbstvergewisserungen und neue Sinnsetzungen. Biographische Kompetenz kann so erprobt und gestärkt werden.

Öffentliche Orte für Reflexionen dieser Art stellt die Gesellschaft nicht in großer Zahl bereit – die Einrichtungen der Erwachsenenbildung könnten dafür eine »erste Adresse« sein. Dort ist die Abkehr vom »Präsentations«- und Verkündigungslernen bereits im Gange – »die gesellschaftliche Strukturierung individueller Aneignung [wird] aus der Exklusivität pädagogischer Institutionen in die Mitte des sozialen und kulturellen Lebens gerissen«.[161] Das heißt aber nicht, damit Institutionen und Orte der Bildung für entbehrlich zu erklären. Die Aneignungs-

---

[158] In diesem Sinn: Meueler 1994.
[159] Vgl. Egger 1996.
[160] Zum Empiriedefizit Kade/Seitter 1996, S. 16.
[161] J. Kade 1994, S. 159.

Die Bedeutung biographischer Ansätze für die Erwachsenenbildung

fähigkeit der Subjekte bedarf einer Entwicklung, die Möglichkeiten, Sinn- und Sachressourcen des pädagogischen Angebots vorstellt und verfügbar macht.

Die bisher veröffentlichten Praxiserfahrungen erlauben es, einer der pädagogischen Zielsetzungen biographischer Kommunikation, nämlich Verstehens- und Verständigungsprozesse zu initiieren, Realisierbarkeit zu bescheinigen. So heikel und störanfällig diese Prozesse im einzelnen jeweils sein mögen – deutliche Anstrengungen und diskursive Erträge in Bildungsveranstaltungen ermutigen zu einem selbstverständlichen und selbstbewußten Umgang mit diesem Ansatz. Allen Beteiligten ist es erlaubt, Lernerfahrungen zu machen, die über diejenigen in traditionellen Bildungsveranstaltungen hinausgehen, weil die Subjektivität eben nicht stört – sie steht im Zentrum des Bildungsprozesses.

Literaturverzeichnis

Kürzel für Zeitschriften und Sammlungen

BIOS BIOS. Zeitschrift für Biographieforschung und Oral history, Opladen
GdW-PH Grundlagen der Weiterbildung – Praxishilfen (Loseblattsammlung), Neuwied
GdWZ Grundlagen der Weiterbildung – Internationale Zeitschrift für Weiterbildung und Bildungspolitik, Neuwied
Report Literatur- und Forschungsreport Weiterbildung, Münster/Frankfurt
ZfPäd Zeitschrift für Pädagogik, Weinheim

Ahlheim, Klaus: Mut zur Erkenntnis. Über das Subjekt politischer Erwachsenenbildung. Bad Heilbrunn 1990.
Alheit, Peter: »Lebensweltorientierung« – Symptom einer Krise in der Weiterbildung? in: Erhard Schlutz (Hrsg.), Erwachsenenbildung zwischen Schule und sozialer Arbeit. Bad Heilbrunn 1983, S. 155–167 (1983a).
Alheit, Peter: Alltagsleben. Zur Bedeutung eines gesellschaftlichen Restphänomens. Frankfurt/M. 1983 (1983b).
Alheit, Peter: Biographieforschung in der Erwachsenenbildung, in: Report Heft 13 (Juli 1984), S. 40–54, und Heft 14 (Dezember 1984), S. 31–67 (gekürzter Nachdruck in: Hans Tietgens [Zusammenst.], Beiträge der Bezugswissenschaften zur Erwachsenenbildung [= Studienbibliothek für Erwachsenenbildung, hrsg. von der Pädagogischen Arbeitsstelle des Deutschen Volkshochschulverbands, Bd. 4]. Frankfurt/M. 1993, S. 58–84).
Alheit, Peter: Biographizität als Projekt. Der »biographische Ansatz« in der Erwachsenenbildung. Bremen 1990 (= Werkstattberichte des For-

schungsschwerpunkts »Arbeit und Bildung« der Universität Bremen, Bd. 12).

Alheit, Peter: Biographieorientierung und Bildungstheorie. Müssen wir »Leben« lernen? in: Jahrbuch Arbeit, Bildung, Kultur (hrsg. vom Forschungsinstitut für Arbeiterbildung) Bd. 10. Recklinghausen 1992, S. 4–47.

Alheit, Peter: Ambivalenz von Bildung in modernen Gesellschaften: Strukturprinzip kumulativer Ungleichheit oder Potential biographischer Handlungsautonomie? in: Artur Meier/Ursula Rabe-Kleberg (Hrsg.), Weiterbildung, Lebenslauf, sozialer Wandel. Neuwied 1993, S. 87–103.

Alheit, Peter: Was die Erwachsenenbildung von der Biographie- und Lebenslaufforschung lernen kann, in: Werner Lenz (Hrsg.), Modernisierung der Erwachsenenbildung. Wien 1994, S. 28–56.

Alheit, Peter: Biographisches Lernen als gesellschaftliches Veränderungspotential, in: Klaus Ahlheim/Walter Bender (Hrsg.), Lernziel Konkurrenz? Erwachsenenbildung im »Standort Deutschland«. Eine Streitschrift. Opladen 1996.

Alheit, Peter/Bron-Wojciechowska, Agnieszka/Brugger, Elisabeth/Dominicé, Pierre: Preface, in: Peter Alheit u. a. (Hrsg.), The Biographical Approach in European Adult Education. Wien 1995, S. 17–21.

Alheit, Peter/Dausien, Bettina: Arbeitsleben. Eine qualitative Untersuchung von Arbeiterlebensgeschichten. Frankfurt/M. 1985.

Alheit, Peter/Dausien, Bettina: Bildung als biographische Konstruktion? Nichtintendierte Lernprozesse in der organisierten Erwachsenenbildung, in: Report Nr. 37 (Juni 1996), S. 33–45.

Alheit, Peter/Wollenberg, Jörg: Erfahrung und Erwartung. Überlegungen zum politischen Stellenwert des Biographiekonzepts, in: Jörg Wollenberg, Erfahrung und konkrete Utopie. Positionen – Projekte – Perspektiven zur politischen Bildung und regionalen Kulturarbeit. Nürnberg 1992 (= Nürnberger Beiträge zur Erwachsenenbildung, Bd. IV), S. 259–268.

Arnold, Rolf: Deutungsmusteransatz, in: GdW-PH 1/Mai 1990, Nr. 6.30.30, S. 1–12.

Arnold, Rolf/Schüßler, Ingeborg: Deutungslernen in der Weiterbildung – zwischen biographischer Selbstvergewisserung und transformativem Lernen, in: GdWZ, 7. Jg.(1996) Heft 1 S. 9–14.

Arnold, Rolf/Siebert, Horst: Konstruktivistische Erwachsenenbildung. Von der Deutung zur Konstruktion von Wirklichkeit. Hohengehren 1995.

Literaturverzeichnis

Autorengruppe der Evangelischen Akademie Sachsen-Anhalt (Hrsg.): Methoden biographischer Arbeit. Ein Handbuch, erscheint voraussichtlich 1997

Axmacher, Dirk: Der erwachsene Teilnehmer als Schulkind, in: Neue Sammlung, 29. Jg. (1989) Heft 1, S. 76–88.

Baacke, Dieter: Normalbiographie, Empathie und pädagogische Phantasie, in: ZfPäd, 18. Beiheft: Beiträge zum 8. Kongreß der DGfE vom 22.–24. März 1982 in der Universität Regensburg. Weinheim 1983, S. 298–306.

Baacke, Dieter/Schulze, Theodor (Hrsg.): Aus Geschichten lernen. Zur Einübung pädagogischen Verstehens. München [2]1984.

Baacke, Dieter/Schulze, Theodor (Hrsg.): Pädagogische Biographieforschung. Orientierungen, Probleme, Beispiele. Weinheim 1985.

Bahrdt, Hans Paul: Erzählte Lebensgeschichten von Arbeitern, in: Martin Osterland (Hrsg.), Arbeitssituation, Lebenslage und Konfliktpotential. Festschrift für Max E. Graf zu Solms-Roedelheim. Köln 1975 (= Studienreihe des Soziologischen Forschungsinstituts Göttingen, SOFI), S. 9–37.

Baumgärtner, Andreas: »Wer erinnert sich?« – Stadtteilgeschichtsprojekt im Nachbarschaftsheim Wuppertal, in: Buschmeyer/Behrens-Cobet 1990, S. 32–44.

Becher, Martin/Dinter, Irina/Schäffter, Ortfried: Selbstorganisierte Projekte in der Weiterbildung – Individualisierung und Biographisierung als organisierende Prinzipien der Angebotsentwicklung, in: Rainer Brödel (Hrsg.), Erwachsenenbildung am Beginn der Transformation. Hannover 1993, S. 207–231.

Beck, Ulrich: Die Erfindung des Politischen. Frankfurt/M. 1993.

Beck, Ulrich: Was hält hochindividualisierte Gesellschaften zusammen? in: Mittelweg 36, 5. Jg (1996) Heft 1, S. 33–48 (1996a).

Beck, Ulrich: Das »eigene Leben« in die Hand nehmen, in: Pädagogik, Jg. 1996, Heft 7–8, S. 41–47 (1996b).

Behrens-Cobet, Heidi: Bildungsarbeit mit älteren Erwachsenen. Eine themenorientierte Dokumentation. Frankfurt/M. 1984.

Behrens-Cobet, Heidi: »Nutzen und Nachteil« der biographischen Methode in der politischen Erwachsenenbildung, in: BIOS, 6. Jg. (1993) Heft 2, S. 267–275.

Behrens-Cobet, Biographische Kommunikation und biographische Kompetenz: Erwachsene *sind* Experten ihrer Lebensgeschichte, in: Beiheft 1997 Report, »Enttraditionalisierung der Erwachsenenbildung«, S. 78–87 (1997a).

Literaturverzeichnis

Behrens-Cobet, Heidi: Nachkriegserfahrungen im Dialog – Rückblick auf ein deutsch-deutsches Projekt der politischen Bildung, in: Autorengruppe der Evangelischen Akademie Sachsen-Anhalt 1997 (1997b)

Behrens-Cobet, Heidi/Schaefer, Anka: Geteilte Erfahrungen. Ein deutsch-deutsches Dialogprojekt zur Geschichte nach 1945. Münster 1994.

Bernstein, Reiner: Antisemitismus und Ethnozentrismus. Größen politisch-weltanschaulicher Deutungsmuster im Westen Deutschlands nach 1945, in: Buschmeyer 1995, S. 130–143.

Bourdieu, Pierre: Die biographische Illusion, in: BIOS, 3. Jg. (1990) Heft 1, S. 75–81.

Braun, Susanne: Biographisches Lernen als Methode in der Erwachsenenbildung, in: Report Nr. 37 (Juni 1996), S. 109–115.

Breckner, Roswitha: Von den »Zeitzeugen« zu den »Biographen«. Methoden der Erhebung und Auswertung lebensgeschichtlicher Interviews, in: Berliner Geschichtswerkstatt (Hrsg.), Alltagskultur, Subjektzivität und Geschichte. Zur Theorie und Praxis von Alltagsgeschichte. Münster 1994, S. 199–222.

Brokmann-Nooren, Christiane/Grieb, Ina/Raapke, Hans-Dietrich (Hrsg.): Handreichungen für die nebenberufliche Qualifizierung (NQ) in der Erwachsenenbildung. Weinheim und Basel 1994.

Brumlik, Micha: Ratlos vor dem Fremden? Zum Ethnozentrismus und Kulturrelativismus, in: Wiltrud Gieseke/Erhard Meueler/Ekkehard Nuissl (Hrsg.), Ethische Prinzipien der Erwachsenenbildung. Kassel 1991, S. 170–192.

Bude, Heinz: Das Altern einer Generation. Die Jahrgänge 1938–1948. Frankfurt/M. 1995.

Buschmann, Mechthild/Schitteck, Dagmar: Menschen in Bewegung. Hrsg. vom Landesinstitut für Schule und Weiterbildung. Soest 1992.

Buschmeyer, Hermann u. a.: Erwachsenenbildung im lebensgeschichtlichen Zusammenhang. Hrsg von der Pädagogischen Arbeitsstelle des Deutschen Volkshochschul-Verbands. Frankfurt/M. 1987.

Buschmeyer, Hermann (Bearb.): Älterwerden und Bildung. Dokumentation von Vorhaben, Modellen, Erfahrungen aus Nordrhein-Westfalen, Soest 1990.

Buschmeyer, Hermann (Bearb.): Lebensgeschichte und Politik. Erinnern – Erzählen – Verstehen. Methodische Zugänge zum biographischen Lernen. Hrsg. vom Landesinstitut für Schule und Weiterbildung. Soest/Bönen 1995.

Buschmeyer, Hermann/Behrens-Cobet, Heidi (Bearb.): Biographisches Lernen. Erfahrungen und Reflexionen. Hrsg. vom Landesinstitut für Schule und Weiterbildung. Soest 1990.

Buschmeyer, Hermann/Sabina Kocot (Bearb.): Männerbilder – Frauenbilder. Frauen und Männer im wechselseitigen Blick. Soest 1996.

Ciupke, Paul: Unbestimmtheitsrelationen. Politische Erwachsenenbildung zwischen suchenden Subjekten, instabilen Werten und unübersichtlichen Strukturen, in: außerschulische bildung, Jg. 1994, Heft 2, S. 142–146.

Ciupke, Paul/Reichling, Norbert: »Verdächtige Subjekte« und die Erneuerung demokratischer Öffentlichkeiten, in: Jahrbuch Arbeit, Bildung, Kultur, Bd. 12 (hrsg. vom Forschungsinstitut für Arbeiterbildung). Recklinghausen 1994, S. 319–339 (1994a).

Ciupke, Paul/Reichling, Norbert: Politische Erwachsenenbildung als Ort öffentlicher Verständigung, in: Aus Politik und Zeitgeschichte, B 45-46/94 vom 11. November 1994, S. 13–21 (1994b).

Der Alltag. Die Sensationen des Gewöhnlichen. Heft 71: »Im Kino«. Berlin 1996.

Dewe, Bernd: Grundlagen nachschulischer Pädagogik. Bad Heilbrunn 1994.

Dikow, Joachim (Hrsg.): Die Bedeutung biographischer Forschung für den Erzieher. Münster 1988.

Diner, Dan: Zwischen Aporie und Apologie. Die Grenzen der Historisierbarkeit des Nationalsozialismus, in: ders. (Hrsg.), Ist der Nationalsozialismus Geschichte? Zu Historisierung und Historikerstreit. Frankfurt/M. 1987, S. 62–73.

Dovermann, Ulrich u. a.: Vergangenes sehen. Perspektivität im Prozeß historischen Lernens. Bonn 1995.

Dräger, Horst/Günther, Ute: Das Infrastrukturmodell als Antwort auf die Krise der bildungstheoretischen Didaktik, in: Beiheft 1995 Report »Theorien und forschungsleitende Konzepte der Erwachsenenbildung«, S. 143–152.

Ebert, Gerhard u. a.: Weiterbildungsbereitschaft und Lebenswelt. Band I: Wege zum methodisch kontrollierten Fremdverstehen. Hrsg. von der Pädagogischen Arbeitsstelle des Deutschen Volkshochschul-Verbandes. Bonn 1984.

Egger, Rudolf: Biographische Sichtweisen in der Erwachsenenbildung – ein Forschungsbericht, in: GdWZ, 7. Jg. (1996), Heft 1, S. 43–46.

Literaturverzeichnis

Eirmbter, Eva: Biographischer Ansatz, in: GdW-PH 6/Juli 1991, Nr. 6.20.20, S. 1–11.

Ensel, Leo: »Warum wir uns nicht leiden mögen«. Was Ossis und Wessis voneinander halten. Münster 1993.

Erpenbeck, John/Weinberg, Johannes: Menschenbild und Menschenbildung. Bildungstheoretische Konsequenzen der unterschiedlichen Menschenbilder in der ehemaligen DDR und in der heutigen Bundesrepublik. Münster 1993.

Flaig, Berthold Bodo/Meyer, Thomas/Ueltzhöffer, Jörg: Alltagsästhetik und politische Kultur. Zur ästhetischen Dimension politischer Bildung und politischer Kommunikation. Bonn 1993.

Formenti, Laura/Demetrio, Duccio: Self-biography in organizations: A narrative-systemic-approach, in: Peter Alheit u. a. (Hrsg.), The Biographical Approach in European Adult Education. Wien 1995, S. 274–293.

Franke, Cornelia: Kreatives Schreiben am Beispiel des Bildungsurlaubs »Berufliche Biographie«, in: Buschmeyer 1995, S. 74–84.

Friedenthal-Haase, Martha: Erwachsenenbildung interkulturell. Frankfurt/M. 1992

Friedrich-Ebert-Stiftung: Lernen für Demokratie. Politische Weiterbildung für eine Gesellschaft im Wandel, 3 Bde. Bonn 1993.

Fuchs, Werner: Biographische Forschung. Eine Einführung in Praxis und Methoden. Opladen 1984.

Fuchs, Werner: Möglichkeiten der biographischen Methode, in: Lutz Niethammer (Hrsg.), Lebenserfahrung und kollektives Gedächtnis. Frankfurt/M. 1985, S. 436–470.

Fuchs-Heinritz, Werner, Biographische Methode, in: GdW-PH 1/Oktober 1990, Nr. 8.100, S. 1–25.

Fuchs-Brüninghoff, Elisabeth/Peters, Monika: Politisch-sein beginnt beim Mut zur Stellungnahme, in: DIE, 1. Jg. (1994), S. 22–24.

Geißler, Karlheinz A.: Grenzenlose Weiterbildung. Die Ungleichheit der Subjekte und die Gleichheit der Zumutungen, in: Entwürfe. Themen der evangelischen Erwachsenenbildung, Nr. 1–2 (1995). Hrsg. von der Deutschen Evangelischen Arbeitsgemeinschaft für Erwachsenenbildung (DEAE), S. 8–17.

Geißler, Karlheinz A./Kade, Jochen: Die Bildung Erwachsener. Perspektiven einer subjektivitäts- und erfahrungsorientierten Erwachsenenbildung. München 1982.

Literaturverzeichnis

Gieseke, Wiltrud/Siebers, Ruth: Lerneinheit »Biographie, Erfahrung und Lernen«, in: Brokmann-Nooren/Grieb/Raapke 1994, S. 311–357.

Goldmann, Margarethe/Zimmermann, Michael: Erinnerungsarbeit im Stadtteil. Erfahrungen mit einem Projekt der kommunikativen Geschichte, in: Geschichtsdidaktik 11 (1986), S. 349–356.

Grams, Wolfgang: Lerneinheit »Politische Bildung«, in: Brokmann-Nooren/Grieb/Raapke 1994, S. 405–462.

Grubauer, Franz: Was politische Bildung noch lernen muß, in: Wolfgang Lenz (Hrsg.), Politische Bildung und politische Kultur. Bad Boll 1988, S. 56–68.

Gruner, Petra/Messmer, Horst: Die Neulehrer – Biographien, Karrieremuster und Bedeutung, in: Ministerium für Bildung, Jugend und Sport des Landes Brandenburg (Hrsg.), In Linie angetreten. Die Volksbildung der DDR in ausgewählten Kapiteln. Berlin 1996, S. 315–446.

Heinen-Tenrich, Jürgen: Neue Orientierungen in der politischen Erwachsenenbildung, in: Klaus Körber (Hrsg.), Politische Weiterbildung zwischen Gesellschafts- und Subjektorientierung. Bremen 1994, S. 389–414.

Henningsen, Jürgen: Lüge und Freiheit. Ein Plädoyer zur politischen Bildung. Wuppertal 1966.

Henningsen, Jürgen: Autobiographie und Erziehungswissenschaft. Essen 1981.

Herrmann, Ulrich: Biographische Konstruktionen und das gelebte Leben. Prolegomena zu einer Biographie- und Lebenslaufforschung in pädagogischer Absicht, in: ZfPäd, 33. Jg. (1987) Heft 3, S. 303–323.

Hoerning, Erika M.: Lebenswelt und biographische Erfahrungen, in: dies./Tietgens, Hans (Hrsg.), Erwachsenenbildung: Interaktion mit der Wirklichkeit. In memoriam Enno Schmitz. Bad Heilbrunn 1989, S. 155–161.

Hoerning, Erika u. a.: Biographieforschung und Erwachsenenbildung. Bad Heilbrunn 1991.

Hof, Christiane: Erzählen in der Erwachsenenbildung. Geschichte – Verfahren – Probleme. Neuwied 1995.

Hondrich, Karl-Otto: Wie werden wir die sozialen Zwänge los? Zur Dialektik von Kollektivisierung und Individualisierung, in: Merkur, 51. Jg. (1997) Heft 4, S. 283–292.

Horster, Detlef: Das Sokratische Gespräch in Theorie und Praxis. Opladen 1994.

Literaturverzeichnis

Hufer, Klaus-Peter: Herausforderungen für die politische Erwachsenenbildung. Konsequenzen nach der Einigung. Schwalbach/Ts. 1991.
Hufer, Klaus-Peter: Politische Erwachsenenbildung. Strukturen, Probleme, didaktische Ansätze – Eine Einführung. Schwalbach/Ts. 1992.
Jansa, Axel (Hrsg.): Zwei Geschichten – eine Zukunft. Ost-West-Annäherungen in pädagogischer und gewerkschaftlicher Zusammenarbeit. Münster 1994.
Kade, Jochen: Von der Teilnehmerorientierung zum pädagogischen Verhältnis in der Erwachsenenbildung – Überlegungen aus der Sicht einer dialektischen Konzeption individueller Subjektivität von Dozent und Teilnehmer, in: Schlutz 1982, S. 16–31.
Kade, Jochen: Die Bildung der Gesellschaft – Aussichten beim Übergang in die Bildungsgesellschaft, in: Sozialwissenschaftliche Literatur Rundschau, 15. Jg. (1992) Heft 25, S. 67–79.
Kade, Jochen: Aneignungsverhältnisse diesseits und jenseits der Erwachsenenbildung, in: ZfPäd, 39. Jg. (1993) Heft 3, S. 391–408.
Kade, Jochen: Erziehungswissenschaftliche Theoriebildung im Blick auf die Vielfalt einer sich entgrenzenden pädagogischen Welt, in: Reinhard Uhle/Dietrich Hoffmann (Hrsg.), Pluralitätsverarbeitung in der Pädagogik. Weinheim 1994, S. 149–161.
Kade, Jochen: »Tatort« und »Polizeiruf 110«. Zur biographischen Kommunikation des Fernsehens in beiden deutschen Staaten, in: BIOS, 9. Jg. (1996), Heft 1, S. 114–126 (1996a).
Kade, Jochen: Zwischen Diffusität und Universalität. Pädagogisches Können in der Erwachsenenbildung, in: Der pädagogische Blick, 5. Jg. (1996) Heft 1, S. 26–34 (1996b).
Kade, Jochen/Seitter, Wolfgang: Lebenslanges Lernen. Mögliche Bildungswelten. Opladen 1996.
Kade, Sylvia: Deutungsblockaden – Verständnisbarrieren im innerdeutschen Dialog, in: Ekkehard Nuissl u. a., Verunsicherungen in der politischen Bildung. Bad Heilbrunn 1992, S. 129–155.
Kade, Sylvia: Altersbildung. Ziele und Konzepte. Frankfurt/M. 1994.
Kade, Sylvia: Die andere Geschichte. Spurensicherung im Vorruhestand. Hrsg. von Deutschen Institut für Erwachsenenbildung. Frankfurt/M. 1997.
Kaiser, Arnim: Wie arbeiten lebensweltorientierte Ansätze? Prinzipien und Methoden lebensweltorientierter Bildungsarbeit, in: GdWZ, 1. Jg. (1990), Heft 1, S. 13–18.

Kaltschmid, Jochen: Biographische und lebenslauftheoretische Ansätze in der Erwachsenenbildung, in: Rudolf Tippelt (Hrsg.), Handbuch der Erwachsenenbildung/Weiterbildung. Opladen 1994, S. 98–121.

Klönne, Arno: Pädagogische »Verwestlichung« – ein Unheil für die Deutschen? in: päd.extra 1995, Heft 5, S. 23–28.

Klotz, Mechthild: Erinnerung als Ressource für theatralische Arbeit in der Erwachsenenbildung, in: Buschmeyer 1995, S. 61–73.

Knigge, Volkhard: »Triviales« Geschichtsbewußtsein und verstehender Geschichtsunterricht. Pfaffenweiler 1988 (= Geschichtsdidaktik. Studien, Materialien. Neue Folge, Bd. 3).

Kohli, Martin: Wie es zur »biographischen Methode« kam und was daraus geworden ist. Ein Kapitel aus der Geschichte der Sozialforschung, in: Zeitschrift für Soziologie, 10. Jg. (1981), Heft 3, S. 273–293.

Kohli, Martin: Erwachsenensozialisation, in: Enzyklopädie Erziehungswissenschaft, hrsg. von Dieter Lenzen. Bd. 11: Erwachsenenbildung, hrsg. von Enno Schmitz und Hans Tietgens. Stuttgart 1984, S. 124–142.

Landesinstitut für Schule und Weiterbildung (Hrsg.): Lokalgeschichte und Weiterbildung. Werkstattgespräch, Projektdokumentation. Soest 1986.

Lay, Conrad/Potting, Christoph: Gemeinsam sind wir unterschiedlich. Deutsch-deutsche Annäherungen. Bonn 1995.

Lindner, Bernd: Biographische Forschung in Ostdeutschland, in: BIOS, 4. Jg. (1991) Heft 2, S. 247–259.

Mader, Wilhelm: Autobiographie und Bildung – Zur Theorie und Praxis der »Guided Autobiography«, in: Hoerning/Tietgens 1989, S. 145–154.

Marotzki, Winfried: Entwurf einer strukturalen Bildungstheorie. Biographietheoretische Auslegung von Bildungsprozessen in hochkomplexen Gesellschaften. Weinheim 1990 (= Studien zur Philosophie und Theorie der Bildung, Bd. 3).

Marotzki, Winfried: Bildungsprozesse in lebensgeschichtlichen Horizonten, in: Hoerning u. a. 1991, S. 182–205 (1991a).

Marotzki, Winfried: Bildung, Identität und Individualität, in: Dietrich Benner/Dieter Lenzen (Hrsg.), Erziehung, Bildung, Normativität. Versuche einer deutsch-deutschen Annäherung, Weinheim 1991 (1991b).

Meier, Christoph: Gemeinsames Voneinander-Lernen aus der persönlichen Lebensgeschichte, in: Buschmeyer/Behrens-Cobet 1990, S. 22–31.

Messerschmidt, Astrid: Querverbindungen. Kultur wandert – zu Transkulturalität und Erwachsenenbildung, in: Entwürfe. Themen der evangelischen Erwachsenenbildung, Nr. 1–2 (1995), hrsg. von der Deutschen Evangelischen Arbeitsgemeinschaft für Erwachsenenbildung (DEAE), S. 54–58.

Messerschmidt, Astrid/Sept-Hubrich, Gisela: Umständliches Denken oder: Könnte sein, daß die Biographien stören. Erwachsenenbildung im Kontext gesellschaftlicher Umbrüche auf dem Hintergrund von Erfahrungen in einem Projekt politischer Bildung, in: Autorengruppe der Evangelischen Akademie Sachsen-Anhalt 1997.

Meueler, Erhard: Didaktik der Erwachsenenbildung/Weiterbildung als offenes Projekt, in: Rudolf Tippelt (Hrsg.), Handbuch der Erwachsenenbildung/ Weiterbildung. Opladen 1994, S. 615–628.

Michel, Gabriele: Biographisches Erzählen – zwischen individuellem Erlebnis und kollektiver Geschichtentradition. Untersuchungen typischer Erzählfiguren, ihrer sprachlichen Form und ihrer interaktiven und identitätskonstituierenden Funktion in Geschichten und Lebensgeschichten. Tübingen 1985.

Müller, Richard Matthias: Normal-Null und die Zukunft der deutschen Vergangenheitsbewältigung. Schernfeld 1994.

Naumann, Klaus: Wenn ein Tabu bricht. Die Wehrmachts-Ausstellung in der Bundesrepublik, in: Mittelweg 36, 5. Jg. (1996) Heft 1, S. 5–22.

Neckel, Sighard: Individualisierung, in: ders., Die Macht der Unterscheidung. Frankfurt/M. 1993, S. 69–80.

Negt, Oskar/Kluge, Alexander: Geschichte und Eigensinn. Frankfurt/M. 1981.

Neusüß, Christel: Die Kopfgeburten der Arbeiterbewegung. Hamburg 1985.

Niethammer, Lutz: Einführung, in: ders. (Hrsg.), Lebenserfahrung und kollektives Gedächtnis. Frankfurt/M. 1985, S. 7–33 (1985a).

Niethammer, Lutz: Fragen – Antworten – Fragen. Methodische Erfahrungen und Erwägungen zur Oral History, in: ders./Plato, Alexander v. (Hrsg.), »Wir kriegen jetzt andere Zeiten«. Auf der Suche nach der Erfahrung des Volkes in nachfaschistischen Ländern. Bonn 1985, S. 392–445 (1985 b).

Niethammer, Lutz: Flucht ins Konventionelle? Einige Randglossen zu Forschungsproblemen der deutschen Nachkriegsmigration, in: R. Schulze u. a., Flüchtlinge und Vertriebene in der westdeutschen Nachkriegsgeschichte. Hildesheim 1987, S. 316–323.

Niethammer, Lutz: Kommentar zu Pierre Bourdieu, in: BIOS, 3. Jg. (1990a) Heft 1, S. 91–93.

Literaturverzeichnis

Niethammer, Lutz: Juden und Russen im Gedächtnis der Deutschen, in: Walter H. Pehle (Hrsg.), Der historische Ort des Nationalsozialismus, Frankfurt/M. 1990, S. 114–134 (1990b).

Niethammer, Lutz/von Plato, Alexander/Wierling, Dorothee: Die volkseigene Erfahrung. Eine Archäologie des Lebens in der Industrieprovinz der DDR. Berlin 1991.

Nipkow, Karl Ernst: Lebensbegleitende Bildung. Zur biographischen Wende in der Erwachsenenbildung im Überschneidungsbereich von Pädagogik, Anthropologie und Theologie, in: Wiater 1994, S. 15–38.

Nittel, Dieter: Report: Biographieforschung. Frankfurt/M. 1991.

Nittel, Dieter: Interpretationswerkstätten – ein Fortbildungsinstrument für Mitarbeiter/-innen in Veranstaltungen zum »biographischen Lernen«, in: Buschmeyer 1995, S. 110–121.

Nittel, Dieter/Völzke, Reinhard: Professionell angeleitete biographische Kommunikation – ein Konzept pädagogischen Fremdverstehens. Vortrag anläßlich der Jahrestagung der Deutschen Gesellschaft für Erziehungswissenschaft (Sektion Erwachsenenbildung) 25.–27. September 1992, abgedruckt in: Beiheft Report: Die Fremde – Das Fremde – Der Fremde. Dokumentation der Jahrestagung 1992 der Kommission Erwachsenenbildung der Deutschen Gesellschaft für Erziehungswissenschaft. Frankfurt/M. 1993, S. 123–135.

Nolda, Sigrid: Unspektakuläres Sprachenlernen, in: Report, Heft 37 (Juni 1996), S. 85–93 (1996a).

Nolda, Sigrid, Interaktion und Wissen. Frankfurt/M. 1996 (1996b).

Nuissl, Ekkehard/Paatsch, Ulrich/Schulze, Christa: Bildung im Museum. Heidelberg 1987.

Reischmann, Jost: Andragogische Didaktik: zunehmend Fehlanzeige, in: Report, Beiheft 1995 »Theorien und forschungsleitende Konzepte der Erwachsenenbildung«, S. 137–142 (1995a).

Reischmann, Jost: Lernen »en passant« – die vergessene Dimension, in: GdWZ, 6. Jg (1995) Heft 2, S. 200–204 (1995b).

Rosenthal, Gabriele: »Als der Krieg kam, hatte ich mit Hitler nichts mehr zu tun«. Zur Gegenwärtigkeit des »Dritten Reiches« in Biographien. Opladen 1990.

Rosenthal, Gabriele: Erzählte und erlebte Lebensgeschichte. Gestalt und Struktur biographischer Selbstbeschreibungen. Frankfurt/M. 1995.

Sarasin, Philipp: Arbeit – Sprache – Alltag. Wozu noch Alltagsgeschichte? in: WerkstattGeschichte, 5. Jg. (1996) Heft 15, S. 72–85.
Schäffter, Ortfried: Biographisches Lernen. Erfahrungen und Reflexionen (Rezension), in: BIOS, 4. Jg. (1991) Heft 2, S. 305–311.
Schäffter, Ortfried: Diskussionsbeitrag, in: Landesinstitut für Schule und Weiterbildung (Hrsg.), Institution und Personal im Wandel. Dokumentation des XXI. Soester Weiterbildungsforums. Soest 1992, S. 84–89.
Schäffter, Ortfried: Zwischen Einheit und Vollständigkeit. Weiterbildungsorganisation – ein locker verkoppeltes Netzwerk, in: Friedrich Hagedorn u. a. (Hrsg.), Anders arbeiten in Bildung und Kultur. Weinheim 1994, S. 77–91.
Schiele, Siegfried: Politische Bildung in Richtung auf das Jahr 2000, in: Aus Politik und Zeitgeschichte, B 37-38/91, S. 19–26.
Schitteck, Dagmar (Bearb.): Kulturelle Bildung: Wahrnehmen und Gestalten mit Sinnen und Verstand. Hrsg. vom Landesinstitut für Schule und Weiterbildung. Soest 1992.
Schlegelmilch, Cordia: Generationen im Gespräch. (= Szenenwechsel im Alltag. Handreichungen für die neuen Bundesländer, hrsg. vom Deutschen Institut für Erwachsenenbildung). Frankfurt/M. 1994.
Schlutz, Erhard (Hrsg.): Die Hinwendung zum Teilnehmer – Signal einer reflexiven Wende in der Erwachsenenbildung? Beiträge zur Orientierung an der Subjektivität, an der Erfahrung und an Lernproblemen. Bremen o. J. (1982) (Tagungsbericht Nr. 6 der Universität Bremen).
Schlutz, Erhard: Erwachsenenbildung als öffentliche Verständigung – Abnehmende Chancen bei steigender Bedeutung, in: Joachim Knoll (Hrsg.), Internationales Jahrbuch der Erwachsenenbildung. Köln 1993, S. 99–112.
Schlutz, Erhard: Politische Bildung, soziales Lernen, Allgemeinbildung, in: Klaus Körber (Hrsg.), Politische Weiterbildung zwischen Gesellschafts- und Subjektorientierung. Bremen 1994, S. 421–439.
Schmitz, Enno: Erwachsenenbildung als lebensweltbezogener Erkenntnisprozeß, in: Enzyklopädie Erziehungswissenschaft, hrsg. von Dieter Lenzen, Bd. 11: Erwachsenenbildung, hrsg. von Enno Schmitz und Hans Tietgens. Stuttgart 1984, S. 95–123; wiederabgedruckt in: Hoerning/Tietgens 1989, S. 48–75.
Schörken, Rolf: Jugend 1945. Politisches Denken und Lebensgeschichte. Frankfurt/M. 1994.
Schröder, Hans-Joachim: Interviewliteratur. Biographische Erfahrung

und Sozialwirklichkeit in der DDR, in: BIOS, 5. Jg. (1992) Heft 2, S. 245–248.
Schütze, Fritz: Narrative Repräsentation kollektiver Schicksalsbetroffenheit, in: Eberhard Lämmert (Hrsg.), Erzählforschung. Ein Symposium. Stuttgart 1982, S. 568–590.
Schulze, Theodor: Lebenslauf und Lebensgeschichte. Zwei unterschiedliche Sichtweisen und Gestaltungsprinzipien biographischer Prozesse, in: Baacke/Schulze 1985, S. 29–63.
Schulze, Theodor: Pädagogische Dimensionen der Biographieforschung, in: Hoerning u. a. 1991, S. 135–181.
Schumacher, Maria: Politischer Qualifizierungsbedarf von Arbeitnehmerinnen und Arbeitnehmern, in: DGB-Bildungswerk NRW, Geschäftsbericht 1993. Düsseldorf 1994, S. 67–73.
Sept-Hubrich, Gisela/Messerschmidt, Astrid: Mancher Abschied ist schön. Perspektiven für politische Bildung nach dem Ende der Blockkonfrontation, hrsg. von der Deutschen Evangelischen Arbeitsstelle für Erwachsenenbildung (DEAE). Karlsruhe 1994.
Siebert, Horst: Lernen im Lebenslauf. Zur biographischen Orientierung der Erwachsenenbildung. Hrsg. von der Pädagogischen Arbeitsstelle des Deutschen Volkshochschulverbandes. Frankfurt/M. 1985 (= berichte, materialien, planungshilfen).
Siebert, Horst: Biographische Orientierung, in: GdW-PH 5/März 1991, Nr. 5.90, S. 1–17.
Siebert, Horst: Politische Bildung, soziales Lernen, Allgemeinbildung, in: Klaus Körber (Hrsg.), Politische Weiterbildung zwischen Gesellschafts- und Subjektorientierung. Bremen 1994, S. 421–439.
Spiker, Jürgen: Alterwerden und Bildung – das Beispiel der Gneisenauer, in: Buschmeyer 1995, S. 85–96.
Stadt Recklinghausen (Hrsg.): Kohle war nicht alles. 100 Jahre Ruhrgebietsgeschichte. Oberhausen 1981.
Steinbach, Lothar: Bewußtseinsgeschichte und Geschichtsbewußtsein. Reflexionen über das Verhältnis von autobiographischer Geschichtserfahrung und Oral History, in: BIOS, 8. Jg. (1995), Heft 1, S. 89–106.
Stiller, Edwin: Dialogische Fachdidaktik Pädagogik. Paderborn 1997.

Thier, Michaela/Lauffer, Jürgen (Hrsg.): Medienbiographien im vereinten Deutschland. Bielefeld 1993.
Thomssen, Wilke: Hermeneutik versus Wissenschaft, in: Jahrbuch »Arbeit – Bildung – Kultur« Bd. 11 (hrsg. vom Forschungsinstitut für Arbeiterbildung). Recklinghausen 1993, S. 97–112.

Literaturverzeichnis

Tietgens, Hans: Teilnehmerorientierung als Antizipation, in: Gerhard Breloer/Heinrich Dauber/Hans Tietgens, Teilnehmerorientierung und Selbststeuerung in der Erwachsenenbildung. Braunschweig 1980, S. 177–235.

Tietgens, Hans: Die Entdeckung der Deutungen für die Bildung Erwachsener, in: Hoerning/Tietgens 1989, S. 76–83.

Tietgens, Hans: Erwachsenendidaktische Überlegungen zur Wiederbegegnung, in: Gerhard Strunk u. a., Wiederbegegnung. Herausforderungen an die Politische Bildung. Hrsg. von der Pädagogischen Arbeitsstelle des Deutschen Volkshochschul-Verbandes. Frankfurt/M. 1990 (= berichte, materialien, planungshilfen), S. 71–84.

Tietgens, Hans: Ein Blick der Erwachsenenbildung auf die Biographieforschung, in: Hoerning u. a. 1991, S. 206–223.

Tietgens, Hans: Reflexionen zur Erwachsenendidaktik. Bad Heilbrunn 1992.

Völzke, Reinhard: Das biographische Gespräch in der Bildungsarbeit. Zum professionellen Umgang mit alltagssprachlichem Erzählen, in: Buschmeyer 1995, S. 23–60.

Weber, Wolfgang: Persönliche Lebensgeschichte und berufliche Weiterbildung, in: Wiater 1994, S. 55–64.

Wehling, Hans-Georg: Zehn Jahre Beutelsbacher Konsens – Eine Nachlese, in: Gotthard Breit/Peter Massing (Hrsg.), Grundfragen und Praxisprobleme der politischen Bildung. Bonn 1992, S. 129–134.

Weischer, Christoph: Politische Bildungsarbeit und gewerkschaftliche Organisation. Münster 1996.

Werder, Lutz von: Alltägliche Erwachsenenbildung. Weinheim 1980.

Wiater, Werner (Hrsg.): Erwachsenenbildung und Lebenslauf. Mündigkeit als lebenslanger Prozeß. München 1994.

Wienold, Hanns: Bildungsarbeit zwischen Alltagsgeschichten und Theorie-Diskurs, in: Jochen Richert (Hrsg.), Subjekt und Organisation. Neuorientierung gewerkschaftlicher Bildungsarbeit. Münster 1994, S. 36–56.

Wienold, Hanns: Nichts als Geschichten. Von den Schwierigkeiten des Umgangs mit Wirklichkeiten und den Grenzen der Pädagogik. Münster 1996.

Ute Schad

Multikulturelle Herausforderungen

Handreichungen
für die politische Bildungsarbeit

Luchterhand

Die Deutsche Bibliothek - CIP-Einheitsaufnahme

Schad, Ute:
Multikulturelle Herausforderungen : Handreichungen für die politische
Bildungsarbeit / Ute Schad. – Neuwied ; Kriftel ; Berlin : Luchterhand,
1997
ISBN 3-472-02974-9

Alle Rechte vorbehalten.
© 1997 by Hermann Luchterhand Verlag GmbH Neuwied, Kriftel, Berlin.
Das Werk einschließlich aller seiner Teile ist urheberrechtlich geschützt.
Jede Verwertung außerhalb der engen Grenzen des Urheberrechtsgesetzes ist ohne Zustimmung des Verlages unzulässig und strafbar. Das gilt insbesondere für Vervielfältigungen, Übersetzungen, Mikroverfilmungen und die Einspeicherung und Verarbeitung in elektronischen Systemen.
Umschlaggestaltung: S.P.E.C.K.I.N Grafik-Design, Mühlheim, Ruhr
Satz: Wiesjahn GmbH, Berlin
Druck, Bindung: H. Heenemann GmbH & Co, Berlin
Printed in Germany, Oktober 1997

∞ Gedruckt auf säurefreiem, alterungsbeständigem und chlorfreiem Papier

Inhalt

Vorwort 7

Fast schon wie in New York
Zur »multikulturellen« Realität in der Bundesrepublik

Die vergessene Geschichte 10
Von Absturzgefahren und Verheißungen 20
Tips und Anregungen 30

Nur Randgruppen?
Rassismus und Minderheitenfeindlichkeit als allgemeine Phänomene

Von Skinheads und akademischen Geistesgrößen 38
Die Schwachstellen gängiger Erklärungsmuster 46
Tips und Anregungen 51

Hier sind Menschen willkommen
Überlegungen zum politischen und gesellschaftlichen Selbstverständnis einer multikulturellen Bildungs- und Kulturarbeit

Von exotischen Welten, Ausländerfreunden und Ausländerfeinden 56
Der gordische Knoten: Verschieden und doch gleich ... 67
Tips und Anregungen 74

Inhalt

Blutspuckende Zigeuner
Überlegungen und Anregungen für eine geschlechtsspezifische Arbeitsperspektive

In den Fängen partriarchalischer Männlichkeit 78
Frauenfragen 86
Tips und Anregungen 97

Wer hat Angst vor'm schwarzen Mann?
Information, Sensibilisierung und Handlungsorientierung als Grundlagen der multikulturellen Bildungs- und Kulturarbeit

Die Erfindung des »Negers« 102
Die Macht der Worte und Bilder 119
Grenzüberschreitungen 128
Tips und Anregungen 134

Schwierige Vielfalt
Da müßte sich ja erst die Welt ändern

Über Grenzen, Widersprüche und Selbstblockaden 140
Anregungen für ein Antidiskriminierungsgesetz 146

Literatur 148

Vorwort

Trotz des Rückgangs spektakulärer Gewalttaten gegen Flüchtlinge und Minderheiten bleiben die Herausforderungen eines demokratischen Umgangs mit Differenz bestehen. Der durchaus konflikthafte Alltag in einer »multikulturellen« Gesellschaft stellt eine permanente Herausforderung für die Jugend- und Bildungsarbeit dar. Erfahrungen aus Projekten mit auffälligen Jugendszenen zeigen, daß die Konzentration auf Problemgruppen einer breitangelegten Prävention weichen muß, die keine potentielle Zielgruppe aus den Augen verliert. Die Anfälligkeiten für rassistische/ethnozentristische, sexistische, minderheitenfeindliche und rechtsextremistische Ideologien ziehen sich quer durch alle Bevölkerungsgruppen und hüllen sich nicht selten in die Unauffälligkeit der (jugendlichen) Biedermänner – mögen diese auch weiblichen Geschlechts sein. Fest steht allerdings auch, daß sich Fragen des Umgangs mit Differenz nicht ohne Berücksichtigung der Geschlechterverhältnisse bearbeiten lassen. In der täglichen Konfrontation mit offensichtlich gefährdeten Problemgruppen lauert stets die Gefahr, daß sich die eigene Perspektive verengt und die (selbst)kritische Distanz verloren geht. Auch das simple Lob der Differenz, das die eigene Kultur nur in den dunkelsten Farbtönen wahrnimmt und die lebensfreundlichen Früchte stets in fremden Kulturgärten entdeckt, führt in eine Sackgasse. Nicht selten bestimmen fundamentalistische Verbalradikalismen und romantische Unverbindlichkeit der »Ausländerfreunde« die Diskussion. Aus Angst vor dem Vorwurf des Eurozentrismus/Rassismus muß Unverdauliches geschluckt werden. So verfestigen sich klammheimlich Ressentiments. Konflikte gären unter der Decke der Gutwilligkeit. Auch Frauenunterdrückung und religiöse Intoleranz gelten manchem Gutmeinenden noch als Zeichen »kultureller Vielfalt«. Einfache Antworten und garantiert effektive Handlungsvorschläge für die Praxis der multikulturellen Bildungs- und Kulturarbeit kann es nicht geben. Vielmehr gefragt ist ein Orientierungswissen, das es erlaubt, einen eigenen Standort und ein politisches Selbstverständnis zu entwickeln – ohne Anspruch auf endgültige Wahrheiten. Eine kritische Auseinandersetzung mit den eigenen kulturellen Traditionen gehört ebenso zu diesem Wissenskanon wie die Einsicht in die Grenzen und Widersprüche der eigenen Arbeit. Jenseits von verbaler »political correctness« und romantischer Unverbindlichkeit bietet sich ein selbstkritisches Verständnis von Menschen- und Bürger-/Bürgerinnenrechten als Wegweiser durch die Unübersichtlichkeit der kulturellen Vielfalt an.

Fast schon wie in New York
**Zur »multikulturellen« Realität
in der Bundesrepublik**

Die vergessene Geschichte

Ein warmer Sommertag in einer westdeutschen Großstadt. Lärmend erobert eine Schar Jugendlicher - gerade aus dem Schulunterricht freigelassen - die Straßenbahn. Mehr oder weniger weiße, aber auch braune und schwarze Gesichter, ein Durcheinander an Haarfarben und Strähnen in allen Schattierungen des Regenbogens. Sprachfetzen fliegen hin und her und aus dem tragbaren Kassettenrecorder dröhnt Hip Hop und Techno. Eine Frau in mittleren Jahren kommentiert das Geschehen mit den Worten: »So langsam denke ich, ich bin in New York«. New York, die multikulturelle Metropole, Menschen, zusammengewürfelt aus allen Ländern der Welt auf der Suche nach ihrem Glück. Und sie fährt fort:

»Erst in letzter Zeit ist mir aufgefallen, wie sich das Gesicht der Stadt verändert hat. Weltoffener ist sie geworden, nicht mehr so verbiestert und grau in grau. Man begegnet jetzt öfter unterschiedlichsten Menschen nicht nur Einheimischen, sondern verschiedenen Nationalitäten und Kulturen. All diese Menschen und insbesondere die Jugendlichen bringen ein anderes Flair. Alles ist fließender geworden, vielfältiger«.

Ist die Bundesrepublik Deutschland auf dem Weg zur multikulturellen Gesellschaft? Haben die heimlichen Einwanderungswellen nach 1945 die soziale Realität entscheidend verändert? Ein erster Blick auf die Wanderungsströme nach dem Zweiten Weltkrieg scheint diesen Eindruck zu bestätigen. Zuerst kamen die Flüchtlinge und Vertriebenen. Trotz ihrer deutschen Staatsangehörigkeit stießen die etwa 12 Millionen »Fremden aus dem Osten« auf Vorbehalte bei der alteingesessenen Bevölkerung. Die ökonomischen und sozialen Probleme, die ihre Eingliederung hervorriefen, unterschieden sich nicht von den Folgen anderer Migrationsprozesse. Soziologisch haben wir es mit einem Einwanderungsprozeß zu tun.

»Die vielbeschworenen Klammern dieses Nationalverbandes und der historischen Schicksalsgemeinschaft dürfen dabei allerdings nicht überschätzt werden: Es gab vielfältige kulturelle Diskrepanzen zwischen Aufnahmegesellschaft und Flüchtlingsbevölkerung. Das galt insbesonders in den ländlichen Regionen, die anfangs stark mit Flüchtlingen und Vertriebenen, aber auch noch mit Evakuierten bevölkert waren und in denen sich der Eingliederungsprozeß deutlich verspätete« (BADE 1992:26).

Dann kamen die »Gastarbeiter«. Diese Menschen folgten allerdings nicht einfach dem Wachstumsmagneten Deutschland, sondern wurden in einer staatlich organisierten Anwerbeaktion ins Land geholt, um den Bedarf an Arbeitskräften zu decken. Genommen wurden nur die Leistungsfähigen und Gesunden, die sich noch vor Ort in den Anwerberländern einer peniblen Gesundheitsuntersuchung unterziehen mußten. Als 1955 das erste Anwerbungsabkommen mit Italien geschlossen wurde, betrug die Zahl der Arbeitslosen in Deutschland noch 1,5 Millionen. Das Interesse galt nur der Ware Arbeitskraft und die wurde im gesamten Mittelmeerraum entdeckt. Und so kamen nicht nur Italiener, Spanier, Griechen, Portugiesen, Jugoslawen und Türken ins Land, sondern auch Marokkaner und Tunesier. Im Heer dieser Arbeitswilligen dominierten zwar die Männer, aber es fand sich darunter auch eine nicht unbeträchtliche Zahl an »Gastarbeiterinnen«, die hinter Werkstoren »ihren Mann standen«.

Anwerbeabkommen mit Mittelmeeranrainern
1955 Italien   1964 Portugal
1960 Spanien und Griechenland   1965 Tunesien
1961 Türkei   1968 Jugoslawien
1963 Marokko

Die ins Land geholten Arbeitskräfte leisteten ihren Beitrag zum deutschen Wirtschaftswunder. Hielten sich 1954 nur 70.000 ausländische Arbeitnehmer und Arbeitnehmerinnen in der Bundesrepublik auf, so waren es 1973 schon 2,6 Millionen. Das entspricht immerhin 11,9 Prozent aller Beschäftigten. Eine ganz schöne Menge, die da oft in schlechtbezahlten Jobs und unter belastenden Arbeitsbedingungen für den deutschen Wohlstand schufteten. Deutsche Wertarbeit mit fremder Hilfe. Das Qualitätssiegel für deutsche Arbeitskraft und deutschen Fleiß »Made in Germany« müßte wohl lauten »Made in Germany with the friendly support of our working guests«. Aber welches Land macht schon damit Tourismuswerbung, daß dort die Besucher arbeiten. Im öffentlichen Bewußtsein werden die »Gastarbeiter« oftmals wirklich behandelt wie flüchtige Gäste, die keine Spuren in der Geschichte der Bundesrepublik hinterlassen (haben). Dies gilt selbst für die Wissenschaft, die Gesellschaft ausschließlich im Sinne der weißen deutschen »Mehrheitsgesellschaft« (BIRGIT ROMMELSPACHER) buchstabiert. Wenn ULRICH BECK (1986) innerhalb der letzten dreißig Jahre einen Fahrstuhleffekt beobachtet, der den Lebensstandard aller Schichten um Stockwerke höher gefahren hat, dann bleibt unklar, wer da nun in das dunkle Souterrain eingezogen ist. Seine Individualisierungstheorie kommt ohne Migranten aus und erhebt doch den Anspruch einer gesamtgesellschaftlichen Analyse.

Von Anfang an war der Aufenthalt dieser »Gäste« nur auf Zeit gedacht und beschränkte sich auf den Wirtschaftsfaktor Arbeitskraft. Doch gerade die Tatsache, daß sich die Anwerbung unter Ausschaltung aller sozialer und individuell-menschlicher Aspekte ausschließlich unter der Herrschaft arbeitsmarkt- und wirschaftspolitischer Faktoren vollzog, brachte das Rotationsmodell ins Wanken. So war es die Wirtschaft, die auf Aufhebung der Rotation drängte. Warum sollte man auch angelernte und ausgebildete Arbeiter und Arbeiterinnen gegen neue austauschen, die dann erst wieder ausgebildet werden müssen.

Viele Gedanken über diesen staatlich organisierten Zuzug machte man sich nicht. Bis 1969 gibt es abgesehen von juristischen und administrativen Regelungen keine formulierte Ausländerpolitik. Erst die sozial-liberale Koalition verabschiedet 1970 die »Grundsätze der Eingliederung ausländischer Arbeitnehmer«. Immer noch stehen arbeitsmarktpolitische Erwägungen im Vordergrund. Doch man spricht zum ersten Mal von einer »Integration auf Zeit«.

In der Formulierung »Integration auf Zeit« spiegelt sich die Zerrissenheit, die die bundesdeutsche Ausländerpolitik seit den 70er Jahren bestimmt. Von der Mär einer ethnisch-sprachlich homogenen Bevölkerung und einem Staatsangehörigkeitsrecht, das der Stimme des Blutes mehr Gewicht beimißt als dem real gelebten Alltag in einer Gesellschaft, will man sich nicht trennen. Wer von sozialer Integration spricht, der Einwanderung aber nicht Rechnung tragen will, kann schwerlich die rechtlichen, sozialen und politischen Voraussetzungen für eine vollständige Integration schaffen. Und so verwundert es nicht, wenn der Schutz des einheimischen Arbeitsmarktes mit dem Ziel, den langfristigen Bedarf an Arbeitskräften zu decken, in Widerstreit gerät und Integrationsangebote mit Rückführungsprogrammen konkurrieren.

»Zum Ziel der Ausländerpolitik in der Bundesrepublik Deutschland wurde die soziale Integration auf Zeit bei gleichzeitiger Aufrechterhaltung der Rückkehrbereitschaft und Rückkehrfähigkeit. Das bedeutet, daß ein Teil der ausländischen Bevölkerung bewußt in einem Schwebezustand gehalten wird« (STEFANSKI 1994:15).

Und doch kam alles anders als geplant. Im Jahr 1973, dem Jahr der Weltwirtschafts- und Ölkrise, verhängt die Bundesrepublik einen Anwerbestop. Und welch Erstaunen, der Satz »Wir holten Arbeiter und siehe da, es kamen Menschen« bewahrheitete sich. Auf die neue Situation reagieren die Arbeiter mit allzu menschlichen Bedürfnissen. Sie holen ihre Familien nach und richten sich ein im fremden Land. So wächst der Anteil der ausländischen Wohnbevölkerung in den Jahren nach 1973 entgegen den Intentionen des verhängten Anwerbestops.

Ende 1994 lebten laut Angaben des Ausländerzentralregisters in Köln insgesamt 6 990 510 Migranten und Migrantinnen in der BRD (=8,6 % der Bevölkerung). 1995 waren es 7.173.866. Im europäischen Vergleich liegt diese Quote im mittleren Bereich. Der Anteil der EU-Ausländer beträgt 25,4%. Seit den 70er Jahren stammen durchschnittlich zwischen 10 und 15% aller in Deutschland geborenen Kinder aus Migrantenfamilien. Heute sind etwa zwei Drittel der Migrantenkinder in Deutschland geboren. Die erste Generation der »Gastarbeiter« geht bereits in Rente. Viele wollen ihren Ruhestand in Deutschland verbringen. Sie gehören ebenso zu dieser Gesellschaft wie die anerkannten Asylbewerber und Flüchtlinge aus allen Teilen der Welt, deren Kinder in Deutschland geboren werden.

In den letzten Jahren hat ein weiterer Siedlungstreck aus dem Osten die Bundesrepublik erreicht - deutschstämmige Übersiedler aus Osteuropa. Ihre Zahl dürfte insgesamt bei etwa zwei Millionen liegen. Nicht nur von den hier geborenen und aufgewachsenen Nachfahren der »Gastarbeiter« werden diese Zuwanderer mit deutschem Paß als Fremde betrachtet. Auch für so manch Alteingesessenen sind diese »Papierdeutschen« Ausländer, die hier nichts zu suchen haben. Dazu der Politologe CLAUS LEGGEWIE:

»An dieser Stelle zerbröckelt ein biologischer Mythos und eine juristische Fiktion: daß es sich bei ihnen nicht um Einwanderer handelt und folglich bei uns weiter nicht um eine Einwanderungsgesellschaft. Soziologisch besehen verhalten sich die Einwanderer weißer Hautfarbe und deutscher Zunge nicht viel anders als die Farbigen, die man jetzt in der Nachbarstadt in ähnliche Notunterkünfte stopft. Dazu gehört unter anderem eine interne Hackordnung, die sich zwischen Aus- und Übersiedlern aufbaut, und beider Aversionen gegen die Ausländer und Ausländerinnen, die hier geboren und aufgewachsen sein mögen, aber angeblich nicht hierher gehören.....Und die Reaktion der Einheimischen auf beide unterscheidet sich im Grunde kaum: Xenophobie gegen das, was angeblich und laut Grundgesetz das eigene Volk ist. Interner Rassismus ohne Rassen« (LEGGEWIE 1991:20).

Die Siedlungstrecks aus dem Süden und Osten, die sich insbesondere in den bundesdeutschen Ballungsräumen niedergelassen haben, passen nahtlos ins Bild von der neuen Vielfalt. Gemeinhin gilt die Zeit nach dem zweiten Weltkrieg in der Bundesrepublik als die Epoche der durchaus bis vor wenigen Jahren staatlich geförderten Zuwanderung. Gleichzeitig - und das wird in der Diskussion häufig übersehen -kehrten in dieser Zeit viele Einheimische Deutschland den Rücken.

»Noch nie zuvor - wieder von Kriegs- und Nachkriegszeiten abgesehen - war die Zahl der Menschen, die das Land verlassen haben, so hoch (Gesamtzahl der Fortzüge über die Grenzen: 1961 bis 1970 etwa 4,7 Mio., 1971 bis 1980 etwa 5,4 Mio., 1981 bis 1990 etwa 4,9 Mio.). Läßt man die Wanderungsbeziehungen zur DDR außer acht, war die Bundesrepublik nach 1950 insgesamt sogar 13 Jahre (1951 bis 1956, 1967, 1974 bis 1976, 1982 bis 1984) ein Auswanderungsland, weil mehr Menschen fort- als zuzogen« (WENNIG 1995:336).

Ethnische, sprachliche und kulturelle Vielfalt gelten im Selbstverständnis moderner Nationalstaaten als Ausnahme. Bei näherer Betrachtung erweist sich der grüne Einheitsrasen jedoch als ein mühsam und oftmals gewaltsam zurechtgestutztes Kunstgebilde. Von der Geschichte ganz zu schweigen. Wanderung, Einwanderung und Vermischung gehören zur Grunderfahrung menschlichen Lebens - auch in Deutschland. CARL ZUCKMAYER weis in »Des Teufels General« noch davon zu berichten:

»Denken Sie doch - was kann da nicht alles vorgekommen sein in einer alten Familie. Vom Rhein - noch dazu. Vom Rhein. Von der großen Völkermühle. Von der Kelter Europas! Und jetzt stellen Sie sich doch mal ihre Ahnenreihe vor - seit Christi Geburt. Da war ein römischer Feldhauptmann, ein schwarzer Kerl, braun wie 'ne reife Olive, der hat einem blonden Mädchen Latein beigebracht. Und dann kam ein jüdischer Gewürzhändler in die Familie, das war ein ernster Mensch, der ist noch vor der Heirat Christ geworden und hat die katholische Haustradition begründet. - Und dann kam ein griechischer Arzt dazu oder ein keltischer Legionär, ein Graubündner Landsknecht, ein schwedischer Reiter, ein Soldat Napoleons, ein desertierter Kosak, ein Schwarzwälder Flözer, ein wandernder Müllerbursch vom Elsaß, ein dicker Schiffer aus Holland, ein Magyar, ein Pandur, ein Offizier aus Wien, ein französischer Schauspieler, ein böhmischer Musikant - das hat alles am Rhein gelebt, gerauft, gesoffen und gesungen und Kinder gezeugt. - Und der GOETHE, der kam aus demselben Topf und der BEETHOVEN und der GUTENBERG und der MATHIAS GRÜNEWALD und - ach was, schau im Lexikon nach. Es waren die Besten mein Lieber! Die Besten der Welt! Und warum? Weil sich die Völker dort vermischt haben. Vermischt - wie die Wasser aus Quellen und Bächen und Flüssen, damit sie zu einem großen lebendigen Strom zusammenrinnen« (ZUCKMAYER 1966).

Puncto BEETHOVEN (1770 - 1827), einem Klassiker der deutschen Kulturgeschichte. Der berühmte deutsche Komponist war afrikanischer Abstammung und hatte eine dunkle Hautfarbe (vgl. AYIM 1995:41). Schon lange vor der Kolonialzeit, als Afrikaner und Afrikanerinnen nach Deutschland »importiert« wurden, finden sich afrikanische Spuren auf deutschem Boden. Werfen wir einen Blick auf die Geschichte der Römer am Rhein. Der Ursprung bekannter deutscher Städte wie Neuss, Köln, Bonn, Andernach, Koblenz, Mainz oder Worms ist aufs engste mit dieser historischen Epoche verknüpft.

»Die Römer der Provinzen Ober- und Niedergermanien waren nur zum kleinsten Teil wirkliche Römer. Aus der Stadt Rom oder wenigstens aus dort beheimateten Familien stammten nur ein paar hohe Verwaltungsbeamte und Offiziere. Die Soldaten, auch die meisten Unteroffiziere und viele der Hauptleute, waren hingegen Angehörige fast aller von Rom unterworfenen Völker. Die Legionäre, die sich nach beendeter Dienstzeit auf einem ihnen zugeteilten Stück Land in West- oder Süddeutschland ansiedelten, stammten überwiegend aus Afrika, Spanien, Syrien und Illyrien. Im Lauf der Jahrhunderte vermischten sie sich mit der keltisch-germanischen Bevölkerung, so wie sich diese lange vorher mit den Urbewohnern vermischt hatte. Die Afrikaner waren übrigens meist die Entlassenen der lange in Köln stationierten nubischen Legion. Noch viele Jahrhunderte später, aber noch bevor es erneut wie nach 1918, dunkelhäutige Besatzungssoldaten am Rhein gab, fand sich bei alteingesessenen Familien der Domstadt und ihrer Umgebung immer wieder der oder die eine oder andere, dessen oder deren Physiognomie auf afrikanische Ahnen schließen ließ, ohne daß man dafür eine Erklärung fand« (ENGELMANN 1984:61).

Verlassen wir den Kölner Raum und machen einen Ausflug in den Süden der Republik, dort wo das »reinrassige« Urvolk der Bajuwaren hausen soll. In München erinnert die Türkenstrasse in Schwabing an die Türken, die im späten 17. und frühen 18. Jahrhundert nach dem Sieg über das türkische Heer vor Wien 1684 als Kriegsgefangene nach München gekommen waren. Im damals noch sehr kleinen München brachten sie es auf immerhin 10 Prozent der Bevölkerung. Sie arbeiteten im Kanalbau und an den Webstühlen der kurfürstlichen Tuchfabrik in der Au, einem alten Münchner Stadtviertel. Andere dienten als Sänftenträger bei Hofe. Über sie und ihr Wohl hatte ein Münchner Sesselmeister zu wachen. In einer Instruktion hieß es damals:

»........Hat er die Türken, welche zum Tragen gebraucht werden, in Obdach zu halten, daß sie....nicht schlämplich dahergehen, sondern sich allezeit sauberhalten. An Fleischtagen sollten sie zu Mittag gutes Ochsenfleisch oder Rindfleisch, auch Suppen und Kraut, zu Nacht wiederum Fleisch nebst Reis oder Gerste...und Salat haben....Zum Trunk gebührt einem bei jeder Mahlzeit eine halbe Maß Bier. Sie sollten stets in guter Freundschaft gehalten werden...« (ENGELMANN 1984:123f.)

Diese Gefangenen von 1684 hinterließen eine größere Zahl Nachkommen, die vier Generationen später zur vorstädtischen Bevölkerung der Au rechts der Isar, rund um den Mariahilfsplatz gehörten. Alteingesessene Münchner also. In den Mittel- und Unterschichten fanden sich zu dieser Zeit häufig Einwanderer oder deren Nachkommen, meist aus Italien, Böhmen, Ungarn oder Griechenland. Der bayerische Adel hatte damals allenfalls zu einem Viertel »deutsche Ahnen« vorzuweisen. Die blaublütige Namensliste liest sich wie der Auszug aus einem Einwanderungsregister:

»Pocci, Boullion, Ferrari, Montjoye, Spreti, Bray, Basselet de La Rosée, Seyseel d'Aix, Du Moulin-Eckhart, Pestalozza, Dürckheim-Montmartin, Rambaldi, Thurn-Valsassina, Piatti,, Almeida, Deym v. Strîtez, Moy, Butler v. Clonebough, Dall'Armi, Maffei, Branca; DuPrel, Bonnet-Meautry, Lamezan, Messina, Ostini, Riccabona, Ribeaupierre, Michel-Raulino, Moreau, Maillot de la Treille, Hoenning O'Carroll, Ruffin, Vequel, Beck-Peccoz, Cetto, Godin.........« (ENGELMANN 1984:117f.).

In diesem Stil könnten wir beliebig fortfahren. München stellt keinesfalls einen Sonderfall unter den deutschen Städten dar, auch wenn nicht überall so viele »Ausländer« lebten.

Auch im hohen Norden finden wir ein buntes Treiben und den Zauber des Südens. Bereits im späten 16. Jahrhundert zog es - neben Engländern, Schotten, Franzosen, Italienern und Holländern - etliche Portugiesen in die Hansestadt Hamburg. Um 1595 lebte erst ein knappes Dutzend Familien mit ihrer zahlreichen Dienerschaft im vornehmen Stadtviertel St. Nikolai. Siebzig Jahre später waren es bereits sechshundert Portugiesen, die nicht nur als Kaufleute, sondern auch als Ärzte, Gelehrte und Handwerker Hamburg bevölkerten. Die Hugenotten, Glaubensflüchtlinge aus Frankreich, hinterließen ihre Spuren in Berlin, Leipzig und Halle. Zwischen 1550 und 1750 waren fast ein Drittel der dort ansässigen Bevölkerung französischen Ursprungs (vgl. LUTZ 1995:62).

Die »Gastarbeiter« können auf eine lange Tradition zurückblicken. Die Geschichte der Arbeitsmigration - der massenhaften Wanderung von Arbeitskräften aus strukturell schwachen Regionen in Industriegebiete - beginnt in Deutschland in der zweiten Hälfte des 19. Jahrhunderts. Damals waren es die Polen und Masuren aus den Ostprovinzen, die den deutschen Wirtschaftsmotor so richtig in Schwung versetzten. Ohne den Beitrag der sogenannten Ruhrpolen wäre der Ausbau und die Entwicklung der deutschen Industrie im 19. Jahrhundert nicht möglich gewesen. Um 1880 kamen 40.000 Zuwanderer aus den Ostprovinzen in das Ruhrgebiet. Bereits im Jahre 1910 betrug ihre Zahl schon eine halbe Million und um 1914 stellten sie in manchen Städten bis zu 40 Prozent der Bevölkerung.

Um die Jahrhundertwende gab es nicht nur in den preußischen Ostgebieten, sondern auch mitten im Deutschen Reich ein Minderheitenproblem. Das Ruhrgebiet sowie die Räume Berlin, Mannheim, Ludwigshafen, Kaiserslautern und die Umgebung von Bremen und Hamburg waren davon betroffen.

Von den Schulkindern, die 1871 hinter den Schulbänken der preußischen Volksschulen saßen, sprachen 13% der Kinder eine andere Muttersprache als deutsch. Im Deutschen Kaiserreich lebten 1910 rund 1,8 Millionen Ausländer und Ausländerinnen, einschließlich Saisonarbeiter, 1930 waren es 1,4 Millionen.

Die Wanderarbeiter, so die offizielle Bezeichnung, galten als unangepaßte Unruhestifter. Sie wurden ausgegrenzt, kaserniert und isoliert. Preußen zeigte sich erfinderisch und erfand vielfältige bürokratische Kontrollmethoden. Im staatliche Maßnahmenkatalog fanden sich Instrumente wie der Legitimationszwang und die Karenzzeit. Der Legitimationszwang besagte, daß Ausländer und Ausländerinnen bei ihrer Einreise eine Legitimationskarte als einzig gültigen Ausweis erhielten, in den auch der Arbeitgeber eingetragen wurde, ohne dessen Erlaubnis der Arbeitsplatz nicht gewechselt werden durfte. Die Karenzzeit regelte die Aufenthaltsdauer der Ausländer und Ausländerinnen. So durften Ausländer und Ausländerinnen in Preußen nicht vor einem bestimmten Zeitpunkt im Frühjahr einreisen und mußten das Land zu einem bestimmten Stichtag im Herbst wieder verlassen. Die Karenzzeit betraf nur die Polen aus dem russischen und österreichischen Teilgebieten, die in der Regel in der Landwirtschaft eingesetzt wurden sowie die in der Industrie beschäftigten ausländischen Polen.

Die Italiener, die bereits damals das zweitstärkste Kontingent ausländischer Arbeitnehmer in Deutschland stellten, hielten sich beschäftigungsbedingt auch nur saisonal begrenzt in deutschen Landen auf. Sie arbeiteten überwiegend in witterungsabhängigen Branchen, meist im süddeutschen Raum, unterlagen allerdings keiner rechtlich oder administrativen Aufenthaltsregelung (vgl. STEFANSKI 1994).

So gesehen gehört das ursprünglich vorgesehene Rotationsprinzip für die Regelung der Gastarbeiterbeschäftigung nach 1945 zum deutschen Traditionsbestand.

Schon immer gab es in Deutschland alteingesessene, anderssprachige Gruppen (z.b. Dänen, Friesen, Sorben oder Sinti). Das von der Ausländerbeauftragten der Bundesregierung herausgegebene Lexikon »Ethnische Minderheiten in der Bundesrepublik Deutschland« zählt heute allein nach dem Kriterium Staatsangehörigkeit 150 in der BRD lebende Gruppen. Nimmt man andere Kriterien, wie Sprache, ethnische Zurechnung oder religiöse Bekenntnisse dazu, so sind es gegenwärtig sogar weit über 200 ethnische, sprachliche oder kulturelle Minderheitengruppen, die in der Bundesrepublik leben.

Folgender Auszug aus dem Inhaltsverzeichnis möge genügen, um die Vielfalt der in Deutschland lebenden ethnischen, sprachlichen und kulturellen Gruppen anzudeuten.

Die äthiopische und eritreische Minderheit
Die afghanische Minderheit
Die afro-deutsche Minderheit
Die albanische Minderheit
Die armenische Minderheit
Die Minderheit der (Spät)aussiedlerInnen
Die brasilianische Minderheit
Die chilenische Minderheit
Die chinesische Minderheit
Die dänische Minderheit
Die ghanesische Minderheit
Die griechische Minderheit
Die irakische Minderheit
Die italienische Minderheit

Die japanische Minderheit
Die jüdische Minderheit

Die kurdische Minderheit

Die niederländische Minderheit
Die nordeuropäischen Minderheiten
Die philippinische Minderheit
Die polnische Minderheit
Die portugiesische Minderheit

Die Minderheit der Roma und (Sinti)
Die rumänische Minderheit
Die Minderheit der Sinti und (Roma)
Die sorbische Minderheit
Die spanische Minderheit
Die tamilische Minderheit
Die thailändische Minderheit
Die tschechische und slowakische Minderheit
Die türkische Minderheit
Die ungarische Minderheit

Die ehemals »jugoslawischen«　　Die vietnamesische Minderheit
Minderheiten
Die koreanische Minderheit

Warum, so stellt sich hier die Frage, hat sich der Mythos der »reinen Nation« in Deutschland so hartnäckig in den Köpfen festgesetzt, daß ihm sogar ausländische Besucher erliegen. Die Selbstinszenierung Deutschlands als Heimat der blonden, blauäugigen und hellhäutigen Germanen ging um die Welt. So berichtet eine Besucherin aus Brasilien von ihrem Erstaunen, in Deutschland auch auf »Eingeborene« mit dunklen Haaren, braunen Augen und olivfarbenen Teint zu stoßen.

Nationalstaaten sind keine natürlichen Gebilde. Die Vorstellung von Nationen als ethnisch, sprachlich und kulturell homogene (Volks)Gemeinschaften mit gemeinsamen Interessen ist historisch gesehen relativ jung. Zuvor war es den Herrschenden relativ gleichgültig, welcher Sprachgemeinschaft oder Ethnie ihre Untertanen angehörten, solange sie ihre Pflichten gegenüber Herrscher und Staat erfüllten. Zwar widerfuhr den Fremden so manch ausgrenzende Behandlung. Die Bildung von Ghettos legt darüber Zeugnis ab, aber im Einzelfall konnte auch ein »Zugewanderter« hohe Positionen besetzen.

Die Einteilung der in einem Gebiet ansässigen Bevölkerung in Ausländer und Inländer entstand erst im 19. Jahrhunder mit der Ideologie einheitlicher Nationalstaaten. Im Kampf des Bürgertums gegen den Adel wurde mit der emanzipatorischen Forderung nach Volkssouveränität und Demokratie gleichzeitig die Idee der »nationalen Identität« geboren. Die Mitgliedschaft oder Nichtmitgliedschaft in einem einheitlich gedachten Kollektiv entscheidet über den Zugang zu Gütern, Rechten und Macht. Solidarität gilt nur der nationalen Gemeinschaft. Diese muß aber erst erfunden werden. Das Bild einer ethnisch und sprachlich homogenen Kultur zwingt zur Vereinheitlichung und Ausgrenzung. Nationale Mythen erzählen Geschichten über einen gedachten Ursprung und zeitlose Traditionen, die die Generationen miteinander verbinden sollen. Die deutsche Nation bediente sich des Germanenkults. Nationale Ideologien spannen ein durch Geburt alle Zeiten überspannendes, unzertrennliches Band zwischen Herkunft und Schicksal. Sie erzählen vom ewigen Wesen der Nation, ihrem einzigartigen Charakter, der sie vom Rest der Welt unterscheidet. Die Kraft der Tradition bindet an eine Vergangenheit, aus der die Zukunft als Knospe der Geschichte erblüht. Traditionen werden erfunden und in den Dienst der nationalen Identität gestellt.

»Traditionen, die so erscheinen, als wären sie alt, oder dies behaupten, sind oft erst vor kurzem entstanden oder manchmal erfunden....Erfundene Traditionen (meinen) einen Zusammenhang von Praktiken..... ritueller oder symbolischer Natur mit denen sichere Werte und Verhaltensnormen eingeprägt werden sollen, was automatisch eine Kontinuität mit einer passendem Vergangenheit bedeutet... Nichts erscheint altertümlicher und stärker mit einer unvordenklichen Vergangenheit verbunden als der Prunk, der die britische Monarchie und ihre öffentlichen, zeremoniellen Auftritte umgibt. Er ist aber in seiner modernen Form ein Produkt des späten neunzehnten und des zwanzigsten Jahrhundert« (HOBSBAWM und RANGER zit. nach: HALL 1994:203).

Es gehört zu den deutschen Besonderheiten, die Zugehörigkeit allein aus der völkischen Abstammung abzuleiten. Schon die Philosophin HANNAH ARENDT wies auf diese deutsche Eigenart hin:

»Die Bedingung und politischen Zwecke (des Rassebegriffs), die Abwehr der Fremdherrschaft und die Einigung des Volkes, haben zumindest bis zur Reichsgründung in der Entwicklung des Rassebegriffs mitgewirkt, so daß sich hier in der Tat ein echter Nationalismus und typische Rassevorstellungen vielfach miteinander mischten und eben jenes völkische Denken erzeugen, das es nur im deutschsprachigen Bezirk gibt« (ARENDT zit. nach: CLAUSSEN 1992:127).

Dieser völkische Charakter des deutschen Nationalismus mag damit zusammenhängen, daß Deutschland weder historisch noch geographisch klar definiert war. Völkische Strömungen, die häufig von einem ausgeprägten Antisemitismus begleitet wurden, gehen dem deutschen Nationalsozialismus voraus (vgl. CLAUSSEN 1992:5f).

Mit dem Massenmord an ethnisch-kulturellen Minderheiten im Nationalsozialismus hat sich das Bild der homogenen deutschen Nation als grausamer fait accomplit endgültig festgesetzt. Auch Debatten über die zweisprachige Erziehung und spezielle Klassen für die Kinder von Fremdarbeitern Ende des 19. und Anfang des 20. Jahrhunderts sind vergessen. Ethnische, sprachliche und kulturelle Vielfalt auf deutschem Boden ist kein neues Phänomen. Doch selbst Publikationen zur interkulturellen Pädagogik interpretieren diese Vielfalt als Erscheinung der jüngsten bundesrepublikanischen Geschichte (vgl. KRÜGER-POTRATZ 1994: 201ff.).

Der arische Rassenwahn feiert in diesem Gedächtnisverlust noch einmal einen Triumph. Im Passepartout des blonden deutschen Ariers fallen noch heute alle dunklen Deutschen aus dem Rahmen. Das bunte Völkergemisch, aus dem die Deutschen hervorgegangen sind, hat keinen Platz in der Vorstellungswelt der reinen Nation. Im kollektiven Gedächtnis sind die Seiten über die Geschichte der Minderheiten im Deutschen Reich gelöscht. Der Umgang mit sozialen Gruppen, die nicht der Mehrheitsgesellschaft angehören, zählt zum blutigen Trauma der deutschen Geschichte.

Von Absturzgefahren und Verheißungen

Wann immer von der »multikulturellen Gesellschaft« die Rede ist, erhitzen sich die Gemüter. Da wird der Untergang der abendländischen Kultur beschworen und das Füllhorn der Vielfalt gepriesen. Was es allerdings nun wirklich auf sich hat mit der multikulturellen Gesellschaft, das bleibt dabei seltsam unscharf. Kein Wunder, wurde der Begriff doch eher aus der Verlegenheit geboren, als daß er diesen Zustand der »neuen, wirklich internationalen Moderne« (MICHA BRUMLIK) treffend beschreiben würde. Mit dem unwiderruflichen Abschied vom Mythos der reinen Nation betreten auch Konflikte die öffentliche Bühne, die für die deutsche Nachkriegsgesellschaft als Novum wahrgenommen werden. Alte Einwanderungsgesellschaften klassischen Zuschnitts leben mit ethnischen Konflikten und den Gefährdungen des täglichen Rassismus. In einem Interview, das WOLFGANG BINDER mit dem Schriftsteller ROBERTO G. FERNANDEZ - selbst Angehöriger einer ethnischen Minderheit - führte, beschreibt FERNANDEZ diese alltägliche Konfliktlinien:

»F: Miami ist aber auch wegen der großen Spannungen zwischen den verschiedenen ›Rassen‹ bekannt. Worin sehen sie die Ursachen dieser Spannungen? Sie bestehen hauptsächlich zwischen Kubanern und Afro-Amerikanern, Kubanern und Juden, Kubanern und Puertorikanern, oder wie sehen sie die Konstellation?

Mit den Schwarzen gibt es Probleme, weil sie die Präsenz der Kubaner nicht mögen. Die Regierung hat den Kubanern geholfen, weil sie aus einem kommunistischen Land geflohen sind. Die Lage zwischen Kubanern und Schwarzen ist aber auch deshalb angespannt, weil die Vereinigten Staaten allen neuen Einwanderern eine rassistische Grundeinstellung vermitteln:

F: Wie machen sie das?

Nun, weil du nicht mit den Leuten in Verbindung gebracht werden willst, die ganz unten auf der gesellschaftlichen Stufenleiter stehen. Du versuchst aufzusteigen, und deshalb verachtest und meidest du jede Gruppe, die du als minderwertig wahrnimmst. Denn das bedeutet für dich ja einen Rückschlag. Und ich glaube, daß sehr viele Leute sich so verhalten. Nehmen sie doch die Konflikte in New York - zwischen Schwarzen, den Italienern und den Iren. Die Kubaner verhalten sich nicht anders. Und dann kommt noch dazu, daß die meisten Exilcubaner Weiße sind« (BINDER/BREINING 1994:226).

Auch für so manchen jungen Deutsch-Türken sind Schwarze, insbesondere afrikanische Flüchtlinge,»Bimbos«, die hier nichts zu suchen haben. Von den Animositäten zwischen hier aufgewachsenen und immer noch nicht akzeptierten Kindern und Enkelkindern der zugewanderten »Gastarbeiter« und privilegierten deutsch-stämmigen Aussiedlern ganz zu schweigen. In Zukunft wird auch die Bundesrepublik lernen müssen mit derartigen Konflikten gelassen und demokratisch umzugehen. Weder die Apologeten des nationalen Untergangs noch die Werbetrommler für den Reiz des Exotischen werden dem Zustand sozialer Heterogenität, den das Kürzel »multikulturelle Gesellschaft« mehr schlecht als recht umschreibt, gerecht.

»Die laufende Völkerwanderung ist ein ›fait social total‹ (Marcel MAUS). Man kann aus einem sozialen Faktum keine moralische Norm basteln. Weder kann die ethnische Vielfalt an sich jemanden retten, noch wird sie die europäische Menschheit ins Unglück stürzen. Weder verschönt uns ›MultiKulti‹ den grauen Alltag, noch versetzt sie alles in einen Zustand schlimmster Unübersichtlichkeit. Sie ist weder Quell unverdorbener Solidarität noch institutionalisierter Rassenkrieg. Die multikulturelle Gesellschaft ist weder rechts noch links, nicht einmal vorn: schlechter Stoff für rechte Volksgruppenideologen und Surrogatsozialisten. Die multikulturelle Gesellschaft ist eine Dauerbaustelle, ein weiteres ›stabiles Provisorium‹. Das schafft Aussicht auf Verbesserungen, aber bisweilen auch Stockungen und Verdruß« (LEGGEWIE 1991:8).

Auf jeden Fall heißt es Platz zu machen für ein neues Selbstverständnis der Bundesrepublik, das auch die Erfahrungen und Geschichte von Migranten und Migrantinnen als ein Moment der eigenen Geschichte und der eigenen Lebenswelt begreift. Und es heißt Abschied nehmen von einem »völkischen Staatsverständnis«, das im Zeitalter der Globalisierung nur mehr als Anachronismus gelten kann.

»Deutschland steht am Scheideweg: Entweder vollendet es den Schritt zum modernen Staat, der sich nicht ausschließlich ethnisch-national definiert, oder es fällt in archaische Formen des Gemeinwesens zurück, wo Zugehörigkeit über ethnische Herkunft geregelt wird, das Kollektiv über dem Individuum steht, Einwanderung von Fremden unmöglich und Rassismus ungeschriebenes Gesetz ist.....Was bringt es, deutsche Identitätssehnsüchte auf dem Papier zu korrigieren? lautet eine beliebte Frage: Werde das die Gewalt gegen fremd aussehende Menschen, die vielleicht einen deutschen Ausweis in der Tasche haben, verhindern? Auch in dieser Fragestellung sind die Ausländer das Objekt. Sie sind Ziel von Angriffen. Täter und Subjekt sind die Deutschen. Sie herrschen. Sie bestimmen den Diskurs. Der Fremde muß endlich aus dieser Rolle hinauswachsen. Das kann nur durch politische Gleichberechtigung geschehen. Es kommt nicht darauf an, das der Fremde als Deutscher integriert wird, sondern als Fremder. Es kommt auf die Erweiterung des Begriffs vom Deutschsein an. Das Türkische gehört als ein deutsches Element nach Deutschland und nicht als türkisches. Nur so kann es sich verändern, Symbiosen eingehen, eine Mischkultur gebären. Die türkische Sprache, Literatur, Musik, Symbole, Moscheen - all das müßte ein selbstverständlicher Beitrag einer vielfältigen Kultur in Deutschland sein« (LEGGEWIE/SENOCAK 1993:11).

Für den indisch-englischen Schriftsteller SALMAN RUSHDIE befinden wir uns im Zeitalter der Migration. In rasantem Tempo zerlegt die Globalisierung bestehende Strukturen. Ein internationalisierter Arbeitsmarkt macht Menschen zu Vagabunden. Nichts bleibt in seiner Verankerung. Was heute noch gilt, wird schon morgen hinweggeschwemmt. Grenzen verschwimmen, nationale Borniertheiten gehen über Bord und neue Barrikaden werden errichtet. Übergreifende und allgemeingültige religiöse, zivile und zivilreligiöse Erzählungen zerfallen. Lebensformen, Familie, Religion, Sprache und lokale Wurzeln kommen in Bewegung.

»Mir scheint, daß die zentrale Existenzweise eines menschlichen Wesens im zwanzigsten Jahrhundert der Zweifel ist. Alles wird überspült durch Zweifel und Unsicherheiten« (RUSHDIE zit. nach: LUTZ 1991:43).

In der Lebensform des Migranten und der Migrantin, die ihren Alltag in einer neuen Umgebung auf unbestimmte Dauer neu organisieren müssen, entsteht eine moderne Form der Lebensbewältigung, die Biographie auf Zeit. Auch »Einheimische« werden zusehends zu Wanderern, die ihren Platz im »Patchwork der Minderheiten« finden (müssen).

Diese Aussicht erschreckt vor allem die, die bisher ihren festen Platz auf der Tribüne der bestimmenden Mehrheit gesichert sahen. Zwar gelten Konzepte der begrenzten Lebensperspektiven noch nicht für alle Mitglieder der modernen Gesellschaft im selben Umfang. In dieser Ungleichzeitigkeit und Polarisierung sammelt sich einiges an sozialem und politischem Sprengstoff an. Doch die Auflösung traditioneller Lebensformen und Sicherheiten, die ULRICH BECK (1986)in der »Risikogesellschaft« beschrieben hat, zieht immer weitere Kreise. Wer in der neuen Unübersichtlichkeit nicht untergehen will, muß zunehmend sein/ihr Leben und seine/ihre Lebensbiographie in die eigene Hand nehmen, ohne sich auf allgemeine Verbindlichkeiten und Fahrpläne der Zukunftsplanung verlassen zu können. Identitätsbildung und Lebensorientierung werden zu Unternehmen in Eigenregie ohne vorgegebenes Script und mit vielfältigen Möglichkeiten - der Selbstbestimmung ebenso wie des freien Absturzes.

Die neue Vielfalt mit allen ihren Ungleichzeitigkeiten und Widersprüchen wird von zwei Motoren angetrieben: den internationalen Wanderungsströmen, die die ethnische Differenzierungen vorantreiben und dem

Sog der Individualisierung, der die Pluralität von Lebensformen und Lebensstilen beschleunigt. Beide Bewegungen überlappen sich. Auch eingewanderte ethnischen Minderheiten geraten unter den Einfluß von Individualisierungsprozessen.

Multikulturelle Gesellschaft ist ein »Chiffre für diesen Dauerzustand sozialer Heterogenität, den es noch zu denken gibt, während wir ihn längst zu leben (und zu erleiden) begonnen haben« (LEGGEWIE 1991:12).

In den urbanen Zentren, die doch kein festes Zentrum mehr haben, um das sich alles dreht, ist das »multikulturelle Individuum« zu Hause. Heimat im alten Sinne kennt es nicht mehr. Alles ist flüchtig geworden. Der Weg zurück in die erträumte Geborgenheit ist für alle Zeit versperrt. Der Traum vom einfachen Leben im Einklang mit der Natur erstickt im Verkehrslärm. Ganz davon abgesehen, daß es die Beschränktheit und Härte des natürlichen, einfachen Lebens gar nicht mehr ertragen könnte. Es muß sich einrichten im Zustand ewiger Entzweiung und Entfremdung. Wo keine vorgegebenen Bindungen mehr bestehen, ist es nicht einfach Anschluß zu finden. Die Angst vor der Anonymität der modernen Großstadt treiben den Single in die vorübergehende Geborgenheit von Szenen, die ein Minimum an kultureller Identität zu bieten haben. Aus dem Arsenal an Lebensstilen und Accessoires stellt er seine eigene Kollektion zusammen: Rasta-Locken, Chevignon-Lederjacken, Hip Hop, Piercings, Tätowierungen, japanische Küche, Handy etc. Als »urban professional« arbeitet er an seiner eigenen Identität. Die Gesellschaft bietet keinen festen Rahmen an, in den er kriechen könnten. In der multikulturellen Gesellschaft »wird auf allen Gebieten der Alltagskultur deutlich, daß die Menschen ihr Leben auch anders führen können« (BRUMLIK zit. nach LEGGEWIE 1991:36). Über die Bildschirme und Life-Stile Magazine flattert diese Botschaft aus den Metropolen noch in die letzte dörfliche Wohnküche.

Das erschreckt so manchen und Fremdheitheitsgefühle machen sich breit. Die Fremden werden zu Boten des sozialen Wandels. Dabei braucht es sie gar nicht unbedingt, um sich fremd zu fühlen. Soziale und technologische Modernisierungswellen und Entwicklungskrisen lassen auch so keinen Stein auf seinem Platz. Wer behauptet nichts gegen Fremde zu haben, aber doch das Gefühl hat, im eigenen Land ein Fremder zu sein, der möge für einen Moment lang bedenken, daß sich kein »Europäer im eigenen Land fremder fühlen kann als die vielen Nichteuropäer, deren Heimatländer noch in der jüngsten Vergangenheit Kolonien der Europäer gewesen sind. Die europäische Gegenwart sollte sich der eigenen Vergangenheit stellen, um die notwendige intcrkulturelle Bereitschaft für eine multikulturelle Gesellschaft zu entwickeln. Es hilft nicht viel, aber weist auf den blinden Fleck hin, wenn man sich die Frage stellt: Was suchten die Kolonisten und Konquistadores in anderen Ländern? Freilich waren sie de jure keine Asylanten oder Wirtschaftsflüchtlinge. Dies mag den Buchstaben nach wahr sein, aber dem Geiste nach nicht; denn es gibt viel Gemeinsames in den Beweggründen. Man denke an die groß angelegten Migrationsprozesse aus Europa und später aus Asien nach Amerika und Australien usw.« (MALL 1995:67).

Als Anwort auf die Herausforderungen der multikulturellen Gesellschaft zeichnen sich neue Formen der kulturellen Identität ab, die sich nicht auf eine Position festlegen lassen.

Ihr Reich ist das Zwischenreich des Übergangs. Sie greifen auf verschiedene kulturelle Traditionen zurück und transformieren sie in neue Mischkulturen. Diese kulturellen Identitäten sind das Resultat von komplizierten Kreuzungen und kulturellen Verbindungen, die in einer globalisierten Welt immer alltäglicher werden.

»Diesen jungen Menschen erscheint ethnische Identität konstruiert und zwanghaft. In ihrer Lebenswelt ist - so der äthiopische-amerikanische Filmkritker TESHOME GABRIEL - ›jeder einzelne eine Schnittmenge‹. Da ihre ethnische Herkunft mit anderen Hintergründen verschmilzt, nehmen Geschlecht, sexuelle Vorlieben, Politik, Klasse oder Alter für sie je nach Situation unterschiedliche Wertigkeiten an: Ihre Identitäten sind also nicht starr, sondern situativ - statt an einem überzeitlichen Wesen orientieren sie sich an Gemeinsamkeiten und an den Umständen. C.L.R. JAMES, der große karibische Schriftsteller, sagte einmal Identität bestehe gleich Curry aus vielen Zutaten, wie wir uns beim Currygeschmack nicht damit aufhielten, Pfeffer von Gelbwurz zu unterscheiden, so trennten wir unsere ethnische Herkunft im Alltag nicht von Geschlecht oder Klasse« (LIPSITZ 1993:147).

Aydin, ein junger Mann, dessen Eltern als Angehörige der alevitischen Minderheit in der Türkei vor 20 Jahren in die Bundesrepublik einwanderten, gehört zu den neuen »Multikulturellen«. Er arbeitete in einem Szene-Friseurladen, hört gerne Hip Hop und fühlt sich in der Schwulen- und Raverszene zu Hause. Manchmal geht er in eine türkische Disco, weil ihm die Stimmung dort gefällt. Sicherlich ist er auch Türke. Aber seine Heimat ist die Bundesrepublik. Festlegen lassen will er sich nicht. Warum auch?. Nur wenn er vor der Disco abgewiesen wird, weil er so »dunkel aussieht«, was zwar nicht mehr sehr häufig passiert, bekommt er eine »Riesenwut«. Er will in diesem Land bleiben und möchte, daß es sich so verändert, daß er nicht mehr ständig gefragt wird, woher er den komme und ob er denn wieder »zurückgehen« will.

Gefangen in der alten Dichotomie, die nur die Wahl zwischen dem Beharren auf erfundenen Traditionen und imaginären Wurzeln einer wie auch immer vorgestellten Gemeinschaft oder der Selbstauslöschung in der Assimilation kennt, hat es dieses neue Selbstverständnis nicht leicht. Für das Leben in der Postmoderne sind die neuen Kulturen der Hybridität wesentlich angemessener als die alten Ritterrüstungen der umkämpften nationalen Identitäten der Vergangenheit.

STUART HALL, der 1932 auf Jamaika geboren wurde und seit Anfang der fünfziger Jahre in England lebt, betont die Chance der Übersetzung, die das Leben in mehreren Kulturen bietet:

»Sie beschreibt die Identitätsbildung, die natürliche Grenzen durchschneiden und durchdringen und die von Menschen entwickelt wurden, die für immer aus ihren Heimatländern zerstreut wurden. Solche Menschen erhalten starke Bindungen zu den Orten ihrer Herkünfte und zu ihren Traditionen, jedoch ohne die Illusion, zur Vergangenheit zurückkehren zu können. Sie sind gezwungen mit den Kulturen, in denen sie leben, zurechtzukommen, ohne sich einfach zu assimilieren und ihre eigene Identitäten vollständig zu verlieren. Sie tragen die Spuren besonderer Kulturen, Traditionen, Sprachen und Geschichten, durch die sie geprägt wurden, mit sich. Der Unterschied ist, daß sie nicht einheitlich sind und sich auch nicht im alten Sinne vereinheitlichen lassen wollen, weil sie unwiderruflich das Produkt mehrerer ineinandergreifender Geschichten und Kulturen sind und zu ein und derselben Zeit mehreren ›Heimaten‹ angehören. Menschen, die zu solchen Kulturen der Hybridität gehören, mußten den Traum oder die Ambition aufgeben, irgendeine ›verlorene‹ kulturelle Einheit, einen ethnischen Absolutismus, wieder entdecken zu können. Sie sind unwiderruflich Übersetzer« (HALL 1994: 218).

Wer bei den »Multikulturellen« stets nur Wurzellosigkeit und Entfremdung zu entdecken vermag, übersieht die Vitalität dieser Lebensentwürfe. Sicherlich fällt es erst mal schwer, der Ideologie der Reinheit, die der Welt ein so schön übersichtlich und eindeutiges Muster verpaßte, Lebewohl zu sagen. Wer vorgezeichnete Wege verläßt, kann sich verlaufen und abstürzen. Trotz dieser Gefahr feiert der Autor der »Satanischen Verse«, SALMAN RUSHDIE, der den »heiligen Zorn« iranischer Fundamentalisten zu spüren bekam, die Hybridität.

»Im Zentrum des Romans steht eine Gruppe von Charakteren, meist britische Muslime oder nicht besonders gläubige Personen muslimischer Herkunft, die genau mit der Sorte großer Probleme kämpfen, die entstanden sind, um das Buch zu umzingeln, Probleme der Hybridisierung und Ghettoisierung, der Versöhnung des Alten und Neuen. Die, welche den Roman heute am stärksten lautstark bekämpfen, sind der Meinung, daß die Vermischung verschiedener Kulturen unvermeidlich zur Schwächung und Zerstörung ihrer eigenen führen müssen. Ich bin der entgegengesetzten Meinung. Die satanischen Verse feiern die Hybridität, Unreinheit, Vermischung und Veränderung, die durch neue und unerwartete Verbindungen zwischen Menschen, Kulturen, Ideen, Politiken, Filmen, Songs entstehen. Sie freuen sich an der Bastardisierung und fürchten den Absolutismus der Reinheit. Als Melange, als Mischmasch, ein bißchen von dem, ein bißchen von jenem, so betreten die Neuheiten die Welt. Dies ist die großartige Möglichkeit, die die Massenimigration der Welt gibt und die ich zu ergreifen versucht habe. Die Satanischen Verse sind für Veränderung durch Mischung, für Veränderung durch Vereinigung. Sie sind ein Liebeslied für Bastarde wie uns« (RUSHDIE zit. nach: HALL 1994:219).

Warum fällt es so schwer, sich mit dieser Hybridität, dieser Vermischung anzufreunden? Woher der Drang, in ein einheitliches Identitätskorsett zu schlüpfen und anderen eine kulturelle Zwangsjacke überzustülpen? Wenn der Rest der Welt so unübersichtlich ist, hoffen wir festen Markierungen zu begegnen, die uns den Weg weisen. Alles andere ist in Bewegung, aber Identitäten sollen stabile Bezugspunkte sein, die in der Vergangenheit, der Gegenwart und für alle Zukunft Ruhepole in einer sich stets wandelnden Welt darstellen. Sicherlich, Menschen sind keine Engel, die durch den freien Raum schweben, sie brauchen etwas woran sie anknüpfen können. Der Rassimusforscher HALL entwickelte ein offenes Konzept von kultureller Identität, das auf eine Fixierung verzichtet:

»In dieser Perspektive ist kulturelle Identität alles andere als ein fixiertes Wesen, daß unveränderlich außerhalb von Geschichte und Kultur läge. Sie ist nicht irgendein in uns vorhandener universeller und transzendentaler Geist, in dem die Geschichte keine grundlegenden Spuren hinterlassen hat. Sie ist nicht ein für allemal festgelegt. Sie ist kein fixierter Ursprung, zu dem es eine letzte und absolute Rückkehr geben könnte. Sie ist aber auch nicht nur ein bloßer Trick der Einbildungskraft. Sie hat ihre Geschichten - Geschichten haben ihre realen, materiellen und symbolischen Effekte. Die Vergangenheit spricht weiter zu uns. Doch da unsere Beziehung zu ihr, wie die Beziehung des Kindes zur Mutter, immer schon eine ›nach der Trennung‹ ist, spricht sie uns nicht als einfache, faktische ›Vergangenheit‹ an. Sie wird immer durch Erinnerung, Phantasie, Erzählungen und Mythen konstruiert. Kulturelle Identitäten sind instabile Identifikationspunkte oder Nahtstellen, die innerhalb der Diskurse über Geschichte und Kultur gebildet werden. Kein Wesen, sondern eine Positionierung. Daher gibt es immer eine Politik der Positionierung, für die es keine absolute Garantie eines unproblematischen, transzendentalen Gesetzes des Ursprungs gibt« (HALL 1994:30).

Wir alle sind aus verschiedenen sozialen Identitäten zusammengesetzt, die sich überschneiden und widersprechen. Wer eine alles übergreifende »Herrenidentiät« (HALL) zurechtzimmern will, verleugnet die unterschiedlichen Interessen und Identifikationspunkte der Menschen. Identifikationen verschieben und verändern sich. Identität ist stets etwas im Werden Begriffenes. Je nach Situation können verschiedene Mosaiksteine in den Vordergrund treten.

Es gibt keine politische Garantie, die in einer Identität enthalten wäre. Eine Politik, die von einer Frau, einem Schwarzen, einem Schwulen, einer oder einem Angehörigen einer wie auch immer definierten Minderheit gemacht wird, muß deshalb noch lange nicht emanzipatorisch oder gerecht sein. Ein Identitätsbottom sagt nichts über die politische Überzeugung und Handlungsbereitschaft seiner Trägerin oder seines Trägers aus. Wer für die Rechte der Minderheit eintritt, der er oder sie angehört, kann die Diskriminierung anderer durchaus gerechtfertigt finden. Kein Film muß gut sein, nur weil ihn eine Lesbe oder ein Einwanderer gedreht hat.

Insbesondere die als rein gedachte »ethnische Identität« eignet sich als Mobilisierungsressource und Trumpfkarte in Verteilungskämpfen um knappe Ressourcen. Der Soziologe TAJFEL beschreibt die »ethnische Bewußtwerdung« schwarzer Studenten aus der Karibik, die zu Studienzwecken nach Großbritannien gekommen waren als Produkt von Verteilungskämpfen und Ethnisierung:

> »Die autochthonen Briten begegnen ihnen vor allem als ›Schwarze‹, - und nicht etwa als Studenten oder Jugendlichen - womit gleichzeitig ein niedriger sozialer Status verknüpft wird. Dadurch setzt ein reaktiver Neuorientierungsprozeß ein, in dem sie sich als ›Schwarze‹ definieren und dementsprechendes politisches Bewußtsein entwickeln« (TAJFEL zit. nach: LUTZ 1991:46).

Erst im Verlauf der Migration werden die Fremden »ethnisiert« und der ethnische Aspekt ihrer Identität tritt in den Vordergrund und erhält eine besondere Bedeutung. Durch ihre Zuschreibungen beeinflußt die Umgebung die Entwicklung sozialer Identitäten. Das gilt für ethnische Identitäten ebenso wie für sexuelle, altersbedingte oder Klassenidentitäten. Wer ständig auf das »Türkisch-sein« festgenagelt wird, der wird zwangsläufig zum Türken. Und so manche Minderheit »ärgert« die Mehrheit, in dem sie gerade die Aspekte ihrer Identität betont, die die Mehrheit als spezifisch abwertet. In San Francico ziehen die jungen Cicanos mit dem Schlachtruf »Yo soy macho (Ich bin Macho)« durch die Straßen und provozieren damit das liberale und sozial privilegierte Establishment. NORBERT ELIAS nannte dies »die Rache der Unterdrückten«.

Wer »Ausländer und Ausländerinnen« stets nur als Produkte ihrer angenommenen kulturellen Identität betrachtet, übersieht, daß diese sich sehr »modern« verhalten. Sie organisieren sich in Gewerkschaften, beteiligen sich an Streiks, schließen Verträge ab, bedienen modernste Technologien, eröffnen Sparkonten, nehmen Kredite auf, arbeiten sich durch den Wust bürokratischer Vorschriften und teilen mit den Deutschen in einer ähnlich schichtspezifischen Lage die Erfahrung finanzieller Knappheit. Auch die Erwerbstätigkeit der Türkinnen lag lange Zeit deutlich über der der deutschen Frauen (vgl. LENHARDT 1990:197). Einfach nur Gefangene ihrer »kulturellen Identität«? Wohl kaum.

In der Untersuchung von HELMA LUTZ über türkische Sozialarbeiterinnen in Deutschland und den Niederlanden schildern die Interviewpartnerinnen wie sie »das Festnageln auf eine homogene kulturelle Identität ... oft als Zwangsjacke erfahren«, die »(wenig) Raum für Selbstdefinition (bietet). Eigentlich hat diese Identifikation nur für die autochthonen Niederländer/Deutschen eine positive Funktion. Dies können die ›Fremden‹ als ›Türken‹ mit den entsprechenden Konnotationen einordnen und plazieren. Das ›vereinfacht‹ den Umgang miteinander, weil Antworten schon bestehen, wo die Fragen gestellt werden müßten« (LUTZ 1991:127).

Die Bindung an ethnische Identitäten verläuft eng entlang den Linien sozialer Schichtung. Deshalb enthalten sie ein Konfliktpotential, das sich in politischen Irrwegen und irrationalen Gewaltausbrüchen entladen kann. Die Glaubensgemeinschaften, die sich um den Anker ethnischer Identität versammeln, können kriegerische Flächenbrände auslösen. Wer auf reine kulturelle oder ethnische Identitäten pocht, spielt mit dem Feuer. Den zerstörerischen Kräften der Globalisierung ausgesetzt, reagieren auch die Bewegungen der Marginalisierten mit dem Rückzug in die eigenen exklusiven und defensiven Enklaven. Diese lokalen Ethnizitäten können ebenso gefährlich werden wie der nationale Krieg der Völker. Leicht ruft die Abwehr der Moderne sowohl auf Seiten der eingesessenen Mehrheiten als auch unter den (eingewanderten) Minderheiten fundamentalistische Strömungen auf den Plan.

Die Rückkehr der Identitäten in Form des Fundamentalismus belebt auf's Neue die zerstörerischen Wahnideen einer »rassischen«, religiösen, kulturellen oder ideologischen Reinheit. Die Angst vor der Anonymität der Großstadt treibt die Menschen dazu, die Gemeinschaft, der sie sich zugehörig fühlen, immer mehr einzuengen. Nähe und Wohlbehagen stellt sich nur mehr im kleinen Rudel ein. Wer sich selbst immer fester in den Kokon der eigenen Clique oder Gruppe verspinnt, verliert die Neugierde auf das »Fremde«. Die Freude am spielerischen Entdecken von Zwischenräumen und neuen Möglichkeiten verkümmert. Die Angst vor der Vermischung und vor der Begegnung mit dem Unbekannten ebnet das Feld für den kulturellen Rassismus, der die Unvereinbarkeit der Kulturen auf seine Banner schreibt.

RICHARD SENNETT hat die Perversion moderner Gemeinschaftserfahrung eindringlich beschrieben. Die Begriffe »Brüderlichkeit« und »Brudermord« können auch unbedenklich in »Schwesterlichkeit«, ›Schwesternmord« umgewandelt werden - auch wenn »Schwestern« häufiger mit psychischen Waffen »morden«.

»Je enger der Kreis einer solchen Brüderlichkeit, desto destruktiver wird das Erleben von Brüderlichkeit. Außenseiter, Unbekannte, Andersartige werden jetzt zu Gestalten, von denen man sich fernhalten muß; die Persönlichkeitsmerkmale, die die Gemeinschaft teilt, werden immer exklusiver; die Gemeinschaft selbst konzentriert sich zunehmend auf die Entscheidung, wer dazu gehören kann und wer nicht. Die Abkehr von der Klassensolidarität und die Hinwendung zu neuen, auf Ethniziät, Stadtteil oder Region fußenden Kollektivbildern ist ein Anzeichen für diese Verengung. Die Brüderlichkeit hat sich grundlegend gewandelt; sie erscheint heute als Bereitschaft, mit einer ausgewählten Gruppe umzugehen, und ist verbunden mit der Zurückweisung all derer, die nicht dem lokalen Zirkel angehören. Aus dieser Zurückweisung erwächst die Forderung nach Autonomie von der Außenwelt. Man verlangt, in Ruhe gelassen zu werden, und nicht, daß die Umgebung verändert werden solle. Je intimer aber, desto ungeselliger. Denn die

Herstellung von Brüderlichkeit durch Ausschluß von ›Außenseitern‹ kommt nie zum Abschluß, weil das Kollektivbild eines ›Wir‹ niemals feste Gestalt annimmt. Fragmentierung und innere Spaltung sind die Konsequenz einer so verstandenen Brüderlichkeit, wenn die Gruppe der Menschen, die wirklich dazu gehören, immer kleiner wird. Solche Brüderlichkeit mündet schließlich in Brudermord« (SENNETT zit. nach: DITTRICH 1991:30f.).

Wer in modernen und globalisierten Gesellschaften lebt, ist permanent vor die Aufgabe gestellt, die eigenen Identitäten in eine neue Form zu gießen. Auf die stets aktuelle Frage, »wer bin ich«, bieten Ideologien der Ausgrenzung einfache und sichere Antworten. Eine Kultur der Vielfalt muß ebenso erlernt werden wie der Umgang mit Konflikten, die sich nie vermeiden lassen, wenn (fremde) Menschen und unterschiedliche soziale Gruppen sich begegnen. Aber wie schrecklich langweilig und leblos wäre eine Gesellschaft, in der wir immer nur auf Menschen treffen, die so sind wie wir. Wer das »Fremde« kennen und schätzen lernen will, muß erst mal die eigene Umzäunung verlassen. Da müssen zuerst die Bretter vor dem eigenen Kopf entfernt und emotionale Verstopfungen beseitigt werden. Für viele heißt das auch Abschied nehmen von der (kulturellen) Egozentrik.

Tips und Anregungen

Allgemeine Literaturhinweise

Zum Schmökern, Staunen und als Anregung für historische Spurensuche:

ENGELMANN, BERND 1984: Du deutsch? Geschichte der Ausländer in unserem Land. München

Von Christi Geburt bis in die Moderne verfolgt der Autor auf anschauliche Art und Weise die Geschichte der Vermischung auf deutschem Boden.

Wissenschaftliche Aufsätze zur Geschichte Deutschlands als Aus- und Einwanderungsland enthält der von KLAUS BADE herausgegeben Band:

BADE, KLAUS J. (Hg.) 1992: Deutsche im Ausland - Fremde in Deutschland. Migration in Geschichte und Gegenwart. München

Ein Lesevergnügen aus erster Hand, das verblüffende Einsichten über die Bundesrepublik Deutschland und seine Bewohner und Bewohnerinnen enthält vermittelt BAHMAN NIRUMAND:

NIRUMAND, BAHMAN 1989: Leben mit den Deutschen. Briefe an Leila (Essay). Reinbek.

Der Autor erzählt in einzelnen Etappen die Geschichte der Bundesrepublik Deutschland aus der Perspektive eines Bewohners der »Insel der ausländischen Minderheiten«. In einem fingierten Briefwechsel mit seiner im Iran lebenden Schwester versucht er zu erklären, wer die Deutschen sind, um ihr so die Entscheidung zu erleichtern, ob sie in Deutschland studieren soll.

Ebenfalls zu empfehlen der vom selben Autor herausgegebene Sammelband über islamische Gruppen und den Fundamentalismus in der Bundesrepublik Deutschland. Die durchaus unterschiedlichen Aufsätze fordern zur Auseinandersetzung mit dem Fundamentalismus auf, ohne einem Krieg der Kulturen das Wort zu reden. Vom Herausgeber selbst stammt ein Beitrag, der ein Interview mit einer zum Islam übergetretenen Deutschen enthält.

NIRUMAND, BAHMAN (Hg.) 1990: Im Namen Allahs. Islamische Gruppen und der Fundamentalismus in der Bundesrepublik Deutschland. Köln

Kompakte Information über einzelne Minderheiten in der BRD, Literaturhinweise und kurze Erläuterungen zu den Stichworten: Ausländerrecht, binationale Paare und Familien, Ethnie und Ethnozentrismus, Flucht und Asyl in der Bundesrepublik, Fundamentalismus und Islamismus, Integration und Segregation, Islam und muslimische Minderheiten, Kriminalität und Kriminalisierung bei ethnischen Minderheiten, Kultur, Migration, Minderheit, orientalische Kirchen - Religion und Religionsausübung, Rassismus und Fremdenfeindlichkeit, Religion und Migration, Schule und Bildung, Sprache und Migration, Vorurteil sowie einen Überblick über kulturell unterschiedliche Zeitrechnungen und Kalender mit Feiertagen und Festen enthält das von der Ausländerbeauftragten der Bundesregierung mitherausgegebene Handbuch:
SCHMALZ- JACOBSEN, CORNELIA/HANSEN, GEORG (Hg.) 1995: Ethnische Minderheiten in der Bundesrepublik Deutschland. München

Nützliche Adressen

Einen Katalog mit über 160 Kinder- und Jugendbüchern, Theaterstükken, Filmen und didaktischen Angeboten unter dem Titel »Daheim in der Fremde. Multikulturelle Gesellschaft in der Kinder- und Jugendliteratur« hat der Arbeitskreis für Jugendliteratur erstellt:
ARBEITSKREIS FÜR JUGENDLITERATUR E.V.
Schlörstr 10
80634 München
Telefon 089/168 40 52

Das INSTITUT JUGEND FILM FERNSEHEN E.V. (IFF)
Pfälzer-Wald-Str. 64
81539 München
Telefon 089/6 89 89 - 0
und das
GEMEINSCHAFTSWERK DER EVANGELISCHEN PUBLIZISTIK (GEP)
Emil-von-Behring-Str.3
60394 Frankfurt/Main
Telefon 069/580 98-0
geben Spielfilmlisten über empfehlenswerte Spiel- und Dokumentarfilme für Kinder, Jugendliche und Erwachsene mit Regisseurregister, Themenregister (z.B. Asyl, Ausländer, Behinderte Menschen, Faschismus, Frauen, Gewalt, Homosexualität, Kolonialismus, Minderheiten, Nationalsozialismus, Rassismus)und Verleih-Verzeichnis heraus.
Bezug über:
KOPÄD VERLAG - KOMMUNIKATION UND PÄDAGOGIK

Pfälzer-Wald-Str.64
81539 München
Telefon 089/6 89 89-200

Filmtips

»DIE KÜMMELTÜRKIN GEHT« (1985) von Jeanine Meerapfel, 16 mm
Verleih:
Basis-Film-Verleih
Körnerstr. 59
12169 Berlin
Telefon 030/793 51 61/71
Fax 030/791 15 51
Der Film erzählt die Geschichte der 38-jährigen Türkin Melek, die vor 14 Jahren als »Gastarbeiterin« in die Bundesrepublik kam und enttäuscht die BRD verläßt: »Was ich erwartet habe, habe ich hier nicht gefunden; als ich dachte, Deutschland ist ganz modern, ganz anders als in der Türkei, ganz fröhlich; ich habe mir alles auch ganz netter, heiter vorgestellt«.

»ANGST ESSEN SEELE AUF« (1974) von RAINER WERNER FAßBINDER, 16 mm
Verleih:
Studio 16 im Filmverlag der Autoren
Rambergerstraße 5
80799 München
Telefon 089/38 17 00 17
Fax 38 17 00 20
Die Geschichte einer Liebe zwischen einer älteren Witwe und einem 20 Jahre jüngeren marokkanischem »Gastarbeiter«.

»MEIN WUNDERBARER WASCHSALON« (1985) von STEPHEN FREARS, 35 mm
Verleih:
Filmwelt Verleih GmbH
Ismaninger Straße 51
81675 München
Telefon 089/41 80 01 32
Fax 089/ 41 80 01 43
Satirischer Spielfilm über einen jungen Pakistani und einen britischen Arbeitslosen, die in einer rassistischen und homophoben Umgebung ihr Glück als Jungunternehmer in London versuchen und zu einem Liebespaar werden. Auch als Roman des Drehbuchautors HANIF KUREISHI unter demselben Titel erhältlich.

»Picknick am Strand« (1993) von Gurinder Chada, 35 mm
Verleih:
Kinowelt Filmverleih GmbH
Schwere-Reiter-Str. 35
80797 München
Telefon 089/307 966
Neun Women of Color machen einen Ausflug ins englische Seebad Blackpool. Der Alltag, dem sie entfliehen wollen, holt sie aber auf vielschichtige Weise ein. Vor dem Grundthema des alltäglichen Rassismus zeigt der Film am Beispiel der indischen Einwanderergemeinde die Dynamik und Widersprüchlichkeit kultureller Identitäten.

»Privilege« (1990) von Yvonne Rainer, 16mm
Verleih:
Freunde der Deutschen Kinemathek e.V.
Welserstr. 25
10777 Berlin
Telefon 030/211 17 25
Fax 030-218 42 81
Auf unkonventionelle Weise verknüpft die Avantgardefilmemacherin das Thema Wechseljahre mit Fragen der Widersprüchlichkeit von Rasse, Geschlecht, sexueller Orientierung, Klasse und Alter.

Aktuelle statistische Daten zur Ausländersituation

Mehrländer, Ursula/Ascheberg, Carsten/Ueltzhöffer, Jörg 1996: Repräsentativuntersuchung 1995: Situation der ausländischen Arbeitnehmer und ihrer Familienangehörigen in der Bundesrepublik Deutschland (= Eine SIGMA und FES Studie im Auftrag des Bundesministeriums für Arbeit und Sozialordnung). Berlin. Bonn. Mannheim. Zu beziehen über das Bundesministerium für Arbeit und Sozialordnung in Berlin.

Bundesministerium für Arbeit und Sozialordnung
Abteilung VII
Jägerstr. 9
10117 Berlin
Telefon 030/2014-0 sowie

Beauftragte der Bundesregierung für die Belange der Ausländer (Hg.):
- Daten und Fakten zur Ausländersituation Dezember 1995
- Bericht der Beauftragten der Bundesregierung für die Belange der Ausländer über die Lage der Ausländer in der Bundesrepublik Deutschland 1993 und 1995 jeweils Bonn

Zu beziehen über:
DAS BÜRO DER BEAUFTRAGTEN DER BUNDESREGIERUNG
FÜR DIE BELANGE DER AUSLÄNDER
Postfach 14 02 80
53107 Bonn
Telefon 0228/527-0

Praktische Vorschläge

1   Spurensuche
1.1   Deutsche Geschichte vor 1945
Woher kommen Straßen- und Familiennamen in der näheren Umgebung. Wer hat historische Gebäude entworfen und erbaut? Dokumentation der Ergebnisse in einer Photoausstellung

1.2   Die Geschichte der »Gastarbeiter« nach 1945
Suche nach Originaldokumenten (Zeitungen, Fernsehsendungen, Radioberichte, Plakate von Anwerbemaßnahmen, Arbeits- und Aufenthaltspapieren ..)
Interviews, Photos und Erzählungen von und mit Zeitzeugen (»Gastarbeitern und Gastarbeiterinnen« der 1. Generation, Kollegen und Kolleginnen, Arbeitgebern)
Dokumentation der Arbeitsergebnisse in einer Ausstellung, Zeitungsartikeln oder einem Videofilm
Vergleich mit anderen europäischen Ländern mit einer längeren Kolonialgeschichte z. B. Frankreich, England, Holland, (Darstellung und Umsetzung wie oben).

1.3   Biographische Forschung anhand von eigenen und fremden Familiengeschichten und Lebensläufen
Geschichte der Vermischung, Vertreibung, Auswanderung, Binnenwanderung (Land - Stadt) anhand von alten Familienfotos, Briefen, Stammbäumen, Erzählungen der Eltern und Großeltern.

2   Spiele
2.1   Quiz zum Thema Migration

2.2   Würfelspiel
Die Fragen werden mit einem Würfelspiel verknüpft

2.3   Zirkeltraining:
Die Geschichte der Migration in Deutschland wird in Anlehnung an »Tri-

vial Pursuit« in Fragen mit drei Antwortalternativen gepackt, auf Kärtchen festgehalten und mit praktischen Aufgaben verknüpft. Wer eine Frage gelöst hat, darf z.b. in einen anderen Raum oder auf den Hof gehen und weitere Fragekärtchen suchen oder einen Ball in einen Korb werfen etc. Wer die Frage nicht richtig beantwortet hat, bekommt andere Aufgaben gestellt. Fragen und Aktivitäten können mit Punkten bewertet werden, um so dem Spiel Wettbewerbscharakter zu verleihen. Die Antwortalternativen sollen sorgfältig ausgearbeitet werden.

3   Jugendliche als Reporter und Reporterinnen
Jugendliche gehen mit ihrem Wissen auf die Straßen und interviewen Passanten (z. B. Woher kommt der Name Türkenstraße? Wann und warum kamen die »Gastarbeiter«? Gab es vor 1945 schon »Gastarbeiter« in Deutschland ? etc.). Daraus entsteht ein Video-, Zeitungs- oder Radiobeitrag.

Nur Randgruppen?
Rassismus und Minderheitenfeindlichkeit als allgemeine Phänomene

Von Skinheads
und akademischen Geistesgrößen

Bernd bezeichnet sich selbst als »Fascho-Skin«. Er kämpft für ein »arisches Deutschland«. »Kanaken«, »unarisches Viehzeug« haben bei ihm schlechte Karten. Mitgefühl für seine Opfer ist ihm fremd: »Für mich sind das Dreckmenschen...Die achten sich als Menschen, sind aber keine«.

Mit seinen 17 Jahren hat der junge Mann schon einiges erlebt - viel Positives war nicht dabei. Ehe- und Alkoholprobleme der Eltern. Der Vater verläßt die Familie. Mit dem neuen Freund seiner Mutter hat er nur Ärger. Gewalt bestimmt schon früh seinen Alltag. Bernd wird in ein Spezialheim der ehemaligen DDR eingewiesen - ein Heim, das geführt wird wie eine Strafkolonie. Die Hauptschule hat er abgebrochen. »Kein Bock«. Außer hin und wieder mal einen Gelegenheitsjob gibt es für ihn nichts zu tun. Und dann sind da noch die Verfahren wegen schwerer Körperverletzung. Seine Zukunftsperspektive sieht düster aus. »Irgendwann ist jeder dran. Ob heute oder morgen ist doch egal«, antwortet er auf die Frage, ob er Angst davor hat, bei einer gewalttätigen Auseinandersetzung schwer verwundet zu werden.

Bernds Biographie paßt genau in den Rahmen, den die (ver)öffentlichte Meinung gerne für fremdenfeindliche Gewalttäter bereitstellt: familiär vorbelastet, Heimvergangenheit, sozial desintegriert. Mit einem Wort - ein Opfer der Verhältnisse. Doch stimmt dieses Bild? Eine repräsentative Auswertung polizeilicher Ermittlungsakten bringt eine andere Wahrheit ans Licht. Zwar werden fast alle fremdenfeindlichen Straf- und insbesondere Gewalttaten von jungen Männern begangen. Der Anteil der Straftäter, die zwischen 15 und 20 Jahre alt sind, liegt bei 72 Prozent. Alle Tötungsdelikte und 99 Prozent der registrierten Körperverletzungen gehen auf das Konto von Männern. Insofern ist Bernd ein typischer fremdenfeindlicher Straftäter.

Ansonsten entziehen sich die Täterprofile jedoch einer einfachen Klassifikation. So läßt sich nur bei einem Teil der Straftäter eine problematische Familienkonstellation nachweisen. Ein Auszug aus den Akten:

»Die Familie wohnt in einer ordentlichen und sauberen 3-Zimmer-Wohnung (...). (der Angeklagte: d.V.) hat ein eigenes Zimmer. Seine Mutter (...) erlernte keinen Beruf. Sie arbeitete 23 Jahre als Hausmeister, später als Köchin (...). Seit 1990 bezieht sie Altersrente. Der Vater (..) nahm mit seiner Ehefrau die Hausmeistertätigkeit wahr. Später arbeitete er bei der Post. Er bezieht Vorruhestandsgeld. Die beiden Geschwister (des Angeklagten: d.V.) sind wirtschaftlich selbständig und haben eine eigene Familie. Zu ihnen bestünde ein gutes Verhältnis. Es entsteht der Eindruck, daß die Eltern ihren Sohn sehr gern haben. Sie begründen ihre besondere Zuwendung damit, daß es ein Nachzügler sei und der Altersunterschied zu den Geschwistern sehr groß sei« (Urteilsschrift zit. nach: WILLEMS 1993: 162).

Lassen sich unter fremdenfeindlichen Straftätern in erster Linie gescheiterte Existenzen finden, die nie in Schule oder Beruf Tritt fassen konnten?

Auch dieses Bild bedarf der Korrektur. Bei den fremdenfeindlichen Straftätern handelt es sich nicht primär um Schulabbrecher und Personen ohne jeden formalen Bildungsabschluß, sondern überwiegend um Jugendliche mit einem niedrigen oder mittleren Schulabschluß. Auch der Besuch eines Gymnasiums schützt Jugendliche nicht von vornherein davor, fremdenfeindliche Straftaten zu begehen. Die betroffenen Jugendlichen sind meistens in Schule, Lehre oder Beruf eingebunden.

(–) Der Anteil der Arbeitslosen liegt zwar über der sonst unter Jugendlichen herrschenden Arbeitslosigkeit, ist jedoch keineswegs so überhöht, wie dies in der allgemeinen Diskussion häufig angenommen wird. In der Debatte über den Zusammenhang von Rechtsextremismus und Arbeitslosigkeit spiegelt sich die spezifische deutsche Erfahrung und ihre nachträgliche Verklärung. Auf die Zeit der Massenarbeitslosigkeit in der Weimarer Republik folgten die Wahlerfolge der Nationalsozialisten und die Machtübernahme durch Adolf Hitler. Hier kommt jedoch auch ein Mythos zum Tragen, den die moderne Wahlforschung längst als Tarnkappe entlarvt hat. Entgegen der herrschenden Meinung schnitt die NSDAP in Kreisen mit hoher Arbeitslosigkeit im Durchschnitt deutlich schlechter ab als in Gebieten mit niedrigen Arbeitslosenzahlen. Arbeitslose tendierten insgesamt eher zur KPD und, wenn auch in etwas geringerem Maße, zur SPD als zur NSDAP. Dies galt besonders für arbeitslose Arbeiter, die mit rund 80 Prozent das Gros der Arbeitslosen stellten. Arbeitslose Angestellte zeigten dagegen eine überdurchschnittliche Tendenz zur NSDAP. Politische Orientierungen entschieden über die Richtung der Radikalisierung.

»Insgesamt gesehen waren es vor allem die - möglicherweise von der Wirtschaftskrise und der mit ihr einhergehenden Dauerarbeitslosigkeit verschreckten, in ihrem Zutrauen auf die Problemlösungsfähigkeit des politischen Systems und seiner es tragenden Parteien erschütterten - Nicht-Arbeitslosen, die der NSDAP zum Sieg verhalfen. Ein unmittelbarer Einfluß der Arbeitslosigkeit auf die nationalsozialistischen Wahlerfolge durch eine Radikalisierung der Erwerbslosen in Richtung NSDAP jedenfalls, wie er im Schrifttum immer wieder unterstellt wird, läßt sich aufgrund der hier vorgestellten Ergebnisse nicht belegen« (FALTER 1984:55f.).

Im Mythos von den Arbeitslosen, die die Nazis an die Macht katapultiert haben sollen, finden wir das Bedürfnis nach einer Entlastung der deutschen Gesellschaft und der sie tragenden Schichten von der Verantwortung für die nationalsozialistische Machtübernahme. Mit dem Hinweis auf die in ihrer Existenz bedrohten Arbeitslosen, die von Hitler »verführt« wurden, legt sich ein Mantel des Schweigens und Vergessenwollens auf die wenig rühmliche Tatsache, daß es die Wählerstruktur der NSDAP nahelegt, von einer »Volkspartei mit Mittelstandsbauch« zu sprechen. Ohne eine breite gesellschaftliche Zustimmung quer durch alle Schichten läßt sich der Erfolg der Nazis nicht erklären.

(–) Auch heute bereitet es Probleme, sich einzugestehen, daß rechtsradikale Gewalt, Rassismus und Ausländerfeindlichkeit der Mitte der Gesellschaft entspringen.

Nur ein kleiner Teil der fremdenfeindlichen Straf- und Gewalttaten wird von an den gesellschaftlichen Rand gedrängten Jugendlichen aus sozial belasteten Milieus begangen. Der größte Teil geht auf das Konto von unauffälligen, »normalen Jugendlichen«.

Es ist auch nicht das Dickicht der Großstädte mit einem hohen Ausländeranteil, in dem sich der beste Humus für fremdenfeindliche Gewalttaten finden läßt, sondern es sind die Kleinstädte und ländlichen Gemeinden, die hier hervortreten. Fremdenfeindliche Gewalt tritt dort häufiger auf als in den Großstädten. Dabei ist der Ausländeranteil in den Kernstädten dreimal so hoch als in ländlichen Regionen. Den höchsten Ausländeranteil verzeichnen die Großstädte Frankfurt (29%), Stuttgart (23,6%) und München mit 22,7 Prozent. Bisher sind diese Städte nicht als Epizentren fremdenfeindlicher Gewalt in Erscheinung getreten.

Bernd fühlt sich sofort von »Ausländern« provoziert. Wenn jemand das Recht hat zu provozieren, dann ist er das. Frechheiten von »Ausländern« werden mit Gewalt beantwortet. »Wenn man denen mal ein bißchen blöd kommt, dann sagen die, ich ficke deinen Bruder....so ein Viehzeug läuft bei uns rum«, beschwert er sich.

Äußert sich hier nur der aggressive Größenwahn eines sozial benachteiligten Jugendlichen, der ein Opfer zum Treten sucht? Oder treffen wir hier auf ein durchaus »normales« gesellschaftliches Muster, das lediglich in seiner extremen Ausformung auf Abwehr stößt?

LUCIA ZELLER (vgl. 1992:122f.) weiß da von einem alltäglichen Zwischenfall mit »durchschnittsdeutschen« Hausbewohnern zu berichten:

Es ist Sonntag in einer westdeutschen Großstadt. Eine Ausländerin sitzt mit einem Buch in der Hand im Garten ihres Hinterhauses und liest. Die Sonne treibt alle hinaus ins Freie. Zwei Männer trinken im Garten ihr Bier. Ein deutscher Mitbewohner kommt hinzu. Er will den Garten gießen. Die Ausländerin grüßt den Mann, der sie ohne ihren Gruß zu erwidern darauf aufmerksam macht, daß der Stuhl auf dem sie sich niedergelassen hat, nicht ihr Eigentum sei. Die Frau will wissen, ob denn der Garten auch ihm gehöre. Der Mann reagiert heftig, beginnt zu schimpfen: Ausländer müßte man vergasen, sie inbegriffen. Die Frau läßt dies nicht auf sich sitzen. Im verbalen Schlagabtausch fällt das Wort »Nazi«. Die beiden Männer mischen sich ein, ergreifen Partei für den deutschen Hausbewohner. Der Tenor ist eindeutig: »Ausländer« haben nicht aufzumucken. Schließlich würden sie ja von den Deutschen durchgefüttert. Die Frau fühlt sich bedroht, schreit »Arschloch« und will gehen. Daraufhin greift der Mann zum Gartenschlauch und bespritzt sie wortlos von oben bis unten mit kaltem Wasser.

Verläßt man die Ebene polizeilich registrierter fremdenfeindlicher Gewalttaten, so zeigt sich die Bereitschaft, als fremd deklarierte soziale Gruppen und Menschen auszugrenzen und zu diskriminieren in ihrer alltäglichen Gestalt.

In einem nicht unbeträchtlichen Umfang gehören fremdenfeindliche Einstellungen zur Normalität. In einer von ALPHONS SILBERMANN durchgeführten repräsentativen Untersuchung lassen sich auf einer Skala, die die Positionen »gar nicht«, »kaum«, »etwas«, »mittelhoch«, »stark« und »sehr stark« umfaßt, nur bei etwa fünfzehn Prozent gar keine fremdenfeindliche Tendenzen nachweisen. Über fünf Prozent der Gesamtbevölkerung hegen dagegen »starke« und »sehr starke« fremdenfeindliche Ressentiments. Weitere zehn Prozent sind deutlich »überdurchschnittlich« fremdenfeindlich eingestellt. Soziologisch und politologisch haben wir es mit einem für jede Demokratie hochexplosiven Phänomen zu tun.

In eine ähnliche Richtung deuten auch Untersuchungen zur Verbreitung antisemitischer Einstellungen unter der bundesrepublikanischen Bevölkerung. In einer repräsentativen Studie aus dem Jahr 1987 äußerten immerhin 50 Prozent antisemitische Einstellungen. Zu einem harten Kern, die manifest antisemitische Sichtweisen vertritt, gehören demnach 6,9 Prozent, 11,6 Prozent sind stark antisemitisch eingestellt und 33,2 Prozent beschreiben die Autoren als im weiten Sinn antisemitisch (vgl. ROSENTHAL 1994:101f.).

Die Bilder von Überfällen ostdeutscher Skinheads auf »Ausländer«, brennende Asylwohnheime und Beifall klatschende Erwachsene gingen durch die Medien. Wohnen die häßlichen Deutschen im Osten? Zwar weisen die Daten von ALPHONS SILBERMANN auf eine etwas stärkere Fremdenfeindlichkeit in Ostdeutschland hin. Die Abweichung liegt allerdings unterhalb des Signifikanzniveaus. Im Klartext bedeutet dies: Ein entscheidender Unterschied zwischen Ost- und Westdeutschland besteht nicht. Anderen Untersuchungen lassen sich Hinweise auf eine stärker verbreitete Ausländerfeindlichkeit unter ostdeutschen Jugendlichen entnehmen.

Interessant an diesen Daten ist der Hinweis, daß diese Aversion gegen Ausländer nach der Wende sprunghaft angestiegen ist (vgl. z.B. SCHRÖDER/MELZER 1992, Friedrich 1993). Um eine originär ostdeutsche Spezialität scheint es sich also nicht zu handeln.

Ist Ausländerfeindlichkeit also ein »Jugendproblem«? Dazu die Ergebnisse von SILBERMANN:

»Grundsätzlich variiert über die verschiedenen Altersgruppen der Grad von Fremdenfeindlichkeit nur mäßig, d.h. Fremdenfeindlichkeit läßt sich nicht als spezielles Phänomen einer bestimmten Altersgruppe verstehen. Allerdings lassen sich dennoch in nur geringfügiger Ausprägung bzw. auf bestimmte Kohorten bezogen, altersbedingte Tendenzen ausmachen. So war schon anhand der Mittelwerte erkennbar, daß Fremdenfeindlichkeit in den mittleren Altersgruppen der 20- bis 64 Jährigen - und nur dort - positiv mit dem Lebensalter anstieg, so daß der höchste Durchschnittswert der Fremdenfeindlichkeit in der Gruppe der 50-64 Jährigen zu finden war, jenseits dieses Alters aber wieder leicht abfiel. Außerdem war in der Gruppe der jüngsten Befragten der Mittelwert höher als in der nächst älteren Gruppe« (SILBERMANN 1995: 47).

Nicht die Jugend an sich ist fremdenfeindlich, aber die Dringlichkeit von Prävention und politischer Bildung - nicht nur für Jugendliche und junge Erwachsene - bleibt weiterhin auf der Tagesordnung.

Fremdenfeindliche Tendenzen in der Arbeiterschaft ziehen das Interesse von Politik und Wissenschaft auf sich. Dieser Blick von oben auf die »einfachen Schichten« läßt jedoch außer acht, daß unter Selbständigen (Geschäftstreibende, Unternehmer, freiberuflich Tätige und Landwirte) fremdenfeindliche Haltungen verstärkt Beifall finden. So müssen insgesamt 22,8 Prozent der Arbeiter, 21,2 Prozent der Selbständigen, 11,9 Prozent der Beamten und 10,5 Prozent der Angestellten »als bedenklich stark fremdenfeindlich eingestuft werden« (SILBERMANN 1995:69f.). Jedoch weisen die niedrigen Korrelationskoeffizienten darauf hin, daß »mit der Zugehörigkeit zu einer bestimmten Berufsgruppe bzw. der damit assoziierten Schichtzugehörigkeit keine generelle und verläßliche Prognose bezüglich des Grades der Fremdenfeindlichkeit möglich ist« (SILBERMANN 1995:69).

Die fremdenfeindliche Gewalttat ist zwar ein männertypisches Phänomen. Allerdings kann aus diesen Befunden keineswegs auf eine generelle Immunität von jungen Frauen für fremdenfeindliche Parolen geschlossen werden. So gehört es in den Bereich der Mythen, daß Frauen weniger ausländerfeindlich seien als Männer (vgl. SILBERMANN 1995). Mit dieser Frage werden wir uns später näher beschäftigen (vgl. Kapitel »Frauenfragen«).

Für den Studiendirektor mit Goethe und Schiller im Gepäck ist Bernds Einstellung ein typisches Beispiel für völlige Unwissenheit, Ignoranz und Dummheit. Schützt (akademische) Bildung vor Rassismus und Fremdenfeindlichkeit? So gibt es zwar tatsächlich einen leicht negativen Zusam-

menhang zwischen dem Grad der formalen Bildung und dem Grad der Fremdenfeindlichkeit,»was bedeutet, daß stärkere Grade fremdenfeindlicher Einstellungen häufiger in Bevölkerungsgruppen niederer Bildungsabschlüsse vorhanden sind als in Gruppen mit höheren Bildungsabschlüssen« (SILBERMANN 1995:49).
Allerdings zeigt sich auch, daß dieser Zusammenhang nicht sehr stark ausgeprägt ist.
An Studien, die zu dem Ergebnis gelangen, daß Fremdenfeindlichkeit mit steigender formalen Bildung abnehmen würde, kritisiert HEITMEYER:

»Daß mit steigendem Bildungsgrad die Anfälligkeit gegenüber solchen Einstellungen und Verhaltensweisen abnehme, ist bei genauer Durchsicht ein Artefakt. Er kann nur solange Bestand haben, wie man dies über Meinungsbefragungen ›mißt‹. Diese Ergebnisse basieren auf einem Mittelschichts ›Bias‹ in den Instrumenten, denn in den realen Konkurrenzsituationen des Alltags - wenn z.B. Asylbewerberheime in der eigenen Wohnstraße erbaut werden sollen, oder wenn durch den Anteil der Ausländerkinder in den Grundschulklassen das ›Niveau‹ der eigenen Kinder tangiert zu werden scheint - entsteht eine Bewährungssituation, der in der Regel nicht standgehalten wird« (HEITMEYER 1992b:679).

In einem Artikel vom 20.1.1997 berichtet die SÜDDEUTSCHE ZEITUNG auf der Hochschulseite über den erstmaligen Einzug der Republikaner in ein Studentenparlament. Ort der Handlung, die ehemals als links verschriene Marburger Universität. Handelt es sich dabei um einen tragischen »Ausrutscher« unter der aufgeklärten Akademikerschaft? Die Antwort muß wohl lauten: leider nein. In einer Studie zu rechtsextremistischen Einstellungen an hessischen Universitäten entdeckten ALEX DEMIROVIC und GERD PAUL vom Frankfurter Institut für Sozialforschung einen harten rechtsradikalen Kern von vier Prozent und ein weiteres Umfeld von 15 Prozent, vornehmlich vertreten an den Fachbereichen Jura, Wirtschafts- und Ingenieurwissenschaften und häufig im Burschenschaftsmilieu verankert (vgl. SZ v. 20.1.1997, DEMIROVIC/PAUL 1996).

Der negative Zusammenhang zwischen formalem Bildungsniveau und dem Grad an Fremdenfeindlichkeit besitzt einen entscheidenden Schönheitsfehler. Bei Personen mit Universitätsabschluß stoßen wir auf eine auffallend höher ausgeprägte Anfälligkeit für fremdenfeindliche Einstellungen als unter Personen mit Abitur. Und nicht nur das. In der Gruppe mit den höchsten Bildungsabschlüssen müssen insgesamt 8,3 Prozent als »stark fremdenfeindlich« eingestuft werden. Damit stellen Akademiker in dieser Kategorie den insgesamt proportional größten Anteil.
Ein Blick in die Geschichte zeigt, das dieses Phänomen so neu nun auch wieder nicht ist. Für die Varianten des völkischen Antisemitismus, die als Vorläufer der Naziideologie angesehen werden müssen, weist CLAUSSEN darauf hin, daß die unversöhnlichsten Judenhasser fast alle den gebildeten Schichten angehörten. Die bösartigste Sorte von Antisemitis-

mus brachten Lehrer, Studenten, Industrie- und Handelsangestellte, Beamte, Freiberufler und Anhänger verschiedenster Sekten: Mitglieder der Lebensreformbewegungen, Roggenbrot-Enthusiasten, Zurück zur Natur Schwärmer und Gegner der Vivisektion unters Volk (vgl. CLAUSSEN 1992:5f.).

Auch im 1882 gegründeten *Deutschen Kolonialverein* und dem 1891 als ideologischen Dachverband nationaler politischer Vereine ins Leben gerufenen *Alldeutschen Verband* versammelte sich kein Lumpenproletariat, um die koloniale Mission Deutschlands zu verbreiten. Militärs und Angehörige der Schwerindustrie, aber auch Beamte, Lehrer und Professoren betrieben Agitation für die Überlegenheit der europäischen Kultur (vgl. MERGNER/HÄFNER 1989).

Wer sich selbst so gerne in das Licht der Tradition von Aufklärung, Bildung und Wissenschaft stellt, der möge bedenken, das hier auch die Wurzeln von eurozentristischem Überlegenheitswahn, Rassismus und Kolonialismus zu finden sind. Diese Spuren finden sich auch im Denken aufgeklärter Geistesgrößen.

Auf einer vorgeblich wissenschaftlichen Logik aufbauend, weist IMMANUEL KANT (geboren 22.4.1724 in Königsberg, gestorben ebenfalls in Königsberg am 12.2.1804), den Menschen angeborene Eigenschaften nach Klimazonen zu. Natürlich schneiden die Mitteleuropäer am besten ab. Eigenlob stinkt, würde da der Volksmund sagen.

».....Der Einwohner des gemäßigten Erdstrichs, vornehmlich des mittleren Theiles desselben ist schöner an Körper, arbeitsamer, scherzhafter, gemäßigter in seinen Leidenschaften, verständiger als irgend eine andere Gattung in der Welt. Daher haben diese Völker zu allen Zeiten die anderen belehrt und durch die Waffen bezwungen« (KANT zit. nach: MELBER/HAUCK 1989:9).

Bei GEORG WILHELM HEGEL (geboren 27.8.1770 in Stuttgart, gestorben am 14.11.1831 in Berlin) heißt es:

»Aus derselben Bestimmung geschieht, daß civilsirte Nationen andere, welche ihnen in den substantielen Momenten des Staats zurückstehen,...... als Barbaren mit dem Bewußtseyn eines ungleichen Rechts, und deren Selbstständigkeit als etwas Formelles behandeln und betrachten« (HEGEL zit. nach: MELBER/HAUCK 1989:9).

Für die Menschen schwarzer Hautfarbe findet er folgende Worte :

»Jenes eigentliche Afrika ist, soweit die Geschichte zurückgeht, für den Zusammenhang mit der übrigen Welt verschlossen geblieben; es ist das in sich gedrungene Goldland, das Kinderland, das jenseits des Tages der selbstbewußten Geschichte in die schwarze Farbe der Nacht gehüllt ist...Der Neger stellt, wie schon gesagt worden ist, den natürlichen Menschen in seiner ganzen Wildheit und Unabhängigkeit dar; von aller Ehrfurcht und Sittlichkeit, von dem, was Gefühl heißt, muß man abstrahieren, wenn man ihn richtig auffassen will; es ist nichts an das

Menschliche Anklingende in diesem Charakter zu finden« (HEGEL zit. nach: MELBER/HAUCK 1989:9).

»Afrikaner könnten nie einen Staat bilden. Das können nur weiße Leute«, erzählt Bernd. Einfach nur blöde Sprüche eines dummen, ungebildeten Skinheads?

Die Schwachstellen gängiger Erklärungsmuster

In der Diskussion über die Ursachen von Rassismus und rechter Gewalt tauchen immer wieder die Stichworte Verunsicherung, Orientierungsverlust, Ohnmachtsgefühle, mangelndes Selbstwertgefühl und Vereinzelungserfahrungen auf. Gefangen im Treibsand realer Nöte und Probleme - so gängige Überzeugungen - bieten rechtsextremistische und rassistische Überzeugungen Halt, Orientierung und Sicherheit. Zur Popularität derartiger Erklärungen haben insbesondere die Arbeiten des Forschungsteams um den Bielefelder Pädagogik-Professors WILHELM HEITMEYER beigetragen, die weit über die Fachgrenzen der Jugend- und Rechtsextremismusforschung hinaus Anklang fanden. HEITMEYERS Arbeiten (vgl. z.B. HEITMEYER 1992a, 1993) bauen auf das Fundament der Individualisierungstheorie. Eingebunden in die Entwicklungsdynamik moderner kapitalistischer Gesellschaften zerbröckeln traditionelle Lebensformen, soziale Milieus und klassische Werte. Allein und auf sich selbst gestellt wie nie zuvor, ohne verläßliche Orientierungen und eine berechenbare Zukunftsperspektive, greifen die Menschen nach dem Rettungsanker rechter und rassistischer Orientierungen.

Es ist unumstritten, daß derartige Individualisierungsprozesse, die seit der Industrialisierung zu beobachten sind, der modernen Gesellschaft so schwungvoll wie noch nie ihren Stempel aufdrücken. Doch schon auf der Ebene der Theorie bleibt unklar, warum diese Vereinzelung und die Auflösung verbindlicher, normativer Bezüge zwangsläufig zur Suche nach rechten Denkmustern führen soll. Und diese Frage stand doch eigentlich zur Klärung an.

Von den Lehren der Vergangenheit will dieser Ansatz nichts wissen. So rosig wie HEITMEYER sie zeichnet, waren die »alten Zeiten«, als noch Tradition und Ordnung herrschten, nicht. Familie und Arbeiter/Arbeiterinnenmilieu entsprachen in der Zeit der Weimarer Republik keineswegs dem idyllischen Bild, das HEITMEYER entwirft, sondern waren oft genug ein Hort von Gewalt, Armut und Unterdrückung. Gerade die Entwicklungsgeschichte des Nationalsozialismus zeigt, daß weder Familie noch Arbeiter/Arbeiterinnenmilieu ein Bollwerk gegen den Faschismus bildeten. Im Gegenteil: Autoritäre Familienstrukturen ebneten der Zunahme faschistischen Potentials in der Gesellschaft den Weg. Auch bei der alle Bewährungsproben überstehenden Faschismusresistenz soziokultureller - auch explizit linker - Arbeiter/Arbeiterinnenmilieus scheint es sich mehr um eine Legende zu handeln als um eine historische Realität (vgl. LEIPRECHT 1990:202f.; 1993:69; SIEGLER 1991:159 f.; STENKE 1993:95f.).

Begegnet uns in der lagerübergreifenden Popularität des Heitmeyerschen Ansatzes der große Kater, der sich in den Köpfen breitmacht, nachdem nicht alle Blütenträume der Emanzipationsbewegungen der siebziger Jahre das hielten, was sie versprachen? Vom emanzipatorischen Potential, das der Erosion soziokultureller Milieus eben auch bei allen Gefährdungen innewohnt, will diese Denkrichtung überhaupt nichts mehr hören. Immerhin bescherte der Verlust traditioneller Lebensformen insbesondere Frauen die Chance auf ein selbstbestimmteres Leben und das ist ohne riskante, aber auch spannende Balanceakte und Kämpfe nicht zu haben.

Auf dem Prüfstand empirischer Untersuchungen schneidet der Heitmeyersche Ansatz denkbar schlecht ab. So erbrachte die Studie von Silbermann, daß nur die Existenz einer »ethnozentristischen-nationalistischen Grundhaltung deutlich signifikant mit der Stärke der gemessenen Fremdenfeindlichkeit korreliert« (SILBERMANN 1995:99).

Ein direkter Zusammenhang zwischen Einkommensverhältnissen, Arbeitsplatzgefährdung, Arbeitslosigkeit, Berufszufriedenheit, biographischen Brüchen, allgemeiner Krisenwahrnehmung einerseits und Fremdenfeindlichkeit andererseits ist nicht auszumachen.

Überraschen kann dieser Befund kaum. Menschen reagieren auf konflikthafte, widersprüchliche und anomische Strukturen und Situationen nicht uniform und mechanisch, sondern je nach konkreten Handlungsmöglichkeiten, Kompetenzen, Persönlichkeitsstruktur und politisch weltanschaulicher Überzeugung individuell und durchaus auch widersprüchlich. Schon in den Ergebnissen der Wahlforschung über den Aufstieg des Nationalsozialismus finden sich interessante Belege für den Einfluß der politischen Kultur und die Bedeutung individueller weltanschaulich-ideologischer Orientierungen.

Selbst in den Untersuchungen von HEITMEYER zeigt sich, daß entgegen seiner Ausgangshypothese kein allgemeiner Zusammenhang zwischen sozialer Einbindung in Familie und Beruf, zwischen eigenem Selbstkonzept, sei es nun positiv oder negativ und allgemeinen Orientierungschwierigkeiten auf der einen Seite und autoritär-nationalistischen Sichtweisen Jugendlicher auf der anderen Seite zu entdecken ist. Er stößt allerdings auf einen interessanten Aspekt. Jugendliche, für die nur Geld, Aufstieg und Status zählen, sind besonders anfällig für rechtsextreme Orientierungen. Hier stellt sich allerdings die Frage, ob in unserer Gesellschaft nicht ohnehin eine instrumentalistische Arbeitsorientierung dominiert. Wem ist es denn schon möglich, auf einem immer härter umkämpften Arbeitsmarkt einer sinnhaften, menschlich befriedigenden Erwerbstätigkeit mit einer gesicherten Zukunftsperspektive nachzugehen? Wer dieses Privilig besitzt, der wird es auch verteidigen wollen - im Zweifelfall mit Ideologien der Ungleichheit.

Auch andere Untersuchungen rütteln an der Tragfähigkeit der Heitmeyerschen Argumentation. So zeigen Studien, daß sogenannte benachteiligte Jugendliche rechten Orientierungen signifikant weniger zustimmten als Jugendliche in zukunftssicheren Großbetrieben mit einer sozial gut abgesicherten Position. Insbesondere Jugendliche in stabilen Verhältnissen vertreten eine bestimmte Sicht der Welt, die HELD u.a. (1992) als »Wohlstandschauvinismus« charakterisieren. Aufstiegs- und Leistungsideologien verbinden sich mit rigiden Ausgrenzungsforderungen. Für diese Jugendlichen ist es völlig selbstverständlich, daß die ökonomische Vormachtsstellung der Bundesrepublik und ihre kulturelle, politische und persönliche Überlegenheit ein natürliches Ganzes bilden.

»EinwanderInnen und Flüchtlinge werden .... als Menschen gesehen, die ungerechtfertigterweise - ohne gewissermaßen selbst etwas geleistet zu haben - vom Wohlstand der Deutschen profitieren wollen...« (LEIPRECHT 1993:75).

Es sind gerade auch Jugendliche in stabilen Verhältnissen, unter denen sich eine Affinität zu rechten Orientierungen - insbesondere zur Übernahme ausgrenzender Sicht- und Verhaltensweisen gegenüber Fremden und Schwächeren (vgl. BOMMES/SCHERR 1992; HAHN 1993; HELD 1991, 1994) - breitmacht. Leistungsorientierung, ein ausgeprägter Konventionalismus und die subjektive Überzeugung zu denen zu gehören, die das Sagen haben, bauen eine Brücke zu rechten Orientierungen. Wer sich nicht anpaßt an allgemeingültige Normen, etwa noch auffällt, dem wird eben gezeigt, wo es langgeht. Diese Auffassung ist weit verbreitet und stößt bei ganz »normalen« Jugendlichen auf Zustimmung (vgl. SCHAD 1996). Auch Herbert findet das ganz normal.

»Jeder muß sich am Land an die Gesellschaft anpassen. Ich meine, wenn da einer daherkommt, der total aufdreht. Jeder muß sich der Gesellschaft anpassen, sogar die Punks, nur die wollen nicht, die schieben alles auf die Gesellschaft, die Gesellschaft ist schuld. Aber ohne Anpassen geht es halt nicht, das finde ich. Auch wenn ich in ein anderes Land gehe, kann ich nicht anfangen, bloß ich, das andere ist mir egal, wenn jetzt das und das verboten ist, dann muß ich das berücksichtigen, man muß Rücksicht nehmen. Und dann kann ich mich in die Gesellschaft einfügen, und dann geht alles von ganz alleine«.

Keine gute Zeit für rebellische Geister und schräge Vögel. Kein Wunder, daß sich um den Kern fremdenfeindlicher Straftaten ein häßlicher Speckrand von Ressentiments gegen gesellschaftliche Minderheiten eingenistet hat. Ausländerfeindlichkeit kommt selten allein, fast immer zieht sie die aggressive Ablehnung von Andersdenkenden und Anderslebenden hinter sich her.

Fremdenfeindliche, rassistische und autoritäre Einstellungen sind also keineswegs eine Spezialität ökonomisch und sozial verunsicherter, orientierungsloser Jugendlicher. Insofern wäre es ein gefährlicher Trugschluß zu glauben, wenn nun alle mit Wohnungen und Arbeitsplätzen versorgt wären, gäbe es bei uns keinen Rassismus mehr. Wer einmal dem Genuß von Privilegien und Besitz erlag, hat Angst diese zu verlieren. Insbesondere wenn er der Überzeugung ist, diese auch »zu verdienen«.In einem System, daß das Vorhandene stets vermehren muß, schafft Besitz nur neue Begehrlichkeiten. Was bietet sich da zur ideologischen Verteidigung Besseres an als ein Griff in die wenig verstaubte Mottenkiste rassistischer, nationalistischer und eurozentristischer Überzeugungen. Die abendländische Kulturgeschichte hält da ein durchaus reichhaltiges Arsenal bereit, das sich insbesondere, aber nicht nur in gesellschaftlichen Umbruchsituationen, allgemeiner Beliebtheit erfreut.

Psychologisch gesehen steht hinter den Gewalthandlungen gegen Ausländer und Minderheiten der Versuch zu zeigen, »daß die Täter sich eine weiße, heterosexistische, patriarchale Gesellschaft wünschen, in der nur die Leistungsfähigen, Angepaßten und Erfolgreichen Macht und etwas zu sagen haben. Beweisen wollen die Täter, daß sie diejenigen sind, die dazugehören. Angegriffen werden alle, die diesen Vorstellungen widersprechen und sie tatsächlich oder scheinbar in Frage stellen. Sie werden auf ihren Platz verwiesen oder ganz aus ihr hinausgedrängt« (ROMMELSPACHER 1995:85).

Fassen wir also zusammen: Das von HEITMEYER und anderen entwickelte Desintegrationskonzept und der Versuch, die Hinwendung zu rechtsextremistischen und rassistischen Orientierungen als Reaktion auf tatsächliche Notlagen und Orientierungslosigkeit zu verstehen, greifen zu kurz und entlasten die Täter. Hier sind wohl mehrdimensionale, komplexe Erklärungsmodelle gefragt, die politisch-historische Traditionen berücksichtigen. Die selbstherrlich genossenen Vorzüge sozialer Privilegien können ebenso in die Vorhöfe rechtsextremistischer, rassistischer und fundamentalistischer Ideologien führen wie die aus (relativer) sozialer Benachteiligung erwachsenen Frustrationen.

Warum setzen sich eindimensionale oder verfälschende Erklärversuche so hartnäckig in den Köpfen fest? Diese Frage stellt sich auch JAN PHILIPP REEMTSMA, seines Zeichens selbst Sozialwissenschaftler.

»Nehmen wir mal an, daß da nicht bloß bewußtlos etwas nachgeplappert wurde, was Sozialwissenschaftler irgendwann mal ausgedacht haben. Halten wir fest, daß die vorgebliche Diagnose nicht zur Verteidigung taugt: wer jemand totschlägt, weil er unter Perspektivlosigkeit leidet, der wäre eher ein Fall für die Anwendung des Kriteriums der niedrigen Beweggründe. Halten wir auch fest, daß es sich selbstverständlich nicht um eine sozialwissenschaftliche Erklärung handelt, die irgend etwas taugt. Daß es sich bei den Aktivisten der Fremdenjagd nicht um Arbeitslose und subproletarische Schichten handelt, haben entsprechende Untersuchungen gezeigt; daß soziale Depravierung und tatsächliche Perspektivlosigkeit keine Ursache von Revolutionen einer- oder Menschenjagden andererseits sind, zeigen historische Vergleiche. Was also ließ die angeführten Zitate so ins Kraut schießen? Woher das Bedürfnis, die Landsleute als Getriebene und nicht als Handelnde zu verstehen? Woher die Unfähigkeit, politisch zu reden, die Weigerung, Probleme zu erkennen, und die Neigung, sie wegzaubern zu wollen? Und warum sind die Bedürfnisse und Unfähigkeiten so lagerübergreifend bzw. -auflösend?« (REEMTSMA 1994:43f.).

Ja, warum nur? Lassen wir einen Dichter zu Wort kommen, der sich vielleicht in diesen Fragen besser auskennt.

»Wendet euch
nicht ab
sondern schauet
ihr braven Bürger
den jungen Neonazis
die in eurem Staat
von neuem den Glauben
an den alten Irrsinn
gelernt haben tief in die Augen
Ihr schaut nicht
genau hin
wenn ihr in diesen blauen
oder braunen
oder auch grauen Augen
nicht einen Augenblick lang
euer eigenes
Spiegelbild seht«
    (FRIED 1995, Das Ärgernis)

Tips und Anregungen

Allgemeine Literaturhinweise

Eine kurze Darstellung und Kritik am Ansatz von WILHELM HEITMEYER findet sich bei:
HUISKEN, FREEK 1993: Zur Kritik von W. Heitmeyers Rechtsextremismustheorie - theoretisch desorientiert - politisch orientiert, in: Deutsche Jugend 1993/11, S. 496 - 504 und
PFAHL-TRAUGHBER, ARMIN 1993: Nur Modernisierungsopfer: Eine Kritik der Heitmeyer-Studien, in: Die Neue Gesellschaft (Frankfurter Hefte) 1993/4, S.329 - 336
Die beiden Beiträge weisen auf theoretische und empirische Mängel hin und erörtern politische Implikationen.

Einen Überblick über die Vielzahl rechtsextremer Organisationen von den Anhängern neuheidnischer germanischer Götterkulte bis zur Beschreibung der Realpolitk der Republikaner liefert:
FROMM, RAINER 1993: Am rechten Rand: Lexikon des Rechtsradikalismus. Berlin
Der Band enthält Originaldokumente und beschäftigt sich im zweiten Teil mit der Geschichte und den Besonderheiten der Skinhead-Szene.

Zu einer Auseinandersetzung mit der antisemitischen Vergangenheit animiert der Artikel:
MOßMAN, WALTER 1992: Ein Pfahl im Löß. Über Antisemitismus in einer Region, in: FOITZIK, ANDREAS/LEIPRECHT, RUDI/ MARVAKIS, ATHANASIOS (Hg.)1992: »Ein Herrenvolk von Untertanen« Rassismus -Nationalismus - Sexismus. Duisburg, S. 95 - 112.
Die Schändung von jüdischen Gräbern regen den Autor zur Spurensuche in seiner Heimatregion an. Er fördert historische und aktuelle Zusammenhänge zu Tage. Der Beitrag eignet sich als Grundlage für »Ausgrabungen« vor Ort.

Dazu seien noch empfohlen:
HEINSOHN, GUNNAR 1994: Was ist Antizionismus, in: Interkulturell 1994/ 3-4, S. 94 - 99
Am Beispiel der Kritk am Staat Israel geht der Autor auf den aktuel-

len, als Antizionismus getarnten Antisemitismus ein.
Ferner:
ROMMELSPACHER, BIRGIT 1995: Schuldlos - Schuldig? Wie sich junge Frauen mit Antisemitismus auseinandersetzen. Hamburg
Forschungsergebnisse über den Umfang und das Erscheinungsbild antisemitischer Einstellungen präsentieren:
BERGMANN, WERNER/ ERB, RAINER 1991: Der Antisemitismus in der Bundesrepublik. Ergebnisse der empirischen Forschung. Opladen

Nützliche Adressen

Der IFFJ (INFORMATIONS-, FORSCHUNGS-, UND FORTBILDUNGSDIENST JUGEND-GEWALTPRÄVENTION IM VEREIN FÜR KOMMUNALWISSENSCHAFT E.V.) in Berlin bietet ein umfangreiches Seminarprogramm an, das sich ausschließlich auf die Themen Gewalt und Rechtsextremismus konzentriert.
IFFJ (Informations-, Forschungs-, und Fortbildungsdienst Jugendgewaltprävention im Verein für Kommunalwissenschaft e.V.)
Postfach 12 62 24
Ernst Reuter Haus
Straße des 17. Juni 112
10632 Berlin
Telefon 030/390 01 - 133
Fax 030/390 01 - 143

Der Fachbereich Politische Bildung des INSTITUTS FÜR JUGENDARBEIT DES BAYERISCHEN JUGENDRINGS in Gauting bei München veranstaltet handlungsorientierte Seminare über Rechtsextremismus und Fremdenfeindlichkeit.
Institut für Jugendarbeit des Bayerischen Jugendrings
Postfach 13 09
82118 Gauting
Telefon 089/85 69 82 - 0
Fax 089/85 69 82 - 82

Aktuelle Informationen über Materialien, Projekte, Literatur, Referentinnen und Referenten zu den Themenbereichen Rassismus, Sexismus, Rechtsextremismus sind über das DISS in Duisburg zu beziehen.
Duisburger Institut für Sprach- und Sozialforschung (DISS)
Realschulstraße 51
47051 Duisburg
Telefon 0203/ 202 49

Die BUNDESZENTRALE FÜR POLITISCHE BILDUNG bietet in der Schriftenreihe »themenorientierte AV-Medienkataloge« Zusammenstellungen von Filmen zum Thema Gewalt - Ausländerfeindlichkeit - Rechtsradikalismus
Bundeszentrale für Politische Bildung
Adenauerallee 4-6
53113 Bonn
Telefon 0228/20 73 48

Daten, Referenten und Referentinnen zum Thema Asyl bietet die Gefangenhilfsorganisation AMNESTY INTERNATIONAL
amnesty international
Sektion der Bundesrepublik e.V.
Heerstr. 178
53111 Bonn
Telefon 0028/98373-0
und die regionalen amnesty international Büros.

Filmtips

»DER UNTERTAN« von WOLFGANG STAUDE (DDR 1951), 16 und 35 mm
Verleih:
UNIDOC film & video
Osloer Str. 99/7
13359 Berlin
Telefon 030/493 29 55
Fax 493 30 72
Verfilmung des Romans von HEINRICH MANN 1954 »Der Untertan«. Berlin

»DRACHENFUTTER« (1987) von JAN SCHÜTTE, 16 mm oder 35 mm
Verleih (35 mm):
Pandora Film
Hamburger Allee 45
60486 Frankfurt
Telefon 069/77 90 94
Fax 069/ 707 40 33
Verleih (16 mm):
Landesbildstellen Baden, Nordbayern, Hamburg, Hessen, Niedersachsen, Rheinland
Spielfilm über den pakistanischen Asylbewerber Shezad, der in Deutschland Fuß fassen will.

»ALLE JUDEN RAUS« (1990) von EMANUEL RUND, 16 mm, Verleih:
Landesbildstelle Baden
Radstatter-Str. 25
76199 Karlsruhe
Telefon 0271/88 08-0
Fax 0271/88 08 69
Landesbildstelle Südbayern
Am Stadtpark 20
81234 München
Telefon 089/12 65 25-36
Fax 089/83 94 31 01
Anläßlich einer Gedenkfeier zur Progromnacht am 9.11.1989 in einer deutschen Kleinstadt stellt der Film die Aussagen von nicht-jüdischen Deutschen die Erlebnisse und Aussagen von INGE AUERBACHER und ihrer Mutter gegenüber, die nach Theresienstadt verschleppt wurden.

»SHOAH« (1974-1985) von CLAUDE LANZMANN, 35 mm, Verleih:
Freunde der Deutschen Kinemathek e.V.
Welserstr. 25
10777 Berlin
Telefon 030/211 17 25
Fax 030-218 42 81
Fast sechsstündige umfassende Dokumentation über die systematische Verfolgung der osteuropäischen Juden durch die Nazis. Der Film zeigt Interviews mit Überlebenden der Todeslager, Tätern und Augenzeugen.

Praktische Vorschläge

1   Analyse von Liedtexten
Jugendliche sprechen über ihre Gefühle und Assoziationen zu »rechten« (z.B. Störkraft) und »linken« Liedern aus der Hip Hop Szene. Das Landesamt für Verfassungsschutz Baden-Württemberg (Februar 1993) hat eine Broschüre zum Thema »Skinheads. Musik-Band-Magazine« erstellt.

2   Das Grenzspiel
Die reale Biographie eines Flüchtlings oder einer Flüchtlingsfrau, die bzw. der trotz plausibler Fluchtgründe aus rechtlichen Gründen nicht als politische Verfolgte oder politisch Verfolgter anerkannt wurden, bilden den Ausgangspunkt für dieses Spiel. Die Teamerin oder der Teamer übernehmen die Rolle des Grenzbeamten bzw. der Grenzbeamtin, vor der/ dem die Jugendlichen ihren Asylantrag vor einer symbolischen Grenze (Stacheldraht, Mauer) begründen müssen und abgewiesen werden.

Hier sind Menschen willkommen
**Überlegungen zum politischen und
gesellschaftlichen Selbstverständnis einer
multikulturellen Bildungs- und Kulturarbeit**

Von exotischen Welten, Ausländerfreunden und Ausländerfeinden

Als sich Anfang der 90er Jahre rassistische Ressentiments in dumpfen »Ausländer raus« Parolen an Häuserwänden und öffentlichen Telefonzellen verewigten, drehten »Ausländerfreunde« den Spieß einfach um. Die Gäste wurden gebeten zu bleiben. »Liebe Ausländer, laßt uns mit den Deutschen nicht allein« appellierten die gutwilligen Deutschen an die »Fremden« ohne wissen zu wollen, ob diese überhaupt bereit waren, ihre angekündigte gewaltsame Vertreibung stumm und widerstandslos hinzunehmen. Mit den »bösen Deutschen« wollten diese »inländischen« Graffiti-Sprayer jedenfalls nichts gemeinsam haben. Wer sich für die »lieben Ausländer« einsetzt, kann kein schlechter Mensch sein. Das sind nur die anderen - die »Deutschen«.

Die Reaktion auf den realen Rassismus in der Bundesrepublik zeichnet sich durch eine bestimmte Hilflosigkeit aus, die Zuflucht im allgemein Menschlichen sucht und damit oft meilenweit daneben liegt. Bisher hat der bloße Verweis auf die geteilte Menschlichkeit noch keine Hierarchien zum Einstürzen gebracht.

In einer Plakataktion gegen »Ausländerfeindlichkeit« prangte unter den Fotos »fremdländisch« ausschender Menschen die Unterschrift »Mensch«. Ja wer hätte das gedacht, daß »Ausländer« Menschen sind. Die so zum Menschen geadelten, aber nach wie vor von Bürgerrechten ausgeschlossenen »Fremden« fanden das größtenteils gar nicht lustig und reagierten empört. Sie fühlten sich erneut zu »Menschen zweiter Klasse« degradiert.

Wer die »Fremden« nur benützt, um sich so seine moralische und persönliche Überlegenheit zu bestätigen, der macht sie erneut zu recht- und willenlosen Objekten. Und wehe, das idealisierte Opfer erweist sich der eigenen Selbstlosigkeit nicht würdig, dann gerät so manche Überzeugung schnell ins Wanken. Kritisch bemerkt der Sozialwissenschaftler und Journalist TANER ACCAM zu den Aktionen Lichterketten gegen Ausländerfeindlichkeit, deren Berechtigung er nicht prinzipiell in Frage stellt:

»Demonstrationen gegen Anwendungen von Gewalt können Vertrauen und Sicherheit schaffen. Die Demonstranten sind sicherlich der Überzeugung, daß Ausländer gut behandelt werden müssen. Aber es wird bei allen diesen Aktionen ein großer Fehler begangen. Ständig wird an die Moral der Menschen appelliert, werden sie aufgefordert, ›gute, hilfsbereite Menschen‹ zu sein. Manchmal versetze ich mich in die Lage der Deutschen und werde bedrückt! Solch eine Menge an Moral, so viel Aufforderung zur Liebe... Ich ersticke fast daran. Es bleibt kein Platz mehr, schlecht zu sein, nicht immer helfen zu wollen und andere nicht zu mögen. Warum sollen Liebe und Haß die Alternative in meiner Beziehung zu den ›anderen‹ sein? Muß ich den ›anderen‹ wirklich lieben? Das ist Unsinn. Aber der Unsinn verbirgt Gefahren in sich, er verdeckt das eigentliche Gewaltpotential. In den Anfällen von Liebesbeweisen bleibt eine Sichtweise verborgen, die nicht gravierend anders ist als die der Rechten. Ist vielleicht nicht bekannt, daß einige Bürgerinitiativen, die in vielen deutschen Städten gegen Asylbewerber gegründet wurden, von anfänglich gutherzigen Bürgerinnen und Bürgern voller Liebe ins Leben gerufen wurden? ›Wir haben für sie alles gemacht‹, hat eine Frau im Fernsehen gesagt ›Tee gekocht, Decken mitgebracht‹. Diese gutherzigen Menschen wurden anscheinend in ihrer Aufopferungsbereitschaft nicht verstanden und haben deshalb die Vereine ›Asylanten Raus‹ gegründet« (AKCAM 1993:35).

Wer »Ausländer« von vorne herein mit einem moralischen und menschlichen Glorienschein umhüllt, sitzt in einer Falle. Er darf sich nicht wundern, wenn jeder Fehltritt seiner idealisierten Schützlinge sofort mit Häme der »Ausländerfeinde« belegt wird.

»Du immer mit deinen Ausländern« tönt es da triumphierend aus den Kehlen derer, die es ja schon immer wußten. Im moralischen Scheingefecht geht völlig unter, daß demokratische Grund- und Menschenrechte nicht an einen »guten« Charakter gebunden sind. Wer sich gegen die Diskriminierung von Minderheiten und die Verletzung von Menschenrechten wehrt, verteidigt die eigenen demokratischen Grundrechte. Dazu bemerkt TANER AKCAM:

»Es fehlt an durchschnittlichem bürgerlichen Bewußtsein in diesem Land. Darum kommt es zu moralischem Geschwätz in der heutigen Auseinandersetzung. Die Grenzen verlaufen nicht zwischen Demokraten und Nicht-Demokraten, sondern zwischen jenen, die ›Ausländer lieben‹ und jenen, die ›Ausländer hassen‹. Zwischen beiden Gruppen besteht jedoch Konsens, daß es in Deutschland ›Ausländer‹ oder ›Fremde‹ gibt. Die Grundüberzeugung ist die, daß es sich hier um ›unser‹, also ein ›deutsches Haus‹ handelt und daß ›Ausländer bei uns‹ leben. Und auf beiden Seiten wird hingenommen, daß die ›Ausländer‹ keine bürgerlichen Rechte haben...« (AKCAM 1993:36).

Weit entfernt von einer demokratischen Selbstverständlichkeit im Umgang mit Minderheiten wird der »Ausländer« zu einer entrückten Figur, die beliebig mit Projektionen aufgeladen werden kann. Sogenannte »Ausländerfreunde« hängen oft an einem einseitig positiven Bild von Fremden und projizieren ihre ambivalenten und negativ-feindseligen Gefühle in »die Deutschen«.

»Das heißt, so manche Ausländerfreunde sind Inländerfeinde, die meinen Ausländer vor letzteren beschützen zu müssen. Damit entwerfen sie ein Bild von Menschen fremder Herkunft, das diese als passiv und hilflos erscheinen läßt, sie zu Opfern stilisiert, die unseres Mitleides bedürfen (wobei dieses Mitleid etwas anderes ist als die Unterstützung von Fremden, damit diese sich in einer ihnen zunächst fremden Umgebung zurechtfinden und eigenständig handeln können). Die türkische Schriftstellerin AYSEL ÖZAKIN hat sehr verärgert auf WALLRAFFS Buch ›Ganz unten« reagiert und die Frage gestellt: ›Ist Mitleid die vornehmste Form von Verachtung?‹ In unserem Wohlwollen sind wir häufig blind für die Zuschreibungen, die wir vornehmen, und die MigrantInnen und andere Menschen fremdkultureller Herkunft als Stigmatisierung und als Festschreibung empfinden.....« (NESTVOGEL 1994: 156).

Wer an sich selbst und dieser Gesellschaft leidet, dem dient das idealisierte Bild des »Fremden« als Kronzeuge für die Anklage. Fremdbilder geben uns in der Regel jedoch keine Auskunft über die Befindlichkeiten der Fremden, sondern spiegeln die Widersprüche und Bruchstellen der eigenen gesellschaftlichen Verhältnisse. In ihnen artikulieren sich die eigenen (nicht gelebten) Bedürfnisse, Sehnsüchte, Ängste und Aggressionen. Wie die Mode sich ändert, so wechseln auch die fremden Kulturen, die gerade »in sind«. Die Träume von der großen Revolution, die im eigenen Land schon längst ausgeträumt waren, fanden in den siebziger Jahren in Lateinamerika ein Himmelbett. Heute suchen die eigene verbiesterte Freudlosigkeit und der leblose Computerkörper im »Lachen und Tanzen Afrikas« Erlösung. Die strukturellen Probleme der Landwirtschaft in Burkina Faso oder das urbane Afrika stoßen dagegen auf ein weitaus geringeres Interesse. Es fehlt ihnen der besondere Zauber von Exotik und Erotik, mit dem auch die Werbung so gerne ihre tote Warenwelt belebt.

Auf der Suche nach der verlorenen Unschuld feiert eine seltsame Vorstellung von reinen Kulturen fröhliche Auferstehung. Nichts ärgert den oder die Alternativtouristen so sehr wie der Einzug »moderner« Veränderungen in das unberührte kretische Bergdorf. Natürlich möchten sie selbst auf Dauer nicht in so »archaischen Verhältnissen« leben. Und sicherlich hätten sie auch etwas dagegen, wenn Frauen und Schwule in der Bundesrepublik heute noch so behandelt würden wie anno dazumals im Deutschen Reich. Aber die anderen sollen sich bitte im Zoo der Authentizität bestaunen lassen. Nur kein sozialer Wandel mit all seiner Widersprüchlichkeit bitte.

Wer selbst den unangekündigten Besuch einer Freundin mit einem - selbstverständlich vorher geplanten - Problemgespräch über Nähe und Distanz beantwortet, kann sich an »südländischer Spontaneität und Gastfreundschaft« mit feuchten Augen laben.

Ein statischer und reduktionistischer Kulturbegriff ist immer in Gefahr,

Barrikaden zu erbauen und die Vielfalt der Lebensformen zu reduzieren. Wer Menschen in ein »Kulturgefängnis« sperrt, öffnet dem Kulturrassimus die Tore - auch wenn er in der Gestalt der Idealisierung von »fremden Kulturen« auftritt.

RENATE NESTVOGEL (1994) zitiert zur Dokumentation eines arg verkürzten Kulturverständnisses, das nur als Sammelbehälter für eigene Projektionen dient, aus einem Reiseprospekt über die Türkei:

»Erwarten Sie bitte keine Perfektion, was nicht heißen soll, daß in der Türkei Regeln nicht eingehalten werden. Man setzt eben andere Wertigkeiten. Im Vordergrund steht immer der Mensch - die Kommunikation. Aufgeschlossenheit und Herzlichkeit wird Ihnen überall begegnen. Es ist leicht Freundschaften zu schließen. Vertieft in ein Gespräch vergißt der Türke dann gern die Zeit. Die uns eigene Pünktlichkeit ist ihm fremd. Dies sollte aber nicht als Unzuverlässigkeit ausgelegt werden. Man lebt momentbezogener, spontaner - eben unverkrampft und freier« (NESTVOGEL 1994:155).

Vor der kulturellen Mumifizierung, die sich in dem bekräftigten Bemühen, die Kultur der einheimischen Bevölkerung zu respektieren, äußern kann, warnte bereits FRANTZ FANON. Er sah darin "den Willen zu objektivieren, abzukapseln, einzusperren, einzuspinnen. Phrase wie ›ich kenne sie‹, ›sie sind nun mal so‹ bringen diese Objektivation in ihrem maximalen Erfolg zum Ausdruck. Ebenso kenne ich die Gesten, die Gedanken, die diese Menschen beherrschen« (FANON zit. nach: CLAUSSEN 1992:188).

Reine und statische Kulturen gibt es ebensowenig wie reine Rassen. Kulturen leben vom Austausch, von Vermischung und ihrer Offenheit. Nur so können sie sich entfalten, entwickeln und veränderten Umweltbedingungen anpassen. Kulturelle Muster sind in sich verschieden. Manchmal widersprechen sie sich und erlauben unterschiedliche Interpretationen und unterschiedliche soziale Strategien. Weder die andere noch die eigene Gesellschaft ist in sich homogen. Kultur ist immer auch das Ergebnis von Auseinandersetzung, Kommunikation, Kampf, Selbstbehauptung und Verhandlung. Die britische Sozialwissenschaftlerin SANDRA WALLMAN widerspricht der Sichtweise, daß ethnische Minderheiten sich selbst als kulturell andersartig betrachten und ihre Kultur aus der Zeit vor der Auswanderung bewahren würden.

»Nein, es ist die Kultur in Anlehnung an, als Antwort auf und als Widerstand gegen andere innerhalb eines gegebenen Kontextes, an der sich beide Seiten der ethnischen Grenzen beteiligen und die geformt wird durch die Ziele, die Begrenztheit und die Möglichkeiten dieses jeweiligen Kontextes« (WALLMAN zit. nach: LUTZ 1995:93).

In der Situation der Migration, die ja an sich schon einen Bruch mit der traditionellen Kultur darstellt, müssen Migranten und Migrantinnen ihre Gemeinschaften, ihre Identitäten und Kulturen in Auseinandersetzung mit der Aufnahmegesellschaft reorganisieren. Alte und neue Elemente kollektiver und individueller Erfahrungen werden immer wieder auf unterschiedlichste Weise miteinander verschmolzen.

»Ein türkischer Lebensstil existiert genauso wenig wie ein deutscher. Verschiedene Elemente eines Lebensstils können aber beispielsweise als türkisch oder deutsch identifiziert werden. Und sie können besonders in einer Situation weit weg vom Geburtsort eine besondere Realität erhalten, sobald diese Realität von mehreren Menschen so definiert wird. Zu denken ist hier an die vielen Gebräuche, die von Auslandsdeutschen noch dreihundert Jahre nach der Auswanderung in Rumänien, Südamerika, Kanada, Australien oder der Sowjetunion gepflegt werden. Ein Schützenfest gehört dazu, Marschmusik, Lieder über den schönen deutschen Wald, Schweinshaxe mit Sauerkraut. Und wer die Bilder der deutschen Kolonie in Chile gesehen hat, wird sich an Bilder aus den dreißiger Jahren, die Zeit des deutschen Nationalsozialismus erinnert fühlen. Aber jede(r) chilenische Deutsche wird mit Sicherheit diesen Lebensstil als typisch deutsch betrachten und ihn verteidigen. Dabei sind diese besonderen Stile mit ein Produkt der Isolation, der Abschirmung gegen die (potentiell) Hegemonie der Außenwelt. Als Zeichen der Gemeinsamkeit haben die Pflege von Volkstanz, Volksliedern, Eßkultur und Kleidung eine wichtige Funktion für den Zusammenhalt einer Gemeinschaft« (LUTZ 1995:94).

Für Minderheiten innerhalb der ethnischen Minderheit oder manche Jugendliche kann diese Form der Traditionspflege zum Spießrutenlauf werden.

Was denn genau soll die deutsche Kultur so eindeutig bestimmen? Das Christentum? Die germanische Kultur? Der Kapitalismus? Der Autoritarismus? Die Demokratie? Die Bierkultur? Was verbindet einen jungen, großstädtischen, intellektuellen Schwulen, der Grün wählt, Techno, experimentelles Theater und ausgefallene Mode liebt, leidenschaftlich im Internet surft und auf den Flughäfen dieser Welt Zuhause ist mit einer älteren, katholischen, in konservativen Traditionen verwurzelten Bäuerin, die so gut wie noch nie aus ihrem Dorf herausgekommen ist, Sonntags in die Kirche geht, mit dem Wechsel der Jahreszeiten lebt und deren ganze Aufmerksamkeit und Sorge ihrem Mann, ihren Kindern und Enkelkindern gilt?

Unsere »deutsche Nationalkultur« ist genauso wenig einheitlich und homogen wie andere Kulturen auch. Mit manchen Facetten der »deutschen Kultur« wollen viele Deutsche überhaupt nicht gerne in Verbindung gebracht werden. »Kulturelle« Unterschiede durchziehen wie feine Fäden jede Gesellschaft - nicht nur die eigene.

Im deutschen Film lassen sich vielfältige Spuren für kulturelle Projektionen und die Würze der Exotik finden. In »KEINER LIEBT MICH« (1992) von DORIS DÖRRIE hebt sich der karrieresüchtige deutsche Yuppie, der noch dazu impotent ist und einen miesen Charakter hat, schroff von der Traumgestalt des warmherzigen, freundlichen, schwarzen und schwulen Orfeo ab. Mit magischen Ritualen, in denen auch die Anspielung auf Kannibalismus nicht fehlt - unter Orfeos Anleitung verspeist die deutsche Frau das Foto eines Angebeteten - kuriert der schwarze Wunderheiler die weiße Frau von ihrer Lebens- und Liebesunfähigkeit. Sie trifft ihren Traummann - der ist selbstverständlich weiß - und Orfeo entgleitet ins Jenseits. Er wird schließlich auch nicht mehr gebraucht.

MARIAM NIROUMAND schrieb über die Figur des Ausländers in der TAGESZEITUNG vom 19.11.1992:

»(Sie sind) Fabelwesen, die dem deutschen Film, der nichts eiliger wollte, als die Fremdheit im eigenen Heim zu dokumentieren, zu dem gesuchten Schuß Irrealismus verhalfen« (DIE TAGESZEITUNG, 19.11.1992).

HELMA SANDERS BRAHMS verfolgt in »SHIRINS HOCHZEIT« (1975) die Irrwege einer jungen Frau aus Anatolien, die in Deutschland landet. Mit einer fraternisierenden Geste wird die stumme Türkin eingemeindet. Die Stimme der allwissenden Regisseurin aus dem Off kommentiert den Lebenslauf der jungen Frau und legt ihr ihr eigenes Unbehagen an den gesellschaftlichen Verhältnissen der Nachkriegsbundesrepublik in die Seele: »Für uns beide gilt, daß wir Fremde in Deutschland sind«.

Im Schlagabtausch zwischen der bundesrepublikanischen Linken und Rechten werden »Ausländer« als Schachfiguren - meist in der Bauernrolle - eingesetzt. Als afro-deutsche Frauen den Rassismus in der deutschen Frauenbewegung anprangerten und darauf hinwiesen, daß sie ja keine »Ausländerinnnen« sind, wurde ihnen dies als Verrat am Internationalismus ausgelegt. Unbemerkt hielten die »Ausländerfreunde« damit am Bild der völkisch reinen deutschen Nation fest und erklärten ihre eigene Befindlichkeit für allgemeingültig. Ein neues konsequent republikanisch und demokratisches Selbstverständnis hat da keine Chance.

In progressiven Kreisen gehört verbaler Antirassismus zum guten Ton. So manche Begegnung erstickt in Befangenheit und neue feine Grenzen werden gezogen. Man bleibt lieber unter sich und beschäftigt sich mit den eigenen Schuldgefühlen. Sensibel werden Sprachregeln überwacht. Nur allzu leicht gerät die gute Absicht jedoch zur eitlen Selbstdarstellung, die von den »Opfern« Absolution erwartet und sich in der moralischen Überlegenheit sonnen will. Viel schwerer ist es da, auf sich selbst zurückgeworfen zu werden und keine Aufmerksamkeit - nicht einmal für die eigenen Schuldgefühle und die vor sich her getragenen guten Absichten - zu erhaschen. Da macht sich dann schon mal Groll breit, wenn die permanente Selbstzensur nicht gebührend gewürdigt wird.

Wer nur gut dastehen und sich von den »Rassisten« abheben will, ohne die Bereitschaft zu politischem und persönlichem Handeln mitzubringen, erhält zu Recht einen Korb. Wenn politische Einstellungen und persönliches Verhalten sich in stetem Widerspruch zur verbalen Repräsentation befinden, gerät »political correctness« zur eitlen Farce ohne politische Bedeutung. Was heißt schon »politisch korrekt«, wenn ein politischer Standpunkt gefragt ist, der im Widerstreit mit anderen Positionen und Interessen versucht, die eigenen politischen Vorstellungen zu verwirklichen? Die Geistes- und Sozialwissenschaftlerin KADER KONUK beobachtet einige Merkwürdigkeiten in der »politisch korrekten« Diskussion der letzten Jahre.

»Die Diskussionen in den letzten Jahren sind vom Mythos der ›Political Correctness‹ beherrscht. Mehr als unsere Sensibilität im Umgang miteinander, mehr als die Bewußtmachung, daß bestimmte Begrifflichkeiten verletzend sind, und mehr als unser Bemühen, sprachlich vermittelte Herrschaftsformen aufzudecken und aufzulösen, ist gefragt, ob ›politisch korrekt‹ gesprochen und gehandelt wird. Wir geraten unter Streß, wenn wir nicht die gerade aktuellen politisch korrekten Bezeichnungen kennen. Es scheint gar nicht mehr so sehr um die Inhalte und Konsequenzen des Sprechens und um die Sensibilität der jeweiligen Sprecherin zu gehen, sondern um den Beweis, die derzeit politische ›korrekteren‹ Begriffe zu beherrschen. Political correctness wird zu einer Modeerscheinung. Es wird jedoch nicht reflektiert, daß die Regeln der ›Political Correctness‹ eine Form der Machtausübung sind, die Menschen in ›politisch korrekte‹ und ›politisch unkorrekte‹ aufteilen, wodurch wieder eine Trennungslinie konstruiert wird. Wenn wir sprachlichen Ausdrucksweisen zuviel Macht geben, hindern wir uns selbst daran einander wirklich zuzuhören. Auch der politisch ›korrektere‹ Begriff ›Migrantin‹ kann - genauso wie ›Ausländerin‹ - verletzend sein. Der Kontext ist dabei ausschlaggebend, nicht das Wort« (KONUK 1996:238).

Hält sich ein Angehöriger der »geschützten Minderheit« nicht an die Rituale der Repräsentation, so erntet er Unverständnis und Verachtung. Die Offenheit für menschliche Begegnungen, die auch mal das eigenen Koordinatensystem kräftig durcheinander rütteln, bleibt auf der Strecke.

»Wir haben respektvoll gelernt zu akzeptieren, daß die besten Witze über das Fremde von den Fremden selbst kommen; und darüber dürfen wir auch lachen. Wenn die gleichen Witze von der Seite der jeweils privilegierten kommen, wirken sie peinlich. Aber man muß nicht weghören, wenn Türken Türkenwitze und die Juden Judenwitze erzählen....« (DAXNER 1994:36).

Wenn zwei dasselbe tun, ist es noch lange nicht das Gleiche. Auf die Machtpositionen kommt es an. Deshalb macht es keinen Sinn den Opfern von Diskriminierung »Rassismus« vorzuwerfen, wenn diese zur Gegenstereotypisierung greifen. RAM ADHAR MALL berichtet von einer Gruppe Kenianer, die den »Entschluß faßte, im Geiste des interkulturellen Tourismus das Empfinden für eine gegenseitige Exotik zu testen. Die Gruppe, bewaffnet mit Kameras und Trinkgeld, ging auf eine Gruppe eingereister deutscher Touristen zu. Die Kenianer versuchten, die Deutschen zu einem Erinnerungsphoto zu bewegen, gaben ihnen Trinkgeld, nestelten an ihren Kleidern herum und dergleichen. Die deutschen Touristen sollen dies überhaupt nicht lustig gefunden haben, auch nicht exotisch. Sie riefen nach Ordnung, nach Reiseleitung, ja sogar nach Polizei« (MALL 1995:71).

Ähnliche Erfahrungen mußte auch DIANA BONNELAME machen, die in der Wissenschaft die Spielregeln einmal umdrehte. In ihrer Diplomarbeit wollte die Afrikanerin den Stamm der Deutschen untersuchen. Ausgerüstet mit den Instrumentarien der Völkerkunde erforschte sie die deutschen Eingeborenen so wie es Heerscharen weißer Wissenschaftler zuvor an afrikanischen Völkern erprobt hatten. Die Wissenschaft und ihre irdischen Vertreter wußten ihre Feldforschungen allerdings nicht zu würdigen. Der Hort des freien und kritischen Geistes entpuppt sich als borniester und humorloser Männerzirkel. Ihre Erfahrungen hat DIANA BONNELAME filmisch dokumentiert. Das Werk trägt den bezeichnenden Titel »WIE ANDERE NEGER AUCH« (1983) und ist auf jeden Fall sehenswert.

Nach einer Veranstaltung zum Thema »Rassismus in der Frauenbewegung« erklärt eine weiße Deutsche im Gespräch unter weißen Frauen: »Ich habe Probleme mit schwarzen Frauen, weil sie mir fremd sind«. Den Vorwurf, rassistisch zu sein, weist sie weit von sich. Natürlich kämme sie nie auf den Gedanken zu behaupten, sie habe keine Probleme mit weißen Frauen, da sie diese ja schließlich kennen würde. In ihrem Alltag hat sie ausschließlich Probleme mit Weißen. Kein Wunder, bewegt sie sich doch in einem weißen Umfeld und tritt schwarzen Frauen in der Regel als Kundin in einem Geschäft gegenüber, das Schwarze als Verkäuferinnen beschäftigt. Was wir für fremd halten, unterliegt gesellschaftlichen Konventionen.

»Fremdsein ist daher nichts von Natur Gegebenes.......(Doch) die Definition dessen, was er (der Mensch) für fremd zu halten hat, ist etwas Gemachtes. Es wird auf zweierlei Weise immer erst hergestellt. Einerseits erzeugt die Idee des eigenen Volkes erst die Fiktion, innerhalb dessen könne es kein Fremdsein geben, so wie es außerhalb dessen kein Vertrautsein geben könne. Wir erleben nicht das Fremdsein, sondern wir definieren, daß Menschen uns fremd sein müssen, die nicht zu unserem Volk gehören. Andererseits eignet sich die Idee des Volkes dazu, immer wieder Menschen auszugrenzen, von denen uns in der sozialen Realität eigentlich nichts trennt. Selbst Deutsche können als ›undeutsch‹ diskriminiert werden. Wenn aus irgendwelchen Gründen dazu ein Bedarf entsteht, können die Grenzen des Volkes verlegt werden. Eines Tages kommen wir auf die Idee, Menschen zu Fremden zu erklären, mit denen wir bisher vertraut waren« (HOFFMANN 1992:7).

Diese Vorstellungen über die Fremden setzen nicht einfach auf der individuellen psychologischen Ebene an, sondern sie sind kollektiv wirksam, weil sie auf langen kulturellen Traditionen aufbauen. Rassistische Bilder vom fremden schwarzen Kontinent und seinen Bewohnern gehören ebenso zu unserem Kulturgut wie stereotype Darstellungen der »Süd- und Morgenländer«.

»Das Bild des Räubers, so wissen wir aus kulturgeschichtlichen Untersuchungen ist wesentlich geprägt durch das Erscheinungsbild der Revolutionäre von 1848. Mit der Niederschlagung der Revolution und in der Restaurationszeit in der zweiten Hälfte des 19. Jahrhunderts wurde die Revolution im Räuberbild mit Schlapphut, Feder, Bart und schmuddeligem Äußern (Anleihen bei der Gestalt GARIBALDIS) diskriminiert. Und noch heute ist in den Medienproduktionen das Bild des Schurken durch seine dunklen Haare, einen finsteren Gesichtsausdruck, einen ›südländischen‹ Gesamteindruck geprägt. Was wir als fremd empfinden, ist durch kulturelle Bilder und Konventionen geprägt, auch gerade dort, wo es nicht zum Thema gemacht, sondern eher unbewußt benutzt wird« (HICKETHIER 1995:270).

Wann immer von Fremdenangst die Rede ist, tritt die Soziobiologie auf den Plan. Sie erklärt rassistisches oder »ausländerfeindliches Verhalten« aus einer angeborenen Disposition zur Angst vor »Fremden«. In der Öffentlichkeit erfreuen sich derartige Sichtweisen einer großen Popularität. Selbst in einem Aufsatz der Zeitschrift »Vorgänge«, die sich im Rahmen eines Themenheftes kritisch mit Fremdenfeindlichkeit auseinandersetzte, schreibt ANDREAS GUHA:

»Xenophobie und Fremdenfeindlichkeit waren über Jahrmillionen hinweg ein zweckmäßiges, arterhaltendes Verhalten auch des Hominiden und später des Menschen (homo sapiens). Sie wurden daher vererbbar und sind angeboren. Instinktive Abwehr und Mißtrauen gegenüber Fremden sind auch heute in allen Kulturen anzutreffen, spontanes Abwehrverhalten zeigen auch gerade Kinder. Man kann daher von einer Universalie sprechen...«(GUHA zit. nach BOOS-NÜNNING 1993:88).

Der Pädagoge GEORGIOS TSIAKOLOS hat sich dieser Behauptungen einmal angenommen und auf ihre Gültigkeit untersucht. Sein Ergebnis: Die Annahme, daß Xenophobie universell anzutreffen sei und die Grundlage für die Ablehnung von Fremden bildet, läßt sich durch biologische und anthropologische Forschungen nicht bestätigen.

»Die Fülle von Material, das die Existenz von Xenophobie als eigenständige und regelmäßige - geschweige denn als universelle - Verhaltensweise bestreitet, kann von niemanden übersehen und übergangen werden. Die biologische Verhaltensforschung begründet nicht die Auffassung von einer angeborenen Fremdenablehnung« (TSIAKOLOS 1992: 49).

Warum geistert die Behauptung einer angeborenen Disposition zur Fremdenfeindlichkeit dann immer noch durch die Gazetten? Dazu bemerkte TSIAKOLOS bereits 1983 treffend:

»Die große Publizität aktueller Xenophobieforschung kann durch neuere ethologische Erkenntnisse nicht erklärt werden. Die von der Presse angeführten Untersuchungen beziehen sich nicht auf Menschen und stellen lediglich eine, zum Teil tendenziöse Wiederholung früherer Untersuchungen dar. Die Tatsache, daß mit wachsender Ausländerfeindlichkeit ethologische Erklärungsversuche deutlich an Popularität gewinnen, kann sich lediglich durch ihren bedeutenden Unterschied gegenüber den ›klassischen‹ rassistischen Theorien erklären: Während der Rassismus in Deutschland mit seinen Behauptungen früher die Realität und die Alltagserfahrungen in grotesker Weise auf den Kopf stellte (und daher Befürworter und Mitläufer des Rassismus sich nachträglich durch nichts entschuldigen können) und zur radikalen Verhaltensänderung zum Beispiel gegenüber jüdischen Nachbarn, Arbeitskollegen usw. aufforderte, liefern heute die ethologischen Erklärungsversuche eine Rechtfertigung für schon existierendes Verhalten, das in deutlichem Gegensatz zu den herrschenden ethischen und politischen Normen steht. Darin liegt auch die besondere Gefahr für die Zukunft.....«(TSIAKOLOS 1983:45f.).

An einer belebten Kreuzung versperren sich zwei Autofahrer gegenseitig den Weg. Einer von ihnen wollte schnell noch bei gelb über die Kreuzung fahren und behindert dadurch den abbiegenden Gegenverkehr. Es kommt zu einer heftigen verbalen Auseinandersetzung. Haben wir es mit einer Alltagssituation zu tun, wie wir sie alle schon einmal erlebt haben? Auf den ersten Blick sicherlich. Nur stehen sich hier ein deutscher Opelfahrer in mittleren Jahren und ein junger Mann türkischer Abstammung gegenüber. Diese »Kleinigkeit« wird den Ablauf des Geschehens auf dramatische Weise beeinflussen. Später gibt der deutsche Opelfahrer auf der Polizeistation zu Protokoll, daß er angenommen habe, der wütende junge Türke wollte ein Messer aus der Jacke ziehen. Da habe er ihn »vorsorglich« niedergeschlagen. Das »türkische Temperament« - rechtfertigt sich der Mann mit der lockeren Faust - neige nun mal dazu überzuschäumen. Der »südländische Heißsporn« hatte nur leider kein Messer in der Tasche. Es war auch nicht seine »türkische Mentalität«, die ihn zu seiner Kamikaziefahrt veranlaßte, sondern der Anruf eines Klinikarztes, der ihm mitteilte, daß seine Frau schwer verunglückt sei.

Wird in Konfliktfällen stets auf die »Kultur« des/der anderen verwiesen, gerät das eigene Handeln völlig aus dem Blickfeld. Der Kulturkonflikt war sozusagen schon immer da. Seine Ursachen sind bekannt: die »Kultur des/der anderen«.

»Gibt es Schwierigkeiten in einer konkreten Situation und mein Gegenüber ist zufällig ein Einwanderer mit türkischem Paß, dann weiß ich im Modus dieser Denkweise sofort, daß die türkische Kultur für die problematische Situation irgendwie verantwortlich sein muß. Die Lebensgeschichte meines Gegenübers, dessen eigene Haltung, die sich letztlich innerhalb der bundesrepublikanischen Gesellschaft entwickelt hat, wird völlig verschleiert. Es scheint auch geradezu gleichgültig zu sein, wie mein Gegenüber agiert und handelt. Durch mein Gegenüber hindurch blicke ich gewissermaßen auf einen Ursprung aktueller Konflikte, den ich irgendwo in der Türkei, in einer dort vorgestellten homogenen türkischen Kultur vermute. Die Fragwürdigkeit meines Wissens bleibt unangetastet, ja, ich verzichte, darauf, mein Gegenüber direkt zu befragen, denn ich scheine bereits alles zu wissen. Mein eigener Anteil an der problematischen Situation wird auf diese Weise gleichsam ausgeklammert. Ebenso alles, was die Situation ausmacht, etwa die institutionellen Rahmenbedingungen, hierarchische Verhältnisse, die hierin angelegt sind, ungleiche Kommunikationsstrukturen etc. Ich glaube auf diese Weise immer schon zu wissen: die türkische Kultur bzw. das Bild, das ich davon im Kopf habe, zeigt ihre unheilvolle und konfliktverursachende Wirkung« (LEIPRECHT 1992:98).

Die Festlegung auf eine Herkunftskultur wird z.b. für Türken und Türkinnen, die im sozialen Bereich arbeiten, zur Kulturfalle. Die von vornherein unterstellte allumfassende Kompetenz in allen »ihre Kultur« betreffenden Fragen kann zu Überforderung und Einschränkung zugleich führen. Sie müssen sich als Experten »ihrer Kultur« und als Fachkräfte für »Ausländerfragen« spezialisieren. In »allgemeinen« und die deutsche Gesellschaft betreffenden Fragen und Problemen traut man ihnen weniger Kompetenz zu. So werden Deutsche aus der Verantwortung für »Ausländerfragen« entlassen. Die allgemeinen Spielregeln legen sie weiterhin fest.

Die Forderung nach der Anerkennung kultureller Differenz hält manche Fallstricke bereit.

Der gordische Knoten:
Verschieden und doch gleich

Am 9.3.1989 stand folgende Nachricht unter der Überschrift »FAP gegen RUSHDIE« in der TAGESZEITUNG:

»Die ›Freiheitliche Deutsche Arbeiterpartei‹ will ›in Zukunft alle Mittel zur Verhinderung der Verbreitung der Satanischen Verse von SALMAN RUSHDIE einsetzen‹. Dies kündigte die FAP-Bundesgeschäftsstelle gestern in einer Presseerklärung an, RUSHDIES Buch unterstützt ›die Ziele der bundesdeutschen Integrationspolitiker: die Schaffung eines national entwurzelten und konsumorientierten Vielvölkerstaates als Spielball des internationalen Großkapitals‹. ›Kulturvermischung ist Völkermord‹, hieß es in der Erklärung, die eine ›strafrechtliche Verfolgung aller Verbreitungsversuche in der BRD‹ fordert. Zudem sei der von Rushdie angegriffene islamische Glaube ›der einzige Rückhalt der Völker im Nahen Osten bei der Bekämpfung des israelischen Terrors (...).Die Terroristen sitzen in Israel und nicht im Iran« (DIE TAGESZEITUNG, 9.3.1989).

Es erschreckt sicherlich so manche gutwillige Kämpfer und Kämpferinnen gegen Rassismus, sich mit der Forderung nach der Anerkennung von Differenz plötzlich im Chor der »Neuen Rechten« wiederzufinden. Die absolute Verschiedenheit existiert jedoch genauso wenig wie die völlige Übereinstimmung. Stets findet sich im Fremdem Eigenes und Fremdes im Eigenen. Die Grenzen zwischen Fremden und Eigenem verschieben sich und bringen Neues hervor. Da wo die Grenzen verschwimmen, Eindeutigkeiten sich auflösen, können sich kreative künstlerische Potentiale entfalten. Kultur lebt von Austausch, Vermischung und Verwandlung. Wo immer aber die Vorstellung genährt wird, es gäbe so etwas wie eine genuine, echte Kultur, findet der kulturelle Rassismus ein willkommenes Einfallstor:

»Beispielsweise ist ein ›Schwarzer‹ dieser Denkweise zufolge nicht mehr minderwertig, sondern er ist eben anders: er hat eine besondere Affinität zu seinem Körper (er tanzt), er verfügt über eine besondere Musikalität, er ist kinderlieb, aber auch verantwortungsscheu. Es dürfte deutlich sein, daß hiermit keine neutrale Beschreibung gegeben ist, sondern ganz im Gegenteil eine deutliche Zuschreibung erfolgt, der zufolge ›unsere‹ Werte Normen und Verhaltensweisen entwickelter, moderner, demokratischer usw. sind« (LUTZ 1995:88).

Die Forderung nach der Anerkennung von Differenz hat ihre Tücken. Wem ist damit geholfen, wenn »Kulturen der Armut« nun nicht mehr als defizitär aufgefaßt werden, sondern einfach als »anders« gelten. Werden damit nicht nur hierarchische Verhältnisse und Ausbeutung zementiert? Die Freiheit anders zu sein, setzt Gleichheit voraus. Ansonsten erstickt die Freiheit des Stärkeren die Entfaltungsmöglichkeiten der anderen. Gleichheit ohne Freiheit endet in totalitärem Terror. Letztendlich läßt sich das Spannungsverhältnis zwischen der Freiheit anders und doch gleich zu sein auf die gleichzeitige Bestimmung des Menschen als unverwechselbares Individuum und soziales Wesen zurückführen. Das gesellschaftliche Verhältnis von Freiheit und Gleichheit muß in einem politischen Prozeß stets aufs neue bestimmt und ausgefochten werden.

Differenz steht nicht ein für allemal fest, sie ist ständig in Veränderung begriffen. Wer Menschen auf eine bestimmte Differenz festlegt - wie es in rassistischen und sexistischen Ideologien geschieht -, erwürgt das Potential menschlicher Entwicklungsmöglichkeiten. Die Pädagogin ANNEDORE PRENGEL hat versucht das Verhältnis von Differenz und Gleichheit in einem demokratischen Differenzbegriff zu fassen, der sich nicht auf die falsche Alternative von Differenz und Gleichheit einläßt:

»Die Option für ein demokratisches Differenzkonzept meint, daß unterschiedliche Lebensformen gleiches Existenzrecht haben, gleiches Recht, gesellschaftlich sichtbar, anerkannt und wirksam zu sein. Das Gleichheitspostulat wird auf neue radikale Weise eingelöst, indem den heterogenen Lebensweisen gleiches Recht zugesprochen wird. Gleichheit ist damit die Bedingung der Möglichkeit von nichthierarchischer Differenz.
Differenz ohne Gleichheit bedeutet gesellschaftliche Hierarchie, kulturelle Entwertung, ökonomische Ausbeutung. Gleichheit ohne Differenz bedeute Assimilation, Anpassung, Gleichschaltung, Ausgrenzung des anderen« (PRENGEL 1990:131).

Das einseitige Lob der Differenz läuft in Gefahr zu einer kurzsichtigen Gleichgültigkeit zu verkommen, die aus der Position der Stärke bequem erscheint, letztendlich aber das Fundament, auf dem das Recht auf Verschiedenheit steht, untergräbt. Aus der Ferne läßt sich vielleicht die Einführung der Sharia noch als »kulturelle Eigenart« abtun. Die Frauen und wenigen Männer, die in Istanbul gegen den Fundamentalismus demonstrierten, werden das anders sehen. Wer sich aus Angst vor dem Vorwurf des »Eurozentrismus« vor einer politischen Stellungnahme drückt, verweigert die Entscheidung, auf welcher Seite sie oder er steht. Ganz davon abgesehen, daß es wenig glaubwürdig ist, die eigenen kulturellen Traditionen in Bausch und Bogen zu verdammen und doch ihre Vorzüge in Anspruch zu nehmen.

Auf einer Podiumsdikussion über das »Feindbild Islam« in der Zeit des

Golfkrieges äußern die eingeladenen Referentinnen aus den Maghrebstaaten massive Kritik an fundamentalistischen Strömungen. Ihr entschiedenes Eintreten für Menschenrechte und Säkularisierung verstört das deutsche Publikum. Um dem Vorwurf des Rassismus und Eurozentrismus keinerlei Angriffsfläche zu bieten, neigen viele »Linke« zu einer pauschalen Verteidigung des Islam. Kritischen Moslems, die auch befürchten, von glühenden und gar nicht so friedlichen Verteidigern des christlichen Abendlandes vereinnahmt zu werden, machen sie es damit nicht leichter. Die Autorin und Journalistin ARZU TOKER beobachtet diese Entwicklung mit Sorge:

»Die existentielle Bedrohung durch die radikalen fundamentalistischen Moslems und die Angst, für die eurozentristischen Interessen mißbraucht zu werden, haben viele kritische Moslems paralysiert. So gibt es wenige, die sich zur Zeit öffentlich gegen den Fundamentalismus und die Reislamisierung stellen. Und die wenigen, die sich zu äußern wagen, bekommen hierzu in den Medien kaum eine Chance, obwohl gerade jetzt eine differenzierte Berichterstattung sehr wichtig wäre. Gerade jetzt, deshalb weil die Menschenfeindlichkeit steigt (AusländerInnen sind Menschen!) und der Islam von den Menschenfeinden für ihre Zwecke als Argument mißbraucht wird. Es ist sehr wichtig der deutschen Bevölkerung zu vermitteln, daß es auch unter den Moslems Andersdenkende gibt. Nicht jede, die in die islamische Gesellschaft hineingeboren ist, ist unbedingt Fundamentalistin oder gläubig, wie auch nicht jede Christin zu einer radikalen christlichen Sekte zu rechnen ist. Angesichts der Tatsache, daß die Fundamentalisten und die radikalen Islamisten außer dem Koran keine andere Gesetzgebung anerkennen, stellt jede Ablehnung der Reislamisierung nicht nur eine oppositionelle Haltung dar. Die Ablehnung bedeutet zugleich eine eindeutige Entscheidung für Demokratie und Emanzipation der Gesellschaft. Ein klares ›Ja‹ für die Demokratie ist für viele, insbesondere aus der Türkei, mit Sicherheit kein Problem; ein klares ›Ja‹ für die Emanzipation stellt eher eine Gefahr für die Traditionalisten und Fundamentalisten dar, denn sie beinhaltet: Entpatriarchalisierung, Gleichberechtigung der Geschlechter, Befreiung von feudalen Traditionen und sexuelle Freiheit. Schließlich garantiert Demokratie alleine nicht eine notwendigerweise gesellschaftliche Befreiung aller. Mich gegen Fundamentalisten, gegen die Reislamisierung zu stellen, ist für mich eine Offensive für die gesellschaftliche Emanzipation, eine Offensive für die Freiheit in allen Bereichen des persönlichen und gesellschaftlichen Lebens. Zugleich ist es ein Engagement für die Aufklärung und eine Auseinandersetzung mit der Religion, in die ich - zufällig - hineingeboren bin« (TOKER 1993:116f.).

Auch ANNEDORE PRENGEL grenzt sich scharf von der neuen Beliebigkeit ab:

»Aus der Sicht demokratischer Differenz auf der Basis gleicher Rechte ist darum nicht etwa alles Mögliche akzeptabel, alles beliebig oder gleichgültig. Ein demokratischer Differenzbegriff stellt vielmehr klare Kriterien der Urteilsbildung zur Verfügung: all jene Tendenzen, die monistisch, totalitär, hegemonial, ausbeuterisch und diskriminierend die Gleichberechtigung des Differenten zu zerstören trachten, können aus dieser Sicht nur bekämpft werden. Vielfalt realisiert sich erst in klarer Stellungnahme gegen herrschaftliche Übergriffe. Sie ist der Vision der Gerechtigkeit verpflichtet...«(PRENGEL 1990:131).

Die Debatte über Kulturrelativismus versus Kulturuniversalismus ist in Fragen der Grenzen der Toleranz wenig hilfreich. Eine moralisch reine, über allen Zweifeln und Widersprüchen erhabene Position existiert nicht. In einem Gespräch mit CLAUS LEGGEWIE unterstreicht ODO MARQUARD noch einmal das Wechselverhältnis von Freiheit und Gleichheit:

»Ich bin bloß der Meinung, daß Universalismus genau dann berechtigt und legitimiert ist, wenn er seinerseits ›buntheitsfördernd‹ ist. Also mein Beispiel ist eigentlich immer der Gleichheitssatz, aber was heißt Gleichheit? Frei mit Adorno geredet: ›Ohne Angst anders sein können für alle‹. Dies ›für alle‹ ist das universalistische Element. Wenn jetzt alle nur das wären, was der jeweils andere wäre, wäre es furchtbar langweilig und meiner Ansicht nach ganz schlimm. Daraus, aus dieser universalistischen Gleichheitsmöglichkeit, müssen die Möglichkeit und die Chance der Verschiedenheit entspringen..« (MARQUARD im Gespräch mit LEGGEWIE 1991:117).

Erst die Einhaltung von Menschenrechten verleihen der Vielfalt verbindlichen Charakter:

»Toleriere die Toleranten! So möchte man einmal ein wenig zugespitzt formulieren. Alle Lesearten z.B. sind das, was sie sind, nämlich unterschiedliche Lesearten. Keine von ihnen ist die Leseart. Erhebt jedoch eine bestimmte Leseart dennoch diesen Anspruch, so ist diese nicht nur für die Unterdrückung, sondern auch für den Abbruch von Kommunikation verantwortlich und verdient keine Toleranz. Man darf diese Einstellung des toleranten Menschen dem Intoleranten gegenüber weder voreilig intolerant nennen noch mit einem persönlichen Nichtmögen verwechseln; sie ergibt sich als Pflicht. Es ist zu billig, wenn eine intolerante Position von einer dem Ideal einer gesunden Vielfalt verpflichteten Position Toleranz verlangt......Toleranz ist keine wertneutrale Kategorie, und sie kann nicht jede beliebige inhaltliche Bestimmung gutheißen. Aus der Selbstverpflichtung der Toleranz, nämlich der Aufrechterhaltung einer überlappenden Vielfalt, resultiert, daß es eine Grenze der Toleranz gibt, und dies um so mehr, wenn es um interkulturelle und interreligiöse Kommunikation geht. Eine bedingungslose Toleranz bedeutet, daß sie ihrer eigenen Verpflichtung und Verantwortung untreu geworden ist....Der indische Dichter-Philosoph, TAGORE sagt sehr eindringlich: ›Wenn je eine solche Katastrophe über die Menschheit hereinbrechen sollte, daß eine einzige Religion alles überschwemmt, dann müßte Gott für eine zweite Arche Noah sorgen, um seine Geschöpfe vor seelischer Vernichtung zu retten« (MALL 1995:75f.)

Mit der Erklärung der Menschenrechte hat der Anspruch auf Gleichheit bei aller Verschiedenheit, der das friedliche Zusammenleben aller ermöglichen soll, eine historische Form gefunden. Die Menschenrechte selbst sind als Ergebnis jahrhundertelanger Befehdung in den Kriegergesellschaften des Mittelalters, diverser europäischer Bruder,- Territorial- und

Wirtschaftskriege, sowie des 30jährigen Krieges und der beiden Weltkriege ein historisches Produkt. Das Verhältnis Freiheit, Gleichheit, Brüderlichkeit/Teilhabe muß immer neu ausbuchstabiert werden.

»In den Menschenrechtskatalogen lassen sich Entwicklungen und Erweiterungen erkennen. Während zunächst in der französischen Menschenrechtserklärung noch bürgerliche und politische Freiheitsrechte im Zentrum standen, kamen im 19. Jahrhundert soziale Forderungen hinzu, so in Deutschland 1848 das Recht auf Arbeit. Dies zeigt, daß der Menschenrechtsgedanke, obwohl nur universal denkbar in seiner schriftlichen Ausformulierung als Erklärung jedoch immer geschichtlich bedingt und daher wandelbar ist. Der Grundgedanke, der hinter den menschenrechtlichen Forderungen steht, ist der Versuch der Verrechtlichung und der damit verbunden Strukturierung staatlicher Ordnung. Und in diesem Sinne stellen sie Rechtsforderungen dar und keine moralischen Appelle. Denn Menschenrechte sind aus der Unfreiheit und der Bedrohung der Existenz entstanden. Durch sie soll der Mensch in seiner Würde geschützt werden..« (MENZEL 1994:121).

Grob lassen sich drei Generationen von Menschenrechte unterscheiden, die erst zusammen dem Anspruch auf ein Leben in Würde gerecht werden können:
1. bürgerliche und politische Freiheitsrechte
2. wirtschaftliche und soziale Rechte
3. Recht auf Entwicklung, Frieden und gesunde Umwelt.

Von ihrer Verwirklichung sind wir noch meilenweit entfernt. Die Geschichte der Menschenrechte zeigt, daß sich diese nicht unabhängig von konkreten Herrschaftsverhältnissen entwickelt haben und deshalb immer neu formuliert werden müssen.

Die Französische Menschenrechtserklärung (Declaration des droits de l'homme et du citoyen) von 1789 bindet die Freiheit und Gleichheit im Interesse der sie tragenden weißen bürgerlichen und männlichen Klasse an das Eigentum. Ausbeutung, Priviligierung und Ungleichheit werden nun nicht mehr mit einer »göttlichen Ordnung«, sondern mit einer wissenschaftlich fixierten natürlichen Ungleichheit begründet. Erst die reale Abhängigkeit und Unterdrückung von Frauen garantierte Männern die Unabhängigkeit. Da Frauen von »Natur« aus kein Eigentum besitzen, werden sie aus dem öffentlich-gesellschaftlichen Bereich ausgeschlossen. Mit dem Verweis auf ihre neu geschaffene »natürliche Rolle« als Hausfrau und Mutter schließen sich die Tore der Macht hinter ihnen. Nun ist es die »Natur«, die ihre Unterordnung und Ausbeutung rechtfertigt. Die selbstherrlichen aufgeklärten Patriarchen sind aus dem Schneider. Dessen ungeachtet beriefen sich Frauen auf das Naturrecht und forderten gleiche Rechte. OLYMPE DE GOUGES, die 1791 die Erklärung der Rechte der Frau verfaßte, landete 1793 auf dem Schafott.

Zur selben Zeit erfand das aufgeklärte Denken die natürliche rassische Unterlegenheit der Schwarzen und rechtfertigte so die eigene ökonomische Gier und Gewaltherrschaft.

Es dauerte lange, bis der proklamierte universelle Anspruch auf Freiheit, Gleichheit und Brüderlichkeit/Teilhabe als Resultat politischer Auseinandersetzungen zumindest formalrechtlich seinen Niederschlag fand. Seine Umsetzung läßt noch zu wünschen übrig. Dieser Prozeß ist bis heute noch nicht abgeschlossen und wird es wohl auch niemals sein.

»Obwohl die amerikanische Unabhängigkeitserklärung die Rechtsfähigkeit aller Menschen als selbstverständlich und unentziehbar bezeichnete, blieb die Sklaverei bis zum Bürgerkrieg der 1860er Jahre bestehen. Man schätzt, daß Ende des 18. Jahrhunderts ungefähr sechs Prozent der Gesamtbevölkerung der Vereinigten Staaten stimmberechtigt war, und das auch in Frankreich und den Schweizer Aristokratien der Prozentsatz nicht höher lag« (WILDHABER 1992:6).

In Deutschland erlangten die Frauen erst 1918 das Wahlrecht, in den USA mußten sie bis 1920 warten und in Frankreich gar bis 1945. Im Falle Rohner Appenzell fiel die formale patriarchalische Vorherrschaft sogar erst Ende 1990, als das Schweizer Bundesgericht den Frauen das Wahlrecht zusprach. Auf der Weltkonferenz über Menschenrechte in Wien Juni 1993 wurden zum ersten Mal auch Menschenrechtsverletzungen an Frauen behandelt und anerkannt, daß es geschlechtsspezifische Menschenrechtsverletzungen gibt. Ohne den Druck von Frauen und Nicht-Staatlichen-Organisationen (NGOS) wäre diese Entscheidung auf den Sankt-Nimmerleinstag verschoben worden.

In den USA erkämpften die Bürgerrechtsbewegungen der 60-er und 70-er Jahre die Bürgerrechte für Schwarze. Schwule und Lesben müssen nach wie vor für ihre Bürger- und Bürgerinnenrechte streiten. Das Verbot der Diskriminierung aufgrund der sexuellen Orientierung hat erst im Jahr 1993 Eingang in die Verfassungen des Landes Brandenburg und des Freistaates Thüringen gefunden. Ohne das Engagement der »Entwicklungsländer« und der Ökologie- und Friedensbewegungen wäre das Recht auf Entwicklung, Frieden und gesunde Umwelt nicht einmal formuliert worden.

Kritische Rückfragen an das Menschenrechtsverständnis müssen erlaubt sein. Eine »selbst auferlegte Unmündigkeit« (ANDREA MAIHOFER) fällt hinter das eigene Selbstverständnis zurück. Aber auch diese kritische Reflexion des eigenen Menschenrechtsverständnisses greift auf das Gedankengut der Aufklärung zurück. Aus den Aporien der Aufklärung gibt es kein Entkommen. Kulturelle Überlegenheitsdünkel haben in diesem Denken keinen Platz. Das zeigt allein schon der Blick auf die eigene Vergangenheit und Gegenwart. Humanität ist keine dem Westen vorbehaltenen Tugend. In einem Interview der ZEIT mit WOLE SOYINKA, dem ersten afrikanischen Schriftsteller, der den Nobelpreis für Literatur erhielt, widerspricht der Nobelpreisträger dem westlichen Alleinanspruch auf Verteidigung der Menschenrechte:

»ZEIT: Wie kommt es, daß die Intellektuellen, die heute am vehementesten westliche Werte verteidigen, zumeist aus Ländern der Dritten Welt stammen?
SOYINKA: Das stimmt so nicht: Für mich sind Menschenrechte keine westlichen Werte, Humanität ist kein Privileg des Westens. Vielleicht wurden diese Gedanken dort ausführlicher artikuliert und in vielen Büchern niedergeschrieben. Aber jede alte Kultur Afrikas kennt Strukturen, die den Mißbrauch von Gewalt kontrollieren sollen. Manchmal wird das mit traditionellen Ritualen zu regeln versucht, anderswo stoßen Sie auf feinste politische Regelwerke - es ist alles da! Deshalb akzeptiere ich nicht die Behauptung, wir hätten ›westliche Werte‹ angenommen. Wir halten an unseren Werten fest« (ZEIT, 21.3.1997).

Tips und Anregungen

Allgemeine Literaturhinweise

Wer sich kritisch mit der Soziobiologie und der These einer angeborenen Fremdenangst auseinandersetzen will, dem/der sei der Artikel von GEORGIOS TSIAKOLOS empfohlen:

TSIAKOLOS, GEORGIOS 1992: Interkulturelle Beziehungen: Steht ihnen die »Natur« entgegen?, in: FOITZIK, ANDREAS u.a. (Hg.) 1992: »Ein Herrenvolk von Untertanen« Rassismus - Nationalismus - Sexismus. Düsseldorf, S.35 - 56

Der Autor geht Beobachtungen zur Fremdenfurcht des Kleinkindes, zu Reaktionen gegenüber Außenseitern und gruppenfremden Eindringlingen im Tierreich sowie der Begegnungen von Fremden in vielen menschlichen Kulturen nach und prüft, ob sich damit die These einer angeborenen Disposition des Menschen zur Fremdenfeindlichkeit beweisen läßt.

Kritische Anmerkungen zum Kulturbegriff und seiner Verwendung in der Diskussion über »Ausländerfragen« finden sich im Artikel von HELMA LUTZ:

LUTZ, HELMA 1995: Ist Kultur Schicksal? Über die gesellschaftliche Konstruktion von Kultur und Migration, in: KARPF, ERNST (Hg.) 1995: »Getürkte Bilder«: Zur Inszenierung von Fremden im Film. Marburg

Von derselben Autorin ist auch die empfehlenswerte Studie über türkische Sozialarbeiterinnen in der Bundesrepublik Deutschland und den Niederlanden erschienen.

LUTZ, HELMA 1991: Welten verbinden: Türkische Sozialarbeiterinnen in den Niederlanden und der Bundesrepublik Deutschland. Frankfurt/Main

Selbst wer sich nicht mit der Erörterung von Fragen der Migrationsforschung auseinandersetzen will, findet in den Interviews, die die Autorin führte, anschauliche Beispiele, wie sich die kulturelle Zuschreibung »Türkin« auf das Leben der betroffenen Frauen auswirkt.

Das Buch von KARPF, ERNST (Hg.) 1995: »Getürkte Bilder«: Zur Inszenierung von Fremden im Film, Marburg, eignet sich als Grundlage für die Veranstaltung von Filmvorführungen zum Thema »Fremde im Film«.

Es enthält Artikel über grundsätzliche Probleme der Wahrnehmung von »Fremden«, der Darstellung von Fremdheit im (deutschen) Film und einzelne Filmbesprechungen.

Anregungen für die Analyse von Filmen und Texten

Wie glaubwürdig ist die Handlung?
Wird auf Klischees, Vorurteile und Stereotype zurückgegriffen?
Wer sind die Hauptdarsteller (Weiße, Schwarze, Frauen, Männer, Heterosexuelle oder Homosexuelle, Deutsche, »Ausländer«...)? Welchen sozialen Schichten gehören sie an?
Wie werden sie charakterisiert?
Dienen Angehörige anderer Kulturen oder Minderheiten lediglich als Kulisse für die Abenteuer, Erfahrung, Gefühle der Weißen, Deutschen, Mehrheitsangehörigen?
Treten Angehörige von Minderheiten oder anderen Kulturen mit eigenständigen Rollen, mit eigenen Ansichten Gefühlen etc. auf? Werden sie als Individuen wahrgenommen oder auf ihre Gruppenzugehörigkeit reduziert?
Wer erlebt mehr, wenn Fremde Haupt- oder wichtige Nebenfiguren sind?
Wie werden »Fremde« oder Minderheitenangehörige dargestellt (z.B. Superhelden oder gewöhnliche Menschen, sind sie besonders tapfer, emotional, engagiert, mutig, klug, gütig, attraktiv, erotisch etc. oder übermäßig grausam bösartig, hinterlistig, dumm, triebhaft, fanatisch, faul, borniert, grausam etc.)?
Was sagen diese Fremdbilder über das Eigenbild aus?
Lassen sich stereotype Geschlechterrollen erkennen?
Wie wird das Verhältnis von Männern und Frauen dargestellt?
Wer bestimmt die Handlung (Mehrheitsangehörige, Minderheitsangehörige, Männer, Frauen etc.)?
Wer trifft Entscheidungen?
Wie sind die sozialen Positionen verteilt?
Wer spricht, wer schaut wen an?
Aus welcher Perspektive wird erzählt (Angehörige der Mehrheitskultur oder der Minderheiten)?
Wie werden auftretende Konflikte begründet, gekennzeichnet und dargestellt?
Werden Lösungsmuster aufgezeigt? Wie sehen diese aus?
Werden Widersprüchlichkeiten vereinfacht und harmonisiert?
Welche Maßstäbe werden an andere »Lebensweisen« angelegt.
Werden andere Lebensweisen und Verhältnisse vereinfacht und in Schablonen gepreßt?

Blutspuckende Zigeuner
Überlegungen und Anregungen für eine geschlechtsspezifische Arbeitsperspektive

In den Fängen patriarchalischer Männlichkeit

Die Bilder von martialisch brüllenden Horden junger Männer, die in ihrem »Haß« auf »Ausländer« Menschenjagden veranstalteten, gingen durch die Medien. Was unter dem Firmenschild »Jugendgewalt gegen Minderheiten« geschlechtsneutral verhandelt wurde, war in der Realität ein überwiegend männliches Phänomen. Alle im Umfeld von fremdenfeindlichen Straftaten analysierten Tötungsdelikte sowie 99 Prozent aller Körperverletzungsdelikte gehen auf das Konto junger Männer. Die Friedfertigkeit haben Frauen nun auch nicht gepachtet. Bei Brandanschlängen gegen »Ausländer« und gewalttätigen Sachbeschädigungen waren sie mit 3,7 Prozent der Tatverdächtigen mit von der Partie (vgl. WILLEMS 1993). Diese Daten, die sich auf Straftaten und insbesondere Gewalttaten beziehen, lassen jedoch keine Rückschlüsse auf die Verbreitung von fremdenfeindlichen und rechtsextremen Einstellungen unter Frauen zu. Dazu aber später.

Spontan rufen die Jungen »blutspuckende Bimbos« und »blutspuckende Zigeuner« in die versammelte Runde einer rechten Jugendclique, als sie nach Bezeichnungen für das andere Geschlecht gefragt werden. Sie ernten damit schallendes Gelächter. Ein Mädchen hält sich die Hand vor das Gesicht und verläßt den Raum. In den Bemerkungen der Jungen wird das andere Geschlecht zur abgewerteten Fremden schlechthin. »Bimbos« und »Zigeuner« gehören einer untergeordneten Rasse an.

Es läßt sich nur schwer eine treffendere Pointe finden, die darauf hinweist, daß für die in unserer Gesellschaft verbreitete Art, sich die »Fremden« vom Leib zu halten, eine elementare Quelle existiert: der Umgang mit dem Geschlechtsunterschied. In Gestalt des anderen Geschlechts begegnet uns häufig zum ersten Mal die Erfahrung der Verschiedenheit. In einer nach wie vor patriarchalisch strukturierten Gesellschaft wie der unseren betreten wir damit auch das Terrain von Gewalt und Unterwerfung. Dazu schreibt die Psychologin BIRGIT ROMMELSPACHER:

»Die Sozialisation lehrt die Jungen mit Hilfe aggressiver Selbstbehauptung und Abwertung des Weiblichen ihre Männlichkeit zu beweisen. Mädchen hingegen müssen ihre Weiblichkeit in Form von Friedlichkeit, Fürsorgeverhalten und Selbstentwertung entwickeln. Beide lernen so mit einem Unterschied qua Hierarchisierung umzugehen, qua Dominanz respektive Unterwerfung« (ROMMELSPACHER 1992:87).

Damit ist allerdings keineswegs gesagt, daß sich Frauen stets entsprechend des weiblichen Sozialcharakters verhalten. Wer nach oben buckelt, tritt oft mit Genugtuung nach unten.

Die Abwertung des Weiblichen hat drastische Folgen für die männliche Geschlechtsidenität. Männlichkeit, das bedeutet sich von der Weiblichkeit und all deren Symbolen und Verhaltensweisen abzusetzen. Männlich ist, was nicht weiblich ist. Einfühlungsvermögen, Emotionaliät, Schwäche, Weichheit und Fürsorglichkeit gehören nicht zu einem richtigen Mann. So wird die »Weiblichkeit« mit all ihren Verlockungen zu einer verbotenen Frucht. Von einem Mann wird erwartet, daß er in allen Bereichen besser ist. Dem Flirt mit der Androgynie zum Trotz, die aus Männern die besseren Frauen machen will, tragen männliche Wesen keine Frauenkleidung. Wer die Kleidung einer untergeordneten Gruppe trägt, der verliert sein Ansehen und macht sich lächerlich. Aus der Angst heraus als homosexuell zu gelten, also kein richtiger Mann zu sein, erlauben sich Jungen/Männer keinen zärtlichen Körperkontakt untereinander. Ein Mann, der in die Nähe von Weiblichkeit gerät, den trifft das Verdikt der Entmännlichung. Selbst unter Schwulen haben Tunten einen schlechten Stand.

In der »Skinheadkultur« feiert ein patriarchalischer Männlichkeitskult blutige Urstände.»Ausländerfeindlichkeit und Frauenabwertung bilden Stufen einer Identitätstreppe zum letzten Rückzugspunkt männlicher Identität«(BÖHNISCH/WINTER 1993:132).

Männerbündlerische Jugendcliquen leben von einer Kameradschaft, die in gemeinsamen Gewalttaten ihre Bestätigung findet. Begeistert erzählen junge Skins von Straßenschlachten. Kampf, das ist ihr Lebenselexier. In solchen Schlachten, die vor keiner Bestialiät halt machen, geht es - so sagt ein jugendlicher Kämpfer für die Sauberkeit Deutschlands -, um die »Ehre« (vgl. SCHAD 1996:236). Ohne diese vermeintliche Erlaubnis durch eine höhere Mission wären sie bloß gewöhnliche Kriminelle. Ins Gefängnis zu gehen ist für Bernd keine Schande. Schließlich hat er sich nichts Kriminelles zuschulden kommen lassen, keinen Diebstahl begangen, sondern nur »unarisches Viehzeug« und »Linke« plattgemacht.

KLAUS THEWELEIT, der sich eingehend mit den Ritualen der Männlichkeit beschäftigt hat, sieht Männerbünde aufs engste mit der erlaubten gewalttätigen Übertretung verschwistert:

»Dies ist der entscheidende Punkt für alle Männerbünde wie für alle männlichen Institutionen. Sie alle haben als Kern den Moment der erlaubten Übertretung, sei es gegen andere (›Fremde‹), sei es gegen die eigenen Leute in verschiedenen Formen der sogenannten Innitiationsriten (quälende Körpereingriffe an den neu Beitretenden mit einer potentiellen Todesdrohung im Hintergrund). Die ›erlaubte Übertretung‹: Die Bombenmänner treten ein ins potentielle ›Recht‹ der Weltzerstörung, so wie im alten Institut der ›Ehe‹ der Mann die Frau ›zu recht‹ schlug, sowie die ›Lynchjustiz‹ der erlaubt/verbotenen Justiz-Exekutivfall männerbeherrschter Gesellschaften ist« (THEWELEIT 1995:54).

Die Verbindung von Männlichkeit und Gewalt gehört zu den offenen Geheimnissen männerdominierter Gesellschaften. THEWELEIT spricht von »einem der (offen) Kerngeheimnissen der jüdisch-christlichen-islamischen und anderen mannregierten Kulturen« (THEWELEIT 1995:40). Was ein wahrer Kämpfer ist, der fürchtet auch nicht die Verletzung des eigenen Körpers. Ein echter Mann kennt keinen Schmerz. Der Held wird aus dem Schmerzprinzip geboren.

»Dank für jeden Schlag und Tritt....Dank dafür, selber Schmerz zu werden, neugeboren zu werden vom Schmerzprinzip und vom Prinzip der Selbstverleugnung ...aber bitte, Sir, bitte, Herr Offizier, wenn ich dies hinter mir habe, nennen sie mich nicht mehr Waschlappen, Weib, Lady oder Girl, sondern nennen sie mich Mann, Mann, Mann, Supermann« (THEWELEIT 1995:59f).

Auf keinem Gebiet wird die Verknüpfung von Gewalt und Männlichkeit so deutlich wie im Bereich der Sexualität. Unter Männern ist der Einsatz des Penis als Waffe zur Bestrafung und Unterwerfung von Frauen und anderen Männern nichts Neues. Die Vergewaltigung von Rekruten durch ranghöhere Männer oder die Demütigung von Neulingen, die auf diese Art in die Gefängnishierarchie »eingewiesen« werden, hat mit homosexueller Männerliebe nun gar nichts gemein.

In Bosnien vergewaltigten Soldaten die Nachbarin von nebenan. Die Frage, wie es sein kann, daß »normale Männer« ihre Sexualität als Waffe benutzen, wurde in den Medien meist keusch vermieden.

»Das Nichtstellen dieser Frage schließt ein Wissen ein: das verbreitete Wissen, daß Gewalt ein institutioneller Bestandteil des bürgerlichen Normallebens in männerdominierten Gesellschaften ist. Nur eine Männersexualität, die von Kindesbeinen an (seitens der Eltern, der Geschwister, der Kirchen, Schulen, Vereine, Jugendbünde und Parteien) mit Formen der Gewalt legiert ist, ist im Angesicht einer zu vergewaltigenden Frau überhaupt erektionsfähig. Eine Sexualität, die in freundlichen Beziehungen zwischen Menschenkörpern entstanden wäre, würde ihren Dienst verweigern, wenn sie als Frauenzerstörung funktionieren soll« (THEWELEIT 1995:64).

Alles, was mit Lust und sinnlichem Genuß verbunden ist, muß bekämpft werden, da die mit lustvollen Zuständen verbundene Vermischung und Entgrenzung den männlichen Körperpanzer auflösen würde. Für die Punks, die ohne Zucht und Ordnung einfach in den Tag hineinleben, hat der martialisch auftretende Anführer einer rechten Jugendclique nur aggressive Verachtung übrig.

Nun muß es nicht gerade der militärische Drill sein, der jungen Männern die Botschaft patriarchalischer Männlichkeit vermittelt: »schön ist, was weh tut« und vor dem unberrschbaren Chaos der eigenen verdrängten Gefühle schützt. Im Krafttraining, in männlichen Trinkritualen und Mutproben, die den eigenen Tod billigend in Kauf nehmen, entsteht eine Stahlnatur, die dem eigenen Körper Gewalt antut.

»Unbelebte Teile oder Gebiete des Körpers, in denen angsterregende Eingriffe gespeichert sind, lassen sich gern transformieren in muskuläre Reaktionsgebilde ohne Gefühle; eine strenge Umpolung aufs muskulär-motorische kann als Errettung erlebt werden vor unintegrierbaren, angstmachenden Gefühlen, die aus eigener dunkler Geschichte stammen« (THEWELEIT 1995:42).

Die schmerzverzerrten Gesichter von Sportlern, die das Letzte gegeben haben, und die leblose, jeder sinnlichen Erfahrung beraubte Erscheinung von Managern, Politikern und Wissenschaftlern im Dauereinsatz erzählen von den gewalttätigen Prinzipien männerdominierter Institutionen.

Wer sich selbst Gewalt antut und stets seine eigenen Grenzen mißachtet, kann für die Grenzen anderer und deren Verletzlichkeit kein Sensorium entwickeln. Der männliche Habitus mit seiner Gefühllosigkeit ist ein gewichtiger Teil des Problems.

»Insbesondere einige erlebnispädagogische und sportliche Angebote müssen sich die Frage gefallen lassen, ob sie durch das in ihnen eingelassene Anforderungsprofil den traditionellen männlichen Habitus nicht reproduzieren, der doch eigentlich Bestandteil des Problems ist« (WEIHRAUCH 1993:140).

Mitleid mit den Opfern kennen die jugendlichen Krieger nicht. Dieser Mangel an Einfühlungsvermögen gehört zu einem »richtigen Mann«. Ein Junge, der sich mit seinen eigenen Gefühlen auseinandersetzt, Angst, Hilflosigkeit, Trauer und Schwäche zeigt, wird als »unmännlich« diffamiert. Gefragt ist der Motorradheld, der die Welt erobert, nicht der sensible Stubenhocker. »Schwächlinge« und sanfte Jungen haben in Jungencliquen nichts zu lachen. Sie sind »Weicheier« und »Muttersöhnchen«. Mit ihnen kann Mann genau sowenig Vernünftiges anfangen wie mit der unterlegenen Spezies Mädchen. Nur zum Beweis der eigenen Männlichkeit sind sie zu gebrauchen. Wer ein richtiger Mann ist, der spricht nicht über seine Gefühle, sondern über Autos und Frauen, die er sexuell erobert hat. »Wir reden über das, worüber Männer reden: Autos und Fußball«, so lautet die Regieanweisung eines Jungen zur Durchführung einer Spielszene (vgl. SCHAD 1996:131).

Wer kennt sie nicht die Schlußszenen unzähliger Western, in denen sich die Helden nach vollbrachter Tat stumm und wortlos voneinander trennen. Männer verstehen sich auch ohne Worte. Im sanften Abendlicht reitet der »lonesome cowboy« hinaus in die Weite der Prärie. Ein echter Mann findet seine Erfüllung in der Einsamkeit der Wildnis, die er von Tag zu Tag neu bezwingen muß. Der Lockruf der Freiheit siegt über die zärtliche Verlockung der Weiblichkeit, die ihn in Ketten legen will. Sprach- und Beziehungslosigkeit gelten als Insignien der Männlichkeit. Wie die äußere Wildnis, so werden auch die eigenen Emotionen unterworfen. Das eigene Innenleben erscheint als fremdes feindliches Terrain, mit dem Mann sich lieber nicht beschäftigt. Die Angst vor der eigenen Ohnmacht, Hilflosigkeit und Verwundbarkeit bestimmt über weite Strecken das Verhalten von Männern in patriarchalisch geprägten Kulturen. Die Bastion traditioneller Männlichkeit baut auf die Abwertung von Frauen, »Ausländern« und Schwulen. Die insbesondere schwarzen und südländischen Männern unterstellte sexuelle Potenz ruft ebenso Kastrationsängste hervor wie das selbstbewußte Auftreten unabhängiger Frauen.

»Es tauchen deutliche Unterlegenheitsprojektionen bezogen auf andere Jungen/ Männer auf: die des ›Schwächlings‹, anderen, nichtmännlich agierenden Jungen gegenüber und des ›Ausländers‹ als Verkörperung des ›Fremden‹, dessen wirkliches oder meist nur vorgestelltes ›Anderssein‹ das Gefühl der eigenen Hilflosigkeit nur steigern würde, wenn darauf eingegangen würde« (BÖHNISCH/WINTER 1993:84).

In Prinzip der Externalisierung sehen die Jugendforscher LOTHAR BÖHNISCH und REINHARD WINTER das gewaltnahe Muster männlicher Sozialisation und Lebensbewältigung:

»Externalisierung meint die Zurichtung auf männliche Außenorientierung, sie bewirkt ein Nach-Außen Verlagern von Wahrnehmung und Handeln, gekoppelt mit Nicht-Bezogenheit als Ausdruck für einen Mangel an Bindungen und Verbindungen zu sich selbst, zu individuellen Anteilen und zur eigenen Geschichte, sowie zu anderen Personen. Mit der Externalisierung verbunden ist damit eine mangelnde Fähigkeit zur Emphatie, und das bedeutet auch: eine relativ schwache Beziehungs- und Gruppenfähigkeit«(BÖHNISCH/WINTER 1993:129).

Diese Externalisierung mündet in eine permanente Grenzüberschreitung.

»Wer keine Rücksicht nehmen muß, lernt auch nicht die Grenzen anderer wahrzunehmen. Er ist weniger genötigt zu fragen: Wo trete ich meinem Gegenüber zu nahe? Was wünscht mein Gegenüber, und wo verhindere ich das? Wo überschreite ich die Grenzen seiner oder ihrer Intimsphäre? Wo verletze ich der oder des anderen Gefühle? Eine Aufgabe von Jungenerziehung ist es, Jungen für diese zwischenmenschlichen Grenzen zu sensibilisieren und sie darin zu unterstützen, diese zu achten« (OTTEMEIER-GLÜCKS 1994:86).

Gewalt bestimmt nicht nur das Verhältnis von Männern gegenüber Frauen und Kindern, sondern auch das Verhältnis zu anderen Männern und sich selbst. Männer/Jungen müssen stets ihre Überlegenheit beweisen. Sie konkurrieren um Frauen, Macht und Erfolg. In diesem Kampf unter Männern dienen Frauen als Faustpfand zum Beweis der eigenen Männlichkeit. In einem Workshop beginnen männliche Jugendliche eine Spielszene mit folgender Wette: Wer die nächsten Mädchen, die die Kneipe betreten, sexuell erobert, dem spendiert die Jungenrunde ein Bier (vgl. SCHAD 1996:13ff.).

»Die Tugenden herrschender Männlichkeit sind Eigenschaften, die der Erhaltung von dominanten Positionen dienen. Sie sollen gegen Konkurrenten (Männer) und Untergeordnete (Männer und Frauen) abschotten, unangreifbar machen. Diese Tugenden wie Selbstbeherrschung, Gelassenheit (heute cool sein), Festigkeit, Distanziertheit, Sachlichkeit, Stärke, Klarheit, Präzision, Strenge und unpersönliche Rechts-Suche (Wahrheitsliebe) fordern im bedingungslosen Erstreben eine Panzerung des Gefühlslebens und des Körpers. Keiner soll hinter die männliche Fassade schauen; dort können Dinge versteckt sein, die den ständig lauernden Angreifern nützen würden........ Männer erleben sich nicht in und durch ihre eigenen Gefühle. Gefühle sind eher etwas Bedrohliches, das Unordnung bringt, etwas Unberrschbares.....« (OTTTEMEIER-GLÜCKS 1994:85).

Wer ständig die eigene Überlegenheit beweisen muß, kann gar nicht umhin (fremde)andere abzuwerten und sie nur in der Rolle der Bewunderer oder der Bewunderin zuzulassen. Für Zwischentöne, die anderes einfach sein lassen können, ohne es in ein hierarchisches System zu pressen, bleibt da wenig Spielraum.

»Kultiviert wird damit eine Konkurrenz um des Prinzips willen, also kein Wettstreit, um etwas zu bekommen, sondern allein um zu gewinnen, um gut/besser/toll dazustehen. Da gilt es als erstrebenswerter, der ›Erste von hinten zu sein, als überhaupt nicht aufzufallen. Wenn der Junge auf dem Schulhof Papier aufsammelt, dann ist er auch darin der Beste. Wenn nicht hat er auf jeden Fall ›sein Bestes gegeben‹. Das ›Guiness-Buch der Rekorde‹ ist voll von solchen Männlichkeitsbeweisen. Da sitzen Männer um die Wette auf Pfählen im Wattenmeer, fressen Unmengen ungesunder Lebensmittel, nur um der Beste zu sein« (OTTEMEIER-GLÜCKS 1994:85).

In der Konkurrenz mit »dem türkischen Mann« kämpft »der deutsche Mann« noch um den Lorbeerkranz der Emanzipation. Da »der Türke« - wie jeder weis der größte Macho ist -, gehört nicht viel dazu als »emanzipierter Mann« dazustehen. Wer selbst wegen der eigenen Machoallüren von der Freundin vor die Tür gesetzt wurde, kann mit dem Bild vom »türkischen Pascha« seine gekränkte Eitelkeit kurieren. Besser - sprich emanzipierter - ist der deutsche Held alle mal. Wenn es um die »Fremden« geht, erfreut sich kein Thema so großer Beliebtheit wie das Geschlechterverhältnis in türkischen Familien. Die Unterdrückung der türkischen Frauen beschäftigte den deutschen Mann schon zu Beginn dieses Jahrhunderts. Die alte christliche Tradition des Anti-Islamismus, die heute mit Stereotypen über türkische Frauen und Männer arbeitet, bescherte uns in der Vergangenheit schon so manche originelle Erkenntnis über den orientalischen Mann. Das Phantasiegebilde des Orients, in dem sich der Westen seine eigene Gestalt gab, war immer schon Traum und Alptraum zugleich.

»Der ›Okzident‹ projizierte auch positive und ambivalente Vorstellungen in ihn. Die Konstruktion des ›Orients‹ erschien sowohl in der Funktion eines Feindbildes als auch in der eines Vorbildes. Als Wunsch- und Gegenbild zum prüden und unaufgeklärten Abendland diente der Orient als Ort der Lust und Sinnlichkeit, der Rationalität und Aufklärung. Auf den exotischen Orient projizierte das Abendland seine unerfüllten Wünsche und gleichzeitig seine Abscheu vor der eigenen Phantasie« (Attia 1994:210).

Der Harem galt dem Christentum jahrhundertelang als der Ort ungezügelter Lust, köstliche Grotte der Exzesse und Ausschweifungen. Der Schriftsteller Juan Goytisolo beschreibt in seinem Buch »Eine Reise in die Türkei« den Harem als ein Sündenbabel besonderer Art. Anstatt die Leidenschaften zu befriedigen, bringt er neue Formen der Lüsternheit hervor: die Liebe zwischen Mann und Mann. Der Türke wird zum Invertierten schlechthin »zum ganz großen Schwulen«.

»In nur einer Sache leben die Türken nicht nach Recht und Billigkeit, und das ist diese, daß sie die Frauen nicht schätzen und auf sie nicht mehr Wert legen als auf Bratspieße, Löffel und Stielpfannen, die sie am Küchenbrett hängen haben. Lieber wäre jedem die Gunst des Küchenjungen als die noch so vieler Türkinnen« (Goytisolo zit. nach: Akkent/Franger 1987:117f.).

Die eigene Homophobie und das Bedürfnis, die eigene Männlichkeit zu unterstreichen, nimmt hier kurz einmal den Umweg über den »Orient«. Die Bilder von den »Fremden« waren schon immer mit Geschlechterfragen verknüpft.

Wer das Geschlechterverhältnis nicht berücksichtigt, muß bei der Vermittlung einer Kultur der Vielfalt scheitern. Dieser Zusammenhang ist empirisch gut belegt. Je stärker sich Männer an einer traditionellen patriarchalisch geprägten Geschlechterrolle orientieren, um so eher neigen sie zu Ausländer- und Homosexuellenfeindlichkeit.

»Homosexuellenfeindlichkeit korrespondiert signifikant mit Ausländerfeindlichkeit und mit der Orientierung an traditionellen patriarchalisch geprägten Geschlechterrollen« (Bochow, zit. nach: Holzkamp 1994:234).

Zu einem ähnlichen Ergebnis kommt auch eine Studie des Deutschen Jugendinstituts. Jugendliche, die sich an traditionellen Geschlechterrollen orientieren, neigen wesentlich stärker zu Gewaltbereitschaft und vertreten häufiger nationalistische und »ausländerfeindliche« Einstellungen (vgl. Hoffmann-Lange u.a. 1995:125f.).

(Junge) Männer müssen lernen jenseits der Männerbündelei Menschen zu werden, die Emotionalität, Empathie und Fürsorglichkeit nicht mehr an Frauen delegieren.

»Wann werden männer anfangen, mit anderen männern über ihr persönliches leben zu sprechen, andere männer zu berühren, wenn sie die wärme eines menschen spüren möchten? Dafür sind frauen da. Sie werden zwischen männer geschoben, die sich allein unter sich zerfleischen würden. Frauen reden mit frauen und männern. Sind sie nur mit frauen zusammen, gelten sie sogleich als männerfeindlich. Frauenfreundliche frauen werden von männern als männerfeindlich definiert. Aber es sind männer, die es ablehnen, sich mit anderen männern abzugeben, sie gebärden sich männerfeindlich« (STEFAN 1979:36).

Frauenfragen

Auf den ersten Blick ist es kein Wunder, daß die Rechtsextremismusforschung ihre Aufmerksamkeit dem männlichen Geschlecht schenkte - allerdings ohne sich systematisch mit Männlichkeitsbildern auseinanderzusetzen. Junge Männer prügeln schwarze Asylbewerber zu Tode. Zwei Drittel der Wählerstimmen für rechtsextreme Parteien gehen auf das Konto von männlichen Wählern. Wer bei den Organisationen der Rechtsextremisten etwas werden will, sollte schon das Privileg der männlichen Geschlechtszugehörigkeit mitbringen. Die wenigen Frauen, die sich dort tummeln, müssen auf den unteren Stufen der Organisationshierarchie sitzen bleiben. Dem extremen Männlichkeitskult der Skinheadszene erliegen wesentlich mehr junge Männer als junge Frauen. Begeisterte Verfechter von Ideologien der naturbedingten Ungleichheit der Menschen finden sich im allgemeinen häufiger bei jungen Männern (vgl. FARIN/SEIDEL-PIELEN 1993:189; MÖLLER 1991:27).

Wie so oft hält der erste Blick nicht das, was er verspricht. Pikanterweise blieb es Vertreterinnen der Frauenforschung vorbehalten, auf Schönheitsfehler dieser Analyse hinzuweisen, die Frauen und Mädchen in weicherem Licht präsentierte. Weil die Untersuchungsdesigns wie so oft auf männliche Menschen zugeschnitten waren, entging ihnen so manch entscheidendes Detail. Frauen halten sich zwar bei Äußerungen aggressiver ausländerfeindlicher Parolen (»Ausländer raus«) in der Öffentlichkeit eher zurück. Aggression und Gewalt passen nicht zur klassisch weiblichen Rolle. Bessere Menschen sind Frauen deshalb noch lange nicht. Sie übertreffen sogar die Männer in ihrer Zustimmung zu »weicher formulierten Items« (»Verhinderung der Einwanderung«) und lehnen viel eindeutiger eine eventuelle Heirat von Sohn oder Tochter mit einem Menschen jüdischer oder türkischer Abstammung bzw. schwarzer Hautfarbe ab. Natürlich haben diese Frauen nur das Wohl der eigenen Kinder im Auge. Gleichzeitig befürworten Frauen häufiger die Forderung nach einem starken, autoritär durchgreifenden Staat, wenn diese Forderung mit der Angst vor Kriminalität gekoppelt wird (vgl. MÖLLER 1991:34f; SILLER 1991:31). Angst gehört zur weiblichen Lebensrealität. Alle vier Minuten wird in der Bundesrepublik eine Frau vergewaltigt (vgl. HAUG 1994:216). In den meisten Fällen ist der Vergewaltiger kein Fremder, sondern ein Familienangehöriger oder Bekannter. Männer sind für Frauen meist Liebesobjekt und Bedrohung zugleich. Von ihrer Jugend an werden Mädchen vor den Gefahren, die ihnen in der Öffentlichkeit - in der Regel in der Gestalt fremder Männer - drohen, gewarnt.

»Wie kann man diesen Widerspruch der Männern innewohnt - zugleich Gefahr und Schutz vor dieser zu sein - in eine lebbare Form bringen, ohne Unterwerfung? - die dunkle Zone der im Mädchenalter geahnten Gefahr kann von überall her besetzt werden...Lehre ist: Sich mit Fremden einlassen, bringt Gefahr: Diese Abtötung von Neugier ist so ein Teil des Geschlechterverhältnisses« (HAUG 1994:218).

Frauen lösen diesen Widerspruch häufig, indem sie die Angst vor Vergewaltigung auf »ausländische« Männer projizieren. So müssen sie sich nicht mit der Bedrohung und Mißachtung durch die eigenen Männer auseinandersetzen. Die Angst vor »ausländischen« oder schwarzen Männern ist bei den meisten Frauen größer als vor »deutschen« und weißen Männern, obwohl sie in ihrem Alltag wesentlich häufiger schlechte Erfahrungen mit den »eigenen« Männern machen. Das bedeutet nun nicht, daß deutsche oder weiße Männer sexistischer wären. Nur haben weiße deutsche Frauen in einer rassistisch geprägten Gesellschaft mehr Möglichkeiten mit deutschen weißen Männern schlechte Erfahrungen zu machen.Oft verbirgt sich hinter der Kritik am »türkischen« Mann das Unbehagen am Dominanzverhalten der »eigenen« Männer. Wer den »eigenen« Lebenspartner direkt kritisiert, muß mit harschen Reaktionen rechnen. Weibliche Angst tötet nicht nur die Neugierde auf »Fremdes« ab, sondern sie macht auch anfällig für autoritäre Vorstellungen, die Sicherheit propagieren. Mit offener Gewaltanwendung haben Frauen dagegen häufiger ihre Schwierigkeiten.

»Aus den Untersuchungen zum Rassismus geht hervor, daß er von Frauen um so stärker abgelehnt wird, je mehr Rassismus mit physischer Gewalt assoziiert wird. In bezug auf die weniger gewalttätigen Formen von Rassismus gleichen sich die Ergebnisse bei Frauen und Männern zunehmend an« (ROMMELSPACHER 1995:68).

Fürsorglich, sanft, einfühlsam und mütterlich soll sie sein, die »gute Frau«, stets um das Wohl ihrer Liebsten besorgt. Doch diese »weiblichen Qualitäten« bestimmen keineswegs das Verhalten von Frauen gegenüber allen Menschen. Die Vorzüge weiblicher Empathie und Fürsorglichkeit erfahren in erster Linie Menschen im familären und sozialen Nahraum.

»So ist es ein Trugschluß, von der Fürsorge der Frauen für ihre eigenen Kinder auf eine generelle Fürsorgebereitschaft für alle Menschen zu schließen und Frauen als generell friedfertiger und menschlicher zu beurteilen. Denn Dasein-für-andere heißt nicht notwendigerweise Dasein-für-alle« (ROMMELSPACHER 1995:91f.).

Es gibt eben Menschen, die das weibliche Mitgefühl und Einfühlungsvermögen nicht verdienen. Die Entscheidung, wem mein Mitgefühl gilt, entsteht nicht unabhängig von gesellschaftlichen Normen. Gefühle können so zu »Kollaborateuren der Macht« (ROMMELSPACHER 1995:94) werden. Juden und Jüdinnen wurden im Dritten Reich Empathie und Fürsorglichkeit ohne Unrechtsbewußtsein verweigert. Das Verhalten der Frauen unterschied sich in dieser Hinsicht nicht von dem der Männer. So entwickelten »die meisten beteiligten Frauen auch in späteren Interviews oder bei Gerichtsverfahren kaum ein Unrechtsbewußtsein, hatten sie doch völlig in Einklang mit Werten und Normen wie Gehorsam, Pflichterfüllung und Loyalität zu einer Aussonderung von Menschen beigetragen, deren Person und Lebensformen zu ›minderwertigem Leben‹ konstruiert worden waren, wie Geisteskranke, körperlich Behinderte, Prostituierte, Kommunistinnen und Sozialdemokratinnen und eben Mitglieder ethnischer Minderheiten« (NESTVOGEL 1992:76).

Das Bad in den eigenen Gefühlen kann die Verhältnisse oft auf groteske Art und Weise verzerren. Selbstmitleid tritt dann an die Stelle von Einfühlungsvermögen.

»So erzählt eine Frau im Interview, wie sie zusammen mit einem jüdisch amerikanischen Freund das Anne-Frank-Haus in Amsterdam besuchte: ›Ich war total fertig danach; für ihn war's kein Problem, mich als Deutsche zu sehen, aber für mich. Ich als Deutsche mit dieser Geschichte ... Ich denke schon, daß er sich vorstellen konnte, was bei mir abging, was ich empfunden habe, wie es auf mich gewirkt hat« (ROMMELSPACHER 1995:94).

Aus Fürsorglichkeit begehen Frauen die größte Barbarei gegenüber Untergebenen. Im Dienst für die nationalsozialistischen Herrscher erfüllten sie ihre mütterliche Mission. Die Aussage, »ich habe nur ihr Bestes gewollt«, entpuppt sich hier als menschenverachtender Zynismus.

»Die meisten Fürsorgerinnen haben ihrer Auffassung nach immer nur in mütterlicher Fürsorge gehandelt. Nur aus Fürsorge haben sie vorgeschlagen, andere Frauen aufgrund ihres Lebenswandels zwangsweise zu entmündigen, verwahren oder sterilisieren zu lassen..« (EBBINGHAUS zit. nach: NESTVOGEL 1992:76).

Weiße deutsche F<rauen sind nicht einfach immer nur die Unterlegenen, sie profitieren ebenfalls von gesellschaftlich sehr unterschiedlich verteilten Privilegien. Deshalb führt die Erfahrung der eigenen Diskriminierung nicht notwendigerweise zu einer gesellschaftskritischen Haltung. Zu sehr sind Frauen in das Netz gesellschaftlicher Machtstrukturen und Ideologien eingesponnen als daß sie nur Opfer der Männer wären.

»Sie ist nicht einfach den ›Männern‹ untergeordnet, genausowenig stimmt es, daß sie mit den weißen Männern zusammen ›über‹ ›den‹ Schwarzen steht. Vielmehr bilden sich unterschiedliche Hierarchien nach den je wirksamen Machtdimensionen aus. So sind Frauen, weiße wie Schwarze, Opfer von sexistischer Ausgrenzungen und Gewalt. Andrerseits werden zum Beispiel auf dem Wohnungsmarkt oder bei der Arbeitssuche weiße Frauen in Deutschland aller Wahrscheinlichkeit mehr Chancen haben als Schwarze Männer. In diesem Kontext sind sie also die Privilegierten. Diese Privilegierung weißer Frauen bleibt aber eine relative: sie bleiben in bezug auf weiße Männer weiterhin diskriminiert. Die Unterdrückung innerhalb einer herrschenden Klasse oder ethnischen Gruppe hebt also nicht das Herrschaftsverhältnis gegenüber anderen Klassen oder ethnischen Gruppen auf. Das ist ein wesentlicher Grund, warum die Diskriminierung von Frauen nicht dazu führt, daß sie automatisch der eigenen Gesellschaft distanzierter gegenüberstehen. Denn bei aller Distanz aufgrund der Diskriminierung werden sie immer auch durch das Privilegiensystem in die jeweilige Gesellschaft eingebunden. Diese Prägung durch unterschiedliche Dimensionen der Macht drückt sich auch im Selbstverständnis von Frauen aus« (ROMMELSPACHER 1995:90f.).

Nun macht der eigene unterlegene Status sowieso nicht unbedingt nachsichtiger gegenüber Minderheiten und Schwächeren. In einem Workshop erzählen die Mädchen wie ihr Status steigt, wenn sie mit einem Skin befreundet sind. Beleidigen würde sie dann so schnell keine mehr, insbesondere nicht ein »vorlautes« schwarzes Mädchen.

»Die würde sich nie mit einer Kirsche (Mädchen) anlegen, die jetzt meinetwegen eine Glatze als Kerl hat. Das würde sie nie machen, da hätte sie zuviel Angst.....« (SCHAD 1996:289).

Wer selbst als Frau keine Macht hat, bekommt sie so über den Umweg Mann. Die eigenen Hände braucht Frau sich nicht schmutzig machen. Sie kann ihre selbstlose und mütterliche Fassade präsentieren, ohne das eigene Bedürfnis nach Macht und Stärke rechtfertigen zu müssen.

Von einem richtigen Mann wird erwartet, daß er seine Frau verteidigt. Leicht gerät dieses Schutzbedürfnis, insbesondere wenn dahinter eigene aggressive Impulse lauern, in die Nähe rassistischer Ausgrenzung. Von so einem »Ausländer« muß Frau sich doch nicht ansprechen lassen - auch wenn es sich nur um eine unverfängliche Bemerkung handelt. »Was geht denn diesen Ausländer an, ob ich diesen Tag heute schön finde«. Da muß der deutsche Mann her, der als persönlicher Rambo die Würde der deutschen Frau wiederherstellt. Der verteidigt natürlich gerne seinen weiblichen Privatbesitz gegen die fremde Konkurrenz und zeigt sich als »wahrer Mann«.

Die Verwegenheit der Skins findet auch bei den Mädchen Bewunderung. Sie sind ihr Tor zu einer wilden, freien Welt, vor der sie sich fürchten und gleichzeitig danach sehnen. Bereitwillig pflegen sie die müden Helden, richten sie nach geschlagener Schlacht wieder auf und decken ihre Taten. Dieses Muster weiblicher Komplizenschaft, die für das eigene ungelebte Leben entschädigt, hat schon die Schriftstellerin VERENA STEFAN beschrieben.

»Einen mittelmann zur welt haben. Je verwegener und unnahbarer er war, desto stärker wob ich die komplizenschaft, um so mehr glaubte ich, einen hauch von

›freiheit und abenteuer‹ zu schnuppern. Doch er bestimmte, wann ich mit ihm hinausgehen durfte, er öffnete und schloß die türen zur welt. Ich lehnte am fensterkreuz und wartete auf die rückkehr des abgekämpften, einsamen helden. Ob müde vom dienst, von der gewerkschaftssitzung, vom fußball, vom denken oder braungebrannt aus dem urlaub: ich nahm ihn auf, ich pflegte und stärkte ihn. Angefüllt mit inneren werten, schicht für schicht, stumm und sinnlich, einfühlsam und verständnisvoll« (STEFAN 1979:26f.)

In der Konkurrenz um männliche Anerkennung greifen Frauen zu rassistischen und antisemitischen Ideologien. Rechte Mädchen begründen ihre Abneigung gegenüber einer schwarzen Mitschülerin mit kaum verborgenem Sexualneid. Auf die Idee, daß das schwarze Mädchen unter ihrer Rolle als Sexualobjekt leiden könnte, kommen sie nicht.

»Die hat so ziemlich viele Kerle schon gehabt und die spannt vielen Mädchen die Kerle aus. Wie die das macht, weiß ich auch nicht.
Daß die Männer auf sie eingehen?
Ja, die Männer wollen bloß mit ihr ins Bett, weil sie eine Schwarze ist, ganz einfach« (SCHAD 1996: 288).

Jüdische oder schwarze Frauen können da nicht auf Verständnis und Empathie hoffen. Im neunstündigen Dokumentarfilm des Regisseurs CLAUDE LANZMANNS über die Judenvernichtung »SHOAH« rechtfertigen die interviewten Frauen noch 40 Jahre danach aus Sexualneid den Völkermord. Unbeirrbar verdrehen sie historische Tatsachen und reden einem unbelehrbaren Antisemitismus das Wort. Lanzmann führte das folgende Interview mit einer Gruppe von Frauen in Chelmo, dem früheren »Kulmhof«. In diesen kleinen Dörfern lebten die Juden oft im schlimmsten Elend. In allen Zeiten haben sie versucht, diesen unwürdigen Verhältnissen durch Auswanderung in Richtung Westen zu entfliehen. Lodz, das polnische Manchester, war die Wiege des jüdischen Proletariats. Armut, Hunger und Düsternis herrschten in den jüdisch-proletarischen Vierteln. Es gab zwei, drei reiche jüdische Industrielle, aber die Mehrheit der Reichen waren christliche Deutsche. Von dieser historischen Wahrheit wollen die interviewten Frauen nichts wissen (vgl. LANZMANN 1988:276f.).

»Die Dame sagt, daß die Jüdinnen sehr schön waren.
Die Polen schliefen sehr
gern mit den Jüdinnen.
Sind die polnischen Frauen froh darüber,
daß es heute keine jüdischen Frauen mehr gibt?
Sie sagt, daß ...
die Frauen, die jetzt im selben Alter sind wie sie,
auch gern geliebt haben, basta.
Und die jüdischen Frauen waren eine Konkurrenz?
Die Polen liebten die kleinen Jüdinnen,
das ist verrückt, daß sie sie geliebt haben.
Vermissen die Polen die kleinen Jüdinnen?

Natürlich, so schöne Frauen! Natürlich!
Warum? Inwiefern waren sie denn schön?
Also,
sie waren schön, weil sie nichts taten.
Die Polinnen dagegen arbeiteten.
Die Jüdinnen machten nichts, sie dachten nur
an ihre Schönheit, zogen sich gut an.
Die jüdischen Frauen arbeiteten nicht?
Sie taten überhaupt nichts
Warum nicht?
Sie waren reich.
Sie waren reich, und die Polen mußten sie bedienen
und arbeiten.
Ich habe das Wort ›Kapital‹ gehört.
Sie hatten ... nun ja, es gab Kapital, das in den Händen
der Juden war.
O ja, aber das hast du nicht übersetzt.
Stell der Dame die Frage noch einmal.
Befand sich das Kapital in den Händen der Juden?
Ganz Polen war in den Händen der Juden« (LANZMANN 1988:123f.).

Das Stereotyp »von den reichen Juden« ist auch heute noch in den Köpfen junger deutscher Frauen (und Männer) vorhanden. Es hat sich selbst bei antirassistischen Frauen festgesetzt, die ansonsten jeder Diskriminierung von Schwarzen empört die Stirn bieten. Sie finden es zwar schrecklich, was man damals mit Menschen gemacht hat, lehnen es aber ab, sich intensiver mit dem deutschen Antisemitismus und der NS-Vergangenheit auseinanderzusetzen. Das ist schließlich die Geschichte ihrer Großeltern. Und warum soll man sich für etwas schämen, was man nicht getan hat. KLAUS THEWELEIT hat eindrucksvoll beschrieben wie dieses mangelnde Schamgefühl den Weg zur Erkenntnis der eigenen Geschichte verbaut.

»Ich habe anderswo geschrieben, nur wer sich schämen kann, über Dinge, die in seiner Nähe getan wurden, über Dinge, die ›Menschen‹ getan haben, bekommt Zugang zu seiner eigenen Geschichte, zur eigenen Körpergeschichte, zur eigenen politischen Geschichte, bekommt Zugang zur Geschichte auch der anderen. Wer dies Gefühl der Scham nicht kennt (es handelt sich um eine Auflösung des Körpers, eine Selbstverschmelzung - der Körper vergeht in einem heißen Flimmern und baut sich neu und ›gereinigt‹ wieder zusammen), wer diese halluzinatorische Anerkennung der Schönheit des Daseins der anderen, vor deren Schönheit man sich schämt, nicht kennt, bleibt von der Wahrnehmung der Daseinsweise anderer Menschen so gut wie hoffnungslos ausgeschlossen. Indem die meisten Deutschen sich heute erklärterweise nicht schämen über das, was im Namen ›des Deutschen‹ bis 1945 geschehen ist, zeigen sie, daß sie von dieser Geschichte so wenig etwas wissen wollen wie von dem, was ihre eigene, jetzige Geschichte wäre. ›Vegetables‹, Gemüse, nannte BERNHARD VESPER diese standhaften Verweigerer der eigenen Menschwerdung an allen Fronten. Die jetzigen Deutschen denken in ihrer Mehrheit, der schamlose Satz ›Ich habe nichts gegen Türken‹ sei das Nonplusultra der Weltoffenheit und Toleranz. Sie wissen nicht, daß es ein rassistischer Satz ist, weil sie es nicht fühlen können. Jeder empfindende Mensch schämt sich, wenn er so einen Satz hört. Die ihn sagen, wissen nicht, warum der sich schämt. ›ich habe doch gesagt, daß ich nichts gegen Türken habe, reicht das nicht? Ich habe auch nichts gegen Frauen, auch nichts gegen Kommunisten« (THEWELEIT 1995:33f.).

Scham reicht allerdings nicht aus, um ein politisches Verantwortungsbewußtsein zu entwickeln. Aber die schmerzliche Konfrontation mit der eigenen Geschichte steht am Anfang eines politischen Bewußtseins, das sich nicht nur masochistisch mit den eigenen Schuldgefühlen quält und erneut das eigene »Leiden« in den Mittelpunkt der Weltgeschichte stellt. HANNAH ARENDT schrieb zu diesem Thema:

»Das Höchste, was man erreichen kann, ist zu wissen und auszuhalten, daß es so und nicht anders gewesen ist, und dann zu sehen und abzuwarten, was sich daraus ergibt« (ARENDT zit. nach: KLÖNNE 1994:134).

Das Argument der persönlichen Betroffenheit, das das Politikverständnis der Frauenbewegung über weite Strecken bestimmt, leistet einer oftmals sehr bequemen Politikvermeidung Vorschub. Nur was emotionale Betroffenheit auslöst und in Verbindung mit der eigenen Biographie steht, ist es wert, sich damit zu befassen. Alles andere wird als aufgesetzt oder als »psychische Verdrängung« abqualifiziert. Da es mich nicht direkt betrifft, muß ich mich auch nicht mehr mit der nationalsozialistischen Vergangenheit auseinandersetzen. Insbesondere junge Frauen, deren Eltern nicht mehr mit der »Katastrophe des Dritten Reichs« in Verbindung gebracht werden können, profitieren so von der »Gnade der späten Geburt«. Frauen ziehen sich aus dem sozialen und historischen Kontext heraus und versteifen sich auf das allgemein Menschliche. Rassismus und Antisemitismus werden so zu Männerproblemen. Wollen sich Juden und Jüdinnen oder Schwarze Frauen und Männer nicht einfach unter Verleugnung ihrer eigenen Geschichte in die Reihe der nur scheinbar gleichgestellten Menschen oder Frauen einordnen lassen, so brechen die unter der Decke der »Schwesterlichkeit« versteckten Konflikte auf. Auf die Kehrseite des Arguments der »persönlichen Betroffenheit« weist auch BIRGIT ROMMELSPACHER hin:

»Aus diesem kritischen Impuls heraus ist es Frauen vielfach gelungen, sich gegen ein System aufzulehnen, das nur die Funktionstüchtigkeit der Einzelnen im Auge hat. Inzwischen wissen wir aber, daß das Argument der persönlichen Betroffenheit auch eine Kehrseite im Sinne der Stützung der etablierten Ordnung hat; so wenn es Frauen dazu verführt, sich auf nichts als das Unmittelbare einzulassen und alles was über den eigenen Erfahrungsbereich hinausgeht, anderen zu überlassen. Damit wird aber letztlich nur das traditionelle Geschlechterarrangement fortgeschrieben, auch wenn es anders begründet wird« (ROMMELSPACHER 1995:94f.).

Politik bleibt Männersache. Frauen bewohnen weiterhin den goldenen Käfig der »Menschlichkeit« - auch wenn sie sich, weil sie auch nicht von Natur aus die besseren Menschen sind, nun gar nicht menschlich verhalten. Als handelnde Subjekte wären auch Frauen dazu gezwungen, politische und moralische Verantwortung für ihre Taten zu übernehmen.

»In der Gewaltdiskussion wurde schon oft darauf hingewiesen, daß sich Frauen selbst entwerten, wenn sie sich ausschließlich als ohnmächtig sehen. Insofern muß auch in der Geschichte die Frau wieder als Subjekt eingesetzt werden, allerdings um den Preis des Eingeständnisses ihrer potentiellen Grausamkeit und der Möglichkeit moralischen Versagens« (ROMMELSPACHER 1995:113).

Feminismus kann auch zur »Dominanzattitüde« (ROMMELSPACHER 1995:98) werden, wenn er die eigenen Erfahrungen verallgemeinert und Frauen aus der »Dritten Welt« oder den ehemaligen Anwerberstaaten nur in der Rolle der zu bemitleidenden und unterdrückten Opfer wahrnimmt.

Frauen der Mittelschicht saßen im goldenen Gefängnis der Familie fest. Ihre Unterdrückung spielte sich vor allem im privaten Raum ab. Aber schon für Frauen aus der Arbeiterschicht hält die Arbeitswelt nicht nur die Verlockungen von Freiheit und Selbstbestimmung bereit. Die Konzentration der Analyse auf Familie und Hausarbeit nahm die eigene Lebenssituation zum Ausgangspunkt. Dagegen ist nichts zu sagen, wenn die eigene Sicht nicht zur Richtschnur aller Dinge wird. So blieb jedoch außer acht, daß sich diese Familienform nur in den hochindustrialisierten Ländern und selbst da nicht im selben Ausmaß für Frauen unterschiedlicher sozialer Schichten durchgesetzt hatte. Frauen, die als »Fremde« wahrgenommen werden, erleben die Familie auch als einen sozialen und emotionalen Schutzraum. Diskriminierungen und Gewalt aufgrund ihrer Hautfarbe und ethnisch-kulturellen Zugehörigkeit, denen sie im öffentlichen Bereich ausgesetzt sind, können ihr Leben viel einschneidender beeinflussen. Unterschiedliche Unterdrückungsformen verlangen auch unterschiedliche Befreiungsstrategien. Das hat nichts mit mangelnder Radikalität zu tun:

»Diese Eindimensionaliät des weißen Feminismus, die alles auf das Geschlechterverhältnis zurückführen möchte, wird oft als Radikalismus mißverstanden. Eine Haltung wird aber nicht dadurch radikal, daß sie einseitig ist, auch wenn die damit verknüpfte Unbedingtheit das suggeriert. Eine komplexere Sicht der Dinge, die die gleichzeitige Wirksamkeit unterschiedlicher Diskriminierungs- und Privilegierungssysteme einbezieht, wird diese vermeintliche Radikalität in Frage stellen und möglicherweise auch deshalb nicht immer auf Gegenliebe stoßen« (ROMMELSPACHER 1995:108f.)

Migrantinnen wissen durchaus, welche Erkenntnisse der Frauenbewegung sie in ihren Lebenszusammenhang integrieren wollen. Eine türkische Sozialarbeiterin berichtet HELMA LUTZ von ihrer Entdeckungsreise durch den Kontakt mit der westlichen Frauenbewegung:

»Aber sozusagen habe ich nicht alles von denen genommen, sondern das, was ich für mich richtig finde...Weil ich hab ein anderes Leben und ich hab auch eine andere Erziehung gehabt« (LUTZ 1991:136).

Vor Paternalismus und kultureller Voreingenommenheit sind auch »frauenbewegte Frauen« nicht sicher. Die algerischen Frauen, die sich den Zumutungen des Fundamentalismus widersetzen, lehnen es ab Opfer zu sein. Wem beim Stichwort »Indien« nur Witwenverbrennung einfällt, braucht sich nicht zu wundern, wenn die indischen Frauen, die dort das Rückgrat der Ökologiebewegung bilden, sich den Zumutungen »westlicher« Emanzipationsvorstellungen mit harschem Protest entziehen.

So manche Frau aus der »Dritten Welt« staunt bei ihrem Besuch in der Bundesrepublik über die hiesigen sogenannten »emanzipierten« Frauen, deren Denken und Fühlen nur um den Mann kreisen. Ihr eigenes Verhältnis zum männlichen Geschlecht ist da manchmal von viel größerer Nüchternheit geprägt.

Das Stereotyp der unterdrückten Türkin hält sich fest in weiblichen Köpfen. In einem Frauenbuchladen sucht eine englischsprechende Frau nach Literatur. Solange sie englisch spricht und sich nicht als Türkin zu erkennen gibt, ist alles in Ordnung. Dann aber wird sie mit Stereotypen konfrontiert, die sie nie für möglich gehalten hätte. Ihr sozialer Status, ihr Universitätsabschluß, ihre großstädtische Herkunft und ihre Auslandsaufenthalte spielen keine Rolle mehr.

»Die Stereotypen gehen so weit, daß türkische Mädchen oder Frauen, die ›europäisch‹ gekleidet sind, die keine Kopftücher tragen, blaue Augen haben oder einen interessanten Beruf ausüben, kurzerhand als ›nicht typische‹ oder ›nicht echte‹ Türkinnen deklariert werden« (AKKENT/FRANGER 1987a:125)

In ihrer Untersuchung über türkische Sozialarbeiterinnen erzählt eine Informantin HELMA LUTZ folgende Episode aus ihrem Berufsalltag. Eine deutsche Sozialarbeiterin, die in einer interkulturellen Einrichtung arbeitet, will für türkische Mädchen einen Körper-Kontakt-Kurs anbieten, um die homoerotische Angst unter Mädchen abzubauen. Die türkische Sozialarbeiterin hält dies nicht für nötig. Sie findet aber kein Gehör.

»Ich habe ihr erzählt, daß wir das nicht brauchen. Aber sie glaubte das einfach nicht« (LUTZ 1995:92).

Sie versucht, der Kollegin deutlich zu machen, daß unter Frauen und Mädchen aus der Türkei homosoziale Umgangsformen oft nichts besonderes sind. Sogar erwachsene Frauen schlafen zusammen in einem Bett, wenn sie bei einer Freundin übernachten würden.

»Für die deutsche Kollegin war dies offensichtlich auf dem Hintergrund dessen, was sie über restriktive Sexualerziehung türkischer Mädchen wußte, nicht nachvollziehbar. Sie glaubt ihr nicht« (LUTZ 1995:92).

Eine Chance von den türkischen Mädchen zu lernen wurde so vertan.

Kein Stückchen Stoff beherbergt wohl so viel Sprengstoff wie das Kopftuch »türkischer« Frauen. Die Stellung der Frau spielte im »Orientdiskurs« des Westens schon immer eine große Rolle. Im Orient werden die Frauen bewundert und beneidet, im Islam bedauert und abgelehnt. Der Schleier, Symbol der Verführung und Sinnlichkeit, wird im Kopftuch oder Tschador zum Symbol der Unterdrückung. Vorstellungen über den »Islam« bestimmen das Türkeibild in Deutschland. Im Falle der Türkei gilt es allerdings zwei Besonderheiten zu berücksichtigen. In vorislamischen Zeiten - so historische Quellen - verfügten Frauen über große Freiheiten in annähernd egalitären Beziehungsstrukturen. Schwer erreichbare Dörfer in den Bergen wurden erst relativ spät und zögerlich islamisiert. Seit den Reformen ATATÜRKS, der die Türkische Republik am 29.10.1923 ausrief, ist die Türkei ein strikt säkularisierter Staat. Die Säkularisierung der Türkei beinhaltet nicht nur die Trennung von Staat und Religion, sondern die Unterordnung der Religion unter den Staat und die staatliche Kontrolle der Religionsausübung. Der Glaube wurde zur Privatangelegenheit des/der einzelnen erklärt. Wenn Frauen in öffentlichen Bereichen wie Schule oder Universitäten mit Kopftüchern auftreten, sehen sich die Verwaltungen veranlaßt, diese »religiöse Demonstration« zu untersagen. Die Türkei ist heute zwar ein islamisches Land, aber kein islamischer Staat. Fundamentalistische Gruppen werden in der Türkei wesentlich stärker kontrolliert als zum Teil in der Bundesrepublik. Zwischen Anhängern und Anhängerinnen des Laizismus und Islamisten kommt es in der Türkei immer wieder zu politischen Konflikten. Die türkische Frau/bzw. das türkische Mädchen gibt es ebensowenig wie die deutsche Frau/ das deutsche Mädchen.

Türkische Frauen aus ländlichen Regionen teilen ihre Lebenssituation mit manchen anderen Frauen aus nichtislamischen Anwerbernationen, z.B. Süditalien, Südportugal oder zum Teil auch Griechenland.

»Zu Recht wird daher seit langem kritisiert, daß zwar der Islam auf seine frauenfeindlichen und diskriminierenden Aspekte untersucht wird, nicht aber beachtet wird, daß die Stellung der Frau in den christlichen Religionen keine grundsätzlich andere ist. Es ist fraglich, ob der Islam und der traditionelle Katholizismus im Hinblick auf ihr Frauenbild soweit entfernt sind, wie aus der Diskussion in Deutschland geschlossen werden könnte. In beiden Religionen führt die grundsätzliche Angst vor einer ›gefährlichen‹ Sinnlichkeit der Frau zu der Forderung nach Passivität und bewirkt die Regulierung des weiblichen Sexualverhaltens; in beiden Religionen wird die Geringschätzung der Frau durch ihre Minderwertigkeit begründet, und die Frau auf den privaten Bereich beschränkt. Hier bedarf es weiterer Forschungen, um zu ermitteln, ob und inwieweit die Beziehungen der Geschlechter nicht eher auf vorindustrielle, agrarisch bestimmte Strukturen zurückzuführen sind als auf den Islam« (BOOS-NÜNNING 1994:179).

Sowohl in der Türkei als auch in Deutschland lassen sich grob drei Gruppen von (deutsch-)türkischen Frauen unterscheiden:

Die größte Gruppe von Frauen trägt das Kopftuch aus Gewohnheit und Tradition als Teil der Bekleidung - ähnlich wie deutsche Frauen in ländlichen Regionen. Der Stand ihrer Emanzipation ist daran sicher nicht so einfach abzulesen. Die zweitgrößte Gruppe trägt überhaupt kein Kopftuch - viele lehnen das Kopftuch als »rückständig« oder »bäuerisch« ab. Eine kleine Gruppe von Frauen trägt das Kopftuch aus religiösem Pflichtbewußtsein. Manche tragen es als Protest gegen die Ignoranz der deutschen Umgebung. Im Jahre 1989 erschütterte die Kopftuchaffäre Frankreich. CLAUS LEGGEWIE (1991) hat das politische Feuer, das dieses Stück Stoff entfachte, ausführlich beschrieben. In Creil nördlich von Paris entbrannte ein heftiger Schulstreit. Dabei ging es um die heiße Frage: Dürfen Schülerinnen im laizistischen Frankreich einen Schleier im Unterricht tragen? Der Staatsrat entschied pragmatisch: das Tragen von religiösen Zeichen im Unterricht sei nicht prinzipiell unvereinbar mit dem Gebot der Trennung von Staat und Kirche, aber Akte der Propaganda und religiös motivierte Unterrichtsverweigerung seien zu unterbinden. Zuvor hatte eine heftige Kontroverse, die quer zu allen politischen Lagern verlief, Frankreich erschüttert. Innerhalb der sozialistischen Partei bildeten sich zwei Lager: die strengen Vertreter des Laizismus und die Verfechter des postmodernen Rechts auf Unterschiedlichkeit. Die Neue Rechte verteidigte das Recht auf Differenz und feuerte die Mädchen an. LE PEN profitierte von der Angst vor der islamischen Invasion und errang einen deutlichen Stimmenzuwachs. Die Einwanderergruppen selbst waren gespalten. 45 Prozent der befragten Muslime lehnten die Verschleierung ab, 30 Prozent waren dafür. Allerdings votierten fast zwei Drittel für islamische Privatschulen. Junge Emigranten und Emigrantinnen verteidigten den Laizismus und die Rechte der Frauen auf Emanzipation von einer von Männern verordneten Bekleidungsvorschrift. Andere reagierten mit Gelassenheit. Der tunesische Schriftsteller HABIB BOULARES wiederum sah im Kopftuch eine politische Uniform. Auch islamische Intellektuelle in Frankreich riefen ihre modern gesonnenen Glaubensgenossen auf, das Schweigen zu brechen und den Mullahs nicht das Terrain zu überlassen. Gerade weil die Mehrheit der Einwanderer modernen, also laizistischen Spielarten des Islam anhängen, plädierte der in Paris lehrende algerische Politologe SAMI NAIR für mehr Standfestigkeit der Schulbehörde im Kampf gegen den Fundamentalismus. Kritische Stimmen sahen eine unheilvolle Allianz von katholischem und islamischem Konservatismus. Eine Menge an Zündstoff für eine feministische Mädchenarbeit, die sich nicht in rassistischen Fangstricken verheddern will.

Tips und Anregungen

Allgemeine Literaturhinweise

Eine Einführung in das Thema parteiliche Mädchenarbeit und antisexistische Jungenarbeit mit methodischen Hinweisen findet sich in dem von ELISABETH GLÜCKS und FRANZ GERD OTTEMEIER-GLÜCKS herausgegebenen Band:
    GLÜCKS, ELISABETH/OTTEMEIER-GLÜCKS, FRANZ GERD (Hg.) 1994: Geschlechtsbezogene Pädagogik. Ein Bildungskonzept zur Qualifizierung koedukativer Praxis durch parteiliche Mädchenarbeit und antisexistische Jungenarbeit. Münster

Als Grundlage für die antisexistische Jungenarbeit bietet sich insbesondere der Beitrag von
    OTTEMEIER-GLÜCKS, FRANZ GERD 1994: Wie ein Mann gemacht wird - Grundzüge männlicher Sozialisation, an.

Mit den Grundzügen männlicher Sozialisation beschäftigen sich ausführlich LOTHAR BÖHNISCH UND REINHARD WINTER:
    BÖHNISCH, LOTHAR/WINTER, REINHARD 1993: Männliche Sozialisation. Bewältigungsprobleme männlicher Geschlechtsidentität im Lebenslauf. Weinheim

Mit dem Thema männliche Homosexualität in der Jungenarbeit setzt sich MATTHIAS BENNI STIESCH in einem kurzen Artikel auseinander:
    STIESCH, MATTHIAS BENNI 1995: »Schwule rasieren sich die Beine«. Homosexualität als Thema in der Pädagogik, in: Pädextra März 1995, S.45-47

Lesevorschlag über Folter und Männerkörper
    MILLET, KATE 1993: Entmenschlicht. Versuch über die Folter. Hamburg

Zum Thema Rechtsextremismus/Rassismus bei Frauen und Mädchen:
Der Artikel von ELKE LUTZEBÄCK, GISELA SCHAAR, CAROLA STORM und FRANZ JOSEF KRAFELD berichtet über Erfahrungen aus der Jugendarbeit mit Mädchen in rechten Cliquen. Er beleuchtet u.a. die Rolle der Mädchen bei der Ausübung von Gewalt.

LUTZEBÄCK, ELKE/SCHAAR, GISELA/STORM, CAROLA/KRAFELD, FRANZ JOSEF 1995: Mädchen in rechten Szenen - Erfahrungen aus der Praxis akzeptierender Jugendarbeit, in Deutsche Jugend 1995/12, S.545-553

Der von PETRA WLECKLIK herausgegebene Band »Frauen und Rechtsextremismus« enthält u.a. Beiträge über die Attraktivität von rechtsextremistischen Orientierungen und Rassismus für Frauen und Mädchen, die Frauenbilder in rechtsextremen Ideologien sowie Überlegungen und Anregungen (z.B. Theaterworkshop) zu einer antirassistischen und feministischen Jugendarbeit.

WLECKLIK, PETRA (Hg.) 1995: Frauen und Rechtsextremismus. Göttingen

Lesetips zum Thema Türkei und Orientalismus
Quellenmaterial

ZENTRUM FÜR TÜRKEISTUDIEN (Hg.) 1994: Türkei - Sozialkunde. Wirtschaft, Beruf, Bildung, Religion, Familie, Erziehung. Opladen

LUTZ, HELMA 1989: Unsichtbare Schatten? Die orientalische Frau in westlichen Diskursen. Zur Konzeptionalisierung einer Opferfigur, in: Peripherie 1989/37

BOOS-NÜNNING, URSULA 1994: Türkische Familien in Deutschland. Auswirkungen der Wanderung auf Familienstruktur und Erziehung, in: LUCHTENBERG, SIGRID/NIEKE, WOLFGANG (Hg.) 1994: Interkulturelle Pädagogik und europäische Dimension. Münster

AKKENT, MERAL/FRANGER, GABY 1987: Mädchen in der Türkei und Deutschland. Weinheim/München

Arbeitsmaterial:

AKKENT, MERAL/FRANGER, GABY 1987: Das Kopftuch - ein Stückchen Stoff in Geschichte und Gegenwart. Frankfurt a. Main

Schöner, zweisprachiger (deutsch und türkisch) Ausstellungskatalog mit farbigen Photos von türkischen und deutschen Frauen mit Kopftuch. Beschäftigt sich mit der Geschichte des Kopftuches in Deutschland und der Türkei. Das Buch behandelt sowohl religiöse, kulturelle, politische als auch modische Aspekte des Themas.

Filmtip

»TIMES OF HARVEY MILK« (1984) von HARVEY MILK, 16 mm
Verleih:
Arsenal Filmverleih
Friedensallee 7
22765 Hamburg
Telefon 040/3908496

Dokumentarischer Spielfilm über das Leben von Harvey Milk, dem schwulen Besitzer eines Fotoladens, der in den siebziger Jahren zu einem der einflußreichsten gewählten Stadtbeamten San Franciscos aufstieg und von einem Fanatiker erschossen wurde.

Praktische Vorschläge:

1 Situatives Rollenspiel zum Thema Anmache (durch Ausländer):
Die Mädchen/Frauen schlüpfen abwechselnd in die Rolle der männlichen Anmacher. Daran schließt eine einfühlsame Rollenbefragung an. Möglichkeiten der Selbstbehauptung und Selbstverteidigung werden diskutiert und ausprobiert. Informationen über Selbstverteidigungskurse für Frauen und Mädchen lassen sich über die örtlichen Gleichstellungsstellen und Frauenzentren erfragen.

2 Spielerisches Experimentieren mit Geschlechterrollen und sexueller Orientierung
Jungen spielen Begegnungen mit Schwulen, verkleiden sich als »Tunte« und gehen auf Eroberung. Gefühle und Einstellungen gegenüber schwulen Männern und den eigenen weiblichen Anteilen werden diskutiert. Was ist überhaupt ein Mann? Unterscheiden sich homosexuelle und heterosexuelle Männer voneinander? Zur Ergänzung können Vertreter von örtlichen Schwuleninitiativen zu einem Gespräch eingeladen werden.

Wer hat Angst vor'm schwarzen Mann?
**Information, Sensibilisierung und
Handlungsorientierung als Grundlagen der
multikulturellen Bildungs- und Kulturarbeit**

Die Erfindung des »Negers«

Als Mädchen spielte sie wie andere Kinder auch »Wer hat Angst vor'm schwarzen Mann«. Ein Kind stellte die überlieferte Frage: »Wer fürchtet sich vorm schwarzen Mann?« und die anderen riefen laut: »Niemand!«. Eine Mutprobe, um herauszufinden, ob es denn überhaupt einen Grund gibt, sich vor dem schwarzen Mann zu ängstigen, sah das Spiel nicht vor. Die Kinder lernten die Begegnung zu meiden. Die Angst übernahm das Regiment, was nur vernünftig schien. Das Kind fragte: »Und wenn er aber kommt?« und im Chor kam die Anwort zurück: »Dann laufen wir davon!«. Dann kamen sie wirklich, die schwarzen Männer, in der Gestalt US-amerikanischer Soldaten und sie lief davon. Nach dem ersten Schreck aber siegte die kindliche Neugierde. Der schwarze Mann war ein junger Afro-Amerikaner, der wahre Wunderdinge an die Kinder verteilte: Schokolade und Kaugummi. Als Erinnerung an seinen Aufenthalt in Deutschland wollte er ein Photo für seine Familie »schießen«. Die Aufnahme zeigt einen jungen, lachenden schwarzen Mann in Uniform, der ein strahlendes kleines Mädchen mit langen blonden Zöpfen auf dem Arm hält. Voller Stolz und mit dem Gefühl gerade etwas besonders Schönes erlebt zu haben, rannte sie aufgeregt nach Hause, um das Photo ihren Eltern zu zeigen. Die konnten ihre Begeisterung nun gar nicht teilen und reagierten mit Entsetzen und Empörung. Für die nächsten Tage verordneten sie ihr Hausarrest. Das Photo landete in Stücke gerissen im Abfalleimer. Irgend etwas mußte nicht in Ordnung sein mit dem schwarzen Mann.

Was hat es auf sich mit dem Bild vom bedrohlichen Schwarzen? Mit der Angst vor dem schwarzen Vergewaltiger kämpften Politik und Medien in der Weimarer Republik gegen die französische Besatzung des Rheinlandes. Vom Ort des Geschehens, der Demütigung der weißen Herrenrasse, berichtet ein Kriegsberichterstatter:

»Diese Horden in französischer Uniform gesteckter Wilder läßt Frankreich auf uns los. Gesichter, aus denen das Weiße der Augen fast grell leuchtet, Gesichter, in denen man vergeblich vertrautmenschliche Züge sucht. Gesichter, die indolent und grausam zugleich sind. Breitgedrückte Nasen, wulstige Lippen. Wangen, die von Stammesnarben zerschnitten sind, Schweinsäuglein, die im Fett der Lider ertrinken, Köpfe, die jede Form verloren haben, die noch an Menschen mahnt, Köpfe wie sie Urwaldaffen tragen mögen« (zit. nach: WIENECKE 1989:83).

Im Buch »Herrenmenschen« (1982), das die Soziologin und Entwicklungshelferin MARTHA MAMOZAI über das Frauenleben in den deutschen Kolonien schrieb, findet sich auf Seite 288 das Plakat »Jumbo«, das 1918 aus Anlaß der Stationierung der französischen Armee im Rheinland in deutschen Städten und Gemeinden auf Häuserwänden prangte. Es zeigt einen überdimensionierten, zähnefletschenden nackten Schwarzen mit einem Tropenhelm, der mit gespreizten Beinen über einem deutschen Städtchen thront. In seinen Pranken hält dieser furchterregende Kingkong leb- und willenlose, nackte oder nur mit Negligé bekleidete weiße Frauen, die er an seine Lendengegend preßt. Kurz nach dem Einmarsch der Besatzungstruppen, die auch schwarze Soldaten aus den Kolonien in ihren Reihen hatten, fanden sich alle im Reichstag vertretenen Parteien mit Ausnahme der Unabhängigen Sozialdemokratischen Partei Deutschlands (USPD) in ungewöhnlich trauter Eintracht zusammen, um eine Interpellation einzureichen, die den Rückzug der schwarzen Soldaten forderte. Die Franzosen hatten mit einem Kontingent von etwa 30.000 bis 40.000 Soldaten den größten Anteil von Afrikanern in ihrer Armee. Auf der deutschen Empörung lastete eine nicht zu leugnende Scheinheiligkeit. Deutschland verzichtete im ersten Weltkrieg nicht freiwillig auf den Einsatz von schwarzen Soldaten aus den eigenen Kolonien, sondern nur notgedrungen, da England den Seeweg blockierte. So liest sich diese Interpellation rassistischer Ressentiments im Wortlaut:

»Franzosen und Belgier verwenden auch nach Friedensschluß farbige Truppen in den besetzten Gebieten des Rheinlands. Die Deutschen empfinden diese mißbräuchliche Verwendung der Farbigen als eine Schmach und sehen mit wachsender Empörung, daß jene in deutschen Kulturländern Hoheitsrechte ausüben. Für deutsche Frauen und Kinder - Männer wie Knaben - sind diese Wilden eine schauerliche Gefahr. Ihre Ehre, Leib und Leben, Reinheit und Unschuld werden vernichtet. Immer mehr Fälle werden bekannt, in denen farbige Truppen deutsche Frauen und Kinder schänden, Widerstrebende verletzen, ja töten. Nur der kleinste Teil der begangenen Scheußlichkeit wird gemeldet. Schamgefühl, Furcht vor gemeiner Rache schließen den unglücklichen Opfern und ihren Angehörigen den Mund. Auf Geheiß der französischen und belgischen Behörden sind in den von ihnen besetzten Gebieten öffentliche Häuser errichtet worden, vor denen farbige Truppen sich scharenweise drängen, dort sind deutsche Frauen ihnen preisgegeben! In der ganzen Welt erheben sich immer mehr entrüstete Stimmen, die diese unauslöschliche Schmach verurteilen. Sind diese menschenunwürdigen Vorgänge der Reichsregierung bekannt? Was gedenkt sie zu tun?« (POMMERIN zit. nach: OPITZ 1992:49).

Sicherlich haben schwarze Soldaten während der Besatzungszeit Frauen vergewaltigt. Doch nicht das »männliche Gewohnheitsrecht« der Vergewaltigung von Frauen des Gegners, des Besiegten oder wenn es beliebt auch der eigenen Frauen stand zur Debatte, sondern die Verteidigung der »Würde der weißen Frau«. Die Abgeordnete AMMANN der bayerischen Volkspartei pries in einer Verhandlung des bayerischen Landtages 1919/

1920, Amerika als löbliches Beispiel, »wo ein Neger gelyncht werde, wenn er sich an einer weißen Frau vergangen habe, und England, welches vor dem Krieg verlangt habe, daß keine Frau in Indien oder Cylon in Gegenwart von Farbigen arbeite, um die weiße Frau nicht herabzusetzen« (AMMAN zit. nach OPITZ 1992:50).

Lediglich LUISE ZIETZ von der USPD protestierte gegen diese Doppelmoral und brachte die von deutschen Soldaten gegen deutsche Frauen begangenen Sittlichkeits- und Rohheitsdelikte zur Sprache.

Im Jahre 1508 porträtierte der Maler ALBRECHT DÜRER (1471-1521) einen Äthiopier, der als Angestellter in einem der großen Handelshäuser Augsburgs beschäftigt war. Das Gesicht des Afrikaners trägt feine individuelle Züge. Berühmt geworden ist auch die 1521 entstandene Silberstiftzeichnung der »Mohrin Katharina« vom selben Künstler. DÜRER zeichnete eine Frau mit Seele und Würde. In seiner liebevollen Darstellung kann es dieses Bild durchaus mit dem bekannten Portrait von DÜRERS Mutter aufnehmen. Der Afrikaner und die Afrikanerin in DÜRERS Werk aus dem 16. Jahrhundert haben nichts mit der plakatierten wilden Bestie zu Beginn des 20. Jahrhunderts gemein. Dazwischen liegt die blutige Geschichte kolonialer Eroberung und moderner Rassetheorien, die tiefe Spuren in unserem Denken, Fühlen und Handeln hinterlassen haben. Auch wenn es der Wahn der »Rassenreinheit« nicht wahrhaben will, so ist doch die Anwesenheit von afrikanischen Menschen in Europa nichts Neues.

Bereits in der Antike bis hinein ins Mittelalter beherbergten europäische Höfe Gesandte und Gelehrte afrikanischer Reiche als Gäste. Nicht nur DÜRERS Zeichnungen, sondern auch SHAKESPEARES Mohren, Othello und Aaron in dem Königsdrama Titus Andronicus berichten von der Geschichte afrikanischer Adliger an europäischen Höfen. Auch in Deutschland lebten seit Cäsars Zeiten einige Afrikaner und Afrikanerinnen. Die großen Handelshäuser, insbesondere Fugger, Welser und Imhoff beteiligten sich an der Finanzierung der ersten Flotten, die unter spanischer und portugiesischer Flagge seit dem Mittelalter Handel mit Afrika betrieben. Zuerst gelangten Kostbarkeiten wie Gold, Elfenbein, Gewürze und andere Rohstoffe auf diesen Handelsrouten nach Europa. Etwas später aber entdeckten die Europäer lebendige Waren, mit denen sich beweisen ließ, daß man auf dem schwarzen Kontinent gewesen war: afrikanische Menschen. Als Objekte der Neugierde waren die verschleppten schwarzen Männer und Frauen ein begehrtes Mitbringsel. Sie wurden auch als »Pfand« für die Einhaltung von Vertragsbestimmungen benutzt. Dem Reiz der Exotik erlag schon das Mittelalter. Wie der Besitz von edlen Pferden zählte es in England und Frankreich - in geringerem Umfang auch in Deutschland - zum guten Ton, eine solch exotische Figur in der eigenen Equipage, Karosse, dem eigenen Salon oder Pferdestall vorführen zu können.

Vorurteile gegen Schwarze kannte auch das Mittelalter. Die systematische Entwertung und Entmenschlichung schwarzer Menschen ist jedoch historisch neueren Datums. Schon die christliche Farbensymbolik verlieh der Farbe schwarz den Klang des Bösen, Unerwünschten und Verwerflichen. In den phantastischen Erzählungen des Mittelalters tauchen bereits Schwarze als Fabelwesen auf, die zwischen Mensch und Tier stehen. Es sind wilde und unheimliche Geschöpfe. Das Kirchenvokabular der damaligen Zeit verwendete die Bezeichnung Ägypter gelegentlich als Synonym für Teufel. Von da ist es kein weiter Schritt bis zur bösen schwarzen Hexe, auch wenn es sich dabei »nur« um eine dunkelhaarige weiße Frau handelte. Die damals gewöhnliche Bezeichnung »Mohr« entspringt noch einem religiösen Weltbild, dem die Hautfarbe nicht alles ist.

»Mohr ist die älteste deutsche Bezeichnung für Menschen anderer Hautfarbe und diente im Hochmittelalter zur Unterscheidung der schwarzen und weißen Heiden. Môr, aus dem lateinischen Mauri, erhielt seine Prägung durch die Auseinandersetzung zwischen Christen und Moslems in Nordafrika. Physische Andersartigkeit und fremde Glaubensvorstellungen charakterisieren somit diesen Begriff« (OPITZ 1992:19).

Erst das Zeitalter der Aufklärung erfindet den »Neger«. Einer klar umrissenen anderen »Rasse« gehörte der Mohr noch nicht an. Zwar lassen sich Vorläufer des Rassebegriffs bis ins 13. Jahrhundert verfolgen, doch erst im 16. Jahrhundert wird er gebräuchlich, um Zugehörigkeit und Abstammung zu beschreiben. Schon am Beispiel des frühen Rassebegriffs wird deutlich, wie die Zuweisung einer »Rasse« dazu dient, eigene Machtansprüche zu sichern und die Verfolgung anderer zu rechtfertigen. Mit der spanischen Reconquista, die das Zwangsbekehrungsedikt von 1492 hervorbringt, erschallt zum ersten Mal die Forderung nach der »Reinheit des Blutes«. Mit der Konversion ist es nicht mehr getan. Der jüdischen »Rasse« gilt die Feindschaft.

Als das Bürgertum im Zeichen der Aufklärung mit den Forderungen nach Emanzipation und Gleichheit die feudale Herrschaft herausforderte, hatte die Kraft des Arguments einer gottgewollten gesellschaftlichen Ordnung ausgedient. Die Ungleichheit der Menschen und ihre Unterdrückung bedurfte der »vernünftigen« Rechtfertigung. ARTHUR GRAF DE GOBINEAU (1861-1882), einer der führenden Rassetheoretiker seiner Zeit, war der erste, der jede Ungleichheit im kulturellen, sozialen und politischen Bereich biologisierte. Selbst adliger Abstammung, begründete er die Vorherrschaft des (französischen) Adels mit der Überlegenheit der »adligen Rasse«. Für die moderne Idee homogener Nationalstaaten bedurfte es der Klammer einer konstruierten gemeinsamen »rassischen« Abstammung, die unterschiedliche regionale und klassenspezifische Interessen bündeln sollte.

Waren negative Einstellungen gegenüber Schwarzen bis zum 18. Jahrhundert weitgehend frei von den Vorstellungen über die Existenz unterschiedlicher Rassen, so bündeln wissenschaftliche Rassetheorien allgemeine Vorurteile zu einem ideologischen Rassismus. Die koloniale Expansion Europas und die Versklavung von Menschen stand in krassem Widerspruch zu den Forderungen nach Freiheit, Gleichheit und Brüderlichkeit. Bereits die Antike kannte die Sklaverei. Sie war allerdings weder in Theorie noch in der Praxis an die Hautfarbe gebunden. ARISTOTELES schrieb eine allgemeine Herrschaftstheorie, die die Unterteilung von Menschen in eine herrschende und zu beherrschende Gruppe als natürlich ausgab. Die einen sind eben von Natur aus zum Herrschen geboren, die andern zum Gehorchen. Nur so kann das gesellschaftliche Chaos gebändigt und Fortschritt erzielt werden. Es gilt das Recht des Stärkeren.

»Der antike Sklave ist Sklave, weil er Sklave ist, weil er Kriegsbeute im weitesten Sinne wurde; seine Leistungskapazitäten entsprechen denen der Griechen. Deshalb konnte es unter Sklaven auch Dichter, Lehrer, Bildhauer etc. geben. Der US-Sklave in Virginia dagegen wurde Sklave wegen seiner Hautfarbe - um es überspitzt zu formulieren. Diese symbolisierte spezifische natürliche und kulturelle Defizite im Arbeitsvermögen, die die Inferiorität der Afrikaner begründen...« (DITTRICH 1991:68).

Allerdings existierte, wie wir bereits gesehen haben, in der christlichen mittelalterlichen wie in der arabischen Kultur ein mit negativen Konnotationen aufgeladener Begriff von schwarz. Damit gewann die Wahl von Schwarzen als Sklaven von vornherein eine gewisse Plausibilität. Unmißverständlich definiert der Staat Virgina wer Sklave ist und wer nicht. In »History&Present State of Virgina« schreibt ROBERT BEVERLY:

»Sklaven sind Neger. Es ist ausreichend zu unterscheiden zwischen weiblichen Dienern und Sklaven: denn eine weiße Frau soll selten oder niemals zur Feldarbeit herangezogen werden, wenn sie andere Arbeiten verrichten kann« (BEVERLY zit. nach: KRAFT 1990:35).

Die ungleiche Behandlung schwarzer Menschen mußte vor dem Lichtstrahl der Vernunft bestehen können. So machte sich die Wissenschaft ans Werk und erschuf den »Neger«. Die Darwinsche Abstammungslehre und die vergleichende Methode der Kulturanthropologie dienten als Legitimationsgrundlage für eine Ideologie rassistischer Hierarchien. Danach besteht die menschliche Gattung aus einer Reihe von Rassen, die sich biologisch voneinander unterscheiden und die in jeweils unterschiedlichem Ausmaß zur Zivilisation befähigt sind. Da wurden Gliedmaßen vermessen, Augen- und Haarfarben, Haarstrukturen und Gesichtszüge miteinander verglichen, in ihrer Struktur analysiert und klassifiziert. Wie willkürlich diese Klassifikationsssysteme waren, zeigt sich schon daran, daß nur gewisse somatische Merkmale aufgegriffen und mit einer Bedeutung aufgeladen wurden. Nicht die Länge der Ohrläppchen oder Arme galt als entscheidend, sondern die Hautfarbe.

So in Szene gesetzt wurde die Hautfarbe zum Erkennungszeichen bestimmter sozialer Gruppen. Ihre Unterschiedlichkeit von anderen Gruppen der Gesellschaft erscheint als natürlich. Dabei war man sich anfangs gar nicht so klar darüber, welche Hautfarbe nun die einzelnen Rassen haben sollten. So galten die Chinesen erst als ein »weißhäutiges Volk«, das den Deutschen sehr ähneln sollte. Dann glaubte man eine Verwandtschaft zur Hautfarbe der Italiener, Spanier oder Deutschen erkennen zu können. Kurze Zeit später erstrahlten die Chinesen noch weißer als die Deutschen und erst im ausgehenden 19. Jahrhundert wurde die gelbe Gefahr geboren. Ähnliche Diskussionen lassen sich auch für die Indianer anführen, deren Hautfarbe man mal als hell, ja weiß, dann wiederum als bronzefarben, manchmal als goldgelb einstufte. Erst im 18. Jahrhundert erröten die amerikanischen Ureinwohner. Die soziale Kategorie des Schwarzen entsteht erst durch die Verknüpfung von Schwarz mit der Sklaverei (vgl. HUNDT 1993). Die erste afro-amerikanische Nobelpreisträgerin für Literatur TONI MORRISON schreibt über die »besondere« Geschichte der modernen Sklaven und Sklavinnen:

»Diese Sklaven waren, anders als viele andere Sklaven in der Weltgeschichte, nur allzu sichtbar. Und sie hatten unter anderem eine lange Geschichte der Bedeutung von Hautfarbe geerbt. Diese Sklavenbevölkerung hatte nicht bloß eine sie unterscheidende Hautfarbe; diese Hautfarbe bedeutete etwas. Diese Bedeutung war von Gelehrten benannt und mindestens von dem Moment im achtzehnten Jahrhundert an herausgestellt worden, als andere und manchmal dieselben Gelehrten begannen, sowohl die Naturgeschichte als auch die unveräußerlichen Rechte des Menschen - das heißt die Freiheit des Menschen - zu erforschen. Hätten alle Afrikaner drei Augen oder nur ein Ohr gehabt, man kann annehmen, daß dieser Unterschied von den schmächtigeren, aber siegreichen europäischen Einwanderern auch als bedeutsam eingestuft worden wäre. Jedenfalls steht Ende des zwanzigsten Jahrhunderts außer Frage, wie subjektiv es ist, der Hautfarbe Wert und Bedeutung beizumessen« (MORRISON 1995:77).

Mit dem Selbstbewußtsein der Macht, das sich in Europa herausgebildet hatte, konstruierten die weißen Herren eine »natürliche« rassische Hierarchie und setzten sich selbst als Angehörige der weißen oder arischen Rasse an die erste Stelle. Bei dem Afrikaner und der Afrikanerin, der niedrigsten Menschenart, glaubten sie gerade noch Gemeinsamkeiten mit der höchsten Tierart, den Affen zu erkennen. Der schwedische Naturforscher CARL VON LINNÉ (23.5.1707-10.1.1778) »entdeckte« 1735 vier unterschiedliche menschliche Spezies: den Americanus, den Europaeus, den Asiaticus, den Afer und eine fünfte abnormale Form. Hervorstechendstes Merkmal der Untergruppe Neger (Afer): ein fauler, nachlässiger und bösartiger Charakter. Für die Begründung von Kolonisation und der Versklavung von Schwarzen ist diese Klassifikation bestens geeignet. Über jeden Zweifel erhaben, sieht sich der europäische Mensch auch in ästhetischer Hinsicht als die strahlende Krone der Schöpfung. In seiner ästhetischen Anthropolgie setzt der Archäologe und Kunsthistoriker JOHANN JOACHIM WINKELMANN (9.12.1717 - 8.6.1768) das im gemäßigten Klima Europas verankerte klassische Schönheitsideal der Griechen auf den Thron:

»Die gepletschte Nase der Kalmücken, der Chinesen und anderer entlegener Völker ist(...) eine Abweichung; denn sie unterbricht die Einheit der Formen (..). Der aufgeworfene schwülstige Mund, welche die Mohren mit den Affen in ihrem Land gemeinsam haben, ist ein überflüssiges Gewächs (..) welches die Hitze ihres Klimas verursacht« (WINKELMANN zit. nach OPITZ 1992:21).

Die Versklavung von Schwarz-Afrikanern wurde mit der zivilisatorischen Mission gerechtfertigt, die glaubte, die primitiven Eingeborenen auf eine höhere Stufe heben zu müssen. Die Schwarzen galten schließlich als arbeitsscheu, unterentwickelt, dumm, exotisch und wild. Diese »Wildheit« äußerte sich in Grausamkeit oder/und ungezügelter, freier Sexualität.

Um die letzte Jahrhundertwende schreibt ein gewisser STEFAN KOTZE:

»Der Neger ist ein halbes Kind, die andere Hälfte der Bestie« (KOTZE zit. nach MAMOZAI 1989:57).

CLARA BROCKMANN äußerte sich im Jahre 1910 über die schwarze Frau:

»Es ist eine traurige Erfahrungssache, daß die schwarze Frau noch niemals den geringsten Aufstieg in eine höhere Kulturstufe unternommen hat, daß sich im Gegenteil der Mann vielmehr dem Niveau seiner farbigen Lebensgefährtin nähert und nicht selten auf dieses herabsinkt« (BROCKMANN zit. nach MAMOZAI 1989:167f.).

Im Kinderland Afrika, jenseits von Geschichte und Vernunft, vermutete der Aufklärer GEORG WILHELM HEGEL (27.8.1770 - 14.11.1831), kannibalische Wilde:

»Der menschliche Körper ist animalisch, aber wesentlich Körper für ein Vorstellendes; er hat psychologischen Zusammenhang. Aber bei dem Neger ist dies nicht der Fall, und den Menschen zu verzehren hängt mit dem afrikanischen Prinzip überhaupt zusammen; für den sinnlichen Neger ist Menschenfleisch nur sinnliches, Fleisch überhaupt. Es wird nicht so sehr als Nahrung gebraucht; aber bei Festen werden viele hundert Gefangene z.B. gemartert, enthauptet, und der Körper wird dem zurückgegeben, der ihn zum Gefangenen gemacht hat und der ihn dann verteilt. An einzelnen Orten hat man freilich sogar auf den Märkten Menschenfleisch ausliegen gefunden. Bei dem Tode eines Reichen werden wohl Hunderte geschlachtet und verzehrt. Gefangene werden gemordet, geschlachtet, und der Sieger frißt in der Regel das Herz des getöteten Feindes. Bei den Zauberinnen geschieht es gar häufig, daß der Zauberer den ersten besten ermordet und ihn zum Fraß an die Menge verteilt« (HEGEL zit. nach: OPITZ 1992:35).

Ihr Überlegenheitswahn machte die waffentechnisch überlegenen Kolonialisten blind. Auf seiner »Entdeckungsreise« stießen VASCO DE GAMA und seine Leute 1497 im Gebiet des heutigen Tanzania auf Bewohner und Bewohnerinnen, die die östlichen Meere befuhren und bessere navigatorische Kenntnisse besaßen als sie selbst. Sie fanden dort Stadtstaaten und Regierungen, die ebenso wohlhabend und differenziert waren wie alles, was ihnen auf diesem Gebiet von Europa her bekannt war.

Für die Kolonialisten des 19. Jahrhunderts durfte Afrika keine Geschichte haben. Die koloniale Ausbeutung und zivilistorische Mission brauchte zu ihrer eigenen Rechtfertigung den afrikanischen Kontinent als geschichtslose, vernunftabgewandte Seite der Erde. Alle Funde, die auf eine eigene afrikanische Geschichte deuteten, wurden als ein Export anderer Kulturen interpretiert. Lange bevor die Europäer ihren Fuß auf den Kontinent setzten, gab es in Afrika südlich der Sahara alte Königreiche und hochentwickelte Staats- und Kulturformen. Die Yorubas zählen zu den Erben der hochentwickelten Nokkultur in Westafrika. Das Reich Ghana, das bis Mitte des 13. Jahrhunderts bestand, spielte eine Rolle als Durchgangsland und Warenumschlagplatz für den Mittelmeerhandel. Das alte Reich Kanem (6. bis 12. Jahrhundert) reichte in seiner Blütezeit vom Niger bis zum Nil und wirkte noch in dieser Zeit auf Ägypten. Ihre Blütezeit erlebten viele afrikanische Kulturen zwischen dem 12. und 16. Jahrhundert (vgl. LOTH 1986). Die Afrikaner konsumierten früher Reis als die Chinesen. Eine hochentwickelte und diversifizierte Landwirtschaft - einschließlich komplizierter Bewässerungssysteme, erlaubte es ihnen Reis und Hirse zu züchten. Um so weiter sich die Forschung von ihren rassistischen Brillengläsern löst, desto mehr verschwindet die Vorstellung eines prähistorisch, mystisch verschwommenen Kontinents. Die afrikanischen Handelswege reichten bis nach China. Gold und Elfenbein waren schon damals begehrte Waren. Münzfunde, z.B. in Mali, lassen auf eine gemeinsame Währung schließen. Der »gesunde Menschenverstand« läßt sich auch in Afrika finden.

»Afrikas Menschen und ihr Denken sind sehr diskret und realistisch. Es wird selten direkt auf Gott geschlossen. Die Intrigen der Menschen und somit auch der Ahnen sind zu bekannt. Vielleicht weil Afrikaner so wenig von Gott oder Göttern sprachen, nahmen Anthropologen im letzten Jahrhundert an, sie besäßen keine Götter. Erst heute glauben Forscher, eine unglaublich kluge und differenzierte Mischung von Realismus und Spiritualität mit sehr langer Tradition in West- und Ostafrika, in den Weiten der Savanne, am Rand der Wüste (Sahel) und entlang der Küste im Osten (Suaheli-Kultur) festzustellen« (IMFELD 1995:36).

Vernunft und der Wunsch nach Ordnung waren auch in Afrika beheimatet. Verfassungen und Reichsbildungen Afrikas wiesen in ihrer Mentalität Ähnlichkeiten mit dem Rechtsdenken der Angelsachsen und Normannen auf. Deshalb meinen Historiker, sei es kein Wunder, daß die Briten mit ihrer Denk- und Rechtsordnung so leicht Einfluß in Westafrika gewinnen konnten. Intrigen und die Spiele der Macht - divide et impera - waren wohl auch in den afrikanischen Königreichen nicht unbekannt.

»Auch die frühen afrikanischen Königreiche waren keine Volksparadiese. Wovon denn hätte ein Mali-Herrscher 60 000 Pferde und eine Armee von anscheinend 200 000 Mann unterhalten, fast 50 Kilogramm Gold auf die Wallfahrt nach Mekka mitnehmen oder die vierundzwanzig besten Professoren seiner Zeit im Mittleren Osten einkaufen und die größte Universität des Mittelalters in Timbuktu aus dem Nichts aufbauen sollen? Andere Großtaten der einstigen Herrscher sind in Epen von Griots, den offiziellen Dichtern und Sängern, überliefert. Jemand hat sie entweder mit Arbeit oder mit Steuern oder mit Abgaben bezahlt« (IMFELD 1995: 36).

Von all dem wollten die Europäer nichts wissen. Wie hätten sie sonst ihren »zivilisatorischen Auftrag« begründen sollen? Nicht viel außer primitivem Raub, Mord, Gier und Machtgelüsten wäre übrig geblieben von der Mission des weißen Mannes und der weißen Frau an seiner Seite. Im Bilderbuch »Die große Kiste« oder »Was uns die Kolonien bringen« von MAX MÖLLER findet sich folgendes Kindergedicht aus dem Jahre 1910:

»Als unsere Kolonien vor Jahren
noch unentdeckt und schutzlos waren
schuf dort dem Volk an jedem Tage
die Langeweile große Plage
denn von Natur ist nichts wohl träger
als so ein faultierhafter Neger.
Dort hat die Faulheit, das steht fest
gewütet fast wie eine Pest.
Seit aber in den Kolonien
das Volk wir zur Kultur erziehen
und ihm gesunde Arbeit geben
herrscht dort ein munteres, reges Leben.
Seht hier im Bild den Negerhaufen
froh kommen die herbeigelaufen
weil heute mit dem Kapitän
sie kühn auf Löwenjagden gehen«
(MÖLLER zit. nach MERGNER 1992:150).

Auch in Deutschland grassierte das koloniale Fieber. Ganz im Sinne dieser nationalen Erregung fordert Reichspräsident (1925-1934) PAUL VON HINDENBURG Kolonien für das Deutsche Reich:

»Ohne Kolonien keine Sicherheit im Bezug von Rohstoffen, ohne Rohstoffe keine Industrie, ohne Industrie kein ausreichender Wohlstand. - Darum, Deutsche, müssen wir Kolonien haben« (HINDENBURG zit. nach: FREMGEN 1984:129).

Aus ökonomischen und politischen Gründen betritt das Deutsche Reich relativ spät die Bühne der Kolonialmächte. Erst die Reichsgründung von 1871 schafft die Voraussetzungen für das »koloniale Abenteuer«. Es waren nicht nur ökonomische Gründe, sondern insbesondere auch das Verlangen von KAISER WILHELM II, Deutschland in den Rang einer Weltmacht zu heben, das dem kolonialen Unternehmen Schubkraft verlieh. Am 24. April

1884 werden die ersten Gebiete des heutigen Namibias unter deutschen »Schutz« gestellt und zur Kolonie »Deutsch-Südwestafrika« erklärt. Im selben Jahr folgt die Eroberung von Kamerun und Togo. Ostafrika - ein großer Teil des heutigen Tanzania, Ruanda und Burundi - fällt den Deutschen im darauffolgenden Jahr in die Hände. In Deutsch-Südwest rebellieren die Herero und Nama gegen Ausplünderung, Vergewaltigungen, Unterdrückung und Verelendung. Die Hererofrauen feuern ihre Männer mit dem Sprechgesang an: »Wem gehört Hereroland? Uns gehört Hereroland!« (ENGELHARDT 1993:128). Zu Beginn des Aufstandes im Jahre 1904 zählt das Volk der Herero etwa 100.000 Menschen. Der umstrittene General VON TROTHA verfolgte eine Vernichtungsstrategie. Sein Credo lautete: Die Ausrottung beseitigt potentielle Widerstandskämpfer für alle Ewigkeit. Die Überlebenden der Schlacht am Waterberg wurden in ein angrenzendes Sandfeld, die wasserlose Omaheke, getrieben. Die offizielle Statistik aus dem Jahr 1909/1910 zählt nur mehr 19.962 Hereros. Alle Überlebenden des ersten deutschen Völkermordes wurden enteignet.

Nach der Niederschlagung des Austandes experimentiert die deutsche Kolonialverwaltung mit Rassegesetzen. Auf dem Verwaltungsweg wurde das Schicksal der Herero besiegelt.

»Die Eingeborenenverordnungen für Südwestafrika aus dem Jahre 1907 waren die Keimzelle der bis heute in Namibia gültigen Apartheid-Gesetzgebung. Die Afrikaner wurden in Ghettos in der Nähe der Wohn- und Arbeitsstätten der Weißen angesiedelt, Paß- und Meldepflicht hoben ihre Freizügigkeit auf. Das Verbot von Landerwerb und Viehhaltung beraubte sie ihrer eigenständigen traditionellen Existenzgrundlage. Sie mußten so zu Lohnsklaven für die Weißen werden« (MAMOZAI 1982:45).

Kolonialforscher wie HENNING MELBER (1992) oder KARL HEINZ ROTH (1990) ziehen einen Entwicklungsstrang von der Art und Weise wie in Namibia Menschen behandelt wurden zur Vernichtungspraxis der Nationalsozialisten.

Auch in den Jugendbüchern der damaligen Zeit findet der Aufstand der Hereros seinen Niederschlag. Im 1906 erschienen Jugendroman von PETER FRENSSEN »Peter Moors Fahrt nach Südwest«, einem der am meisten gelesenen Jugendromane der Kaiserzeit, rechtfertigt der Autor den begangenen Völkermord mit der höheren Mission des deutschen Volkes:

»Diese Schwarzen haben vor Gott und Menschen den Tod verdient, nicht weil sie die zweihundert Farmer ermordet haben und gegen uns aufgestanden sind, sondern weil sie keine Häuser gebaut und keine Brunnen gegraben haben. Gott hat uns siegen lassen, weil wir die Edleren und Vorwärtstreibenden sind. Das will aber nicht viel sagen gegenüber diesem schwarzen Volk; sondern wir müssen sorgen, daß wir vor allen Völkern der Erde die Besseren und Wacheren werden. Den

Edleren, den Frischeren gehört die Welt. Das ist Gottes Gerechtigkeit« (FRENSSEN zit. nach: MERGNER 1989:16).

In voller Überzeugung der eigenen kulturellen Überlegenheit reüssiert in diesem jugendbildnerischen Werk ein Pfarrer:

»Diese sollten unsere Brüder sein? Sie mögen es einmal werden, nach hundert oder zweihundert Jahren. Sie mögen erst einmal lernen, was wir aus uns selbst erfunden hätten: Wasser stauen und Brunnen machen, graben und Mais pflanzen, Häuser bauen und Kleider weben. Danach mögen sie wohl einmal Brüder werden. Man nimmt niemanden in eine Genossenschaft auf, der nicht vorher seinen Einsatz bezahlt hat« (FRENSSEN zit. nach: MERGNER 1989:17).

Der »Neger« galt als interessantes und gefährliches Tier. Auf Völkerausstellungen wie z.B. Berlin 1896 wurden neben Produkten aus den Kolonien auch Menschen ausgestellt. Auf Hagenbecks Völkerausstellungen ergötzten sich Männer und Frauen aller Klassen und politischen Überzeugungen am Anblick der ausgestellten »Wilden«. Gerüchte von den wilden Barbaren und menschenfressenden Kannibalen, die sich in keinem einzigen Fall auf Beobachtung stützten, machten die Runde. Was sollte man mit derartig stumpfsinnigen, aber gefährlichen Wesen schon anderes anfangen als sie zu versklaven. DR. KARL PETERS, Gründungsmitglied der »*Gesellschaft für deutsche Kolonialisation*« (1884) und der »*Deutsch-Ostafrikanischen Gesellschaft*« war vornehmlich in Ostafrika unterwegs, um die Zivilisation voranzutreiben. Er schrieb über die »Natur« des »Negers«:

»Der Neger ist der geborene Sklave, dem sein Despot nötig ist, wie dem Opiumraucher seine Pfeife, und es fehlt ihm auch jeder vornehme Zug. Er ist verlogen, diebisch, falsch und hinterlistig, und wenn oberflächliche Beobachter an ihm eine gewisse bonhomie wahrzunehmen glauben, so liegt dies ausschließlich an der geringen Irritabilität seines Nervensystems und der daraus folgenden stumpfen Reaktionsfähigkeit seines Willens« (PETERS zit. nach: OPITZ 1992:36).

Kein Wunder, daß derart primitive Kreaturen mit nichts außer roher Gewalt zu beeindrucken sind:

»Ich habe versucht, den Massai durch Waldbrände, durch Leuchtraketen, ja durch eine zufällig am 23.12. eintretende Sonnenfinsternis zu imponieren, aber ich habe gefunden, daß diesen wilden Söhnen der Steppe schließlich doch nur die Kugeln der Repitiergewehre und der Doppelbüchsen, und zwar in nachdrücklicher Anwendung gegen ihren eigenen Körper, imponiert haben« (PETERS zit. nach: OPITZ 1992:36f.).

Das Urteil weißer deutscher Frauen über ihre Geschlechtsgenossinnen fiel vernichtend aus.

»Sind die farbigen Völker alle dumm, so sind deren Frauen auf jeden Fall die dümmsten und faulsten« (MAMOZAI 1982:166).

Dumm waren die afrikanischen Frauen auf keinen Fall. Gegen die Zumutungen der Kolonisation wehrten sie sich mit einem Gebärstreik. Mit Methoden der Geburtenkontrolle und Abtreibung vertraut, setzten sie wesentlich weniger Kinder in die Welt als die weißen Frauen, bei denen sieben oder mehr Geburten keine Seltenheit waren.

»Mir ist«, so schrieb CLARA BROCKMANN 1910 in Südwest, »kein einziger Fall auch nur vom Hörensagen bekannt geworden, in welchem die Kanakenfrau annähernd so zahlreich Nachkommen gehabt hätte« (BROCKMANN zit. nach: MAMOZAI 1982:156).

Die deutsche Frau in den Kolonien betrachtete sich als das Maß aller Dinge. An ihrer Haushaltsführung getreu den Maximen Sparsamkeit, Ordnung und Fleiß sollte sich die schwarze Frauenwelt orientieren. Für ihre schwarzen »Schwestern« hatten sie nur Häme und Verachtung übrig. CLARA BROCKMANN, Buchautorin mit Kolonialerfahrung, belehrt in ihren »Briefe(n) eines deutschen Mädchens aus Südwest« (1912) junge Frauen, die nach Afrika auswandern wollten, über die Welt, die sie dort erwartet:

»Das freundliche, wohlerzogene Dienstmädchen mit dem weißen Häubchen ist verschwunden, aus den fremdartigen Kulissen Afrikas tritt ein blödsinnig dummes Kaffernweib, das nicht deutsch sprechen kann und keine Ahnung von den Aufgaben in einem europäischen Haushalt hat, ja oft nicht einmal ein Stück Möbel und seine Bedeutung kennt« (BROCKMANN zit. nach SCHWARZER 1989:108).

CLARA BROCKMANN erlaubte ihrem Mädchen Elli keine anderen Arbeiten als die Teezubereitung. Sie benutzte niemals ein Glas, das eine »Eingeborene« schon abgespült hatte, ohne es nochmals unter fließendem Wasser zu reinigen. Von KÄTHE VAN BECKER, die das Buch »Heddas Lehrzeit in Süd-West« nach eigener Kolonialerfahrung verfaßte, ist uns folgende Klage überliefert:

»Herr Leutnant, nun kommt da auch noch'ne ganze Bande schwarzes Weibervolk, hockt sich in die Stube um die gnä'ge Frau un glotzt die an, un läßt sich nicht forttreiben! Das is zu viel! Das kann kein Elefant aushalten, viel wen'ger so'ne arme, müde Frau. Un quasseln tun die Frauenzimmer! Un von gutem Geruch kann man auch nit reden. Nein Herr Leutnant, das is schrecklich! Mit der Landplag' wird' ich allein nicht fertig« (BECKER zit. nach SCHWARZER 1989:108).

Der verlorene erste Weltkrieg befreite Deutschland von der »kolonialen Bürde des weißen Mannes«. Mit dem Vertrag von Versaille verlor Deutschland 1919 alle Rechte auf den Besitz von überseeischen Territorien. Mit dieser »nationalen Demütigung« wollte man sich nicht abfinden. Das koloniale Fieber hielt an. Nicht nur die nach wie vor bestehende »Deutsche Kolonialgesellschaft« wollte Deutschland wieder als Kolonialmacht sehen. Die koloniale Propaganda erhöhte den Besitz von Kolonien zu einer Frage von kultureller, sozialer, nationaler und völkischer Bedeutung. Schlagworte wie ein »Volk ohne Raum« machten die Runde. Nun galt eigener Kolonialbesitz nicht nur als Symbol der Ehre, sondern sogar als eine Frage des nationalen Überlebens. Von der Weltgeltung Deutschlands und dem Recht auf Kolonien war die Rede. Als Angehörige der weißen Rasse seien die Deutschen auch zur zivilisatorischen Mission berufen und dürften nicht daran gehindert werden, ihren Beitrag zur Entwicklung niedriger Rassen zu leisten. Diese Botschaft wurde an Schulen gelehrt, in wissenschaftlichen Schriften verteidigt und in Zeitungen, Zeitschriften, Broschüren und Büchern aller Genres kolportiert. Der Schlachtruf »Wir brauchen Kolonien« erschallte.

»Wir brauchen Kolonien!
Ob Zentrumsmann, ob Demokrat,
ob Kegelclub, ob Syndikat -
die Stimmen tremolieren.
Es schreit von Flugblatt und Plakat:
Wir woll'n ein Kolonialmandat.
Wir müssen kultivieren!
Dann hätten einen Erdenrest
die Jürgens, Kußmann, Femepest,
sich abzureagieren.
Drum halte die Parole fest.
Es gilt den Kampf um Deutsch-Südwest.
Wir müssen kultivieren.
Fehlt's auch im Reich an Geld und Brot -
was kümmert uns die Wohnungsnot!
Sie mögen vegetieren.
Heil: Tropen und Kanonenboot!
Stolz weht die Flagge schwarz-weiß-rot.
Wir müssen kultivieren!
Der Schwarze will uns zurück,
zu Peitsche, Drill und Liebesglück
und preußische Manieren.
Entreißen wir der fremden Tück'
den dunklen Erdteil Stück für Stück.
Wir müssen kultivieren!«
(SCHNAG 1924 zit. nach OPITZ 1992:47).

Der rassistische Geist wirkte auch nach innen. Für die afro-deutschen Kinder und ihre Mütter begannen die Schikanen nicht erst im Nationalsozialismus. Sie wurden angegriffen und verachtet. Es konnte einfach nicht sein, daß deutsche Frauen sich in schwarze französische Soldaten - ja überhaupt schwarze Männer - verliebten. Auch von einem deutschen Mann wurde die Reinhaltung der weißen Rasse erwartet. Kinder aus »gemischten« Ehen und Beziehungen wurden von vielen mit vollster Selbstverständlichkeit »Bastard« genannt. Um sich von diesem unerwünschten Nachwuchs zu säubern, erwägte das Reichsministerium in den zwanziger Jahren die Mischlinge an Missionsgesellschaften zu übergeben, damit diese sie dann mit Hilfe einer finanziellen Unterstützung ins Ausland bringen könnten.

Auch ADOLF HITLER sorgte sich früh um die »Bastardisierung« Deutschlands. In seinem 1928 verfaßten Pamphlet »Mein Kampf« verbinden sich Antisemitismus und Rassismus zu einer absurden Verschwörungstheorie:

»Juden waren und sind es, die den Neger an den Rhein bringen immer mit dem gleichen Hintergedanken und klaren Zielen, durch die dadurch zwangsläufig eintretende Bastardisierung die ihnen verhaßte weiße Rasse zu zerstören, von ihrer kulturellen und politischen Höhe zu stürzen und selber zu ihren Herren aufzusteigen« (HITLER zit. nach: OPITZ 1992:53).

Die nationalsozialistische Rassenanthropologie fordert Mütter von afrodeutschen Kindern zur Abtreibung auf. In seiner Schrift »Rasseprobleme im Dritten Reich« distanziert sich DR. HANS MACCO von jeder moralischen Verpflichtung der deutschen Gesellschaft gegenüber afro-deutschen Kindern.

»Diese Mulattenkinder sind entweder durch Gewalt entstanden oder aber die weiße Mutter war eine Dirne. In beiden Fällen besteht nicht die geringste moralische Verpflichtung gegenüber dieser fremdrassigen Nachkommenschaft« (MACCO zit. nach: OPITZ 1992: 53).

Bei der Behandlung der »Farbigen-Frage« geht die nationalsozialistische Regierung mit kaltem politischen Kalkül vor. Das Auswärtige Amt plädiert aus Rücksicht auf außenpolitische Interessen erst einmal für ein behutsames Vorgehen. Schließlich sei die Öffentlichkeit im Ausland durch die Behandlung der »Judenfrage« doch noch etwas irritiert. In den Stichworten für die Chefbesprechung am 21. November 1933 über die Rassenfrage finden sich folgende Auslassungen.

»Wir dürfen auch nicht vergessen, daß wir, nachdem jetzt die Hetze gegen Deutschland wegen der Judenfrage doch etwas abzuflauen beginnt, der feindlichen Propaganda nicht durch die Farbigen-Frage neuen Stoff für die Bekämpfung des neuen Deutschland liefern« (POMMERIN zit. nach OPITZ 1992:56).

Ab 1937 ist es dann vorbei mit der taktischen Schonfrist. Ohne Rücksicht auf außenpolitische Beziehungen werden Zwangssterilisationen an Afro-Deutschen vorgenommen. In Konzentrationslagern könnte den Müttern dann wieder »Rassenbewußtsein« beigebracht werden. So äußerte sich der Legationsrat RADEMACHER zur Frage der »Rheinlandbastarde«:

»Durch interne Verwaltungsmaßnahmen ist die Möglichkeit gegeben, die Mischlinge an einer Fortpflanzung zu hindern. Die Mutter kann durch Zwangserziehung im Konzentrationslager für die deutsche Gemeinschaft zurückgewonnen werden« (RADEMACHER zit. nach: OPITZ 1992:58).

Schwarze Deutsche wurden auch in Konzentrationslager verschleppt. Afro-deutsche Frauen erinnern sich:

»Anna: Viele Farbige wurden sterilisiert, Gerda, Hanna... Christel war von ihrer Mutter in einem Kloster in Köln versteckt worden. Dort haben sie sie rausgeholt und auch sterilisiert. Unseren Neffen auch. Nach dem Sterilisieren wurde er sofort nach Hause geschickt, er durfte sich noch nicht mal ausruhen.
Frieda:...Wir wußten, daß die Juden in Lager kamen. Ein Schiff voll besetzt mit Juden haben sie auf der Ostsee gesprengt, die Schreie und die Verzweiflung waren bis zu uns zu hören. Wir haben auch oft erlebt, wie Mischlinge in KZs gebracht wurden. Unsere Freundin S., eine Mulattin, und ihr Mann, ein Holländer, wurden abgeholt, zwei Tage später die Mutter von S. Ihnen wurde alles mögliche vorgeworfen: ›Schwarzhören‹, ›Mischehe‹ und, und. Jedenfalls haben sie die Eltern und die Großmutter weggeschleppt und das Kind allein in der Wohnung zurückgelassen...« (OPITZ 1992:75f.).

Der Rassegedanken hält sich hartnäckig. Auch in den fünfziger Jahren spricht die aufkommende Sozialwissenschaft, die die Situation von nach 1946 geborenen afro-deutschen Kindern untersucht, noch von »negriden Rassemerkmalen«. 1952 erscheint z.B. die als Inaugural Dissertation vorgelegte Studie von WALTER KIRCHNER »Eine anthropologische Studie an Mulattenkindern in Berlin unter besonderer Berücksichtigung der sozialen Verhältnisse«. Dort heißt es:

»Was die rassischen Faktoren angeht, so ist anzunehmen, daß der Entwicklungsvorsprung, den die Mulattenkinder aufzuweisen haben, wahrscheinlich mit der Pubertät aufhören wird. Besonders die intellektuelle Leistungsfähigkeit dürfte nach vorliegenden Untersuchungen an amerikanischen Negermischlingen mäßig bleiben. Dagegen ist anzunehmen, daß die starke Triebhaftigkeit, die sich bei Mulattenkindern zeigt, als negrides Rassemerkmal bestehen bleiben wird..« (KIRCHNER zit. nach: OPITZ 1992a:92).

Die Vorstellung, es gäbe so etwas wie »Menschenrassen«, ist längst durch Ergebnisse der Biologie und der Genforschung widerlegt. Bereits 1912 brachte FRANZ BOAS die Schädelforscher aus der Fassung, als er nachwies, daß in den Vereinigten Staaten die Schädel von brachyzebalen (rundköpfigen) Einwanderern länger wurden, also eine Umweltbeeinflussung des Merkmals angenommen werden mußte (vgl. DITTRICH 1991:21). Die Unterschiede innerhalb von Menschengruppen, die man als Rassen zu definieren versucht, sind z.B. größer als solche zwischen den Gruppen, die man als Rasse definieren wollte. Dazu der französische Genforscher JACQUARD:

»Die Unterschiede zwischen Individuen sind dermaßen groß, daß die Unterschiede zwischen Durchschnitten nur einen kleinen Teil der Unterschiede zwischen Personen erklären können. In sehr vielen Fällen wird der Unterschied zwischen mir und einem andern Franzosen größer sein als zwischen mir und einem Schwarzen oder Gelben. Wegen der nicht exprimierten Eigenschaften kann ich genetisch einem Melanesier oder Lappen näher stehen als dem Feldhüter aus dem Dorf meiner Herkunft. Wenn ich eine Blutübertragung brauche kann eine Konserve, die in den Anden gesammelt wurde, angebrachter sein als eine, die in meiner eigenen Familie gespendet wurde« (JACQUARD zit. nach: DITTRICH 1991:23).

Und der Nobelpreisträger FRANCOIS JACOB erklärt unmißverständlich: »Was die heutige Biologie schließlich bestätigen kann, ist folgendes: Das Rassekonzept hat jeden operativen Wert verloren und bringt die Erkenntnis einer sich ständig veränderten Welt zum erstarren. Die Mechanismen der Weitergabe des Lebens sind so gestaltet, daß jedes Individuum einzigartig ist, daß die Individuen nicht hierarchisiert werden können, daß ihr biologischer Reichtum nur kollektiv besteht, nämlich in ihrer Vielfalt. Alles andere ist Ideologie« (JACOB zit. nach: DITTRICH 1991:24).

Wissenschaftlich gesehen ist dem Rassismus zwar der Boden entzogen, es existiert jedoch ein Rassismus ohne Rassen. Nun ist es nicht mehr das »Rassengefängnis«, sondern der »Kulturkerker« (TAGUIEFF 1991:239), in den das Individuum geworfen wird. Nicht mehr die biologische Vererbung, sondern die Unaufhebbarkeit der kulturellen Differenz steht im Mittelpunkt des »kulturellen Rassismus«.

Auf ewig zur existentiellen Andersartigkeit verdammt, gelten bestimmte Gruppen als nicht assimilierbar. Da die Behauptung der Überlegenheit bestimmter Gruppen und Völker nicht zuletzt durch den nationalsozialistischen Rassenwahn in Mißkredit geraten ist, wird nun mehr die Schädlichkeit jeder Grenzverwischung und die Unvereinbarkeit der Lebensweisen und Traditionen behauptet. In dieser Variante des Rassismus entspricht die absolute Festlegung durch die kulturelle Umwelt der strengen biologischen Bestimmtheit des genetischen Rassismus. Als Gefangene ihrer Kultur werden Menschen nur von einem bestimmten Ursprung her gedacht und in ihrer Individualität und Lernfähigkeit nicht mehr wahr- und ernstgenommen. Nun ist es nicht so sehr die Biologie, die den Schwarzen so anders macht, sondern seine »Kultur«. Da es im Rassismus auch darum geht, Stimmungen und Gefühle zu organisieren, hilft der Hinweis auf die wissenschaftliche Widerlegung von Rassetheorien allein nicht weiter. Am Beispiel des erschaffenen dunklen Gegenpols des »Negers« führten sich das weiße Amerika und Europa bildlich vor Augen, wer und was es ist bzw. nicht ist. Diese Spielwiese der Phantasie übt nach wie vor eine magische Anziehungskraft auf das weiße Bewußtsein aus. TONI MORRISON hat auf die kreativen Möglichkeiten verwiesen, die sich die Weißen durch den einfachen Trick, die Farbskala auf einer Palette zu dämonisieren und zu konkretisieren, eröffnet haben.

»Wie der Soziologe ORLANDO PATTERSON bemerkt hat, sollten wir uns nicht darüber wundern, daß die Aufklärung sich mit der Sklaverei abfinden konnte; wir müßten uns wundern, wenn dies nicht der Fall gewesen wäre. Das Konzept der Freiheit entstand nicht in einem Vakuum. Nichts rückt die Freiheit derart ins Licht wie die Sklaverei - wenn sie sie nicht überhaupt erst erschuf. Die schwarze Sklaverei bereicherte die kreativen Möglichkeiten des Landes. Denn in jener Konstruktion von schwarzer Hautfarbe und Sklaverei ließ sich nicht nur das Nichtfrei Sein finden, sondern auch, in der dramatischen Polarität, die durch die Hautfarbe entsteht, die Projektion des Nichtichs. Das Ergebnis war eine Spielwiese für die Phantasie. Aus dem kollektiven Bedürfnis innere Ängste zu verbinden und äußere Ausbeutung zu rationalisieren, entstand ein amerikanischer Afrikanismus - ein künstliches Gemisch aus Dunkelheit, Anderssein, Beunruhigung und Begehren, das ausschließlich amerikanisch ist. (Natürlich gibt es auch einen europäischen Afrikanismus mit einem Gegenstück in der Kolonialliteratur)« (MORRISON 1995:65).

Rassismus muß sich nicht in einfachen Gegensatzpaaren von Unter- und Überlegenheit, Ausschluß oder Einschluß erschöpfen, sondern eröffnet »ambivalente Räume der Bewunderung, des Neids und der Begierde« (BRAH 1996:27).

Die Macht der Worte und Bilder

Das erfundene Afrika der Roheit und Wildheit diente dem weißen Selbstbewußtsein als Bühne und Arena für die eigene Selbstbetrachtung. Berauscht am neuen Gefühl der eigenen Kraft und Überlegenheit, das der absoluten Herrschaft über das Leben anderer entsprang, mußten sich die weißen Herren und Herrinnen nicht mit den schwarzen Menschen auf einer gleichberechtigten Ebene auseinandersetzen. Wer unterhält sich schon mit tierähnlichen Wesen.

»Aus Personen kurzerhand Tiere zu machen, bewahrt vor menschlichem Kontakt und Austausch; Sprache mit Grunzen oder anderen Tierlauten gleichzusetzen, schließt die Möglichkeit der Kommunikation aus« (MORRISON 1995:99).

In der Literatur bleiben Schwarze oft seltsam stumm. Die Freiheit, die Welt zu erzählen und sich selbst als Individuum zu setzen, fällt in die Domäne der Weißen. Ihnen bleibt die Macht des Sehens vorbehalten, die passive Machtlosigkeit gehört den Schwarzen. Um einen sprechenden Schwarzen zu vermeiden, greift ERNEST HEMINGWAY in »Haben oder Nichthaben« (1951) zu einer eigentümlichen Konstruktion. Wir finden dort den Satz:

»Der Nigger steuerte noch immer weiter hinaus, und ich blickte mich um und sah, daß er einen Schwarm fliegender Fische gesehen hatte, die vor uns, etwas weiter stromaufwärts, hochsprangen« (HEMINGWAY zit. nach: MORRISON 1994).

TONI MORISSON kommentiert diesen merkwürdig konstruierten Satz mit den Worten:

»Sah, daß er...gesehen hatte, ist unglaubwürdig, was Syntax, Sinn und Zeit betrifft, aber wie andere Möglichkeiten, die Hemingway zur Verfügung stehen, wird diese Lösung riskiert, um einen sprechenden Schwarzen zu vermeiden« (MORRISON 1994:104).

In einem neueren Film von Bernardo Bertolucci, »HIMMEL ÜBER DER WÜSTE« (1990), spricht der Tuareg, in dessen Armen die von Lebensüberdruß geplagte weiße Protagonisten ihre sinnlich-sexuelle Wiedergeburt erfährt, kein Wort. Das erfundene Afrika bleibt der Kontinent, auf dem

Weiße sich selbst und ihren Abgründen begegnen, nicht anderen Menschen.

»Wenn wir der selbstreflexiven Eigenart dieser Begegnungen mit dem Afrikanismus konsequent nachgehen, wird es klar: Bilder des Schwarzen können böse und beschützend sein, aufbegehrend und vergebend, beängstigend und begehrenswert - sie tragen all die widersprüchlichen Eigenschaften des Ichs. Das Weiß allein ist stumm, bedeutungslos, unergründlich, zwecklos, gefroren, verhüllt, verschleiert, sinnlos, unversöhnlich« (MORRISON 1995:89).

Die europäisch-patriarchalische Ideologie über die Freiheit des Kulturmenschen von der Macht des Fleisches ließ den Weißen in den Afrikanern und Afrikanerinnen ihr sinnlich animalisches Gegenstück erkennen.

»Der Afrikaner wird verachtet und beneidet, weil man ihm alle die sinnlichen Freiheiten und Freuden anlastet, die man sich selbst abgewöhnt hat. Bei ihnen wohnen nun die verborgenen, verbotenen eigenen Triebe, Wünsche und Sehnsüchte. In das ferne Afrika, zu den nackten, verachteten, primitiven Menschen werden die eigenen verdrängten Wünsche wegphantasiert und voller Aggression, Neid und Sehnsucht zusammen mit dem Neger dort abgewertet. Es sind die feuchten Träume nach wilder Erotik, Nacktheit, Abenteuerlust, Ungebundenheit, Trunkenheit, Faulheit und Müßiggang« (MERGNER 1992:155).

Getreu der Ideologie, daß entweder Sinnlichkeit und Lust regiere oder Kultur und Wissenschaft, bleiben die Schwarzen von den Weihen kultureller oder geistiger Höhenflüge ausgeschlossen. Dafür trug der weiße christliche Mann schwer an seiner Bürde stets erwachsen, beherrscht, ruhig, gerecht und streng zu sein. Am Beispiel des »Negers« erfuhren deutsche Kinder im 19. Jahrhundert wie sie auf keinen Fall werden durften. Schulbücher aus der ersten Hälfte des 19. Jahrhunderts, die als Lehrbücher für die ganze Familie gedacht waren, verbreiteten folgende gemeinnützigen Kenntnisse über die Schwarzen: sie sind wild, roh, lasterhaft, faul, haltlos und unmäßig, sie rauben und morden, sind freßsüchtig, heidnisch, dumm, abergläubisch, unwissend und beten Götzen an. Man erkennt sie an ihrer schwarzen Haut und ihrem krausen Haar. Wo immer Kindern die bösen Folgen von Kulturlosigkeit drastisch vor Augen geführt werden sollte, wurde der Mohr herbeizitiert. In einem Kinderbuch aus dem Jahre 1877 mit dem Titel »Unterm Märchenbaum« heißt es:

»Erzählen will ich noch geschwind
Gleich von einem anderen Kind
Das sich nicht mehr waschen ließ, (..)«.
Das wasserscheue Kind wird zum Mohr.
»Da blieben alle Leute stehn;
Die Kinder kamen all'geschwind.
Und riefen. Seht ein Mohrenkind!
Juchheissassa! Juchheissassa!

Ein schwarzes Mohrenkind ist da!
Allein zu spät!...
Man rieb und rieb,
man wusch und wusch,
das Kind, - es blieb
so schwarz und schmutzig wie zuvor, -
Es blieb sein Leben lang ein Mohr«
(zit. nach: MERGNER 1992:157).

Wie heißt es so schön bei CHRISTIAN LORENZ STRUCK, der bereits 1788 ein Bändchen mit dem Titel »Bilder A,B,C, mit einigen Leseübungen, Gedenksprüchen und Gebeten für Kinder« herausgegeben hatte, um dem Bürgerkind die richtigen Maximen für ein anständiges Leben mit auf den Weg zu geben:

»L
Lern Deine Leidenschaft besiegen,
Es schafft Dir Ruhe und Vergnügen.
M
Vergebens wäscht sich der Mohr,
Denn er bleibt schwarz. Der Thor bleibt Thor«
(zit. nach: MERGNER 1992:153).

Schwarz zu sein, das ist und bleibt ein Unglück. Aber Schadenfreude ziemt sich nicht. Das wußte auch schon HEINRICH HOFFMAN als er seinen »Struwelpeter« schrieb, der auch heute noch so manchem Kind vor dem Einschlafen vorgelesen wird.

»..Da schrien und lachten alle drei,
als dort das Mohrchen ging vorbei,
weil es so schwarz wie Tinte sei!
Da kam der große Nikolas
mit seinem großen Tintenfaß.
Der sprach: ›Ihr Kinder, hört mir zu,
und laßt den Mohren hübsch in Ruh!
Was kann denn dieser Mohr dafür,
daß er so weiß nicht ist wie ihr?«
Zur Strafe färbt Nikolas die weißen Jungen noch schwärzer ein:
»Du siehst sie hier, wie schwarz sie sind,
viel schwärzer als das Mohrenkind.
Der Mohr voraus im Sonnenschein,
die Tintenbuben hinterdrein;
und hätten sie nicht so gelacht,
hätt Niklas sie nicht schwarz gemacht«
(zit. nach: OPITZ 1992a:95f.).

Kein Wunder, daß es nicht als erstrebenswert gilt schwarz zu sein. Was lernen wir in dem altbekannten Kinderlied »Zehn kleine Negerlein«? Die

»Negerlein« sind dumm, naiv und den Anforderungen der Zivilisation in keinster Weise gewachsen. Sind sie schlau, so gehen sie zurück nach Afrika oder sie müssen sterben.

» Zehn kleine Negerlein
Refrain:
Ein klein, zwei klein, drei klein, vier klein, fünf klein Negerlein
sechs klein, sieben klein, acht klein, neun klein, zehn klein Negerlein.
1. Zehn kleine Negerlein, die schliefen in der Scheun.
   Das eine ging im Heu verlorn. Da waren's nur noch neun.
2. Neun kleine Negerlein, die gingen auf die Jagd.
   Das eine wurde tot geschossen. Da waren es nur noch acht.
3. Acht kleine Negerlein, die gingen Kegel schieben.
   Das eine hat sich totgeschoben. Da waren's nur noch sieben.
4. Sieben kleine Negerlein, die gingen mal zur Hex.
   Das eine hat sie weggehext. Da waren's nur noch sechs.
5. Sechs kleine Negerlein gerieten in die Sümpf.
   Das eine ist drin stecken blieben. Da waren's nur noch fünf.
6. Fünf kleine Negerlein, die tranken gerne Bier.
   Das eine hat sich totgetrunken. Da waren's nur noch vier.
7. Vier kleine Negerlein, die kochten einen Brei.
   Das eine hat sich totgegessen. Da waren's nur noch drei.
8. Drei kleine Negerlein, die machten groß Geschrei.
   Das eine hat sich totgeschrien. Da waren's nur noch zwei.
9. Zwei kleine Negerlein, die fuhren mal nach Mainz.
   Das eine ist in Rhein gefallen. Da war es nur noch eins.
10. Ein kleines Negerlein, das war erstaunlich schlau. Es ging zurück nach Kamerun und nahm sich eine Frau«.

Damit beginnt das Lied von vorne. In einer anderen Version heißt es: »Nun warn sie alle futsch« (vgl. KÜNKLER-KEHR 1989:172ff.)

Im Jahre 1852 erscheint zum ersten Mal »Onkel Toms Hütte« von HARRIET BEECHER-STOWE. Der Roman entwickelte sich zu einem immer wieder neu aufgelegten Jugendbuchklassiker. Hinter seiner kritischen Stellungnahme zur Sklaverei lauern verstecktere rassistische Stereotype. Dieser kindliche, gemütvolle, für alles Schöne und Bunte zu begeisternde Schwarze stellt wirklich keine Gefahr für die weiße Vorherrschaft dar. In tiefer Religiosität und Gottesfürchtigkeit jedes rebellischen Impulses beraubt, sehen wir den idealen treuen Diener. In der Verfilmung des Bestsellers von Margret Mitchell »Vom Winde verweht« begegnet uns eine geschlechtslose schwarze Frau als unterwürfige Dienerin, die sich von ihrer Herrin mißhandeln läßt.

Im 19. Jahrhundert galt die schwarze Frau geradezu als Verkörperung animalischer Sexualität. Auf Kostümbällen in Paris gab es eine besondere Attraktion zu bewundern: die Körper nackter schwarzer Frauen. Fünf Jahre lang hatte SARAH BARTMANN, die »Hottentotten-Venus« getauft wur-

de, bei verschiedenen Anlässen ihren nackten Körper ausgestellt. Selbst nach ihrem Tod ergötzte sich das Publikum an ihren verstümmelten Körperteilen. Insbesondere ihr Hintern übte eine große Faszination aus.
Diese Stereotype sind nicht tot. MAY ACHIM, eine junge afro-deutsche Frau erinnert sich an ihre ersten Begegnungen mit den Bildern von schwarzen Menschen:

»Die ersten Begegnungen mit anderen Schwarzen Menschen erlebte ich - wie die Geschwister in meiner Pflegefamilie - in der imaginären Welt der Kinderbücher und Kinderlieder: ›Onkel Toms Hütte‹ und die ›Zehn kleinen Negerlein‹ - beispielsweise. Die Vorstellung, die ich als Kind aus der Welt der Erwachsenen übernahm, war: Schwarze Menschen sehen komisch aus; sie sind etwas häßlich, gruselig und ein bißchen doof. Oder, sie sind breit grinsend, ganz nett freundlich, und sie sind trotzdem ein bißchen doof. Irgendwo dazwischen muß ich mich auch selbst gesehen haben. Es fiel mir leichter, mich mit weißen Prinzessinnen zu identifizieren als mit Figuren, die mir ähnlich sahen. Ich ging noch nicht zur Schule, da bat ich meine Pflegemutter, sie möge mich weiß waschen. Ich hatte schon die erste Lektion in Sachen Rassismus gelernt: weiß ist besser!« (AYIM 1994:31).

Die »Früchte« von 400 Jahren rassistischer Tradition bestimmen auch heute noch unser Denken. Gemeinsame Weltsichten, die Kinder von kulturell geprägten Personen ihrer Umgebung übernehmen, bilden Brücken zwischen den Generationen. Sie ermöglichen die Kommunikation zwischen gestern und heute. Mit rassistischen und stereotypen Bildern läßt sich das innere und äußere Chaos ordnen. Sie beschränken und verfälschen jedoch nicht nur die eigene Sichtweise, sondern haben Folgen. Die afro-amerikanische Schriftstellerin AUDRE LORDE erzählt in »Macht und Sinnlichkeit« eine Anekdote: » 1967 schiebe ich meine zweijährige Tochter auf einem Einkaufswagen durch einen Supermarkt... und ein kleines weißes Mädchen, das auf dem Wagen seiner Mutter vorbeirollt, ruft aufgeregt: Guck mal, Mami, ein Baby-Dienstmädchen« (LORDE zit. nach: LEVIN 1990:61).

FRANTZ FANON beschrieb in »Schwarze Haut, Weiße Maske« die zerstörerischen Auswirkungen des dominanten weißen Blicks:

»Die Bewegungen, die Haltung, die Blicke des/der anderen fixierten mich, so wie eine Lauge eine chemische Lösung fixiert. Ich war empört, ich verlangte eine Erklärung. Nichts geschah. Ich platzte. Jetzt hat ein anderes Selbst die Teile wieder zusammengefügt. Dieser ›Blick‹, sozusagen vom Standpunkt des anderen aus, fixiert uns, nicht nur in seiner Gewalt, Feindseligkeit und Aggression, sondern auch in der Zwiespältigkeit seines Begehrens« (FANON zit. nach: HOOKS 1994:146).

Die Stereotype der kolonialen Vergangenheit haben überlebt. Nach wie vor tragen die Afrikaner ein Baströcken. Sie haben große Kulleraugen und aufgeschwemmte Bäuche. Auch große Ohr-oder Nasenringe fehlen nicht. Beliebt in Witzzeichnungen ist auch der abgenagte Knochen im Haar.

»Es mag immer wieder verwundern, wie allgemein verbreitet und wie eindeutig schon bei Kindern im Kindergarten- und Schulalter die bildlichen Vorstellungen der Bewohner Afrikas ist. Schwarz oder braun, mit Wulstlippen, Kraushaar und großen Ohrringen und mit einem Bastrock bekleidet, so wird seit Generationen das stereotype Bild des ›Negers‹ in den Köpfen der meisten Deutschen immer wieder reproduziert« (GERWIN 1989:19).

Selbst die besten Absichten stolpern über tief eingegrabene kulturelle Bilder. Der Pädagoge GOTTFRIED MERGNER berichtet von einer unfreiwilligen Konfrontation mit der eigenen rassistischen geprägten Vorstellungswelt:

»Eine engagierte Gruppe im Oldenburger Dritte-Welt-Laden bereitete eine Veranstaltung für Kinder mit zwei afrikanischen Clowns vor. Ein Plakat wurde hergestellt. Der Künstler assoziierte. Aus dem afrikanischen Clown wurde ein Affenmensch mit Nüstern, Langohren und verkindlichtem Rundkopf und Rundaugen. Die Gruppe akzeptierte das ›lustige‹ Plakat und begann mit dem Druck. Beim Ausmalen erschrak dann ein Mitglied über das Werk: Alle im Kolonialismus hervorgebrachten Stereotype über den Afrikaner hatten sich in den Entwurf eingeschlichen. Das ›lustige‹ Bild war bei näherem und bewußtem Hinsehen eine den Afrikaner abwertende Karikatur, mit Bildelementen aus einer anscheinend verdrängten Geschichte« (MERGNER 1992:145).

Die Marke »Red Bull« illustrierte die flügelverleihende Wirkung ihres Erfrischungsgetränks mit einer kannibalischen Urwaldszene. Der schwarze »Eingeborene« mit Wulstlippen und Dickbauch steht im Baströcken mit seinem weißen Gefangenen vor dem großen Kochtopf. Der Weiße hat die Wahl entweder die häßliche Tochter des Häuptlings zu heiraten oder auf dem Speisezettel der Familie zu landen. So unter Druck gesetzt gibt er sein Einverständnis zur Vermählung, braucht aber zur Erholung von diesen trüben Aussichten erstmal eine Stärkung. »Red Bull«, das belebende Getränk, hilft ihm aus der Patsche. Nach dem ersten Schluck gleitet er auf Flügeln davon. Allerdings dürfen auch Afrikanerinnen »Red Bull« trinken. So nimmt nun auch die als »Brillenschlange« dargestellte schwarze Frau einen kräftigen Schluck zur Brust und segelt ihrem Angebeteten im Baströcken hinterher.

Unter der Schlagzeile »Seriöse Blondinen« finden wir in einem Münchner Boulevardblatt folgende Aussagen des Kommunikationswissenschaftlers HANS-BERND BROSIUS über die auffällige Häufung blonder Nachrichtensprecherinnen im Deutschen Fernsehen:

»Jedes Land hat seinen Typ Nachrichtensprecherinnen. Bei uns sind es die seriösen Blondinen«. Und weiter heißt es da: »Mit blond verbinden die Menschen Unschuld. So klingen grausame Nachrichten nicht so bedrohlich« (ABENDZEITUNG, 26./27.4.1997).

Der Vamp wird im Film immer dunkler im Gegensatz zur weißen oder zumindest blonden Frau porträtiert. Selbst Krimis spielen mit der blonden Unschuld und der durchtriebenen dunkelhaarigen Frau. Schwarze Frauen dagegen haben keine Unschuld. Sie können sie nicht einmal verlieren. Die Rolle des gefallenen Engels bleibt der »unschuldigen« weißen Frau vorbehalten. In HEMINGWAYS Roman »Haben oder Nichthaben« (1951) taucht die schwarze Frau als die am weitesten vom Menschlichen entfernte Kreatur auf. Sie wird nicht einmal mit einem Säugetier gleichgesetzt, sondern mit einem Raubfisch. Jede Konnotation des Weiblichen mit Sorgen und Nähren ist in dieser Beschreibung ausgelöscht. Allein die weiße Frau behält die weibliche Anziehung. Wir erleben Harry, den weißen Protagonist in einer Liebesszene mit seiner Ehefrau Marie. Marie fragt:

»Sag mal, hast du's jemals mit einem Niggermädchen getrieben?«
»Gewiß.«
»Wie ist es denn?«
»Wie mit einem Haifisch«.
(HEMINGWAY zit. nach: MORRISON 1995:118).

Schwarze Frauen gelten gemeinhin als sexuell freizügig. Sie tragen das Versprechen auf wilde animalische Lust in sich. HELGA EMDE, ein »Besatzungskind«, beschreibt aus eigener Erfahrung ihre Wut auf diese Selbstverständlichkeit, mit der die sexuelle Verfügbarkeit von schwarzen Frauen vorausgesetzt wird:

»Mein Dasein in der männlichen Welt empfand ich oft als ein einziges Spießrutenlaufen. Ich erinnere mich an einen Spaziergang mit einigen Freundinnen. Kaum gingen wir an irgendwelchen Arbeitern vorbei, kamen sofort Bemerkungen: ›Die Schwarze, die will ich‹..Innerlich erstarrte ich zur Salzsäure. Ich fühlte mich verletzt und gedemütigt und noch jetzt, wenn ich es aufschreibe, verspüre ich Wut und Haß auf diese Männer, die mich lediglich als wandelndes Sexualobjekt betrachteten« (EMDE 1992:106).

Der Mythos vom schwarzen Hengst lebt davon, schwarzen Männern eine super potente bedrohliche Sexualität zu unterstellen. Junge schwarze männliche Körper gelten als das größte Versprechen von Wildheit, ungezügelter Erotik und unbegrenztem physischen Leistungsvermögen. Die Werbung für diverse Sportartikel arbeitet mit dem Stereotyp des wilden, animalischen schwarzen Mannes. Im Alltag wird der schwarze männliche Körper weit eher als gequälter Körper richtig wiedergegeben. Die Popkultur vermarktet das Bild einer gesetzlosen, phallozentrischen schwarzen Männlichkeit. Diese patriarchale Männlichkeit übt im Leben von schwarzen Männern eine destruktive Kraft aus. Sie bedeutet, sich selbst und anderen schwarzen Männern und Frauen Gewalt anzutun. Schwarze Männer werden für ihre reaktionären Ansichten über Geschlechterrollen belohnt und als Speerspitze im antifeministischen Kampf eingesetzt. Bei Bedarf kann diese aufgebauschte schwarze Männlichkeit als Rechtfertigung für rassistische Übergriffe eingesetzt werden. Die afro-amerikanische Literaturprofessorin BELL HOOKS sieht hier eine nicht zu unterschätzende Gefahr:

»Genau die Bilder von phallozentristischer schwarzer Männlichkeit, die in der rap-Musik, in Videos und Filmen verklärt und verherrlicht werden, werden herangezogen, wenn Weiße versuchen, öffentliche Zustimmung und Unterstützung für ihre völkermordähnlichen Angriffe auf schwarze Männer, besonders Jugendliche, zu erhalten« (HOOKS 1994:138).

In der weißen Phantasie lockt Schwarzsein mit zügelloser, anarchischer Sexualität und ungebändigter Lebenslust. Schwarze können diese Vorstellungen nicht unbedingt teilen. Die Afro-Amerikanerin TONI MORRISSON bemerkt lakonisch:

»Weder Schwarzsein noch der Begriff »Farbige« stimuliert in mir Vorstellungen von exzessiver, grenzenloser Liebe, Anarchie oder Routine-Furcht« (MORRISON 1995:13).

Schwarzen wird unterstellt, sie hätten einen direkteren Zugang zu sinnlicher und intensiver Freude. Es lockt die Lust und Gefahr des »Primitiven«. Die Sehnsucht nach Lust und Freude bedient sich des schwarzen Körpers. Von den Schmerzen und den Narben, die das Leben in einer weißen rassistischen Gesellschaft hinterläßt, will die weiße Phantasie weniger wissen.

BELL HOOKS berichtet von weißen jungen Männern, die darüber reden, noch vor dem Examen so viele Mädchen anderer »rassischer«‹ Gruppen aufzureißen wie nur eben möglich - schwarze Frauen rangierten auf der Hitliste ganz oben.

»Für diese jungen Männer und ihre Kumpel war ficken eine Möglichkeit, sich dem Anderen zu stellen. Außerdem konnten sie sich so selbst verändern, die weiße ›Unschuld‹ hinter sich lassen und die Welt der ›Erfahrung‹ betreten. Wie es in dieser Gesellschaft häufig der Fall ist, waren sie sicher, daß Nichtweiße mehr Lebenserfahrung hätten, weltlicher, sinnlicher, sexueller, weil anders, wären. Ein Biß-chen vom Anderen zu bekommen, sahen sie als Ritual der Transzendierung an. In diesem Fall ging es darum, sich auf sexuelle Begegnungen mit nichtweißen Frauen einzulassen, was soviel hieß, wie sich in eine Welt der Differenz hinauszubewegen, die umwandeln würde - ein annehmbarer Einführungsritus. Das unmittelbare Ziel war nicht einfach, sich das andere sexuell anzueignen; es ging darum, durch die Begegnung irgendwie verändert zu werden. In ihren Augen gab es die Anderen und ihre Körper natürlich, um dem weißen männlichen Begehren dienlich zu sein« (HOOKS 1994:36).

In der »öde(n) Landschaft des Weißseins« (BELL HOOKS) wirken exotische Landschaften und dunkle Kontrastfiguren als attraktive Farbkleckse. Fast kein Katalog oder Werbeplakat verzichtet mehr auf das Spiel mit der Differenz. So finden wir in einem Sommerkatalog eine blonde junge Frau mit Kopftuch in einer tropischen Landschaft. Die Szene wird mit einem Elefanten garniert, auf dem ein schwarzer Mann sitzt. Seine Gestalt, geschweige den seine Gesichtszüge sind kaum zu erkennen. Das Weißsein der Frau tritt noch deutlicher in den Vordergrund. Weiße können sich oft nicht vorstellen, daß sie von Schwarzen kritisch gesehen werden. Sie glauben unsichtbar zu sein.

»Die meisten Weißen müssen Schwarze nicht ›sehen‹ (die ständig auf Plakatwänden, im Fernsehen, im Film und den Zeitschriften etc. erscheinen), und sie brauchen niemals vor Schwarzen auf der Hut zu sein und sie zu beobachten, um sich sicher zu fühlen. Daher können sie so leben, als wären Schwarze unsichtbar, und sie können sich einbilden, sie wären für die Schwarzen unsichtbar« (HOOKS 1994:208).

Wie selbstverständlich erscheint in der weißen Vorstellungswelt die Verknüpfung von weiß mit Licht und Sicherheit und die Verbindung von schwarz mit Dunkelheit und Gefahr. Dabei wäre es ebenso plausibel, schwarz mit dem Schutz der Dunkelheit gleichzusetzen und dem Begriff »weiß« das Eindringen eines gefährlichen, todbringenden Lichtstrahls zuzuordnen. Nichts aber stört die »weiße« Assoziation von Weißsein mit Güte und Gutsein. Es fällt leicht, Schwarze als Bedrohung und potentielle Terroristen wahrzunehmen. Schwarze stoßen oft auf Unglauben oder ein gezieltes Überhören, wenn sie davon erzählen wie sie das Weißsein in ihrem Leben als terroristische Zumutung, als den Einbruch von Gewalt und Terror erleben. BELL HOOKS, die in einer schwarzen Siedlung aufwuchs, schildert wie ihr das Auftauchen von Weißen in ihrer Kindheit Furcht und Schrecken einflößte. Jede Grenzüberschreitung, die sie aus dem Schutzraum der schwarzen Community herausführte, war von Angst und Gefahr begleitet.

»Es war ein Fußweg, der mich heraus aus dem segregierten Schwarzsein unserer Community zu einer armen weißen Siedlung brachte. Ich kann mich an die Furcht erinnern, daran, wie ängstlich ich war, zum Haus von Baba, unserer Großmutter zu gehen, denn wir würden an diesem schreckenerregenden Weißsein vorbei müssen - an diesen weißen Gesichtern auf den Veranden, die uns voller Haß anstarrten. Selbst wenn die Veranden leer und verlassen waren, so schien sich doch so etwas wie Gefahr mitzuteilen: du gehörst hier nicht hin, du bist nicht sicher« (HOOKS 194:217).

Erst wenn Weißsein nicht mehr als Maßstab gilt, um sich die Welt zu erschließen und in seiner sozialen Bedeutung entmachtet wird, kann es nichts weiter sein als eine - nicht mal allzu häufig vorkommende - Farbschattierung unter vielen.

Grenzüberschreitungen

Für viele Weiße ist Rassismus nur eine Unannehmlichkeit, die es zu vermeiden gilt. Er läßt sich nicht mit dem aufgeklärten Selbstbild vereinbaren. So zeigen US-amerikanische Studien, die sich mit dem »Rassenverhältnis« beschäftigen, ein merkwürdiges Phänomen. Wenn Weiße mit Schwarzen zu tun haben sind es meistens die Weißen, die sich unwohl fühlen. Sie vermeiden den Blickkontakt, signalisieren Abwehr und versuchen sich in Gesprächen möglichst kurz zu fassen. Die Psychologin BIRGIT ROMMELSPACHER findet dieses Verhalten deshalb eigenartig, weil es die Weißen sind, die die Macht haben und auch die Situation bestimmen können. Da psychischer Streß in der Regel aufgrund mangelnder Kontrolle entsteht, ist dieses Unbehagen psychologisch betrachtet erstaunlich. An mangelnder Bekanntheit kann es auch nicht liegen, leben doch Weiße und Schwarze in den USA seit Jahrhunderten zusammen. Sie erklärt sich dieses Verhalten mit uneingestandenen Schuldgefühlen.

»Die Angst der Mächtigen vor den Machtlosen ist demnach im Kern eine Angst vor der Konfrontation mit der Wirklichkeit, die dem normativen Selbstverständnis entspricht. Es ist die Angst vor dem Eingeständnis eigener Schuldhaftigkeit, vor der Erkenntnis, daß wir, die Angehörigen der Mehrheitskultur, die Normen von Freiheit und Gleichheit ständig verletzen, bzw. deren Verletzung tolerieren. Es ist die Scham unverdienter Privilegien; oder auch die Schuld aufgrund des Verstoßes gegen das Prinzip christlicher Nächstenliebe« (ROMMELSPACHER 1995:134f.).

Diese Verantwortung für dieses Unbehagen wird häufig den anderen angelastet. Man selbst hat ja nichts gegen Schwarze. Wenn Schwarze in Gruppen auftreten, so wird dies sofort als rassische Segregation gewertet, ohne sich mit dem eigenen Verhalten zu beschäftigen.

»Während meiner ganzen Amtszeit als Professorin in Yale sah ich mich oft weißen Studierenden gegenüber, die darauf zu sprechen kamen, warum schwarze Studierende in der Cafeteria normalerweise an einem Tisch zusammensaßen. Sie hielten dies für einen Ausdruck rassistischer Abgrenzung, rassistischen Ausschlusses etc. Ich fragte sie warum sie noch nie auf die Idee gekommen wären, daß an der Mehrzahl der Tische die weißen Studierenden sich selbst abgrenzen würden. Ausnahmslos sagten sie etwas wie: ›Wir sitzen mit Leuten zusammen, mit denen wir gemeinsame Interessen und Anliegen teilen‹. Selten waren sie soweit, daß sie sich fragen konnten, wie weit sie das gemeinsame ›Weißsein‹ brauchten, um lokker miteinander umzugehen« (HOOKS 1994:27).

Ziehen sich Schwarze zurück, um einen Raum zu haben, in dem sie nicht rassistischen Angriffen und witzigen, natürlich nicht ernst gemeinten rassistischen Bemerkungen, die auch gutwilligen Weißen herausrutschen, ausgesetzt sind, so werden sie sofort mit dem Rassismusvorwurf konfrontiert. Vorurteile haben auch Schwarze, Rassismus aber ist ein »Privileg« der Weißen. Sie profitieren von einem System des institutionalisierten Rassismus, das ihnen Macht über Schwarze verleiht, auch wenn sie diese gar nicht bewußt wollen. Rassismus geht über bloße Diskriminierung hinaus. Er ist mit der Macht verknüpft, die eigenen wirtschaftlichen, kulturellen, politischen und sozialen Interessen und Interpretationen durchsetzen zu können.

»Warum ist es für viele Weiße nur so schwer zu verstehen, daß Rassismus repressiv ist? Nicht deshalb, weil Weiße vorgefaßte Meinungen über Schwarze haben (sie können solche Meinungen haben und uns in Ruhe lassen), sondern weil Rassismus ein System ist, das ständig Beherrschung und Unterjochung erzeugt. Vorgefaßte Meinungen, die einige Schwarze vielleicht gegen Weiße vorbringen, sind in ihrem Fall nicht mit einem Herrschaftssystem gekoppelt, das uns irgendeine Macht gäbe, die Kontrolle über das Leben und Wohlergehen Weißer an uns zu reißen« (HOOKS 1994:25).

Auf Begegnungen zwischen Schwarzen und Weißen lasten bleierne Schuldgefühle. Diese Form der Befangenheit, die von uneingestandenen Scham- und Schuldgefühlen und der Angst etwas falsch zu machen genährt wird, erschwert und belastet jede Form von Dialog. Schuldgefühle verhindern jedoch ein persönlich und politisch verantwortliches Handeln, das in keiner Identitätsbestimmung von sich aus enthalten ist. Was MARION KRAFT über die destruktiven Wirkungen unbewältigter Schuldgefühle in weißen feministischen Kreisen bemerkt, besitzt auch für »gemischte« Zusammenhänge Gültigkeit. Der weiße Mann hat noch einen größeren Korb an Privilegien abzugeben.

»Diese Schuldgefühle, die durchaus unabhängig von direkter Verantwortung oder MittäterInnenschaft entstehen können, führen zu Verdrängungsmechanismen, die eine ernsthafte Auseinandersetzung mit dem Problem des Rassismus verhindern. Nicht zuletzt deshalb, ist Schwarzen Frauen der weiße Feminismus suspekt, weil diese Last von Schuldgefühlen Fragestellungen nur schwer zulassen kann - Fragen nach den Siedlerinnen in (Deutsch-) Ost und Südwest-Afrika, Fragen nach den Ladies in Virginia, die sich Schirm, Zügel und Peitsche halten ließen, Fragen nach den amerikanischen Suffragetten, die Sojourner Truth für sich sprechen ließen und Kompromisse mit den Sklavenhalterstaaten im Süden der USA eingingen, Fragen über die eigenen Mütter im Faschismus« (KRAFT 1990:42).

Für Weiße, die sich nie darüber Gedanken gemacht haben, was es für ihr

Leben bedeutet, daß sie weiß sind, sind ihre Privilegien unsichtbar. Dabei ist es schon ein Privileg, sich dieser Frage nicht stellen zu müssen.

»Für meine KollegInnen ist der Rassismus, der in tagtäglichen Begegnungen zum Ausdruck kommt, nur eine Unannehmlichkeit, die es zu vermeiden gilt. Sie stellen sich ihm nicht und gehen auch nicht dagegen an. Es ist einfach etwas Negatives, eine Störung der Geselligkeit. Am besten beachtest du sie nicht und tust so, als gäbe es sie nicht« (HOOKS 1994:81).

Die Wahl haben schwarze Frauen und Männer nicht. RUTH FRANKENBERG, Assistenzprofessorin für American Studies, berichtet von ihren Versuchen, Weißen den Gedanken ihrer Privilegierung nahezubringen:

»Wie ich Studierenden jahrelang erklärt habe, besteht Rassenprivilegierung in der Erfahrung, nicht ins Gesicht geschlagen zu werden. Es ist eher die Erfahrung, durch eine automatische Glastür hindurch zu gehen, als in sie hinein zu gehen. Es ist die Erfahrung, daß die eigene Person neutral, normal und normativ ist. Konkreter mag sich dies in der Erfahrung manifestieren, ohne weiteres polizeiliche Hilfe in Anspruch nehmen zu können, ohne weiteres eine Wohnung mieten zu können und überall Schulen, Lebensgeschichten von KollegInnen und Vorlesungsverzeichnisse vorzufinden, die die Geschichte der eigenen Gemeinschaft widerspiegeln« (FRANKENBERG 1996:55).

An diesen Beispielen ist unschwer zu erkennen, wie das System der Privilegierung und ungleichen Machtverteilung noch von weiteren Fäden wie z.B. Geschlecht, sexuelle Orientierung, Ethnizität oder Schichtzugehörigkeit durchzogen ist. Jede(r) hat die Verantwortung, sich ihrer/seiner Privilegien bewußt zu werden. Nicht woher jemand kommt ist entscheidend, sondern was sie oder er daraus macht. Im Zweifelsfall heißt das eben auch etwas abzugeben bzw. verlieren.

RUTH FRANKENBERG macht den Vorschlag, die Frage nach den eigenen rassistischen Anteilen auf eine andere Art und Weise zu stellen, ohne daß sich als zwangsläufige Folge lähmende Schuldgefühle einstellen. Rassismus beschränkt sich nicht nur auf das bewußte intentionale Handeln.

»In diesem Fall würde unsere Frage an uns lauten. ›Bin ich rassistisch?‹ mit der Bedeutung: ›Begehe ich absichtlich rassistische Handlungen?‹. Natürlich haben wir sofort den Wunsch, zu verneinen und über etwas anderes zu sprechen. Ich glaube aber, daß die Frage anders gestellt werden muß, und zwar: ›Wie prägt Rasse‹ - daher die rassistische Hierarchie - ›mein eigenes Leben, meine Umgebung und mein Bewußtsein, und was kann ich dagegen tun?« (FRANKENBERG 1996:58).

Mit diesen Fragen der Selbstreflexion beschäftigen sich Antirassismus-Workshphops, die sich auf die Auseinandersetzung mit der eigenen Person konzentrieren. Ziel ist es, dem eigenen unbewußt übernommenem Rassismus auf die Spur zu kommen. Bewußtseinsarbeit steht auf dem Lehrplan. Nun ist diese Arbeit sicherlich wichtig und richtig. Allzu leicht schleichen sich aber zweifelhafte Annahmen ein. Häufig besteht die Gefahr, daß die manchmal durchaus selbstquälerische, aber auch egozentrische Beschäftigung mit dem eigenen Ich und seinen psychischen Abgründen, gesellschaftliche und soziale Prozesse schlicht aus dem Auge verliert. Den Luxus der Nabelschau muß man sich auch leisten können. Wieder stehen nur die Weißen und ihre Geschichte im Mittelpunkt. Als Folge einer einseitig psychologischen Sicht kommt es zu einer Verharmlosung. Ein System, das den Kolonialismus und Nationalsozialismus hervorgebracht hat, läßt sich nicht auf die individuelle-psychologische Ebene reduzieren. Kritisch bemerkt BELL HOOKS zum Thema Anti-Rassismustraining:

»Eine weitere Reaktion auf die Rassismusfrage ist die Einrichtung von Arbeitsgruppen zum ›Weg-lernen des Rassismus‹, meist geleitet von weißen Frauen. Solche Arbeitsgruppen sind wichtig, doch sie konzentrieren sich oft auf die individuelle psychologische Katharsis über die Anerkennung von persönlichen Vorurteilen, ohne die Notwendigkeit entsprechender Veränderung im politischen Engagement und Handeln zu berücksichtigen. Eine Frau, die an einer ›Rassismus-Bewußtseins‹- Arbeitsgruppe (im deutschen ist z. Zt. Der Begriff ›Anti-Rassismus-Arbeitsgruppe/Trainingsgruppe‹ gebräuchlich) teilnimmt und lernt, ihren Rassismus anzuerkennen, ist nicht weniger gefährlich als eine, die dies nicht tut. Das Anerkennen des eigenen Rassismus ist nur dann bedeutungsvoll, wenn es zur Veränderung führt« (HOOKS 1990:84).

Selbst in unserer eigenen kulturellen Tradition, die keineswegs homogen und widerspruchsfrei ist, lassen sich Ansatzpunkte und Beispiele für antirassistisches Engagement finden. Die Idee von Freiheit und Gleichheit war stets ein rebellischer, widersprüchlicher Stachel im Fleisch des Rassismus. Die Aussage: »Wir sind alle in einer rassistischen Gesellschaft aufgewachsen« ist in dieser Form zu bequem und pauschalierend. Wir sind nicht einfach Opfer unserer repressiven kulturellen Traditionen. Doch dieser Satz zählt zum Credo von so manchem Antirassismustraining wie dem von LIDA VAN DEN BROEK.

»Rassismus ist eine Konditionierung, die jeden Menschen beeinflußt. Es gibt keinerlei Ausnahme. Die Konditionierung vollzieht sich gegen den Willen des einzelnen, stößt auf emotionale Widerstände, die jedoch durch ein perfekt funktionierendes System gebrochen werden. Wir können daraus schließen, daß er niemals eine bewußte und gewollte Entscheidung ist. Rassistische Aufklärung verläuft gegen den Willen des einzelnen. Kein Mensch hat sich bewußt für eine solche Aufklärung entschieden« (BROEK 1988:93).

BELL HOOKS berichtet, wie sie mit ihrem Hinweis auf die Entscheidungsfreiheit von Weißen auf wenig Gegenliebe stößt.

»Kürzlich zeigte ich in einem Vortrag auf, daß die gegenwärtige Vermarktung schwarzer Kultur durch Weiße die weiße Vorherrschaft in keiner Weise anficht. Hier wird Schwarzsein zur ›Würze‹ gemacht, ›die das eintönige Gericht, nämlich die weiße Kultur des mainstreams belebt‹. Nach dem Vortrag fragte mich eine

Weiße in ernstem Ton: ›Glauben Sie nicht, daß wir alle in einer Kultur aufgewachsen sind, die rassistisch ist, und daß uns allen beigebracht wurde, rassistisch zu sein, ob wir es wollen oder nicht? Es ist auffallend, daß sie einen gesellschaftlichen Rahmen konstruiert, in dem die Erfahrungen gleich und einheitlich erscheinen. Meine Antwort darauf war, daß alle Weißen (und alle anderen in dieser Gesellschaft) die Wahl haben, vierundzwanzig Stunden am Tag aktiv antirassistisch zu sein, wenn sie das wünschen. Niemand von uns ist passives Opfer der Erziehung. Ich führte diesen Punkt näher aus. Ich machte ihr klar, daß ich es leid sei, daß Weiße die Aufmerksamkeit von ihrer Verantwortlichkeit für antirassistischen Wandel ablenken wollen, indem sie den Anschein erwecken, alle seien gegen ihren Willen rassistisch erzogen worden. Ich befürchte, daß dies oftmals zu einer weiteren Entschuldigung für Rassismus wird. Verantwortlichkeit und Verantwortung können ohne Zweifel Kraft verleihen. Doch es wird versucht, diese dem Blick zu entziehen« (HOOKS 1994:24f.).

LIDA VAN DEN BROEK baut auf die Einsicht von Weißen, die erkennen sollen, daß auch sie unter Rassismus »leiden«.

»Eine der wichtigsten Erkenntnisse lautet, daß nicht nur die Unterdrückten, sondern auch ihre Unterdrücker - wenn auch auf eine andere Weise - Opfer derselben Unterdrückungsverhältnisse sind, daß beide Gruppen unterschiedlich unter derselben Unterdrückung leiden und folglich auch an ihrer Aufhebung interessiert sind. Es gibt die Gruppe der direkt Betroffenen und die der indirekt Betroffenen. Zu den direkt Betroffenen gehören Schwarze, Juden, Kinder, Angehörige der Arbeiterklasse, Behinderte, alte Menschen und Homosexuelle. Indirekt Betroffene sind Weiße, Männer, Nichtjuden, Angehörige der Mittel- und Oberschicht, Heterosexuelle etc. Die Verwendung der Begriffe direkte Zielgruppe und indirekte Zielgruppe anstelle von Unterdrückte und Unterdrücker bieten die Möglichkeit, von der einseitigen Sichtweise eines Opfers abzurücken und einander nicht länger als Feind und Gegenpartei zu betrachten, sondern als Bündnispartner anzunähern« (BROEK 1988:75).

Zwar bemerkt sie auch den Reiz der Privilegierung. Wer gibt schon gerne Vorteile auf ökonomischem, kulturellem, psychologischem und politischem Gebiet auf. Diesem Reiz seien bisher zwar die meisten erlegen, da »die Nachteile aufgrund der Unterdrückungsstruktur nur selten sichtbar werden. Rassismus ist nicht angeboren, sondern anerzogen. Er wird jedem Individuum wohl oder übel aufgezwungen und hinterläßt einen Berg unverarbeiteter Emotionen. Rassismus bedeutet auch für Weiße emotionale Vergewaltigung und Entmenschlichung. Es ist für Weiße nicht leicht, das zu erkennen, da uns durch Unterdrückung die Sicht versperrt ist« (BROEK 1988:75).

Sicherlich ist es wahr, daß Rassismus auch Weiße stereotypisiert und zwischenmenschlichen Begegnungen den Weg verbaut. Mit dieser »Bürde«, die eine ganze Menge an Belohnung verspricht, läßt es sich gut leben. Entmenschlicht und emotional vergewaltigt, ausgebeutet und unterdrückt werden in rassistischen Strukturen nun einmal in erster Linie Schwarze. Da helfen keine psychologischen Kunstgriffe. Dem müssen sich Weiße stellen und das auch aushalten können. Daraus kann politische Verantwortung wachsen und die Bereitschaft Macht abzugeben. Kritische Selbstreflexion und der Versuch, sich selbst einmal an den Rand zu stellen, sind sicherlich nötig. Aber warum muß ich, wenn ich die Blockaden aufbrechen will, die durch Schuldgefühle und Schuldzuweisungen entstehen, nun gleich Weiße als Opfer konstruieren. Kann sich der weiße Blick vom weißen »Leid« nicht lösen?

BELL HOOKS warnt vor den Fehlschlüssen einer Vorgehensweise, die darauf setzt, Weißen ihre eigene »Unterdrückung« durch Rassismus nahe zubringen und sich davon eine Veränderung erhofft.

»Viele Antirassismus-workshops sind darauf ausgerichtet, Weißen bei der Erkenntnis zu helfen, daß auch sie durch Rassismus verletzt werden und von daher zu gewinnen haben, wenn sie sich am antirassistischen Kampf beteiligen. Dies ist bis zu einem gewissen Grad richtig. Allerdings wird damit eine politische Solidarität hergestellt, die auf der Legende gemeinsam durchgemachter Schikanen beruht. Das rückt wieder die Weißen in den Mittelpunkt. Außerdem läuft diese Vorgehensweise in Gefahr, die besonderen Auswirkungen, die rassistische Beherrschung auf das Leben von marginalisierten Gruppen hat, zu verschleiern. Angenommen, selbst die Privilegierten nehmen unter einer rassistischen Hierarchie Schaden – womit auch die Vorstellung verbunden ist, daß nur, wenn die Mächtigen ein Gespür dafür bekommen, daß sie ebenfalls Opfer sind, sie sich gegen die Herrschaftsstrukturen auflehnen werden -, so bleibt doch die Tatsache, daß viele großen Gewinn daraus ziehen, andere zu beherrschen, und ihr Leiden in keiner Weise mit dem der Ausgebeuteten und Unterdrückten vergleichbar ist. Antirassistische Arbeit, deren Strategie darauf zielt, daß diese Personen sich als ›Opfer‹ von Rassismus sehen, und dabei auf eine einschneidende Wirkung bei den Betreffenden setzt, ist fehlgeleitet. Wir müssen einfach zur Kenntnis nehmen, daß Personen mit vielen Privilegien, die in keiner Weise Opfer sind, sich aufgrund ihrer politischen Entscheidung für die Unterdrückten einsetzen können. Diese Solidarität muß nicht unbedingt auf gemeinsamer Erfahrung beruhen. Sie kann sich auf das politische und ethische Verständnis von Rassismus und die Absage an Dominanz gründen« (HOOKS 1994:23).

Um politische Verantwortung zu übernehmen, muß ich kein Opfer sein. Gelegentlich ist es hilfreich, die Rollen zu tauschen. Der Film »BLAUÄUGIG« (1995) von Bertram Verhaag dokumentiert die Arbeit von JANE ELLIOT, die weiße Männer und Frauen für einen Tag lang den untergeordneten Platz in einem rassistischen Mikrokosmos einnehmen läßt, der in der realen Welt Schwarzen vorbehalten ist. Das Experiment gelingt, die weißen Teilnehmerinnen und Teilnehmer können sich für einen Augenblick lang nicht entziehen. Die Reaktionen reichen bis zum emotionalen Zusammenbruch. Sie gewinnen einen kurzen Einblick in die Welt der Diskriminierung. Wie sie diese Erfahrung umsetzen, bleibt abzuwarten. Für Weiße, die sich beim Thema Rassismus nicht angesprochen fühlen, ist das sicherlich ein Einstieg, dem politische Bildungsarbeit folgen muß.

Tips und Anregungen

Allgemeine Literaturhinweise

Auf die Spurensuche nach den historischen und kulturellen Ursprüngen unseres rassistischen Weltbildes bieten sich als Begleitung an:
RIEPE, REGINA UND GERD 1992: Du schwarz - ich weiß. Bilder und Texte gegen den alltäglichen Rassismus. Wuppertal
Anhand einer Sammlung von rassistischen Alltagsobjekten: »Nicknegern«, Liebigs-Sammelbildern und Kannibalenwitzen, rassistischen Spendenhilfsaktionen und Aufgabenstellungen in Schulbüchern dokumentiert das Bilder- und Lesebuch wie unser Bild vom »schwarzen Mann« entstanden ist.
Untersuchungen und eine ausführliche Liste von Primärliteratur einschließlich Bildmaterial zur rassistischen Stereotypenbildung im deutschen Kinder- und Jugendbuch von der Aufklärung bis zum Nationalsozialismus enthält die Veröffentlichung von GOTTFRIED MERGNER und ANSGAR HÄFNER:
MERGNER, GOTTFRIED/HÄFNER, ANSGAR (Hg.) 1989: Der Afrikaner im deutschen Kinder- und Jugendbuch: Untersuchungen zur rassistischen Stereotypenbildung im deutschen Kinder- und Jugendbuch von der Aufklärung bis zum Nationalsozialismus. Hamburg
Eine Sammlung von 28 Fotos als Gesprächsimpulse über den offenen und latenten Rassismus in der Bundesrepublik für Jugendliche ab 12 Jahre enthält der Band des Verlags an der Ruhr:
RASSISMUS BEI UNS? FOTOS FÜR GESPRÄCHE. Verlag an der Ruhr. Mühlheim/Ruhr 1992
Wer sich näher mit der Geschichte Afrikas beschäftigen möchte, dem bzw. der sei der Klassiker des afrikanischen Historikers
KI-ZERBO, JOSEPF 1979: Die Geschichte Schwarzafrikas. Wuppertal
empfohlen. Dieses Standardwerk verfolgt auf über 700 Seiten in einer anschaulichen Sprache die Geschichte Afrikas über die Vorgeschichte, das antike Afrika, die Zeit der afrikanischen König- und Kaiserreiche und deren Untergang mit Beginn des Sklavenhandels und der europäischen Eroberung bis zum Weg in die nationale Unabhängigkeit. Ein kur-

zes Einführungskapitel setzt sich mit den rassistischen und eurozentristischen Vorurteilen auseinander, die den Blick auf die afrikanische Geschichte versperren. Das Werk enthält eine Zeittafel mit den wichtigsten historischen Daten der afrikanischen Geschichte vom Altpaläolithikum bis zum Jahr 1976.

Auf die Spuren der Geschichte und Gegenwart von Afro-Deutschen begibt sich das Taschenbuch von KATHARINA OGUNTOYE, MAY OPITZ und DAGMAR SCHULTZ:

OGUNTOYE, KATHARINA/OPTIZ, MAY/SCHULTZ, DAGMAR (Hg.) 1992: Farbe bekennen. Afro-deutsche Frauen auf den Spuren ihrer Geschichte. Frankfurt/Main (aktualisierte Ausgabe).

Neben einem historischen Abriß vermittelt das Buch einen Einblick in die Lebensrealität afro-deutscher Frauen in der Bundesrepublik.

Weitere Lesetips zum Thema Rassismus:

Der Klassiker von ALBERT MEMMI, der auch durch seine klare und verständliche Sprache überzeugt:

MEMMI, ALBERT 1987: Rassismus. Frankfurt/ Main

Zur Geschichte des Rassismus:

DITTRICH, ECKHARDT J. 1991:Das Weltbild des Rassismus. Frankfurt/ Main.

Stellvertretend für die neueren Rassismustheorien:

KALPAKA, ANNITA/RÄTHZEL, NORA (Hg.) 1990 (2): Die Schwierigkeit, nicht rassistisch zu sein. Leer

Filmtips

»WIR HATTEN EINE DORA IN SÜDWEST« (1991) von TINK DIAZ, 16 mm
Verleih:
Evangelische Medienzentrale Württemberg
Theodor-Heuss-Straße 23
70174 Suttgart
Telefon 071/222 76-38
Fax 222 76-43

Zwischen 1907 und 1945 wurden ausreisewillige junge Frauen auf ihre Tauglichkeit als »Trägerinnen deutscher Zucht und Ordnung« geprüft und auf Kosten des »Frauenbundes der deutschen Kolonialgesellschaft« in die (ehemaligen) Kolonien geschickt. Ihre Mission bestand in der Reinhaltung der weißen, deutschen »Rasse« und der Verhinderung von »Mischehen«. »Dora« erzählt von Bräuchen in den deutschen Kolonien, von Abenteuer, Zucht und Ordnung, Fernweh und der kolonialen Rolle der deutschen Frau. Der Erinnerung einer »Kolonialfrau« wird die Perspektive einer schwarzen Nambianerin gegenübergestellt. Zur Ergänzung eignen sich die Filme:

»LIEBE ZUM IMPERIUM« (1978) von Peter Heller, 16 mm, über die Ära des deutschen Kolonialismus.
Verleih:
VG Verleih der Filmemacher GmbH
Schleißheimer Str. 426/Haus 33
80935 München
Telefon 089/351 10 15
Fax 089/351 1063
oder:
Landesbildstellen Baden, Nordbayern, Berlin, Bremen, Hamburg, Hessen, Niedersachsen

»FREITAG UND ROBINSON« (1975) von JACK GOLD, 16 mm
Verleih:
FFFZ/Film Funk Fernseh Zentrum
der ev. Kirche im Rheinland/Medienhaus
Kaiserwerther Str. 450
40403 Düsseldorf
Telefon 0211/458 02 22
Fax 0211/458 02 00
oder:
Landesbildstellen Berlin, Bremen, Hamburg, Hessen, Rheinland, Schleswig-Holstein, Westfalen-Lippe, Württemberg
   Der Film erzählt die bekannte Geschichte von Robinson Crusoe von DANIEL DEFOE aus der Perspektive des »Eingeborenen« Freitag. Robinson wird als das gezeigt, was er wirklich war: ein Imperialist mit arrogantem Bildungswahn und ein rassistischer Tölpel dazu.

Praktische Vorschläge

1 Schwarzes Bild und weißer Blick:
In dunklen Boxen aus Pappwänden hängen vergrößerte Photos von Demonstrationen Schwarzer Menschen (z.B. Black-Power-Gruß, Protestdemonstrationen gegen Diskriminierung und rassistische Gewalt, Bilder von »Rassenunruhen«). Gedanken und Gefühle, die diese Bilder hervorrufen, werden festgehalten und anschließend besprochen. Welche Assoziationen rufen Bilder schwarzer Männer bei Männern/Jungen bzw. Frauen/Mädchen hervor. Welche die Bilder schwarzer Frauen?

2 Verkehrte Welt: Konfrontation mit Diskriminierung.
Einen Tag lang widerfährt Weißen dieselbe Behandlung, die ansonsten Schwarze erleben. Sie werden mit Theorien über die (intellektuelle) Unterlegenheit der weißen »Rasse« konfrontiert und entsprechend behan-

delt. Zur Vorbereitung oder als Diskussionsgrundlage empfiehlt sich der Film:
»BLUE EYED« (1996) von BERTRAM VERHAAG, 35 mm
Verleih:
VG Verleih der Filmemacher GmbH
Schleißheimer Str. 426/Haus 33
80935 München
Telefon 089/351 10 15
Fax 089/351 1063

Schwierige Vielfalt
Da müßte sich ja erst die Welt ändern

Über Grenzen,
Widersprüche und Selbstblockaden

Schwierige Vielfalt. Der Umgang mit Differenz hat seine Tücken. Im Korb der Zielvorstellungen findet sich ein buntes Potpourri an Früchten: Kultur- und Weltoffenheit, Vorurteilsfreiheit, Toleranz, Empathie, Entgrenzung, Respekt vor anderen Kulturen, Einsatz für Frieden, Gleichheit, eine gerechte Welt- und Wirtschaftsordnung. Die Liste, die sich insbesondere im Kanon der interkulturellen Pädagogik findet, ließe sich noch endlos fortführen. Wer sich alle Probleme der Welt auf den eigenen Rücken bindet, fühlt sich zwangsläufig überfordert. Wo gibt es einen Punkt um einzuhaken?

Vielleicht hilft als Einstieg ja ein Blick in die jüngste deutsche Vergangenheit. Was waren es für Menschen, die sich in Europa dem nationalsozialistischen Rassenwahn widersetzten und Juden und Jüdinnen vor dem Zugriff der staatlichen Vernichtungsmaschinerie beschützten. In der groß angelegten Studie »The Altruistic Personality« (1988) fanden SAMUEL und PEARL OLINER heraus, daß die Retter und Retterinnen, die sich bereit erklärten jüdische Menschen zu verstecken, aus allen gesellschaftlichen Schichten kamen. Unterschiedliche weltanschauliche Orientierungen spielten keine Rolle. Auch im Verhalten und den Beweggründen von Männern und Frauen zeigten sich kaum Unterschiede. Bei allen Befragten verbindet sich ein allgemeines Gerechtigkeitsempfinden mit einer emotionalen Anteilnahme am Leid der Verfolgten. Der Wunsch zu helfen wurde dort zur Tat, wo das Bewußtsein der Gleichheit und prinzipiellen Unteilbarkeit der Menschenrechte und das Leiden mit den Opfern zu einer lebendigen Symbiose verschmolzen.

Wer der Anerkennung des Rechts anders zu sein im sozialen und menschlichen Alltag zur Durchsetzung verhelfen will, muß das Bekenntnis zu einem selbstkritischen Verständnis von Menschenrechten mit Leben erfüllen. Aufklärung und emotionale Sensibilisierung, politische Analyse und Einfühlungsvermögen in die Situation anderer gehören zu einer Pendelbewegung, die die Vorgehensweise politischer Bildungs- und Kulturarbeit bestimmen sollte. Wer die Begegnung mit Fremden lediglich unter dem psychologischen Vorzeichen der Selbstkonfrontation sieht, unterliegt ebenso einer Blickverengung wie die Vertreter und Vertreterinnen einer ausschließlich gesellschafts- und machtpolitischen Analyse. Auch die Psychologin BIRGIT ROMMELSPACHER warnt davor, in der Auseinandersetzung mit Rassismus und Antisemitismus lediglich eine Bühne für die psychologische und kulturelle Selbstbespiegelung zu sehen:

»In der Begegnung mit Fremden begegnet uns nicht nur die eigene Selbstzerissenheit und individuelle Borniertheit, sondern eben auch die reale Geschichte von Eroberung, von Rassismus und Antisemitismus, die sich in unser Denken und Fühlen eingeschrieben hat. Insofern erfaßt eine psychologische Analyse nur die halbe Wahrheit, wenn sie im Fremden vor allem die eigene Befindlichkeit wahrnimmt und die Geschichte der Beziehung zu diesem Fremden aus dem Blickfeld verdrängt« (ROMMELSPACHER 1995:147).

Das Phantasma der Reinheit bedroht die Grundlagen demokratischer und pluralistischer Gesellschaften. Ohne ethnische, soziale und kulturelle Vielfalt erstickt jede kulturelle Entwicklung. Ein unkritisches Verständnis von Differenz gerät jedoch leicht in die Gefahr, andere auf eine bestimmte Verschiedenheit festlegen zu wollen. Unterschiede und Gemeinsamkeiten lassen sich jedoch nicht ein für allemal festlegen. Stets gilt es Widerstand gegen die Welt der Kategorisierung zu leisten. Die Leidenschaft des Staunens beschützt davor, das Fremde zu fixieren und sich seiner zu bemächtigen. Dieses Staunen zu wecken und sinnlich zu vermitteln, gehört zu den Aufgaben einer multikulturellen Bildungs- und Kulturarbeit. Die Filmemacherin TRINH T. MINH-HA hat die Qualität dieser neuen Leidenschaft des Staunens näher beschrieben:

»Staunen will sich nie des anderen bemächtigen, besitzt es nie als sein Objekt. Es liegt in der Fähigkeit, Dinge zu sehen, zu hören, zu berühren und auf sie zuzugehen, als geschehe das stets zum ersten mal« (TRINH 1995:139).

Wer sich der Erhaltung von Vielfalt verschrieben hat, muß auf die Einhaltung von Spielregeln pochen. Ohne die Einhaltung von Menschenrechten verkommt das Lob der Differenz zu einer bedeutungslosen Floskel, das sich nur eine privilegierte Mehrheit leisten kann, deren Machtposition nicht gefährdet ist. Respekt ist keine Einbahnstraße. Interkulturalität in ihrer allgemeinsten Form als Spinnennetz kultureller und subkultureller Unterschiede setzt sowohl das Verstanden-Werden-Wollen als auch das Verstehen-Wollen voraus. Allerdings sollte man sich von dem Wahn befreien, alles verstehen zu können. Der Glaube an den alles durchdringenden Lichtstrahl der Vernunft, der auch noch das letzte Geheimnis der Dunkelheit entreißt, gehört zu den ganz und gar nicht ungefährlichen Omnipotenzphantasien der europäischen Tradition. Oft endet das Verständnis schon an den Abgründen der eigenen Gefühlswelt und den Rätseln der selbstbegangenen Handlungen. Fremdes läßt sich nicht nur in der Ferne entdecken. Wem die eigene Person als unbekanntes Terrain nicht ausreicht, möge sich in nächster Nähe umschauen. Selbst die vertrauten Lieben, Familienangehörige und Partnerinnen oder Partner - halten unlösbare Rätsel bereit. JULIA KRISTEVA (1990) hat sich aus psychologischer Sicht mit »Fremdenfeindlichkeit« beschäftigt und ihrem Buch den Titel gegeben »Fremde sind wir in uns selbst«. Vielleicht hat sich WOLFGANG POHRT an dieses Zitat erinnert als er schrieb:

»Wer das Fremde sucht, kann es ganz in der Nähe finden. Oft sieht der eigene Sohn oder die eigene Tochter mit dem violetten Büschel auf dem kahlgeschorenen Kopf drolliger aus als der Wilde in Kriegsbemalung aus dem Bilderbuch. Noch leichter geht es, wenn man einfach in den Spiegel schaut. Da kann man, vor allem morgens, manche Überraschung erleben« (POHRT zit. nach: GRASER 1994:54).

Achtung ist weder auf Gedeih und Verderben an Sympathie geknüpft noch an ein grenzenloses Verständnis. Wer glaubt stets alles verstehen zu müssen, begibt sich freiwillig in eine Situation der permanenten Selbstüberforderung, die durchaus zu Aggressionen führen kann - gegen sich selbst oder andere. Um anderen das Recht auf Gleichheit und Selbstentfaltung zuzugestehen, muß ich mich nicht mit ihrer Lebensweise identifizieren oder sie für mich nachvollziehen können. Die Kunst besteht vielmehr darin, sich nicht als die Nabelschnur der Welt zu betrachten. RAM ADHAR MALL hat auf die Bedeutung der Selbstbeschränkung für das Gelingen interkultureller Begegnungen verwiesen:

»Man muß nicht alles verstehen, um es so wie es ist, zu respektieren. Die Quelle einer reziproken Achtung liegt tiefer und besteht in der Kunst des Sich-zurücknehmen-Könnens und auch des Gelten-lassen-Könnens« (MALL 1995:69).

Insbesondere Angehörigen der Mehrheitskultur fällt es schwer, sich selbst zu marginalisieren und sich und die Welt einmal aus der Perspektive der anderen zu sehen. Wer es gewohnt ist, stets als »normal« zu gelten, verwechselt leicht die eigene Realität mit der Realität an sich. Macht besteht auch darin, sich selbst und die eigene Weltdeutung nicht in Frage stellen und nicht lernen zu müssen. MARILYN FRYE schreibt:

»Realität ist das, was ist. Das englische Wort ›real‹ stammt von einem Wort, das königlich meint oder dem König gehörend/zugehörig.
Real auf spanisch heißt königlich. Eigentum (›Real property‹) ist das, was dem König angemessen ist. Grundbesitz ist der Boden des Königs. Realität ist das, was dem gehört, der die Macht hat, ist das, über das er Macht hat, ist seine Domäne, ist ihm angemessen.
Der ideale König regiert über alles, soweit das Auge reicht. Sein Auge. Was er nicht sehen kann, ist nicht königlich, nicht real.
Er sieht, was ihm angemessen ist. Real zu sein heißt, sichtbar für den König zu sein« (FRYE zit. nach HAWTHORNE 1990:117).

In einer Gesellschaft der Vielfalt gibt es keinen Platz für einen König und auch nicht für eine Königin. Das heißt sie müssen abdanken. Wenn Minderheiten Rechte und Schutz vor Diskriminierung fordern, fühlen sich Mehrheiten schnell benachteiligt. Das zeigt sich schon an »Kleinigkeiten« wie z.B. der Einrichtung eines »Mädchenzimmers« in gemischten Freizeittreffs. Privilegien abzugeben tut weh. Ohne (emotionale) Widerstände, Zorn und Schmerz wird dies nicht vor sich gehen. Derartige Konflikte brauchen einen Raum, in dem sie gewaltfrei ausgetragen und ausgehandelt werden können. Hier tut sich jedoch ein Dilemma auf. Die Gleichheit in der Verschiedenheit baut auf die gesellschaftliche Gleichberechtigung der beteiligten Gruppen. Diese normative Vorstellung entspricht leider nicht der Realität. Eine Jahrhunderte alte europäische Tradition von Kolonialismus, Rassismus, Antisemitismus, Sexismus haben Weltbilder geformt und verfestigt. Naturwissenschaftliche Rassetheorien und die Lehren von der »natürlichen« biologischen und kulturellen Unterlegenheit bzw. Verschiedenheit von Frauen oder die »Widernatürlichkeit« von Homosexualität spucken nicht nur in den Köpfen. Die herrschende Diskriminierung ist institutionalisiert und behauptet sich durch alltägliche soziale Handlungs- und Lösungsmuster immer wieder auf's Neue - von den Auswirkungen einer hierarchischen Weltwirtschaftsordnung ganz zu schweigen. In dieser Situation bieten sich Radikallösungen als Entlastung an. Während die einen alle Grenzen öffnen wollen, phantasieren die anderen von undurchdringlichen Mauern, die alle Probleme wieder nach »drüben« verfrachten. Beide Lösungen sind unrealistisch. Dazu die Psychologin BIRGIT ROMMELSPACHER:

»Beide Lösungen sind Scheinlösungen. Eine wirkliche Lösung gibt es nicht, da wir wohl kaum in absehbarer Zeit erleben werden, daß zum Beispiel überall der gleiche Wohlstand herrscht wie bei uns. Diese Lösungen polarisieren, weil die Forderung nach Abschottung die eigene Sicht verabsolutiert und niemand anderes mehr gelten läßt; wohingegen die Forderung nach Öffnung nur noch die anderen sieht und dabei die eigenen Interessen und Bedürfnisse verleugnet« (ROMELSPACHER 1995:134).

Wir werden lernen müssen mit Widersprüchen, Uneindeutigkeiten und Ungerechtigkeiten zu leben, ohne im Angesicht von inhumanen und ungerechten sozialen Verhältnissen zu kapitulieren. Gesellschaftliche Probleme und Strukturfragen lassen sich nicht einfach durch Pädagogik und politische Bildungs- und Kulturarbeit lösen.

Nach wie vor fehlt ein deutliches Bekenntnis zu den in die Bundesrepublik als »Gastarbeiter«, Flüchtlinge oder anerkannte Asylbewerber eingewanderten Menschen. Deutschland war und ist schon immer ein Aus- und Einwanderungsland gewesen. Eine Reform des Staatbürgerschaftsrechts, das auf völkische Prinzipen verzichtet und die Möglichkeit der doppelten Staatsbürgerschaft zuläßt, ist überfällig. Die der hier lebenden »Ausländer« müssen den Status gleichberechtigter politischer Subjekte erhalten. Die Rede von einem »Ausländerproblem« legt immer die Schlußfolgerung nahe, daß es sich hier um von Fremden verursachte Konflikte handelt, die sich durch den - wenn es sein muß gewalttätigen - Zwangsexport über die Landesgrenze lösen ließen. Für den Umgang mit ihren eigenen (ethnischen) Minderheiten ist jede demokratische Gesellschaft selbst verantwortlich. Das Diskriminierungsverbot im Grundgesetz reicht nicht aus. Antidiskriminierungsgesetze, die vor der Benachteiligung von Minderheiten am Wohnungs- und Arbeitsmarkt, im Betrieb, der Öffentlichkeit und im Bildungswesen schützen, können - so sie mit Sanktionen und Kontrollmöglichkeiten verknüpft sind - helfen, den normativen Anspruch auf Gleichberechtigung Realität werden zu lassen. Eine allgemeine Bürgerrechtscharta für ethnisch-nationale Minderheiten, Frauen und Homosexuelle kann dazu beitragen, ein Rechtsbewußtsein für die Unrechtmäßigkeit und Strafbarkeit jeglicher Form von gesellschaftlicher Diskriminierung zu schaffen.

Es kommt darauf an, den Begriff von Deutschsein zu erweitern und an einen Verfassungspatriotismus zu knüpfen. In diesem neuen Selbstverständnis muß Platz sein für »Bindestrich-Deutsche« und ihre Geschichte, die auch die Geschichte der Mehrheitsgesellschaft ist. Die Alternative zu diesem neuen gesellschaftlichen Selbstverständnis sieht wenig reizvoll aus: Ghettoisierung, Spaltung nach ethnischen Kriterien und der Rückzug in die einander feindselig gesinnten Wagenburgen reiner Identitäten. Mit einem Wort: der ideale Humus für fundamentalistische Ideologien, Sektierer und Gewalt.

Ohne das Bemühen um Bewußtseinsveränderung läßt sich weder das gesellschaftliche Selbstverständnis verändern noch können die notwendigen politischen und juristischen Vorhaben auf den Weg gebracht werden. Und was nützen Antidiskriminierungsgesetze und die beste Bürger- und Bürgerinnencharta, wenn sie von der überwältigenden Mehrheit der Bevölkerung abgelehnt und sabotiert werden? Um den Alltag über die Enklaven der Engagierten hinaus verändern zu können, brauchen sie ein gesellschaftliches Klima, in dem sie gedeihen können. Dazu kann jeder Einzelne und jede Einzelne etwas beitragen. JAN PHILIP REEMTSMA bemerkt zu diesem Thema:

»Sie müssen ein Klima erzeugen, das es riskant macht, sich schlecht, z.B. rassistisch zu benehmen. Nur wenn Sie sich in ihren Gefühlen nicht darüber im klaren sind, daß Sie sich als Mensch dabei ihrer Haut wehren, sondern nur unter anständigen Menschen sind und die Nazis draußen bleiben müssen, haben sie alles verpfuscht. Ein Freund von mir hatte mal in einer Kneipe ein ›Zigeunerschnitzel‹ bestellt; als es gebracht wurde, sagte einer am Nebentisch: ›Das beste, was man aus einem Zigeuner machen kann‹; der Freund haute ihm den Teller ins Gesicht...« (REEMTSMA 1994:57).

Antirassismus läßt sich nicht verordnen. Wer nur auf Sanktionen setzt, wird insbesondere im pädagogischen Bereich mit Widerständen rechnen müssen. Politische Bildungs- und Kulturarbeit tut also doch Not. Die Zeichen dafür stehen allerdings denkbar schlecht. Die Bundesrepublik Deutschland zeigt alle Zeichen eines Entwicklungslandes: ein bescheidenes Wirtschaftswachstum ohne soziale und kulturelle Entwicklung, transnationale High-Tech Enklaven und Armutsinseln. In Zeiten, in denen soziale Gegensätze und Strukturprobleme mit aller Wucht aufbrechen, eignen sich Rassismus und Minderheitenfeindlichkeit allzu gut als nationales und politisches Bindemittel, um Interessensgegensätze und Probleme zu verschleiern. Politisch tragfähige Modelle, die verhindern, daß die »zweite Moderne« unversehens das Gesicht einer marktkonformen Kastengesellschaft trägt, sind weit und breit nicht in Sicht. Wo es keine eindeutigen und einfachen Lösungen und Orientierungen gibt, verschafft ein klares Feindbild Linderung. Wer sich daran machen will, den Augiasstall von Antisemitismus, Sexismus und Rassismus auszumisten, muß sich klar darüber sein, daß er oder sie in die Arme von Siysphos fällt. Da hilft nur Humor und Zweckoptimismus - frei nach dem kubanischen Freiheitshelden JOSE MARTI:

»Du mußt an das Beste im Menschen glauben
und das Schlimmste in Zweifel ziehen
sonst wird das Schlechteste überhandnehmen«
(MARTI zit. nach HOLDT 1978:3).

Anregungen für ein Antidiskriminierungsgesetz

Als Quellen der Inspiration bieten sich an:
Grundgesetz für die Bundesrepublik Deutschland 1949
Verfassung des Landes Brandenburg 1993
Verfassung des Freistaates Thüringen 1993
Allgemeine Erklärung der Menschenrechte 1948
Europäische Sozialcharta 1961
Internationaler Pakt über bürgerliche und politische Rechte 1966
Internationaler Pakt über wirtschaftliche, soziale und kulturelle Rechte 1966
Internationales Übereinkommen zur Beseitigung jeder Form von Rassendiskriminierung 1966
Übereinkommen zur Beseitigung jeder Form von Diskriminierung der Frau 1979
  WINTEMUTE, ROBERT 1995: Sexual Orientation and Human Rights. The United States Constitution, The European Convention and The Canadian Charter. Oxford
  KOPPELMAN, ANDREW 1996: Antidiscrimination Law and Social Equality. New Haven and London

So etwa könnten erste Überlegungen für ein Antidiskriminierungsgesetz der europäischen Union (EU) aussehen:
1. (1) Jeder Mensch, der auf dem Gebiet eines europäischen Staates geboren ist, genießt von Geburt an ohne Einschränkungen die Staatsbürgerschaft und die Bürger- und Bürgerinnenrechte dieses Staates.
  (2) Jeder Mensch, der mindestens fünf Jahre auf dem Gebiet eines europäischen Staates wohnhaft ist, hat das Recht, die Staatsbürgerschaft zu erwerben.
  (3) Jeder Mensch, der mindestens fünf Jahre auf dem Gebiet eines europäischen Landes lebt, hat das aktive Wahlrecht, beginnend mit den Wahlen zu kommunalen und europäischen Parlamenten. Die politische Betätigung ist uneingeschränkt; jeder Mensch hat die Grundrechte der Meinungs-, Informations-, Versammlungs- und Vereinigungsfreiheit. Die Gründung politischer Parteien und Vereinigungen ist frei.

(4) Die Mitgliedstaaten eröffnen die Möglichkeit einer doppelten Staatsbürgerschaft.

2. (1) Alle Menschen sind vor dem Gesetz gleich und haben ohne Diskriminierung Anspruch auf gleichen Schutz durch das Gesetz.

(2) Alle Menschen haben das Recht auf freie Entfaltung ihrer Persönlichkeit, soweit dadurch nicht die Rechte anderer und die Menschenwürde verletzt sind und gegen Verfassungsgrundsätze verstoßen wird.

(2) Niemand darf wegen seiner/ihrer Rasse, Abstammung, Nationalität, Sprache, seines/ihres Geschlechts, seiner/ihrer sexuellen Orientierung, seiner oder ihrer sozialen Herkunft oder Stellung, seiner/ihrer Behinderung, seiner/ihrer religiösen, weltanschaulichen oder politischen Überzeugung bevorzugt oder benachteiligt werden.

(3) Die Vertragsstaaten verpflichten sich, Handlungen oder Praktiken der Diskriminierung aufgrund der Rasse, Abstammung, Nationalität, Sprache, Geschlecht, sexuellen Orientierung, sozialer Herkunft oder Stellung, Behinderung, religiöser, weltanschaulicher oder politischer Überzeugung gegenüber Personen, Personengruppen oder Einrichtungen zu unterlassen und dafür Sorge zu tragen, daß alle staatlichen und örtlichen Behörden und öffentlichen Einrichtungen im Einklang mit dieser Verpflichtung handeln.

(4) Die Vertragsstaaten verpflichten sich, wirksame Maßnahmen zu treffen, um das Vorgehen ihrer staatlichen und örtlichen Behörden zu überprüfen und alle Gesetze und sonstigen Vorschriften zu ändern, aufzuheben oder für nichtig zu erklären, die eine Diskriminierung bewirken - oder dort, wo eine solche bereits besteht - diese fortsetzen würden.

(5) Die Vertragsstaaten verbieten und beendigen jede durch Personen, Gruppen oder Organisationen ausgeübte Diskriminierung mit allen geeigneten Mitteln einschließlich der unter Umständen erforderlichen Rechtsvorschriften.

(6) Die Staaten der europäischen Konföderation treffen auf sozialem, wirtschaftlichem, kulturellem und sonstigem Gebiet besondere und konkrete Maßnahmen, um die angemessene Entwicklung von Frauen und bestimmten Minderheiten oder ihnen zugehörenden Einzelpersonen sicherzustellen, damit gewährleistest wird, daß sie in vollem Umfang und gleichberechtigt in den Genuß der Menschenrechte, der Grundfreiheiten und der wirtschaftlichen und sozialen Rechte kommen.

Literatur

Fast schon wie in New York
Zur »multikulturellen« Realität in der Bundesrepublik

AYIM, MAY 1995: Die afro-deutsche Minderheit, in: SCHMALZ-JACOBSEN, CORNELIA/HANSEN, GEORG(Hg.) 1995: Ethnische Minderheiten in der Bundesrepublik Deutschland. München

BADE, KLAUS 1992 : Auswanderer, Einwanderer, Wanderarbeiter. Deutsche Erfahrungen in Geschichte und Gegenwart, in: WINKLER, BEATE (Hg.)1992: Zukunftsangst Einwanderung. München,

BECK, ULRICH 1986. Risikogesellschaft. Auf dem Weg in eine andere Moderne. Frankfurt/Main

BINDER, WOLFGANG/ BREINING, HELMBRECHT (Hg.) 1994: Facing America. Multikulturelle Literatur der heutigen USA in Texten und Interviews. Ein Lesebuch. Zürich 1994

CLAUSSEN, DETLEF 1992: Was heißt Rassismus? Darmstadt

DITTRICH, ECKHARD 1991: Das Weltbild des Rassismus. Frankfurt/Main

ENGELMANN, BERND 1984: Du deutsch? Geschichte der Ausländer in unserem Land. München

HALL, STUART 1994: Rassismus und kulturelle Identität. Ausgewählte Schriften 2. Hamburg

KRÜGER-POTRATZ, MARIANNE 1994: Interkulturelle Pädagogik als Kritik der »gegebenen Pädagogik«. Eine disziplintheoretische Skizze am Beispiel der historischen Pädagogik, in: LUCHTENBERG, SIGRID/NIEKE, WOLFGANG (Hg.) 1994: Interkulturelle Pädagogik und europäische Dimension. Münster

LEGGEWIE, CLAUS 1991: MULTI - KULTI. Spielregeln für die Vielvölkerrepublik. Berlin

LEGGEWIE, CLAUS/SENOCAK, ZAFER 1993: Deutsche Türken. Das Ende der Geduld, Reinbek

LENHARDT, GERO 1990: Ethnische Identität und sozialwissenschaftlicher Instrumentalismus, in: DITTRICH, ECKHARDT/ RADTKE, FRANK-OLAF (Hg.) 1990: Ethnizität: Wissenschaft und Minderheiten. Opladen

LIPSITZ,GEORG 1993: »Hier sieht man die Trümmer rauchen«. Hat Los

Angeles eine multikulturelle Zukunft, in: BALKE, FRIEDRICH (Hg.) 1993: Schwierige Fremdheit. Über Integration und Ausgrenzung in Einwanderungsländern. Frankfurt/Main

LUTZ, HELMA 1991: Welten verbinden: Türkische Sozialarbeiterinnen in den Niederlanden und der Bundesrepublik Deutschland. Frankfurt/Main

LUTZ, HELMA 1995: Ist Kultur Schicksal? Über die gesellschaftliche Konstruktion von Kultur und Migration, in: KARPF, ERNST (Hg.) 1995: »Getürkte Bilder«: Zur Inszenierung von Fremden im Film. Marburg

MALL, RAM ADHAR 1995: Kulturelle Begegnung aus interkultureller Sicht, in: KARPF, ERNST (Hg.) 1995: »Getürkte Bilder«: Zur Inszenierung von Fremden im Film. Marburg

REUTER, LUTZ 1990: Minderheiten in der Bundesrepublik Deutschland. Hamburg

STEFANSKI, VALENTINA MARIA 1994: Integration: Ein Beitrag zur Konfliktlösung oder ein (öffentliches) Ärgernis?, in: Interkulturell 1994/3-4

WENNIG, NORBERT 1995: Migration, in: SCHMALZ-JACOBSEN, CORNELIA/HANSEN, GEORG (Hg.) 1995: Ethnische Minderheiten in der Bundesrepublik Deutschland. München

ZUCKMAYER, CARL 1966: Meisterdramen. Frankfurt/Main

Nur Randgruppen? Rassismus und Minderheitenfeindlichkeit als allgemeine Phänomene

BOMMES, MICHAEL/ SCHERR, ALBERT 1992: Rechtsextremismus: Ein Angebot für ganz normale Jugendliche, in: MANSEL, JÜRGEN (Hg.) 1992: Reaktionen Jugendlicher auf gesellschaftliche Bedrohung. Weinheim/München

CLAUSSEN, DETLEF 1992: Was heißt Rassismus? Darmstadt

DEMIROVIC, ALEX/PAUL, GERD 1996: Demokratisches Selbstverständnis und die Herausforderungen von rechts. Student und Politik in den neunziger Jahren. Frankfurt/Main

FALTER, JÜRGEN W. 1984: Die Wählerstuktur der NSDAP 1928 - 1933: Sozialstruktur und parteipolitische Herkunft, in: MICHALKA, WOLFGANG (Hg.) 1984: Die NS-Machtergreifung. München

FRIED, ERICH 1995: Gründe. Gedichte. Eine Auswahl aus dem Gesamtwerk. Berlin

FRIEDRICH, WALTER 1993: Einstellungen zu Ausländern bei ostdeutschen Jugendlichen. »Autoritäre Persönlichkeit« als Stereotyp, in: MERTEN, ROLAND/OTTO, HANS-UWE (Hg.) 1993: Rechtsradikale Gewalt im vereinigten Deutschland. Jugendliche im gesellschaftlichen Umbruch. Bonn

HAHN, RICHARD 1993: Rechtsextremismus unter Jugendlichen, in: FAL-

LER, KURT (Hg.) 1993: Dem Haß keine Chance: wie die Gewalt zu stoppen ist. Köln
HELD, JOSEF u.a. 1992: »Du mußt so handeln, daß du Gewinn machst...« Empirische Untersuchung zu politisch rechten Orientierungen jugendlicher Arbeitnehmer. Duisburg
HELD, JOSEF u.a. 1994: Politische Orientierungen jugendlicher Arbeitnehmer/innen. Ergebnisse und Überlegungen aus einem laufenden Forschungsprojekt, in: JÄGER, SIEGFRIED (Hg.) 1994: Aus der Werkstatt: Antirassistische Praxen. Konzepte/Erfahrungen/Forschung. Duisburg
HEITMEYER, WILHELM u.a. 1992a: Die Bielefelder Rechtsextremismusstudie. Erste Langzeituntersuchung zur politischen Sozialisation männlicher Jugendlicher. Weinheim/München
HEITMEYER, WILHELM 1992b: Die Gefahren eines »schwärmerischen Antirassismus«, in: Das Argument 1992/34
HEITMEYER, WILHELM 1993: Gesellschaftliche Desintegrationsprozesse als Ursache von fremdenfeindlicher Gewalt und politischer Paralysierung, in: Aus Politik und Zeitgeschichte, B 2-3/1993
LEIPRECHT, RUDOLF 1990: »......da baut sich ja in uns ein Haß auf...« Zur subjektiven Funktionalität von Rassismus und Ethnozentrismus bei abhängig beschäftigten Jugendlichen. Hamburg
LEIPRECHT, RUDOLF 1993: Das Modell unmittelbare und/oder direkte Konkurrenz: Erklärungen von Rechtsextremismus oder Rechtfertigungsangebote, in: INSTITUT FÜR SOZIALPÄDAGOGISCHE FORSCHUNG (Hg.) 1993: Rassismus - Fremdenfeindlichkeit - Rechtsextremismus. Beiträge zu einem gesellschaftlichen Diskurs. Bielefeld.
MELBER, HENNING/HAUCK, GERHARD 1989: Kolonialer Blick und Rationalität der Aufklärung, in: Peripherie 1989/37
MERGNER, GOTTFRIED/HÄFNER, ANSGAR (Hg.)1989: Der Afrikaner im deutschen Kinder- und Jugendbuch: Untersuchungen zur rassistischen Sterotypenbildung im deutschen Kinder- und Jugendbuch von der Aufklärung bis zum Nationalsozialismus. Hamburg
MÖLLER, KURT 1991: Geschlechtsspezifische Aspekte der Anfälligkeit für Rechtsextremismus in der Bundesrepublik, in: ifg Frauenforschung 1991/1
REEMTSMA, JAN PHILIP 1994: Die Stunde der Sozialwissenschaften? - Die Stunde der Einheit? Strategien der Politikvermeidung, in: Interkulturell 1994/3-4
ROMMELSPACHER, BIRGIT 1995: Dominanzkultur. Texte zu Fremdheit und Macht. Berlin
ROSENTHAL, GABRIELE 1994: Antisemitismus im lebensgeschichtlichen Kontext. Soziale Prozesse der Dehumanisierung und Schuldzuweisung, in: NESTVOGEL, RENATE (Hg.) 1994: Fremdes oder Eigenes? Rassismus, Antisemitismus, Kolonialismus und Rechtsextremismus aus Frauensicht. Frankfurt/Main

SCHAD, UTE 1996: Verbale Gewalt bei Jugendlichen. Ein Praxisforschungsprojekt über ausgrenzendes und abwertendes Verhalten gegenüber Minderheiten. Weinheim/München

SCHRÖDER, HELMUT/MELZER, WOLFGANG 1992: Ökonomische Risiken und Verunsicherungspotentiale Jugendlicher in Ost- und Westdeutschland. Vergleichende Befunde aus dem Jahr nach der Wende, in: MANSEL, JÜRGEN (Hg.) 1992: Reaktionen Jugendlicher auf gesellschaftliche Bedrohung. Weinheim/München

SIEGLER, BERND 1991: Auferstanden aus Ruinen. Rechtsextremismus in der DDR. Berlin

STENKE, DORIS 1993: Geschlechterverhältnis und Rechtsextremismus, in: INSTITUT FÜR SOZIALPÄDAGOGISCHE FORSCHUNG (Hg.) 1993: Rassismus - Fremdenfeindlichkeit - Rechtsextremismus. Beiträge zu einem gesellschaftlichen Diskurs. Bielefeld.

SILBERMAN, ALPHONS 1995: Der »normale Haß« auf Fremde: Eine sozialwissenschaftliche Studie zu Ausmaß und Hintergründen von Fremdenfeindlichkeit in Deutschland. München

WILLEMS, HELMUT 1993: Fremdenfeindliche Gewalt. Einstellungen, Täter, Konflikteskalation. Opladen

ZELLER, LUCIA 1992: Rassismus und seine psychischen Folgen auf Immigrantinnen, in: STAHR, INGEBORG (Hg.) 1992: Wenn Frauenwissen Wissen schafft. Essen

Hier sind Menschen willkommen
Überlegungen zum politischen und gesellschaftlichen Selbstverständnis einer multikulturellen Bildungs- und Kulturarbeit

AKCAM, TANER 1993: Der Gärtner Kazim und der »Aufstand des deutschen Volkes zur Normalität«, in: Mittelweg 36, Zeitschrift des Hamburger Instituts für Sozialforschung 1993/1

BOOS - NÜNNING, URSULA 1993: Interkulturelle Erziehung als Hilfe zur Überwindung von Fremdheit, in: GRÜNE, PETRA (Red.) 1993: Das Ende der Gemütlichkeit: Theoretische und praktische Ansätze zum Umgang mit Fremdheit, Vorurteilen und Feindbildern. Bonn (Bundeszentrale für politische Bildung)

CLAUSSEN, DETLEF 1992: Was heißt Rassismus? Darmstadt

DAXNER, MICHAEL 1994: Das Eigene und das Fremde, in: Interkulturell 1994/3-4

HICKETHIER, KNUT 1995: Zwischen Abwehr und Umarmung. Die Konstruktion des anderen im Film, in: KARPF, ERNST (Hg.) 1995: »Getürkte Bilder«: Zur Inszenierung von Fremden im Film. Marburg

HOFFMANN, LUTZ 1992: Das gemachte Fremdsein der nichtdeutschen Ein-

wanderer, in: Päd. extra 1992/1,
KONUK, KADER 1996: Unterschiede verbünden. Von der Instrumentalisierung von Differenzen, in: FUCHS, BRIGITTE, HABINGER, GABRIELE (Hg.) 1996: Rassismen und Feminismen. Differenzen, Machtverhältnisse und Solidarität zwischen Frauen. Wien
LEGGEWIE, CLAUS 1991: MULTI-KULTI. Spielregeln für die Vielvölkerrepublik. Berlin
LEIPRECHT, RUDOLF 1992: »Pech, daß Ausländer mehr auffallen...« Zum Reden über die Kultur der »Anderen« und auf der Suche nach angemessenen Begriffen und Ansätzen für eine antirassistische Praxis (nicht nur) mit Jugendlichen, in: LEIPRECHT, RUDOLF (Hg.) 1992: Rassismus und Jugendarbeit. Duisburg
LINK, JOACHIM 1994: Die Verfassung des Freistaates Thüringen. Stuttgart, München, Hannover, Berlin, Weimar, Dresden
LUTZ, HELMA 1995: Ist Kultur Schicksal? Über die gesellschaftliche Konstruktion von Kultur und Migration, in: KARPF, ERNST (Hg.) 1995: »Getürkte Bilder«: Zur Inszenierung von Fremden im Film. Marburg
MALL, RAM ADHAR 1995: Kulturelle Begegnung aus interkultureller Sicht, in: KARPF, ERNST (Hg.) 1995: »Getürkte Bilder«: Zur Inszenierung von Fremden im Film. Marburg
MENZEL, BIRGIT 1994: Frauen und Menschenrechte. Geschichtliche Entwicklung einer Differenz und Ansätze zu deren Beseitigung. Frankfurt/Main
NESTVOGEL, RENATE 1994: »Fremdes« oder »Eigenes«? Freiräume zwischen Ausgrenzung und Vereinnahmung, in: NESTVOGEL, RENATE (Hg.) 1994: Fremdes oder eigenes? Rassismus, Antisemitismus, Kolonialismus und Rechtsextremismus aus Frauensicht. Frankfurt/Main
PRENGEL, ANNEDORE 1990: Annäherung an eine egalitäre Politik der Differnzgedanken gegen Sexismus und Rassismus, in: Beiträge zur feministischen Theorie und Praxis 1990/27: Geteilter Feminismus. Rassismus, Antisemitismus, Fremdenhaß
SIMON, HELMUT (Hg.) 1994: Handbuch der Verfassung des Landes Brandenburg. Stuttgart, München, Hannover, Berlin, Weimar, Dresden
TOKER, ARZU 1993: Eurozentristisches Feindbild oder Kritik am Islam?, in: Beiträge zur feministischen Theorie und Praxis 1993/35 (Feminismuß)
TSIAKOLOS, GEORGIOS 1983: Ausländerfeindlichkeit - Tatsachen und Erklärungsversuche. München
TSIAKOLOS, GEORGIOS 1992: Interkulturelle Beziehungen: Steht ihnen die »Natur« entgegen?, in: FOITZIK, ANDREAS u.a. (Hg.) 1992: »Ein Herrenvolk von Untertanen« Rassismus - Nationalismus - Sexismus. Düsseldorf
WILDHABER, LUZIUS 1992: Menschen- und Minderheitenrechte in der modernen Demokratie. Basel

Blutspuckende Zigeuner
Überlegungen und Anregungen für eine geschlechtsspezifische Arbeitsperspektive

AKKENT, MERAL/FRANGER, GABY 1987: Das Kopftuch - ein Stückchen Stoff in Geschichte und Gegenwart. Frankfurt/Main

AKKENT, MERAL/FRANGER, GABY 1987a: Mädchen in der Türkei und Deutschland. Weinheim/München

ATTIA, IMAN 1994: Antiislamischer Rassismus. Stereotype - Erfahrungen - Machtverhältnisse, in: JÄGER, SIEGFRIED (Hg.) 1994: Aus der Werkstaat. Anti-rassistische Praxen. Konzepte - Erfahrungen - Forschung. Duisburg

BÖHNISCH, LOTHAR/WINTER, REINHARD 1993. Männliche Sozialisation. Bewältigungsprobleme männlicher Geschlechtsidentität im Lebenslauf. Weinheim

BOOS-NÜNNING, URSULA 1994: Die Definition von Mädchen türkischer Herkunft als Außenseiterinnen, in: NESTVOGEL, RENATE (Hg.) 1994: Fremdes oder Eigenes? Rassismus, Antisemitismus, Kolonialismus und Rechtsextremismus aus Frauensicht. Frankfurt/Main

FARIN, KLAUS/SEIDEL-PIELEN, EBERHARD 1993: Ohne Gewalt läuft nichts. Jugend und Gewalt in Deutschland. Köln

HAUG, FRIGGA 1994: Das Bild der anderen und weibliche Angst. Einige Überlegungen zur Problematik von Rassismus und Sexismus, in: Interkulturell 1994/3-4

HOFFMANN-LANGE, URSULA u.a. 1995: Politische Gewaltbereitschaft Jugendlicher, in: DEUTSCHES JUGENDINSTITUT (Hg.) 1995: Gewalt gegen Fremde. Rechtsradikale, Skinheads und Mitläufer. Weinheim/München

HOLZKAMP, CHRISTINE 1994: Frauen, Mädchen und Rechtsextremismus in Deutschland, in: NESTVOGEL, RENATE (Hg.) 1994: Fremdes oder Eigenes? Rassismus, Antisemitismus, Kolonialismus und Rechtsextremismus aus Frauensicht. Frankfurt/Main

KLÖNNE, IRMGARD 1994: Feministische Theorie und Rassismus - aktuelle Debatten in der Frauenbewegung, in: NESTVOGEL, RENATE (Hg.) 1994: Fremdes oder Eigenes? Rassismus, Antisemitismus, Kolonialismus und Rechtsextremismus aus Frauensicht. Frankfurt/Main

LANZMANN, CLAUDE 1988: Shoah. München

LEGGEWIE, CLAUS 1991: MULTI - KULTI. Spielregeln für die Vielvölkerrepublik. Berlin

LUTZ, HELMA 1991: Welten verbinden: Türkische Sozialarbeiterinnen in den Niederlanden und der Bundesrepublik Deutschland. Frankfurt/Main

LUTZ, HELMA 1994: Konstruktionen von Fremdheit: Ein »blinder Fleck« in der Frauenforschung?, in: NESTVOGEL, RENATE (Hg.) 1994: Fremdes oder eigenes? Rassismus, Antisemitismus, Kolonialismus und Rechtsextremismus aus Frauensicht. Frankfurt/Main

LUTZ, HELMA 1995: Ist Kultur Schicksal? Über die gesellschaftliche Konstruktion von Kultur und Migration, in: KARPF, ERNST (Hg.) 1995: »Getürkte Bilder«: Zur Inszenierung von Fremden im Film. Marburg

MÖLLER, KURT 1991: Geschlechtsspezifische Aspekte der Anfälligkeit für Rechtsextremismus in der Bundesrepublik, in: ifg, Frauenforschung 1993/3

NESTVOGEL, RENATE 1992: »Weiblicher« Umgang mit »Fremden Kulturen« - Einige blinde Flecken in deutscher Geschichte und Gegenwart, in: STAHR, INGEBORG (Hg.) 1992: Wenn Frauenwissen Wissen schafft. Essen

OTTEMEIER-GLÜCKS, FRANZ GERD 1994: Wie ein Mann gemacht wird - Grundzüge männlicher Sozialisation, in: GLÜCKS, ELISABETH/OTTEMEIER-GLÜCKS, FRANZ GERD (Hg.) 1994: Geschlechtsbezogene Pädagogik. Ein Bildungskonzept zur Qualifizierung koedukativer Praxis durch parteiliche Mädchenarbeit und antisexistische Jungenarbeit. Münster

SCHAD, UTE 1996: Verbale Gewalt bei Jugendlichen. Ein Praxisforschungsprojekt über ausgrenzendes und abwertendes Verhalten gegenüber Minderheiten. Weinheim/München

ROMMELSPACHER, BIRGIT 1992: Rechtsextremismus und Dominanzkultur, in: FOITZIK, ANDREAS u.a.(Hg.) 1992: »Ein Herrenvolk von Untertanen« Rassismus - Nationalismus - Sexismus. Düsseldorf

ROMMELSPACHER, BIRGIT 1995: Dominanzkultur. Texte zu Fremdheit und Macht. Berlin

SILLER, GERTRUD 1991: Junge Frauen und Rechtsextremismus, in. Deutsche Jugend 1991/39

STEFAN, VERENA 1979: Häutungen. München

THEWELEIT, KLAUS 1995: Das Land, das Ausland heißt. Essays, Reden, Interviews zu Politik und Kunst. München

Weihrauch, Jörg 1993: Die Zukunft gehört den Bastarden. Notizen aus der offenen Jugendarbeit mit »unauffälligen« Jugendlichen, in: HEIL, HUBERTUS u.a. (Hg.) 1993: Jugend und Gewalt. Über den Umgang mit gewaltbereiten Jugendlichen. Marburg.

WILLEMS, HELMUT 1993: Fremdenfeindliche Gewalt. Einstellungen, Täter, Konflikteskalation. Opladen

Wer hat Angst vor'm schwarzen Mann?
Information, Sensibilisierung und Handlungsorientierung als Grundlagen der multikulturellen Bildungs- und Kulturarbeit

AYIM, MAY 1994: Rassismus und Verdrängung im vereinten Deutschland, in: KRAFT, MARION/RUKHSANA SHAMIM ASHRAF-KHAN (Hg.): Schwarze Frauen der Welt. Europa und Migration. Berlin

BRAH, AVTAR 1996: Die Neugestaltung Europas. Geschlechtsspezifisch konstruierte Rassismen, Ethnizitäten und Nationalismen in Westeuropa heute, in: FUCHS, BRIGITTE, HABINGER, GABRIELE (Hg.) 1996: Rassismen und Feminismen. Differenzen, Machtverhältnisse und Solidarität zwischen Frauen. Wien

BROEK, LIDA VAN DEN 1988: Am Ende der Weissheit: Vorurteile überwinden. Ein Handbuch. Berlin

DITTRICH, ECKHARD 1991: Das Weltbild des Rassismus. Frankfurt/Main

EMDE, HELGA 1992: Als »Besatzungskind« im Nachkriegsdeutschland, in: OGUNTOYE, KATHARINA, OPITZ, MAY, SCHULTZ, DAGMAR 1992: Farbe bekennen. Afro-deutsche Frauen auf den Spuren ihrer Geschichte. (aktualisierte Ausgabe). Frankfurt/Main

ENGELHARD, KERSTIN 1993: Weiße deutsche Frauen: Kolonialistinnen in der Vergangenheit, Rassistinnen in der Gegenwart. Das Beispiel Namibia, in: HÜGEL, IKA u.a. 1993 (Hg.): Entfernte Verbindungen. Rassismus, Antisemitismus, Klassenunterdrückung. Berlin

FRANKENBERG, RUTH 1996: Weiße Frauen, Feminismus und die Herausforderungen des Antirassismus, in: FUCHS, BRIGITTE, HABINGER, GABRIELE (Hg.) 1996: Rassismen und Feminismen. Differenzen, Machtverhältnisse und Solidarität zwischen Frauen. Wien

FREMGEN, GISELA 1984: »....und wenn du dazu noch schwarz bist«. Berichte schwarzer Frauen in der Bundesrepublik. Bremen

GERWIN, JOS 1989: Materialien und Thesen zur Herausbildung des Negerstereotyps durch Schulen und Realienbücher im 19. Jahrhundert und um die Jahrhundertwende, in: MERGNER, GOTTFRIED/HÄFNER, ANSGAR (Hg.)1989: Der Afrikaner im deutschen Kinder- und Jugendbuch: Untersuchungen zur rassistischen Sterotypenbildung im deutschen Kinder- und Jugendbuch von der Aufklärung bis zum Nationalsozialismus. Hamburg

HOOKS, BELL 1994: Black Looks. Popkultur - Medien - Rassismus. Berlin

HUNDT, WULF 1993: Die Farbe der Schwarzen. Über die Konstruktion von Menschenrassen, in: Blätter für deutsche und internationale Politik 1993/8

IMFELD, AL 1995: Königreich und Weizenkörner. Anmerkungen zur Geschichte Afrikas, in: du (Zeitschrift der Kultur) 12/1 (Dezember 1995/

Januar 1996)
KRAFT, MARION 1990: Frauen afrikanischer Herkunft: Feministische Kultur und Ethniziät in Amerika und Europa, in: Beiträge zur feministischen Theorie und Praxis 1990/27 (Geteilter Feminismus: Rassismus, Antisemitismus, Fremdenhaß)
KÜNKLER-KEHR, INGE 1989: Der immerwährende Tod der »Zehn kleinen Negerlein«, in: MERGNER, GOTTFRIED/HÄFNER, ANSGAR (Hg.)1989: Der Afrikaner im deutschen Kinder- und Jugendbuch: Untersuchungen zur rassistischen Sterotypenbildung im deutschen Kinder- und Jugendbuch von der Aufklärung bis zum Nationalsozialismus. Hamburg
LOTH, HEINRICH 1986: Die Frau im alten Afrika. Wiesbaden.
LEVIN, TOBE 1990: U.S. Feminismus: Schwarz auf Weiß, in: Beiträge zur feministischen Theorie und Praxis 1990/27 (Geteilter Feminismus: Rassismus, Antisemitismus, Fremdenhaß)
MAMOZAI, MARTHA 1982: Herrenmenschen. Frauen im deutschen Kolonialismus. Reinbek
MAMOZAI, MARTHA 1989: Schwarze Frau, weiße Herrin. Frauenleben in den deutschen Kolonien. Reinbek
MAMOZAI, MARTHA 1992: »Frauen und Kolonialismus - Täterinnen und Opfer. Eine historische Entdeckungsreise«, in: FOITZIK, ANDREAS u.a. (Hg.) 1992: »Ein Herrenvolk von Untertanen«. Rassismus - Nationalismus - Sexismus. Düsseldorf
MELBER, HENNING 1992: Der Weißheit letzter Schluß. Frankfurt/Main
MERGNER, GOTTFRIED 1989: Großdeutschland bewährt sich in Afrika und bildet sich am Neger, in: MERGNER, GOTTFRIED/HÄFNER, ANSGAR (Hg.)1989: Der Afrikaner im deutschen Kinder- und Jugendbuch: Untersuchungen zur rassistischen Sterotypenbildung im deutschen Kinder- und Jugendbuch von der Aufklärung bis zum Nationalsozialismus. Hamburg
MERGNER, GOTTFRIED 1989a: Der Afrikaner als Erziehungsmittel im deutschen Kinderbuch, in: MERGNER, GOTTFRIED/HÄFNER, ANSGAR (Hg.)1989: Der Afrikaner im deutschen Kinder- und Jugendbuch: Untersuchungen zur rassistischen Sterotypenbildung im deutschen Kinder- und Jugendbuch von der Aufklärung bis zum Nationalsozialismus. Hamburg
MERGNER, GOTTFRIED/HÄFNER, ANSGAR (Hg.)1989: Der Afrikaner im deutschen Kinder- und Jugendbuch: Untersuchungen zur rassistischen Sterotypenbildung im deutschen Kinder- und Jugendbuch von der Aufklärung bis zum Nationalsozialismus. Hamburg
MERGNER, GOTTFRIED 1992: »Unser nationales Erbe« vom deutschen Kolonialismus. Rassistische Bilder - Mitleid mit den Opfern- die Unschuld der Erben, in: FOITZIK, ANDREAS u.a. (Hg.) 1992: »Ein Herrenvolk von Untertanen«. Rassismus - Nationalismus - Sexismus. Düsseldorf
MORRISON, TONI: Im Dunkeln spielen. Weiße Kultur und literarische Ima-

gination. Essays. Reinbek
OGUNTOYE, KATHARINA, OPITZ, MAY, SCHULTZ, DAGMAR 1992: Farbe bekennen. Afro-deutsche Frauen auf den Spuren ihrer Geschichte. (aktualisierte Ausgabe). Frankfurt/Main
OPITZ, MAY 1992: Rassismus, Sexismus und vorkoloniales Afrikabild in Deutschland, in: OGUNTOYE, KATHARINA, OPITZ, MAY, SCHULTZ, DAGMAR 1992: Farbe bekennen. Afro-deutsche Frauen auf den Spuren ihrer Geschichte. (aktualisierte Ausgabe). Frankfurt/Main
OPITZ, MAY 1992a: Afro-Deutsche nach 1945 - die sogenannten »Besatzungskinder«, in: OGUNTOYE, KATHARINA, OPITZ, MAY, SCHULTZ, DAGMAR 1992: Farbe bekennen. Afro-deutsche Frauen auf den Spuren ihrer Geschichte. (aktualisierte Ausgabe). Frankfurt/Main
ROMMELSPACHER, BIRGIT 1995: Dominanzkultur. Texte zu Fremdheit und Macht. Berlin
ROTH, KARL HEINZ 1990: Zwangsarbeit und Kolonialismus - das Beispiel Deutschland, in: HÖFER, BRUNI u.a. (Hg.) 1990: Das Fünfhundertjährige Reich. Emanzipation und lateinamerikanische Identität 1492-1992. Köln.
SCHWARZER, PETRA 1989: Weiße Frauen und »Negerweiber« in der Kolonialliteratur für die weibliche Jugend von der Jahrhundertwende bis zum ersten Weltkrieg, in: MERGNER, GOTTFRIED/HÄFNER, ANSGAR (Hg.)1989: Der Afrikaner im deutschen Kinder- und Jugendbuch: Untersuchungen zur rassistischen Sterotypenbildung im deutschen Kinder- und Jugendbuch von der Aufklärung bis zum Nationalsozialismus. Hamburg
WIENECKE, HAGEN 1989: »Wie ein Pferd ohne Geschirr, verwildert er; ist er aber angeschirrt, so giebt es kein nützlicheres Thier, in: MERGNER, GOTTFRIED/HÄFNER, ANSGAR (Hg.)1989: Der Afrikaner im deutschen Kinder- und Jugendbuch: Untersuchungen zur rassistischen Sterotypenbildung im deutschen Kinder- und Jugendbuch von der Aufklärung bis zum Nationalsozialismus. Hamburg
TAGUIEFF, PIERRE-ANDRÉ. 1991: Die ideologischen Metamorphosen des Rassismus und die Krise des Antirassismus, in: BIELEFELD, ULRICH 1991(Hg.) 1991: Das Eigene und das Fremde. Neuer Rassismus in der alten Welt? Hamburg

Schwierige Vielfalt
Da müßte sich ja erst die Welt ändern

BUDZINSKI, MANFRED 1993: Warum brauchen wir ein Antidiskriminierungsgesetz?, in: IDEE REDAKTION (Hg.): Einwanderungsland Deutschland. Göttingen
BUTTERWEGE, CHRISTOPH 1994: Von der Ausländerfeindlichkeit zum inter-

kulturellen Lernen. Ursachen des Rechtsextremismus, Rassismus und Gegenstrategien, in: Interkulturell 1994/3-4

GRASER, WERNER 1994: Interkulturelles Lernen für eine multikulturelle Welt. Ein neues Konzept im Spannungsfeld von Pädagogik und Migrationspolitik, in: JÄGER, SIEGFRIED (Hg.) 1994: Aus der Werkstatt: Antirassistische Praxen. Konzepte/Erfahrungen/Forschung. Duisburg 1994

HAWTHORNE, SUSAN 1990: Die Politik des Exotischen: Das Paradoxon des kulturellen Voyeurismus, in: Beiträge zur feministischen Theorie und Praxis 1990/27: Geteilter Feminismus. Rassismus, Antisemitismus, Fremdenhaß.

HOLDT, JACOB 1978: Bilder aus Amerika. Eine Reise durch das schwarze Amerika. Frankfurt/Main

KRISTEVA, JULIA 1990: Fremde sind wir in uns selbst. Frankfurt/Main

KESKIN, HAKKI 1993: Wir bleiben hier. Plädoyer für eine offene Gesellschaft, in: LEGGEWIE, CLAUS/SENOCAK, ZAFER 1993: Deutsche Türken. Das Ende der Geduld. Reinbek

KOPPELMAN, ANDREW 1996: Antidiscrimination Law and Social Equality. New Haven and London

LEGGEWIE, CLAUS 1991: MULTI - KULTI. Spielregeln für die Vielvölkerrepublik. Berlin

LINK, JOACHIM 1994: Die Verfassung des Freistaates Thüringen. Stuttgart, München, Hannover, Berlin, Weimar, Dresden

MALL, RAM ADHAR 1995: Kulturelle Begegnung aus interkultureller Sicht, in: KARPF, ERNST (Hg.) 1995: »Getürkte Bilder«: Zur Inszenierung von Fremden im Film. Marburg

MENSCHENRECHTE - Ihr internationaler Schutz (Beck-Texte im dtv) 1992. München

OLINER, PEARL und SAMUEL 1988: The Altruistic Personality. Rescuers of Jews in Nazi Europe. New York

REEMTSMA, JAN PHILIP 1994: Die Stunde der Sozialwissenschaften? - Die Stunde der Einheit? Strategien der Politikvermeidung, in: Interkulturell 1994/3-4

ROMMELSPACHER, BIRGIT 1995: Dominanzkultur. Texte zu Fremdheit und Macht. Berlin

SIMON, HELMUT (Hg.) 1994: Handbuch der Verfassung des Landes Brandenburg. Stuttgart, München, Hannover, Berlin, Weimar, Dresden

TRINH, T. MINH-HA 1995: Texte, Filme, Gespräche. München, Berlin, Wien

WINTEMUTE, ROBERT 1995: Sexual Orientation and Human Rights. The United States Constitution, The European Convention and The Canadian Charter. Oxford

Christian Palentien/
Klaus Hurrelmann (Hrsg.)

Jugend und Politik

Ein Handbuch für Forschung, Lehre und Praxis

1997, 464 Seiten, kartoniert;
DM 58,- öS 423,- sFr 58,-
ISBN 3-472-02871-8
Erscheint II. Quartal 1997

Kaum ein Thema wird in der letzten Zeit so intensiv diskutiert wie die Frage, welche politischen Beteiligungsmöglichkeiten Jugendlichen heute eingeräumt werden sollten: Die Herabsetzung des Wahlalters auf 16, 14 oder 12 Jahre, die Einführung eines stellvertretenden Wahlrechts für Eltern, die Etablierung von Kinder- und Jugendparlamenten. Dies sind nur einige der Mitbestimmungsformen, um das Verhältnis Jugendlicher zur Politik neu zu bestimmen. Der vorliegende Band liefert einen Überblick über diese Thematik in ihren wichtigsten Facetten.

Aus dem Inhalt:

- **Theoretische Betrachtungen:** Psychologische, soziologische, kommunikations-wissenschaftliche und verfassungsrechtliche Aspekte politischen Handelns Jugendlicher

- **Empirische Ergebnisse:** Verhältnis Jugendlicher zur Politik - zwischen Teilnahmebereitschaft und Politikverdrossenheit

- **Neue Modelle politischer Beteiligung Jugendlicher:** Kinder- und Jugendwahlrecht, Familienwahlrecht, Kinder- und Jugendbeiräte, -foren und -parlamente, projektorientierte Formen u.a.

Erhältlich in Ihrer Buchhandlung
oder direkt beim Verlag.

Dorothee M. Meister/
Uwe Sander (Hrsg.)

Kinderalltag und Werbung

Zwischen Manipulation und Faszination

1997, 212 Seiten, kartoniert,
DM 38,- öS 281,- sFr 38,-
ISBN 3-472-02169-1

Der Band faßt vielfältige Aspekte zum Verhältnis von Kindern und Werbung zusammen. In unterschiedlichen Beiträgen werden medienpädagogische Einschätzungen von Werbung, Ergebnisse empirischer Studien sowie Beiträge aus der Werbepraxis von Agenturen gegenübergestellt. In diesem Spannungsfeld beschreitet der Band Neuland, geht er doch über eine traditionell werbefeindliche Pädagogik hinaus und repräsentiert eine medienpädagogische Haltung, die sich gegenüber der realen Medien- und Werbewelt im Alltag von Kindern öffnet und gleichzeitig kritisch die aktuellen Trends auf dem Kinderwerbemarkt reflektiert.

Aus dem Inhalt:

- **ÜBERBLICKE**
  Von der Faszination des Sehens
- **EINBLICKE**
  Trends im Werbereich
- **GEGENSÄTZE**
  Für und Wider der Kinderwerbung
- **VERBINDUNGEN**
  Medienpädagogik in der Werbewelt
- **DATEN**
  Kinder und Werbung
  im Spiegel der Forschung

Erhältlich in Ihrer
Fachbuchhandlung
oder beim Verlag

Luchterhand Verlag
Postfach 2352
56513 Neuwied